滇版精品出版工程入库项目（2020—2025年）

云南 | YUNNAN ZHUANGZU SHI

壮族史

何正廷◎著

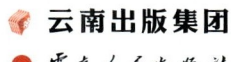
云南出版集团

云南人民出版社

图书在版编目（CIP）数据

　　云南壮族史 / 何正廷著. -- 昆明：云南人民出版
社，2022.11
　　ISBN 978-7-222-20412-6

　　Ⅰ．①云… Ⅱ．①何… Ⅲ．①壮族－民族历史－研究
－云南 Ⅳ．①K281.8

中国版本图书馆CIP数据核字(2022)第257386号

责任编辑：王　韬
装帧设计：昆明昊谷文化传播有限公司
责任校对：陈　锴　李　红
责任印制：李寒东

云南壮族史
何正廷　著

出版	云南出版集团　云南人民出版社
发行	云南人民出版社
社址	昆明市环城西路609号
邮编	650034
网址	www.ynpph.com.cn
E-mail	ynrms@sina.com
开本	720mm×1010mm　1/16
印张	35
字数	480千
版次	2022年11月第1版第1次印刷
印刷	云南出版印刷集团有限责任公司国方分公司
书号	ISBN 978-7-222-20412-6
定价	98.00元

云南人民出版社微信公众号

如需购买图书、反馈意见，请与我社联系
总编室：0871-64109126　发行部：0871-64108507　审校部：0871-64164626　印制部：0871-64191534

序

在《云南壮族史》一书即将出版之际，该书的作者何正廷同志给我来电，邀我为之写一篇序。为衷心感谢他对本人的信任，并祝贺其研究取得的丰硕成果，我欣然接受了他的请求。

正廷同志于20世纪50年代末60年代初就读于中央民族学院（现中央民族大学），专攻民族史和民族学，毕业后虽然一直从政，但仍能结合本职工作进行学术研究，成果卓著。退休以后更是潜心研究壮族的历史和文化，以学术态度严谨著称。成为"壮学丛书"编委会委员及学术委员会成员后，多有贡献。编著有《云南壮族》《壮族文化概览》《壮族日鸟崇拜习俗研究》《句町国史》《壮族经诗译注》《壮族鸡卜经影印译注》《壮歌图符整理与释义》等书，受到了国内外专家的好评，泰国察惕教授的新著《侗泰语族文化研究对泰国文化的贡献》就介绍了他的成果。现其年龄已届八旬，仍然在孜孜不倦地工作，着实令人钦佩。

正廷同志的《云南壮族史》这部专著，搜集和查阅了大量的古籍文献资料，运用田野调查成果，并以马克思主义民族观、唯物史观及人类社会发展的共同规律为指导，结合考古学、人类学、民族学方面许多新的研究成果，通过仔细地梳理整合，系统地介绍了云南壮族发展变迁的历史。其精彩之处在于：不仅深入探析云南壮族的渊源及各个时期历史发展的主要内容、轨迹和特点，而且还对其各个社会发展

阶段发生的重大事件和问题进行了正确的说明和评介。本书的创新之处则在于：以习近平新时代中国特色社会主义思想的历史观为指导，扩大视野，既结合当地实际，分析研究壮族与其他各个兄弟民族长期和睦相处、共同开发建设和保卫祖国边疆的情况，又放眼世界，分析研究了粤滇水陆交通与南方丝绸之路相衔接，勾画出其对发展我国与周边国家之间的经济文化交流所起到的作用，不仅对新时期的民族工作、边疆治理提供了有益的历史借鉴，而且还能为增进我国与周边国家的睦邻友好关系、积极推进"一带一路"建设，以及实现中华民族伟大复兴的中国梦做出贡献。

壮族是华南和西南地区的原住民，又是我国少数民族中人口较多的一个民族，他们具有艰苦奋斗、自强不息的精神，强烈的爱国主义情怀及与各民族共同发展繁荣的意识，始终坚持民族团结、互相帮助，充分体现了中华民族的向心力和凝聚力。壮族还与东南亚、南亚的泰、老、掸、侬、岱、阿洪等民族有同源关系，他们的语言同属汉藏语系壮侗语族壮傣语支。云南壮族则处于中国壮傣语支各族与东南亚、南亚壮傣语支各族的过渡地区，该区域同时也是中国与东南亚、南亚各国之间传统的经济通道及文化走廊，自古便与南方丝绸之路相衔接，因此，云南壮族与广西壮族的历史进程相比较，便呈现出了地区性的许多特点。研究云南壮族独特的历史文化，对揭示壮傣语支各民族的历史渊源及同根文化，乃至促进我国与东南亚、南亚国家间的经济合作和文化交流，构建和谐世界，都具有特殊意义，故乐而为之序。

梁庭望

2019年9月28日于中央民族大学

目 录

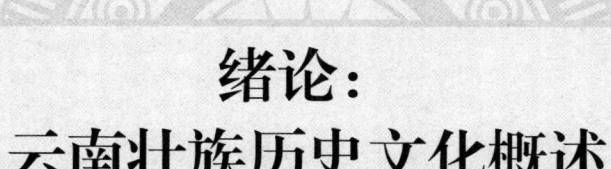

绪论：
云南壮族历史文化概述

马克思主义者认为，民族是在历史上形成的一个具有共同语言、共同地域、共同经济生活及表现在共同文化上的共同心理素质的稳定的共同体，有其产生、发展和消亡的过程，因此是一个历史范畴；世界上的所有民族，都对人类社会的发展做出过贡献；民族没有优劣之分，各民族都应该一律平等。

习近平指出："历史是一个民族、一个国家形成、发展及其盛衰兴亡的真实记录，是前人的'百科全书'，即前人各种知识、经验和智慧的总汇。"①他还说："一个民族的历史是一个民族安身立命的基础。"②"中国人民正在为实现中华民族伟大复兴的中国梦而奋斗，需要从历史中汲取智慧，需要博采各国文明之长。"③习近平在2014年5月15日召开的中国国际友好大会暨中国人民对外友好协会成立60周年纪念活动上的讲话中还指出，中华文化崇尚和谐，中国"和"文化源远流长，蕴涵着天人合一的宇宙观、协和万邦的国际观、和而不同的社会观、人心和善的道德观。在五千多年的文明发展中，中华民族一直追求和传承着和平、和睦、和谐的坚定理念。"以和为贵，与人为善""己所不欲，勿施于人"等观念在中国代代相传，深深植根于中国人的精神中，深深体现在中国人的行为上。由此可知，历史文化是

①2011年9月1日，习近平在中央党校2011年秋季学期开学典礼上的讲话。
②2013年12月26日，习近平在纪念毛泽东同志诞辰120周年座谈会上的讲话。
③2015年8月23日，习近平致第二十二届国际历史科学大会的贺信。

一个民族的根和魂。

　　盛世修史是中华民族的优良传统，可以发挥"资治、教化"的作用。本书共分六章三十四节，系统地介绍了云南壮族的历史变迁，独具边疆民族特色，不仅具有较高的学术价值，而且还可资政。从整个历史的发展进程看，云南壮族具有强烈的爱国情怀及与各个兄弟民族共同发展繁荣的意识，他们始终与各兄弟民族团结一致、互相帮助、艰苦奋斗、自强不息，充分体现了中华民族伟大的向心力和凝聚力。笔者期望此书能在推动云南壮族的经济社会跨越式发展中发挥积极作用，并为中华文明的伟大复兴做出应有的贡献！

　　"中国是远古人类起源的重要地区，中华文明是人类最古老的文明之一。黄河流域、长江流域、珠江流域、辽河流域和北方草原文化区，都是中华文明的摇篮。中华文明多元一体，源远流长……从未中断，至今已有五千多年的历史。考古发现证明，中华文明的起源具有本土性、多元性，展现出自身道路的特点与风格。"① 壮族自古就在云贵高原至珠江流域一带生息繁衍，是中国西南和华南地区的原住民，属古西瓯、骆越和句町濮人的后裔，按人类学分类，属蒙古人种南亚类型，其语言属汉藏语系壮侗语族壮傣语支。

　　壮族是中国人口较多的少数民族，主要分布在广西、云南、广东、湖南、贵州、四川等省区，国外主要分布在越南北部与中国相邻的地区，历史上属百越族群。

　　云南壮族处于中国壮侗语各族与东南亚壮侗语各族的过渡地区，该区域同时也是中国与东南亚、南亚各国之间传统的经济通道及文化走廊，并自古和南方丝绸之路相衔接。与广西壮族及信奉南传上座部佛教的东南亚壮侗语各族不同的是：云南壮族因其所处的自然生态和

---

① 中国社会科学院历史研究所：《简明中国历史读本·绪论》，北京：中国社会科学出版社，2012年版，第1页。

社会环境不同，在历史的流变过程中，长期处于自主或相对独立发展的境地，并积淀了较为深厚、古朴和独特的地域历史与文化。其生产方式、生活习俗、思维模式、价值观念及民族性格均不尽相同，至今仍然保留着自己古朴的语言文字、传统宗教、民族服饰及生产生活习俗，且吸收和融合了不同地区和民族的许多文化精华。研究云南壮族独特的历史文化，对揭示壮傣语支各族的同源关系及同根文化，乃至发展我国与东南亚、南亚相关国家的睦邻友好关系，增进国际间的经济合作和文化交流，都具有特殊意义。有鉴于此，笔者特著此书，供相关领导、专家、学者及在边疆民族地区工作的同志们参考。

一、云南壮族的历史概况

云南壮族历史悠久，源远流长。云南壮族先民约在公元前11世纪进入铜器时代，继而建立了许多互不统属的部落联盟或方国，古代史籍始称"濮人"，商、周以后亦称"夷越"（西瓯、骆越）。据《尚书·牧誓》记载，参加周武王伐纣的队伍中，就有被称为"西土之人"的"濮人"，《左传》记昭公九年（前533年）王使詹桓伯辞于晋也说："自武王克商以来，巴、濮、楚、邓，吾南土也。"《逸周书·王会》载"成周之会……卜人以丹砂"，"正南瓯、邓、桂国、损子、产里、百濮、九菌，请以珠玑、玳瑁、象齿、文犀、翠羽、菌鹤、短狗为献"。孔晁注云："卜人，西南之蛮。"杜预《左传释例》则载："建宁郡南有濮夷，无君长总统，各以邑落自聚，故称百濮也。"《华阳国志·南中志》则把"滇"称为"滇濮"，又载："句町县，故句町王国名也，其置自濮，王姓毋。"然而该书又云："南中，在昔盖夷越之地。"这与《史记·楚世家》"成王恽元年……天子赐胙，曰：'镇尔南方夷越之乱。'"中的"夷越"一致。"夷越"即"西瓯""骆越",属百越的一种。《史记·南越尉佗列传》载:"佗以兵边威远,财物赂遗闽越,西瓯、骆役属焉。"《史记·西南夷列传》又载:"南越以财物役属夜郎,西至桐师,然亦不能臣使也。"《汉书·地理志》载:"今之苍梧、郁林、合浦、交趾、九真、南海、日南,皆粤分也。"《汉书·地理志》注引臣瓒曰:"自交趾至会稽七八千里,百越杂处,各有种姓。"

"夷越",壮语和傣语都读作jaai³³,即民族学中常用的"雅衣"的连声,意即力量大、强大或巨大。人所共知,以强大自誉的氏族、部落、民族、国家,古今中外都有,如"大汉""大唐""大宋""大清""大英""大越""大韩"等等。壮傣语支各族先民中的强者、旺族,为显示自己的至尊和威严而以"大姓""渠帅"自诩,当属必然。布依族先民所建的夜郎国,其王就曾认为自己的国家最强大,以至后世一直流传着"夜郎自大"的典故。秦末汉初,赵佗在岭南建立南越国,自称南越武帝,"蛮夷大长",也有以大自居之意。赵佗"定百越之地,东西南北数千万里,带甲百万有余",形成了一个强大的国家。南越自赵佗称王,历五世,近百年,至元鼎五年(前112年),汉武帝遣路博德、杨仆等率领楼船将士四路征伐,后于次年获胜,南越才宣告亡国。蒙文通先生说:"自勾践强大而越名始著,'越'后遂用以为南方民族之泛称。"[1]我国有许多学者认为濮、越同为一个族系。罗香林先生说:"越与濮原为一族而可混称。"[2]潘世雄先生亦撰有《濮为越说》的文章。[3]江应樑先生在其《傣族史》中则说,中国南方"古代的'濮'和'越'、'百濮'和'百越'是一个族",又说"越作为这个大族群的族称,是在春秋时

①蒙文通:《越史丛考》,北京:人民出版社,1983年版。
②罗香林:《中夏系统中之百越》,北京:独立出版社,1943年版。
③潘世雄:《濮为越说》,载《中南民族学院学报》1986年增刊。

吴、越建国以后才通用的"①。云南大学历史系教授尤中先生在其《先秦时期的百越民族》中讲："公元前16世纪至公元前771年的商朝和西周时期，越亦称作濮，因为濮的分布区域正是近代壮、布依等族的居住区，而壮族自称布壮、布侬和布依族自称布依的布，都是古代濮族名称的遗留。"②他在《中国西南民族史》中又讲："公元前三世纪之时……当时在今贵州和云南东南部的濮人，显然大部分指的是百越系统的部落。"③因此，东汉以后，史书把西南地区的"濮人"和"越人"都统称为"僚"或"鸠僚"。《华阳国志·南中志》也载："兴古郡，建兴三年（225年）置。属县十一……多鸠僚、濮。"《太平御览》引《永昌郡传》："兴古郡……皆号鸠民。鸠民咸以三尺布割作两裆。"民族学家们大都认为"鸠民"即"鸠僚"。三国至隋唐时称"夷僚""鸠僚"或"溪峒蛮僚"，自称"濮侬""布越""布雅衣"（布衣）或"布傣"（布岱）等，他称为"侬人""沙人"和"土僚"。

云南壮族先民早在唐末宋初就已进入封建领主制社会，封建领主的势力一直保存至中华人民共和国成立前。在唐宋时期，其地被叫作"僚子部"或"侬氏据地"，其民则自称"濮侬""濮衣""濮傣"，他称"侬人""沙人""土僚"。方国瑜先生在《中国西南历史地理考释》中明确地说："惟句町濮即后世之'濮侬''濮僮''濮衣'之先民。"④他于1957年7月5日在《云南日报》上发表题为《壮族——有悠久历史的民族》的文章中说："从各方面的记载来

①江应樑：《傣族史》，成都：四川人民出版社，1983年版，第92页。

②尤中：《先秦时期的百越民族》，载《百越民族史论丛》，南宁：广西人民出版社，1985年版，第47页。

③尤中：《中国西南民族史》，昆明：云南人民出版社，1985年版，第11页。

④方国瑜：《云南地方史讲义》（上册），云南广播电视大学，1983年内部发行，第9页。

看……句町为壮,可能主要是侬人;南盘江以北的漏卧人,可能主要是沙人;而红河以东的进桑,可能主要是土族人,这些集团都属于壮语族,有亲密的历史渊源。"他在《元代云南行省傣族史料编年》中还说:"壮人是古越人的后裔。云南东南部的侬人、沙人和僚人,也是壮语族的支系,古为句町部族。"[1]笔者以为方先生上述所言极是。"濮"本是操南部方言的壮族称呼"人""族类"的冠用词,如称呼"侬人"为"濮侬",称呼"沙人"为"濮衣""布依"或"布雅衣",称呼"土僚"为"濮傣"或"布岱",称汉族为"濮哈克",称京族为"濮交",称泰族为"濮泰",称彝族为"濮别特",称老者为"濮陶"或"陶杰",叫男人为"濮宰",叫女人为"濮银",叫伙子为"濮冒",叫姑娘为"濮哨",叫小孩为"濮弯"或"勒弯",等等。或许,正因为操南部方言的壮族称人必冠以"濮",因此,"濮"便被用来作为壮族先民的统称了。[2]换言之,古句町濮人即今壮的先民,他们应属于越系民族。他们虽然与广西壮族同属一个民族,但与广西壮族自称"布壮"不同,云南壮族多自称"濮侬"、"布雅衣"(布瑞)、"濮傣"(濮岱),也有自称"布俚(莱)"和"布依"的,他称为"侬人""沙人""土僚"。中华人民共和国成立后,国家对"侬人""沙人"和"土僚"进行了民族识别,统一归为僮族,并于1958年4月1日建立文山僮族苗族自治州。1965年,遵照周恩来总理的倡议,将僮族的"僮"字改为"壮"字。"壮"虽非云南壮族的自称,但以他称论,作壮大、强壮或壮美解,与壮语"濮越"的基本含义一致,则是符合全体壮族人民的共同心愿的。

---

①方国瑜:《元代云南行省傣旅史料编年》,昆明:云南人民出版社,1958年版,第6页。

②何正廷:《云南壮族族源与称谓新探》,载《广西民族研究》1991年第1~2期。

二、云南壮族的人口、分布及其称谓的历史演变

据2010年第六次全国人口普查统计，云南壮族人口为121.7万人，他们世居于东经99°41′～106°11′，北纬21°45′～27°51′之间的山间盆地和河谷地区，东起文山州富宁县剥隘镇，西至大理州永平县北斗乡，南起西双版纳州勐腊县瑶区乡，北抵丽江市宁蒗县拉伯乡，主要分布在珠江、红河、金沙江和澜沧江流域。其中，文山州有100.3万人，红河州有9.5万人，曲靖市有2.9万人，昆明市有0.9万人，丽江市有0.5万人，大理州有0.3万人，西双版纳州有0.3万人，其他地州市也有零星分布。

云南壮族主要有侬人、沙人、土僚三个支系。

（一）侬人支系

源于唐代的"西原蛮"，自称"濮侬"，操壮语南部方言之侬话，活跃于今滇东南、桂西南及越南北部。五代南汉政权时，侬民富为广源（治所在今越南高平广渊）、武勒、南源、西源、西农、万涯、复和、温弄、古拂、八耽等十州峒的大首领，大理政权曾封其为"坦绰"（意即郡国之王），宋灭南汉后，又"诏授侬民富金紫光禄大夫、检校司空兼御史大夫、上柱国"。皇祐四年（1052年），因居此地的侬智高举兵反抗北宋王朝，当时中原人对岭南不甚了解，所以将广源州及其相邻的广大地区的侬智高同族人均称为"广源州蛮"，用这个称呼来涵盖今广西西南、云南东南的壮族及越南北部的侬人。侬智高起义失败后，侬氏势力受到一定程度的打击，部分侬姓改从他姓或西迁。明代，侬人主要分布在广南府和临安府。清代，广南、开化两府内侬人仍居多数，广西府、临安府、元江府也有许多侬人（龙

人），《临安府志》《元江府志》《续修建水州志》和民国《个旧县志》等均有关于侬人的记载。

（二）沙人支系

宋末元初从"西原蛮"中分离出来，因其首领为沙氏而得名。其中，又有"白沙人"和"黑沙人"之分，自称"布雅衣"或"布侬"，操壮语北部方言之沙话。明清时期，沙人主要集中在广南府富州及广西府维摩州、罗平州和滇中的路南，滇南的元江、个旧、易武、勐腊、勐龙等地也有部分沙人居住。由于长期与傣族生活在一起，许多已改称傣族（傣泐）。《弥勒州志》还载："钟家亦作仲家，即沙人也。"

（三）土僚支系

自称"布傣"或"濮岱"，有时也自称"土族"，他称为"土僚""土佬"或"土老"。其中，又分为平头土僚、搭头土僚、尖头土僚或黑土僚、白土僚、花土僚等数种，操壮语南部方言之土僚话。明清时期，土僚分布于云南省各地，以开化府、临安府居多，广西府、广南府和澄江府也有分布。

体质人类学研究表明，中国壮族属蒙古人种南亚类型，与华南地区两万多年前的广西柳江人近似，而与华北同时期的北京山顶洞人略有不同。最早对中国壮族做体质人类学调查研究的是复旦大学（1963年），其后，广西医学院、中国科学院古脊椎动物与古人类研究所也开展了相关研究，特别以广西中医学院、广西民族研究所、右江民族医学院1992年联合进行的调查研究最为深入。其以活体观察和活体测量并举的方法，对头最大长、头最大宽、额最小宽、面宽、下颌角间宽、容貌面高、形态面高、鼻高、鼻宽、口裂宽、头指数、容貌指数、形态面指数、鼻指数、身高等方面的体质特征进行了系统而又详细的研究，并将壮族的体质形态与我国古人类的体质形态进行了比较。结论是："各地壮族尽管存在较大的体质差异，但总的说来，他们之间还是存在着比较统一的体质特征而区别于其他民族。壮族与我国南方民族比较接近，而与北方民族比较疏远"；"在壮族颅骨主要特征与我国旧石器时代晚期的山顶洞人及柳江人的比较中，现代壮族与柳江人比较接近，而与山顶洞人相去甚远"[①]。基因学研究还表明，现代壮族与傣族、老族、泰族最接近，与两广汉族也接近，但与北方汉族相距甚远。

自公元前5世纪起，我国南方壮侗语诸民族的部分先民，一方面由于秦汉帝国的经略，另一方面也由于人口的增加及生存发展的需要，便不断地从云南向东南亚流动或迁徙，加之当时的南越已经有"西至桐师（今保山市龙陵县）"的通道，并与南方丝绸之路相衔接，使东南亚及南亚的许多民族通过此道与我国壮侗语诸民族频繁交往，促进了双方的经济文化交流。特别是秦汉以后，大量汉族移民迁入广西，使当地壮侗语族诸民族的文化深受来自中原文化的影响，而滇西及东南亚的壮侗语族诸民族则受印度佛教文化影响较大。云南壮族因处于云贵高原与广西百色盆地的接合部，地理环境相对封闭，社会发展也长期处于相对独立和自主的境况，所以受中原文化和印度佛教文化的影响都比较小，其深厚、古朴而又独特的传统文化保持得十分完整。他们的生产方式、生活习俗、思维模式、价值观念及民族性格亦与广西壮族和其他壮侗语诸民族不尽相同，至今仍然保留着自己古朴的语

[①]张声震主编：《壮族通史》（上），北京：民族出版社，1997年版，第74、82页。

言文字、传统宗教、民族服饰及生产生活习俗，且吸收和融合了不同地区和民族的诸多文化精华。云南壮族独特的历史文化，是祖先留给我们的珍贵遗产，也是中华文明的有机组成部分，对进一步揭示我国壮族与傣族、老族、泰族等民族的同源关系，并阐明壮傣语支各族的同根文化及发展我国与东南亚相关国家的睦邻友好关系，增进国际间的经济合作和文化交流，都能发挥很好的作用。

辉煌灿烂的中华文明是多元一体的，壮族首创的"骆田"及以种植水稻为主的稻作文化，与华夏族以种植粟米为主的旱作农业文化一样，都是中华文明的起点之一。壮族、汉族人民对缔造和建设我们伟大的祖国都做出了杰出贡献。壮族的语言，与傣族、老族、泰族等民族的语言一样同古越语有渊源关系，具有中心成分在前的鲜明特点，与汉语在语音、语义和语法上都不相同，但其古老文字的产生、发展却与汉族相似，与傣族、老族、泰族等民族的文字则完全不同。这些均极具学术研究价值。

三、云南壮族的历史分期

云南壮族历史悠久，大致经历了原始氏族部落时期、郡国并存时期、羁縻制度时期、土司制度时期、半殖民地半封建社会时期、中华人民共和国成立后。

（一）原始氏族部落时期

考古证明，人类文化是从石器文化开始的，石器文化又分旧石器文化和新石器文化。我国旧石器文化遍布全国，如长江中游的巫山人和元谋人、华北平原的北京人和山顶洞人、华南地区的柳江人、西南边疆的西畴人等所创造的文化。

从遥远的旧石器时代起，古濮越人就劳动、生活、繁衍在祖国的南方和西南地区，成为我国南方和西南地区原始社会的主要居民之一。

我国新石器文化是从旧石器文化发展而来的，内容更加丰富且各具特色，如北方草原有游牧文化，黄河流域有旱作农业文化，长江、珠江流域乃至滇东南和桂西地区有稻作文化等。古代常把北方称作"胡"，把中原称作"华"，把南方称作"越"，说明中华文明是多元一体的。

在氏族部落时期，濮越人的物质文化产品以大量的有肩石斧、有肩石锛、有段石斧（含靴形石斧、石锛）和几何印纹陶（含绳纹、弦纹夹砂红陶）及各种骨刻器等为代表。这一时期的精神文化产品则以视觉图像为主，如文身和岩画等，特别是文山州境内以麻栗坡大王岩崖画为代表的10余处岩画群，其丰富的图像纹饰和造型，堪称濮越文化艺术的源头活水。

按照摩尔根的理论，母系社会的共同特征是：其一，以血缘为纽带，实行母系继承制，氏族酋长由女性担任；其二，实行氏族外婚，严禁族内通婚；其三，生产方式以采集为主，狩猎为辅，劳动工具由集体所有，产品由集体统一分配；其四，祭祀和战争都由集体统一进行。[1]

在麻栗坡小河洞文化遗址旁约1公里处的大王岩石壁上，有壮族先民用岩石矿粉拌动物血绘制的两个8米高的女人形象，"经鉴定为新石器时代作品，应是小河洞人所绘制"[2]。当地壮族群众至今仍然

---

[1]马克思：《摩尔根〈古代社会〉一书摘要》，北京：人民出版社，1965年版。

[2]戴光禄、何正廷编著：《勐僚西尼故——壮族文化概览》，昆明：云南美术出版社，2006年版，第202页。

把这一岩画当作女神来进行崇拜和祭祀。在壮族社会里，还广泛流传着"娅瓦"的神话传说：世界上所有的人都是"娅瓦"花园中的花朵变成的。"娅瓦"是壮语"花婆"的意思，故"娅瓦"也称"花王圣母"，被人们当作生育神顶礼膜拜。以上情况说明，作为当地壮族先民的句町人，也曾经历了漫长的母系氏族社会。

《史记·西南夷列传》载有与滇"同姓相扶"的"靡莫之属"，其中就包括句町。此"靡莫"究竟是什么？许多学者从汉字的含义去做解释，总是说不通，但我们只要用壮语去做解释，便一说就通，一目了然，其意思十分明确，即专指女巫。"靡"，有的也写作"咪"，壮语为"母"或"女性"的意思；"莫"，有的也写作"摩（麽）"，壮语意即祭司（越巫）或专门吟诵经文的人。"靡莫"或"咪摩（麽）"为壮语的汉字记音，意思就是女祭司或巫婆。这说明春秋战国以前，与滇"同姓相扶"的句町、漏卧、进桑等"靡莫之属"，都是以女巫为酋长的越人氏族部落。

这里的越人及其后裔，均有日鸟崇拜和祭祀森林的习俗。祭祀太阳至今仍是云南壮族的一项重大民俗活动，每年农历的二月或三月，各个村寨的长老、布摩（壮族传统宗教人士）和户主都要选择吉日，集体到村边的"梅塔稳"（太阳神树）之下，用红羽雄鸡进行祭祀，祈求日神保佑风调雨顺、稻谷丰收、人畜兴旺、天下太平。其中，西畴县西洒镇上果村壮族祭祀太阳的活动，是由到河中沐浴净身的妇女来完成的。

在母系氏族社会后期，由于农业和手工业有了较大发展，相应出现了专业化分工和经常性的商品交换。具有自营经济的对偶家庭越来越普遍，这种对偶家庭多以父系为基础，人类社会从此逐步进入父系氏族社会。又由于专业化分工和实物交换的发展，财产日渐积累起来，刺激了掠夺性战争的发展，而出于军事行动或集体防御的需要，部落联盟便产生了。

从旧石器时代到新石器时代中期的漫长过程中，人类学会了经营畜牧业和农业，从单纯地攫取天然物产的掠夺经济转变为以种植、饲养家畜为主的生产经济。特别是农业和家畜饲养业出现以后，人们开始在平原、河旁台地上建立了定居的村落，有了原始的手工业，并能大量生产陶器。许多村落都有公共墓地，从这些集体墓葬的情况看，早期的人类经历了漫长的母系氏族社会。到新石器时代中晚期，濮越人从母系氏族公社逐步发展到父系氏族公社，其生产工具和生活用具是有肩石斧（有的亦称大石铲）、有肩石锛、有段石斧和几何印纹陶。

在距今约3500年前（相当于商周时期），濮越人逐步由原始社会末期的部落联盟向以王权为核心的邦国（方国）过渡，民主公选部落联盟酋长（军事首领）的制度逐步被父子相传的王位继承制所替代。在部落林立的原始社会末期，互不统属的各个氏族部落各自生业，相互兼并，战争频仍。一些弱小的部落逐步被强大的部落所兼并，也有一些部落联合起来，相互结盟，于是逐步形成了骆越、夜郎、滇、句町、漏卧、进桑等众多强大的部落联盟。至春秋战国时期，这些部落联盟的酋长进一步由公选变为世袭，在此基础上，产生了初始的国家。

（二）郡国并存时期

句町人早在公元前8～前4世纪就已经大量生产和使用青铜器，并步入了文明时代，是西南夷"靡莫之属"中赫然独立的"什数"方国之一。公元前221年，秦始皇统一中国，在夜郎、滇和邛都的一些地方设置郡县，派官吏进行管理。秦开"五尺道"，自今四川宜宾南下，经今云南昭通到曲靖地区，但尚未深入到句町一带。公元前206年，刘邦建立汉王朝。公元前111年，汉武帝派兵攻破南越，又折兵北上征服夜郎，在夜郎王管辖的区域内设置牂牁郡。句町首领毋波得知西汉朝廷发兵攻破南越及回师降服夜郎之后，于元鼎六年（前111年）率部归附了汉朝。自此之后，由于中央王朝在当地实行郡县与方国并存的制度，故该方国一直保持到魏晋南北朝时期。其重大的历史事件有：其一，汉武帝封句町首领毋波为侯，以其地置句町县，隶牂牁郡，属益州刺史部。其二，汉昭帝始元年间（前86年～前81年），毋波助汉平定西南地区各部的反叛，"大破益州，斩首捕虏五万余级，获畜产十余万"，因而被提升为王。其三，成帝和平年间（前28～前25年），夜郎与句町和漏卧之间发生战争，句町王因为服从调解，不仅保存了实力，还使自己的政治对手遭到了灭顶之灾，自此日益强大，成为西南地区最强大的方国，不仅控制了益州郡，还控制了牂牁郡的广大地区，统治范围包括今云南省文山州全部、红河州中东部，还有玉溪市、曲靖市和广西百色市以及越南北部的部分地区。其四，公元9年，王莽篡夺汉位，诱杀句町王邯，邯弟承率"三边蛮夷"与新莽政权进行了十余年不屈不挠的斗争，直至公元23年王莽政权垮台、刘秀在洛阳建立东汉王朝并恢复句町王的封号。其五，蜀汉建兴三年（225年）调整行政建制，在句町王控制的"三边蛮夷"地区另立兴古郡，句町国与兴古郡并立，直到南北朝时的梁朝才不见于史。从毋波附汉时开始计算，句町国与郡县并立了613年，这一时期，也可以叫作郡国并存时期。

句町国属于奴隶制社会，由于能够大量制造和广泛使用青铜工具和武器，因而农业经济发达，军事力量强大。政治上，句町王是集军、政大权于一身的方国君王，在国内具有绝对的权威和地位。除采用武力外，神治和巫术在句町国也占有相当重要的地位。经济上，由于掌握了种植水稻技术，"邑聚而居，能耕田"，因而有相当的粮食储备。科技方面，由于系统地掌握了青铜冶炼技术和鎏金技术，并广泛运用于军事、生产和生活各个方面，因此工艺水平较高，器物也非常精美，其羊角钮编钟、铜马、铜俑、铜牌饰等别具一格，特别是其铜鼓的制作工艺，可以说达到了炉火纯青的地步。1919年出土的广南阿章鼓，其布局之严谨、造型之端庄、纹饰之华美、制作之精良，均堪称工艺极品，可与世界上最精美的青铜器相媲美。阿章铜鼓上的"杀牛祭祀图"及其他青铜文物上的各种纹饰图案，反映了句町国在强盛时期社会、经济、文化等诸多方面的发展水平。

（三）羁縻制度时期

唐代，封建朝廷在周边少数民族地区实行了一种特殊的统治制度——羁縻制度。中央王朝对西南各少数民族的"大姓、夷帅"实行招抚，把他们置于邕州都督府、安南都护府或南宁州都督府、姚州都督府的统摄之下；在少数民族聚居区，改隋朝设置的郡、县为羁縻州、县，并利用各族上层首领管理地方事务。据《旧唐书·地理志》载，今滇东南、滇南一带在唐代时分别由严州、秦龙州、归武州、禄索州、龙武州、汤泉州、郎茫州管辖。但由于唐朝政府扶持的南诏"日以骄大"，进而"叛唐"，故滇东南和滇南以侬氏为首领的"僚子部"及以李由独为首的僚人也都改而臣属南诏。僚子部被南诏列入其所属的三十七部之中，由拓东节度所辖的通海都督管理。羁縻府州治下的僚子部成了双方竞相争夺的对象。唐时发生在云南僚子部的重大历史事件有：其一，唐咸通年间，僚部"白衣没命军"二陷安南都护府；其二，唐僖宗乾符年间，唐使徐云虔通过僚人与南诏约和；其三，大理国取代南诏后，攻占滇东南前沿的军事重镇延众（今富宁郎中），并对广源、武勒、南源、西源、西农、万涯、复和、温弄、古

拂、八耽等十州峒僚人的大首领侬民富进行招抚，封他为"坦绰"，其后宋朝廷也诏授侬民富为"金紫光禄大夫、检校司空兼御史大夫、上柱国"，归广南西路邕州统辖，并让其统管滇东南的特磨道一带（今广南、富宁等地）。

宋灭南汉后，"参唐制"，仍然由部族首领世袭知州、权州、知县、知洞等职。滇东南之羁縻州，归广南西路邕州（治今南宁）统辖，其中有八州二县在今滇东南侬人、沙人和土僚聚居地，依次是福州（今广南县）、富州（今富宁县普厅）、峨州（今富宁县剥隘）、罗佐州（今富宁县归朝）、侬内州（今富宁县境内）、西宁州（今富宁县中部）、安宁州（今富宁县里达、睦伦）、那寡州（今富宁县那能乡之那瓜）、罗拱县（今广南县八宝之乐共）、那温县（今文山州境内）。大理为牢牢控制滇东南，还封特磨道首领侬夏诚、侬夏卿为"布燮"（清平官）。大理前期，特磨道隶属于通海节度，后期为秀山郡及最宁镇管辖。由于宋朝政府与大理政权也长期对立，故云南僚子部又成了双方竞相争夺的对象。

宋代，由于交趾独自立国，迫使僚人各部分离开来。僚人首领侬全福、侬智高父子坚决不屈从交趾，但北宋朝廷却拒绝其内附，结果导致了1049～1053年侬智高领导的谋求建立地方政权的大起义。

唐宋时期，僚子部的干栏式建筑以及服饰与体饰的"椎髻""雕题""儋耳""穿胸""著尾"等特点继续保留并有所发展，同时因僮锦的大量生产而使其服饰华丽、形式多样。精美的僚布、点蜡幔和僮锦，成为此时期辉煌的艺术类型之一。

（四）土司制度时期

土司制度是元代开始在我国少数民族地区实施的一种政治制度。

元朝对归附的南部和西南部少数民族首领采取了"土人参用"的政策。在滇东南侬人、沙人和土僚聚居地设置了广南西路宣抚司（辖土富州）、教化三部长官司、王弄山长官司、安南长官司及牛羊土舍、维摩州土舍等。

广南西路宣抚司于元至元十二年（1275年）二月在宋时特磨道的基础上设立，土司侬姓，为"智高之裔"，因其招揽广西许多土官率部投元而升格为宣慰司，后由于元灭南宋时，广西官员与云南官员因归属问题发生争执，经过忽必烈调解，广西土官所部仍回广西，广南又重新定格为宣抚司。明洪武十五年（1382年）曾经改为流官知府，但由于土司势力强大、民族问题复杂等原因，又于洪武十七年（1384年）增设土同知职，并允许土官世袭，实行土流兼治。该土官历经明、清两朝，直至民国末年，是云南壮族土司中统治区域最广、人口最多、时间最长、影响最大的。该土官管辖的土富州土知州为沈氏。

教化三部长官司为元至大元年（1308年）在牙车、强现、教化三部的基础上建立，隶属临安等处宣慰司。长官司长官为龙氏。

王弄山长官司，地在今文山县老回龙一带。《滇志》卷三〇载："王弄山长官司，所部侬人、罗罗、母鸡、濮剌、沙人、阿成七种。"长官司长官为沙氏。

安南长官司，地在今红河州蒙自县老寨一带，元代设舍资千户所，因其地接近交趾，故改名为安南道防送军千户所，明代改为安南长官司。长官司长官亦为沙氏。

牛羊土舍为侬氏，明成化八年（1472年）侬金贵率部前往党犹（今广西靖西）抗击交趾入侵，所战皆捷，胜利后被朝廷授予"牛羊都司"。

王弄山长官司和安南长官司长官为沙氏，明末因沙定洲战败，被南明政权绞杀，其部众在王朔、禄昌贤、张长寿等率领下，仍然控制

19

着滇东南。清康熙四年（1665年）又因王朔等人反清被诛而改流，即废除其世袭土官，与教化三部长官司一并改设开化府，其地由中央王朝直接委派且定期轮换的流官管理。康熙十三年（1674年），又以依宗武从吴三桂反叛为由，削牛羊都司，以其地属开化府。开化府之下分设开化、王弄、安南、永平、东安、乐龙、江那、逢春、新现等九里。

在土司统治时期，云南壮族突出的文化艺术有传统的摩教绘画和雕刻。摩教绘画为表现自然神灵和祖先灵魂的图像，造型夸张，线条简洁流畅，色彩深沉。明清时期，云南壮族土司中发生的重大事件是沙定洲推翻沐氏、王朔反清和改土归流。

（五）半殖民地半封建社会时期

清道光二十年（1840年）爆发了中英鸦片战争，从此拉开了中国近代史的序幕。道光皇帝后，又历经咸丰、同治、光绪、宣统4位皇帝，清政府日益衰败，面对帝国主义列强的不断入侵，被迫签订了一系列不平等条约，主权沦丧，国势衰颓，我国逐步沦为半殖民地半封建社会。在此期间，云南也不断受到英、法等帝国主义国家的威胁。1884年，中法战争爆发，广南土司侬茂先率领3000名土兵、滇军怀远副前营管带李应珍（壮族）率领3000多名"开化民族军"和驻防河口记名总兵覃修纲（壮族）率领的3000名滇军，奉命入越南参加抗法并在战斗中屡建奇功。从法国侵越殃及中国到援越抗法，从《中法越南新约》的签订到滇东南一带督办署与对汛的设立，其后又发生黄明堂领导的河口起义与辛亥革命，近代云南壮族社会的政治状况发生了急剧变化。在中华民族生死存亡的关头，许多仁人志士为救亡图存，不仅提出了许多切中时弊的改革主张，也开展了反帝反封建的浴血奋战，但这一切终究没有改变近代中国陷入半殖民地半封建社会深渊的命运。民国时期，云南统一推行县制，委派流官，各县（区）均实行流官统治。期间，壮族儿女积极参加了抗日战争和红军在滇黔桂边区建立革命根据地开展的武装斗争，谱写了一曲曲反帝反封建的英雄篇章。

这一时期的重大历史事件有：其一，在1884～1885年进行的中法战争中，滇军及云南壮族土兵等积极参加战斗并重伤法军主将，迫使法军溃败南逃；其二，民国时期，滇桂军阀在滇东南、滇南进行激烈的战争，使当地社会经济遭到严重破坏；其三，邓小平、张云逸领导百色起义后，富宁壮族李杏锦、刘家华等先后参加了红七军，并回富宁的七村九弄组织农民武装，创建革命根据地；其四，云南壮族儿女积极参加抗日战争并投身解放战争的洪流。

（六）中华人民共和国成立后

中华人民共和国成立以后，云南省委和文山地委根据《民族区域自治实施纲要》，于1958年3月在文山组织召开了文山州人民代表大会第一次会议，大会通过了《文山僮族苗族自治州各级人民代表大会和各级人民委员会组织条例》，经报请党中央、国务院批准，文山僮族苗族自治州于1958年4月1日正式宣告成立，辖文山、马关、西畴、麻栗坡、砚山、丘北、广南和富宁八县。除文山州外，云南省还先后建立了一些壮族乡：1987年建立师宗县龙庆彝族壮族乡，1988年建立师宗县五龙壮族乡和高良壮族苗族瑶族乡。此外，还有蒙自县多法勒壮族乡（2006年并入文澜镇）、河口县桥头苗族壮族乡等。

民族区域自治制度是中华人民共和国的一项基本政治制度。近年来，在党中央、国务院的亲切关怀和省委、省政府的直接领导下，云南壮族人民又在脱贫攻坚工作中艰苦奋斗、开拓进取，创造了闻名全国的"西畴精神"。

四、云南壮族的传统文化

云南壮族历史悠久，创造并积淀了一整套独具特色的物质文化和精神文化。笔者经过归纳，认为其精粹有以下12个方面：

（一）竜文化

竜，壮语，为"森林"或"山林"的意思，有的壮族也读作"岽"。云南壮族依山傍水建寨，自古崇拜山林，以林中大树作为村社的保护神树，俗称"竜树"，"竜林"覆盖的山坡被叫作"竜山"，进行严格保护。壮族年年"祭竜"，并以之作为村社发展的精神支柱和本民族群体团结的纽带。

（二）那文化

那文化即稻作文化。有关"那"的地名有很多，云南就有近千个，仅文山州就有518个，这是具有壮族历史印记的稻作文明最典型的标志，它表明壮族先民是稻作文明的创造者。"那"演绎了壮家如诗如画的田园生活，孕育了谷种来源的经文、牛王到人间的传说，还由此产生了稻谷神、田坝神等自然神祇。至今，壮族还保留着许多与稻作相关的文化习俗。

（三）饮食文化

壮族的饮食特征是"饭稻羹鱼"，以糯米为主食，特别令人称道的是用天然植物色素制作的七彩花糯米饭。至今，已形成了花饭、香粽、糍粑、饵饻、扁米、竹筒饭等特色主食。大多数壮族同胞喜食酸辣食品和用三七制作的药膳，其特色菜肴有岜夯鸡、酸笋鱼、焖田螺、菊花鸭和三七炖鸡，此外还有烤香猪、腊猪脚、烧肠、油炸蜂蛹、口袋豆腐、香菇、山药等，将这些主副食品与"那榔酒""姑娘茶"搭配在一起，便构成了独具特色的壮族传统饮食文化。

（四）干栏文化

壮族传统民居为干栏式建筑，这是壮族先民为适应炎热潮湿的气候环境和对付毒蛇猛兽侵害而创造的。传统的干栏式建筑多为三层，四垂檐瓦，顶层储粮，中层住人，底层放置农具和饲养牲畜。以三开间或五开间为一幢，家家都有望楼和晒排。历代壮族首领的官邸都是以干栏连环布局为若干相通的走马转阁楼，更显舒适、安全而又气派。干栏式建筑结构的主要特征是全部使用卯榫结构，具有高超的技术水平和丰富的文化内涵。壮族的村寨还建有寨门，河道上建有风雨桥，城镇周围则建有祠、庙、亭、塔，蔚为壮观。

（五）服饰文化

壮族服饰依性别、年龄不同而不同。男装朴素端庄，女装艳丽华贵。平时喜欢着饰绣简略且风格淡雅的青、蓝色衣服，节日则着鲜艳、活泼、张扬的各色衣服，并佩戴银饰和壮锦，特别喜欢精致的银项圈和手镯。壮族少女还爱佩戴绣球和香囊，绣球是表达爱情的信物，香囊则用于防止蚊虫叮咬和防病避邪。壮锦具有浓烈的民族特色，曾是我国四大名锦之一。

（六）节日文化

云南壮族几乎每月都有节日，大致一月两次。其中，最隆重的是过大年、小年和六月七月节；最欢乐的节日是"陇端""三月三"和赶花街。过大年的头等大事是抢先挑新水回家祭祀天地和祖先神灵，并举行"跑马开春"和开年盛会。小年原本是壮族为反抗侵略而殊死奋战后凯旋的父老兄弟补过的年节，其后变成了激励本族男子团结拼搏的节日。六月七月节则是祭祀民族英雄侬智高的节日。"陇端"为春耕大忙前在田坝中进行的盛大交易会。"三月三"和赶花街则是青年男女进行对歌的日子。

（七）歌圩文化

"歌圩"为壮族专门对歌的场所。壮族"自幼习歌"，以好歌善唱著称。歌的内容包括天文地理、神话传说、岁时农事、社会生活、伦理道德、恋爱婚姻等方面。其韵律包括首尾韵、尾腰韵和尾韵。在"歌圩"基础上产生的壮剧，是云南省现存的四大少数民族剧种之一，均用壮语方言演唱，有自己独特的服装、道具和基本曲调。2006年3月在富宁县坡芽村发现的"坡芽歌书"，是十分古老而又极其珍贵的民族文化遗产，现已成为清华、哈佛等著名大学研究的热门。

（八）礼俗文化

云南壮族的礼仪和习俗，是一种以人缘亲和为根本的礼俗文化。在壮族礼俗中，以结婚礼仪和丧葬礼仪最为隆重。壮族结婚后，有"不落夫家"之俗。壮族重视出生礼仪，古代盛行"产翁"习俗。壮

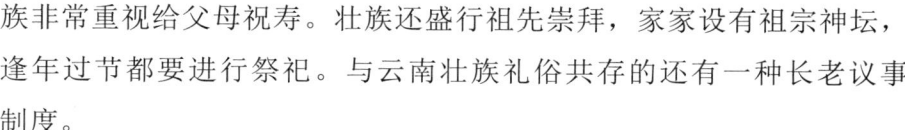

族非常重视给父母祝寿。壮族还盛行祖先崇拜，家家设有祖宗神坛，逢年过节都要进行祭祀。与云南壮族礼俗共存的还有一种长老议事制度。

（九）艺术文化

壮族是一个充满艺术灵性的民族，特别爱好绘画和雕刻，其历史可追溯到古代崖画。云南壮族的崖画集中分布在文山州境内，共有10余个点1700多幅图，其中以麻栗坡的大王岩崖画（高8米、宽6米）最为壮观。这些崖画都是用动物鲜血和铁矿粉作为颜料进行绘制的，表现了当时人们的社会面貌和精神寄托。云南壮族的石雕和木刻，有象、马、狮、鹿、龙、凤、鹤、鹭等物象及布洛陀、布召竜的神像，具有浓厚的民族韵味。当代，马关阿峨新寨壮族农民版画正大放异彩，此外还有许多壮族艺术家的优秀作品。

（十）医药文化

壮族先民生活在南方炎热潮湿的"瘴疠之区"，他们在这样的环境中同各种疾病做斗争，逐步积累了一套医治地方病、多发病的方法。壮医将疾病分为痧、瘴、蛊、毒、风、湿等症，其诊断方法有询诊、目诊、舌诊、脉诊、指诊、耳诊及药物试诊等多种。其治病方法亦有草药疗法、刮痧疗法、针灸疗法、拔罐疗法、滚蛋疗法、药浴疗法、熏蒸疗法、按摩疗法、点穴疗法等10余种。治疗方法以内服中草药为主，外治为辅。壮医验方用药多达3000余种，三七为其当家用药。

（十一）宗教文化

壮族有自己的传统宗教信仰和占卜术——"摩"和"鸡卜"。摩教以始祖神布洛陀为至上神和教主，其宗教职业人员叫"布摩"，其宗教经书叫"司摩"，其宗教法事活动叫"荷摩"。布摩可以结婚，可以食荤，但禁吃狗肉和牛肉。他们都信守摩教的七条戒律：一戒杀慈不救众生；二戒虐待父母长辈；三戒诈陷善良；四戒偷盗抢窃；五戒淫秽乱伦；六戒凶怒傲慢；七戒二奉不专。摩教经文主要有《摩经》和《鸡卜经》。布摩还使用一种叫"甲巴克"的历算与预测器，运用干支推算年、月、日、时，在"甲巴克"上还刻有表示农时栽种、起房盖屋、鸡卜卦象三种内容各异的图纹符号。

（十二）铜鼓文化

壮族是我国使用铜鼓最普遍的民族，至今，铜鼓文化已成为壮族文化的重要标志。文山现有出土和传世的铜鼓138面，涵盖了铜鼓的8个类型（万家坝型、石寨山型、冷水冲型、遵义型、麻江型、北流型、灵山型、西盟型），其中年代最早的万家坝型鼓就有6面之多。古代壮族的王、侯和达官显贵把铜鼓看作是权威和财富的象征，民间则说铜鼓有灵性，能除妖驱邪、造福百姓。近现代铜鼓仍在节日、婚育、丧葬、建新居和传讯中使用。壮族的铜鼓乐舞是使用铜鼓时与之相配套的音乐和舞蹈，是壮族传统稻作生产生活的再现，堪称原生态文化艺术。

上述历史文化是云南壮族在其社会发展的进程中创造的，是壮族的根脉和灵魂及相互认同的心理基础，也是壮族与其他兄弟民族相互区别的重要标志。它雄辩地证明：壮族是一个具有高尚的生活情趣、

诚实的道德情操、自尊自信的民族，也是一个勤劳勇敢、具有进取精神而又热爱祖国的民族。由于云南壮族的文化至今仍然比较完整地保存着古代百越族群的传统文化特质，对研究当代壮傣语支各族同根文化具有极高的学术价值，因而备受国内外学者青睐。

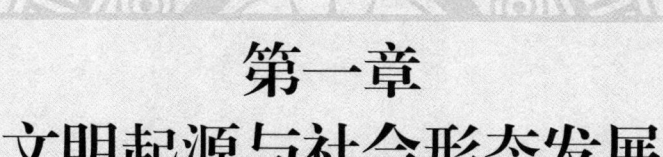

第一章
文明起源与社会形态发展

　　我国的远古人类，可以追溯到800万年前的腊玛古猿禄丰种及500万～400万年前的南方古猿，以及201万年前的巫山人、170万年前的元谋人和71万～23万年前的北京人（晚期"能人"）。巫山人、元谋人和北京人为旧石器时代早期的人类，也称猿人或直立人，他们已学会用火。到距今5万～2万年前，进入旧石器时代中期，此时的人类为早期智人；到距今5万～1万年前，进入旧石器时代晚期，此时的人类为晚期智人。我国的晚期智人化石和文化遗存遍布全国各地，著名的有北京周口店的山顶洞人和广西的柳江人等。人工取火和使用弓箭是旧石器时代晚期的两大发明。在旧石器时代末期，人类开始尝试谷物的栽培和牲畜的驯养。

　　壮族先民聚居的滇东南地区，是康滇古陆的一部分，位于北回归线上的珠江腹地和红河腹地接合部，海拔在800～1600米之间。全地区为热带、亚热带和温带气候，年平均气温在15.8～19.3摄氏度之间，年平均降雨量在1000毫升左右，气候温暖湿润。这里森林密布、河流交错、土地肥沃、草山宽阔，有种类繁多的动植物，喀斯特地貌特征明显，有许多可供遮风避雨的崖厦和溶洞，为原始人类的生存发展提供了良好的条件。在这里先后出土了广南硝洞古猿、西畴马桑洞古猿、马关山车古猿、开远森林古猿等一大批古猿化石，并在西畴茨芨山仙人洞、广南端飒冷水沟的龙脖山洞和坝美者呼的大阴洞、八宝余家岩洞、丘北黑箐龙山洞等处发现了旧石器时代的人类遗址，说明远

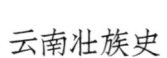

古时代这里就是人类文明的摇篮之一。

同世界上许多古老民族的先民一样，中国历史上第一个社会形态为原始社会。从重庆巫山人算起，中国原始社会的开端距今约200万年，其后在社会组织形式上经历了自原始人群到氏族公社（包括母系氏族公社与父系氏族公社）的演进，在考古学文化分期上前后发生了旧石器时代与新石器时代的更替。在距今约6000～5000年前，中心聚落与普通聚落相结合的农耕定居社会在中国大地上星罗棋布，各聚落之间及聚落内部的社会关系从平等走向初步不平等，并逐渐酝酿着早期文明的萌动。

从旧石器时代到新石器时代中期的漫长过程中，人类学会了经营畜牧业和农业，从单纯攫取天然物产的掠夺经济转变为以种植、饲养家畜为主的生产经济。特别是农业和家畜饲养业出现以后，人们开始在平原、河畔台地上建立了定居的村落，有了原始的手工业，并能大量生产陶器。许多村落都有公共墓地，从这些集体墓葬的情况看，早期的人类经历了漫长的母系氏族社会。考古发现表明，早在距今5万～1万年前的旧石器时代和距今10000～5000年前的新石器时代，便有"西畴人""蒙自人"和"小河洞人"等古人类在珠江上游和元江中游接合部地带的云贵高原中东部地区生息繁衍。先秦时期，这一带的"濮人"和"越人"从母系氏族公社逐步发展到父系氏族公社，以稻作农业为其经济基础，其生产工具和生活用具主要是有肩石斧、有肩石锛、有段石斧和几何印纹陶。他们与种植粟米为主的旱作农业的中原华夏族一样，都对缔造和建设中华文明做出了杰出贡献。

中国是世界文明古国之一，在距今约5000～4000年前，邦国纷纷崛起，并结成邦国联盟。邦国已具有国家的初始形态，并形成了璀璨的邦国都邑文明。在珠江上游和元江中游一带生息繁衍的"濮人""越人"也通过自主发展，从氏族部落步入了国家的发展进程，在长老议事制度的基础上建立了以王权政治为特征的西瓯、骆越、夜郎、滇和句町等许多方国，而句町国的中心就在云南的东南部。他们创造了稻作、铜鼓、歌圩、崖画等诸多灿烂的文化，并形成了日神、地母和花婆崇拜及"摩"和鸡卜信仰。在先秦时期，他们虽然受到中原华夏族的影响，也认同"燧人、伏羲、神农的'三皇'"传说，但依然保持着其原生文化。

第一节　旧石器时代滇东南、滇南地区的文化遗存与社会形态

考古证明，人类文化是从石器文化开始的，石器文化又分为旧石器文化和新石器文化。我国旧石器文化遍布全国，如长江中游的巫山人和元谋人、华北平原的北京人和山顶洞人、华南地区的柳江人、西南边疆的西畴人等所创造的文化。

1937年，我国地质学家卞美年和考古学家贾兰坡，曾在云南省丘北县黑箐龙洞穴采集到2件人工打制石器及烧骨等，同时还找到一些早更新世动物化石，这是云南发现的第一个古文化遗存，

图1-1　"西畴人"洞穴遗址

图1-2　广南县端飒乡冷水沟洞穴遗址

时代为旧石器时代。中华人
民共和国成立后，中国科学
院古脊椎动物与古人类研究
所、云南省博物馆等单位的
文物工作者又在西畴县西洒
镇茨茨山仙人洞发现了"西
畴人"洞穴遗址，在蒙自县
城西南黄家山山腰发现了
"蒙自人"洞穴遗址。继此
之后，相继发现的旧石器时
代遗址还有马关县马白镇花

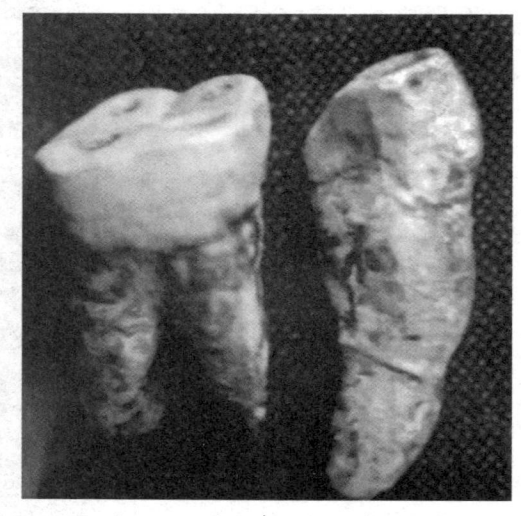

图1-3　"西畴人"牙齿化石

枝格村九龙口洞穴遗址和广南县端飒乡冷水沟洞穴遗址等（见图1-1、
图1-2、图1-3）。

一、滇东南、滇南地区的旧石器时代文化遗址

"西畴人"洞穴遗址是滇东南、滇南旧石器时代文化的代表。该遗址位于西畴县西洒镇东面的芨芨山仙人洞，洞深约120米、高17米、宽3米，1965～1973年中国科学院古脊椎动物与古人类研究所和云南省博物馆等单位的考古工作者，在洞穴堆积层内发掘和清理出5枚古人类牙齿化石，这些人齿分属两个以上的古人类个体，经新的铀系法断代，其年代估计在距今10万～4万年前，属旧石器时代的晚期智人（又称新人）。我国科学工作者将他们定名为"西畴人"。与人齿化石同时发掘出土的还有野马、鹿、野牛、野猪、长臂猿、东方剑齿象、大熊猫、中国犀、柯氏熊等动物的化石32种。1983～1989年进行文物普查时，又在洞内出土了果核化石和炭屑，并在洞穴附近采集到9件打制粗糙的石器。这反映出"西畴人"已经学会用天然石块打造工具，用其从事采集、渔猎等劳动来谋取生活资料，同时还能用火来加工食物和御寒、驱兽。此洞已列为文山州州级文物保护单位。①

"蒙自人"洞穴遗址位于蒙自县城西南黄家山山腰的马鹿洞。1989年发掘出代表5个个体的人类化石10件，分别是头骨化石4件（其中有1件完整的头盖骨，3件系若干块的头骨片复原，头骨片中2件经过火烤）、下颌骨化石2件、肢骨化石2件、牙齿化石2枚，确定为晚期智人化石，命名为"蒙自人"。同时出土的还有89件石器、60件角器及17种动物化石，时代为旧石器时代晚期，当时未做过年代测定，估计距今5万～1万年前。②此外，1972年，考古工作者还在马关九龙口仙人洞发现4件旧石器和大量古生物化石。石器为打击石片、石核，石

①陈德珍、祁国琴：《云南西畴人类化石及其共生的哺乳动物群》，载《古脊椎动物与古人类》1978年第16卷第1期。

②云南省文物考古研究所、文山州文物管理所、红河州文物管理所编著：《云南边境地区（文山州和红河州）考古调查报告》，昆明：云南科技出版社，2008年版，第19页。

质为燧石、水晶等，哺乳动物化石有中国犀、剑齿象、豪猪、大熊猫巴氏亚种、水牛、鹿、麂、虎、小灵猫等，初步判断时代为中晚更新世。同年，又在丘北县黑箐龙村多次调查发现了人工打击的火石、石核、砍砸器以及炭屑、动物烧骨化石等遗物。从地层埋藏、哺乳动物赋含情况看，其时代当为中更新世晚期到晚更新世，距今20万～10万年前。1980年，文物工作者在河口县孤山洞遗址内还发现了东方剑齿象牙齿化石。1982年，又在该洞内堆积物中发掘出用闪长岩砾石打制的刮削器2件和骨针。同时出土的还有中国犀牛、东方剑齿象、鹿、鼠等哺乳动物化石，时代约为旧石器时代晚期。[1]1986年，考古工作者又在距离广南县城6公里的冷水沟龙脖山岩洞里采集到用砾石打制成的砍砸器、刮削器、尖状器等43件和陶片6件，经中国社会科学院考古研究所专家实地考察认定，这是一处距今约5万年前的旧石器时代遗址。同年，又在八宝镇百乐村余家岩洞采集到砍砸器、刮削器及石刀、磨制石斧、弹丸、砺石等石器近100件，另有烧骨、绳纹红陶片等，经专家鉴定为距今1万年前的旧石器时代晚期文化遗址。

以上情况说明，从遥远的旧石器时代起，古濮越人就劳动、生活、繁衍在祖国的西南和南方地区。

二、母系氏族公社时期

旧石器时代中期，随着生产工具的不断改进和创新，生产力有了进一步提高，人类已摆脱杂乱的性交关系，从原来不固定、易于分散的原始群体变为一种较为固定、持久的血缘家族公社组织，这样的社会组织同时构成了最基本的经济单位——母系氏族社会或母系氏族

---

[1] 云南省文物考古研究所、文山州文物管理所、红河州文物管理所编著：《云南边境地区（文山州和红河州）考古调查报告》，昆明：云南科技出版社，2008年版，第20页。

公社。

母系氏族公社实行辈分婚制，这种婚姻习俗后来又逐步形成社会规约和社会组织原则，这是人类社会生活经验的积累，以及思维能力不断提高的结果，是人类自身的巨大进步。恩格斯说："在这里，婚姻集团是按照辈数来划分的。"即"一对配偶的子孙中每一代都互为兄弟姊妹，正因为如此，也互为夫妻"①。到旧石器时代晚期，这种婚姻习俗又逐步被氏族外婚（普那路亚婚或级别婚）所取代，氏族外婚虽然已摆脱辈分婚，但依然处在群婚状态。恩格斯又说："只要存在着群婚，那么世系就只能从母系方面来确定。因此，也只承认女系。"②史学家将这一阶段称之为母系氏族社会或母系氏族公社。到新石器时代早中期，母系氏族公社已经发展到鼎盛时期，并逐步形成一种比较固定而又持久的社会制度。到新石器时代晚期，母系氏族公社开始瓦解，逐步向父系氏族公社过渡。

最早对母系氏族制度进行深入系统研究的是美国学者摩尔根，他通过40年的时间对印地安易洛魁人氏族制度进行了考察，于1877年撰写出版了《古代社会》。他认为：在只知其母不知其父的普那路亚群婚之下产生的氏族只能是母系氏族。母系氏族由一个女祖先和她的子女及其女性后代的子女组成，一直由女性系统向下流传；严禁氏族内部通婚；氏族首领由本氏族内选举产生；氏族成员去世后，其遗产只能由本氏族成员继承。由于母亲与子女同属于一个氏族，所以母亲死后，其遗产可以传给子女，而父亲与子女不属于同一个氏族，所以父亲死后，其子女不能继承遗产，只能由其姐妹和外甥分享。在母系氏

①恩格斯：《家庭、私有制和国家的起源》，见《马克思恩格斯选集》第四卷，北京：人民出版社，1975年版，第31～32页。

②恩格斯：《家庭、私有制和国家的起源》，见《马克思恩格斯选集》第四卷，北京：人民出版社，1975年版，第37页。

族公社，人们往往"知其母，不知其父"，因而母亲对子女拥有所有权，并在经济生活中发挥特别重要的作用，所以妇女在社会上享有崇高地位，受到众人的尊敬。[①]

恩格斯高度评价摩尔根的这一重大发现，认为其"在原始历史的研究方面开辟了一个新时代。母权制氏族成了整个这门科学所围着旋转的轴心。自从它被发现以后，人们才知道，应该朝着什么方向研究和研究什么，以及应该如何去整理所得的结果"[②]。马克思在对其进行深入研究的基础上写下了厚重的《摩尔根〈古代社会〉一书摘要》，在马克思研究的基础上，恩格斯又撰写了《家庭、私有制和国家的起源》这一经典著作。恩格斯指出，氏族社会发展成国家所经历的阶段大致是：母系氏族—胞族—部落—父系氏族—地区部落—部落联盟—民族国家。具体说来，氏族公社是原始社会的基层单位，源于一个共同始祖母，是一群血缘相近的人们，"'氏族的自然起源在于普那路亚家庭'，因此氏族不可能单独产生，它是和部落同时出现的。氏族社会先后经过母系氏族社会、父系氏族社会，大约在铜石并用时代由于私有制的发展而解体"[③]。

恩格斯在《家庭、私有制和国家的起源》一书的序言中首先提到，摩尔根在美国那里按照他自己的方式重新发现了40年前已由马克思发现的历史唯物主义见解，并且他本着这个见解，在把野蛮期和文明期相对照时得出了大致跟马克思相同的结果。摩尔根的伟大成绩，就是他发现并且在主要方面恢复了我们成文历史的这种史前的基础，并从北美印第安人的氏族联系中找到了一把解决希腊史、罗马史和日

①［美］路易斯·亨利·摩尔根：《古代社会》，北京：商务印书馆，1997年版，第382～397页。

②中共中央马克思恩格斯列宁斯大林著作编译局编：《马克思恩格斯全集》第19卷，北京：人民出版社，1963年版，第356页。

③梅朝荣：《人类简史》，武汉：武汉大学出版社，2006年版，第25页。

耳曼史中那些极其重要、至今尚未解决的哑谜。他的著作绝不是一朝一夕的劳动，他研究自己所得的材料，到完全掌握为止，约费了40年的工夫。唯其如此，所以他所著的这本书，乃是今日划时代的少数著作之一。

摩尔根的《古代社会》一书于1877年问世之后，马克思便于1881～1882年研读了这部书，他不仅非常赞赏，而且还做了十分详细的摘录和批语，并打算用唯物主义史观来阐述摩尔根的研究成果。但马克思没有实现这一心愿就逝世了。恩格斯继承了马克思的遗愿，根据他的《摩尔根〈古代社会〉一书摘要》，写出了伟大的经典著作《家庭、私有制和国家的起源》，终于使摩尔根的研究成果得到了马克思主义的科学阐述。其研究的范畴、对象、方法、成果和结论，与摩尔根的《古代社会》有许多共同之处，都是写人类从原始氏族社会到文明社会，即进入阶级社会、国家出现这段时期的历史。

历史学的研究表明，壮族先民在原始社会时，是以一个个母系氏族公社为基本单位的。一切生产资料及劳动产品均归氏族公社集体所有，全体氏族成员在其活动的范围内进行集体劳动，按照年龄和性别进行自然分工。男子主要从事狩猎和捕鱼；妇女主要负责抚养子女，并从事采集活动，包括原始农业、饲养牲畜和各种手工劳动。产品由氏族酋长统一分配。在母系氏族社会里，酋长是本氏族生产、生活的组织者和领导者，由全体氏族成员推选，壮语称为"都老"，对外作为本氏族的代表，一般都由一位年长、能干、有威望的妇女担任。母系氏族公社实行氏族外婚、部落内婚制，氏族内部则禁止通婚。因为那时妇女在社会上处于比男子更加重要的地位，所以在选择配偶和婚姻时，妇女处于主导地位，妇女有权把外氏族的男子娶回本氏族，而她们的兄弟则必须嫁到外氏族去同自己的妻子生活，这就是"女娶男嫁，夫从妻居"的婚俗。氏族内部只有姐妹们及其后代中的女性才能成为本氏族的正式成员，享有对氏族财产及谱系的继承权。她们的兄弟虽然也是本氏族成员，但成年后须出嫁到妻方氏族中生活，他们的后代无论是男是女都属于妻方氏族成员，而他们自己则成为两个不同氏族的人。他们和其姊妹们的一切财产，即他们的氏族财产甚至连同他们在妻方氏族所创造的财富及生活用具，均由他们的外甥女及其女性后代所继承。在这种社会和婚姻制度下，舅舅与外甥子女的关系是最亲近的，因为他们才是属于同一个氏族的人，而其亲生父亲则是外氏族的人。同样的道理，舅舅对外甥子女也拥有比其亲生父亲还要大的保护责任与其他权利。又由于当时的男性必须嫁到妻方氏族中同妻子、儿女共同生活，但他依然是其母系氏族的人，不能算为妻方氏族的成员，所以他死后就不能埋葬在妻方氏族的墓地中，必须由其母系氏族的兄弟姊妹将其尸体抬回埋葬。而南方天气炎热，尸体会很快腐臭，不便及时抬回时，只好暂时"寄葬"在妻方氏族的墓地里，待过三五年皮肉腐烂后再拾骨送回其母系氏族墓地里举行"大葬"仪式，以表明死者依然是其母系氏族的人，从而形成了二次葬（拾骨葬）的风俗。

壮族历史上的母系氏族制，在民族学资料中也有诸多记载。如民间流行的姑舅表婚就是远古对偶婚的遗存，即恩格斯在《家庭、私有制和国家的起源》一书中所称的普那路亚婚或级别婚的遗俗。而舅权制的长期存在也是母权制延续下来的遗风，诸如外甥们的婚嫁、分家、纠纷等一切重大事情，均须请舅父、舅公到场做主方能解决；母亲或祖母死后，必须由其儿孙亲自戴孝到舅父、舅公家报丧，待舅父或舅公到场视尸后，方能入殓埋葬；如果舅父或舅公的姊妹在夫家被人谋害，舅家有权向凶手（包括其夫或亲生子女）讨还血债，索取人命钱，否则就会结怨生事，世代为仇；等等。而壮族依歌择偶所形成的"歌圩"，则与对偶婚相关联；壮族盛行的入赘婚姻，更是从古代"女娶男嫁，夫从妻居"的婚制基础上发展而来的。

到旧石器时代晚期，人类已经懂得人工取火并发明了弓箭。伴随着劳动技术的提高，人类取得了多方面的进步，在云南古濮越人生息繁衍的山洞里，不仅有果核化石、炭屑和大量的动物烧骨化石，而且还有密集的螺蛳壳堆积层，这说明壮族先民们当时已经学会了用火，并以采集山林中植物的根茎和果实、猎捕山林中的野兽、捕捉河流及水塘里的鱼螺蚌类为生。其中，最值得关注的是：人们在进行采集和狩猎的过程中，逐步积累了一些对动植物生长规律的认识，并开始尝试着栽种谷物和驯养牲畜，从而产生了原始农业和家畜饲养业。随着生产活动的发展，先民们开始有了抽象思维，出现了装饰品，还有了埋葬习俗的萌芽。恩格斯曾高度评价弓箭的发明，他说："弓箭对于蒙昧时代，正如铁剑对于野蛮时代和火器对于文明时代一样，乃是决定性的武器。"[①]

三、稻作农业的起源与平等的农耕聚落社会

史学界普遍认为：在旧石器时代末期到新石器时代早期，即"母权制"中期，人类通过长期采集野生植物，已逐步加深了对其特性和生长规律的认识，而后进行人工栽培种植。随着这种人工栽培种植的反复进行与发展，开始有了收获并成为其生活的食物，这标志着原始农业的产生。据农业史专家研究，我国华南及西南地区（包括湖南、广西、广东和云南）的原始先民最早种植的很可能是无性繁殖的芋薯等根块类植物，后来逐渐加深了对野生稻的特性和生长规律的认识，才将野生稻驯化为人工栽培稻的。我国华南和西南地区是野生稻广为

---

①恩格斯：《家庭、私有制和国家的起源》，见《马克思恩格斯选集》第四卷，北京：人民出版社，1995年版，第20页。

分布的地区，据调查，在湖南南部的道县玉蟾岩、广东英德牛栏洞和广西资源晓锦遗址中均发现有距今1万多年前的水稻硅质体，在南宁发现了距今1万年前的稻谷加工工具，而云南广南县坝美镇者乎村大阴洞遗址也在2017年底至2018年初发现了大量旧石器时代至新石器时代晚期的遗存及炭化稻，滇池畔的官渡和元谋县的大墩子等新石器时代文化遗址中亦发现有炭化稻，这些地方都是古濮越人活动的区域。

最早研究和论证壮族先民开创稻作农业的是民族学家徐松石先生，他运用考古资料、民族语言和风俗习惯进行比较研究的方法，并多次深入以"那"命名的地区进行反复考证，最终得出了"那"地名是具有壮族历史印记的稻作文明标志、壮族是岭南的原住民以及壮族与古代越人有密切的关系等结论。"那"为壮语"水田"或"稻田"的意思。他在《泰族僮族粤族考》一书中写道：广西"合浦有那浪、琼山有那环、防城有那良、柳州有那六、来宾有那研、武鸣有那白、宾阳有那村、百色有那崇、邕宁有那关、昭平有那更、平南有那历、天保有那吞、镇边有那坡"，广东"台山有那扶墟、中山有那州村、番禺有都那、新会有那伏、清远有那落村、高要有那落墟、恩平有那吉墟、开平有那波朗、阳江有那兵"，"现在泰国那字地名多至不能尽举，尤其是沿小泰人入境的路线，那字地名更多。例如那利Na-li，那波Na-poue，那当Na-thewn，那地Na-di，那何Na-ho，那沈Na-sane等，这都表明泰国地名与两广地名的联系"①。徐先生的这一"地名研究考证法"后来被国内外许多学者采用。游汝杰先生在对"那"地名的分布进行调查后又指出："那"地名"分布地域连成一片，北界是云南宣威的那乐冲，北纬26度；南界是老挝沙拉湾省的那鲁，北纬16度；东界是广东珠海的那洲，东经113.5度；西界是缅甸掸邦的那龙，

①徐松石：《徐松石民族学研究著作五种》，广州：广东人民出版社，1993年版，第317～318页。

东经97.5度。这些地名的90％以上集中在北纬21度至24度，并且大多
处于河谷平地。根据农业科研部门的调查，这一区域是世界上野生稻
分布最密集的地区，这些地方处于北回归线两侧，属于热带、亚热带
气候，其土壤、雨量、气温、日照都适宜于稻作"[1]。著名考古学家
李昆声先生在其《云南在亚洲栽培稻起源研究中的地位》中也肯定地
说："最早驯化野生稻的民族是古代百越。"[2]广西学者覃乃昌先生则
说："由'那'构成的地域性的地名文化景观，具有极为丰富而深层
次的历史文化内涵，它在一定程度上保存了民族文化史尤其是稻作农
业史的本来面目，是稻作农业起源的鲜明印记。"[3]

　　据粗略统计，云南省冠以"那（纳）"的地名有近千个，而文
山州就有518个，如文山市的那么果、那奎（清水沟）、那莲（以腻
资）、那蚱（裸世蚱）、纳碧（幕底河），广南县的那伦、那洒、
那郎、那朵、龙那，富宁县的那平、那响、那能、那常、那达、那连
（八达），砚山县的那白、那基、那绍、那欠、江那，丘北县的那
红、那保、纳基、纳赛、卡纳，西畴县的那马、那迭、那磨、那白、
董布那（西洒），马关县的那往、那广、那古博、那衣竜、竜那，麻
栗坡县的那登、那都、那宾、那时、那腊，等等。此外，毗邻的红
河、曲靖、玉溪等州市也有许多以"那（纳）"命名的地方，如元阳
县的那里、那炳，弥勒县的洛那，师宗县的纳坡、纳桑、纳厦、纳
非、胃纳，元江县的那路、那整、那堕、章那、竜那，等等。这一切
都表明：云南的确是稻作农业重要的发祥地，这里的壮族先民是世界

---

　　[1]游汝杰：《从语言地理学和历史语言试论亚洲栽培稻的起源和传播》，载《中央民族
学院学报》1980年第3期。

　　[2]李昆声：《云南在亚洲栽培稻起源研究中的地位》，载《云南社会科学》1981年第
1期。

　　[3]覃乃昌：《"那"文化圈论》，载《壮学首届国际学术研讨会论文集》，南宁：广西
民族出版社，2004年版，第501页。

上最早进行水稻栽培的族群之一。

原始稻作农业的出现，结束了壮族先民长期以来单纯依靠攫取自然食物资源为生的状态，开创了食物资源再生产的先河。随着原始稻作农业的发展，农业逐步成为社会主要的生产方式和经济生活来源，从而引起了壮族先民社会生活、社会结构等方面的变化。我国著名考古学家、北京大学文博考古学院的严文明教授指出：古代文明的发生与谷物农业的发展有非常密切的关系。世界上的文明古国无一不是建立在谷物农业高度发展的基础之上的。古巴比伦、古埃及和古印度文明与西亚的小麦、大麦种植有关，玛雅文明与中美洲的玉米和马铃薯种植有关，黄河文明与粟米的种植有关，长江和珠江文明则与水稻种植有关。毫无疑问，壮族先民的水田稻作文化，与中原华夏族以种植粟米为主的旱作农业文化一样，都是中华文明的起点之一。水稻还是世界上重要的粮食作物，全世界约有一半的人口以稻米为主食，壮族先民发明的水稻栽培与汉族先民发明的粟米栽培一样，无疑都是对人类文明做出的杰出贡献。

壮族先民原始稻作农业产生的同时，也开始了最早的饲养业。随着人们狩猎经验的日益丰富，包括使用不同的狩猎方法，如群体围捕刺击、设置陷阱、套索捕捉等，使得捕获的野兽越来越多。当捕获较多的猎物或捉到动物幼崽时，就会把它们暂时喂养起来，待缺少食物时再宰杀。久而久之，一些动物逐渐被驯化，人们便把一些性情温顺的动物饲养起来，使之成为早期的家畜家禽。根据《文山岩画》载，壮族先民最早饲养的动物应该是猪、狗、牛、羊、象、鸡以及鸭、鹅、鸬鹚之类（见图1-4）。

早期的稻作农业和饲养业使攫取经济发展为生产经济。随之而来的便是人们走出山洞，定居于适合农业种植的平坝与河谷地带，建造房屋和村落，培育谷物，栽培蔬菜，饲养家畜，进入农耕聚落生活，

图1-4　《文山岩画》部分图片

为步入文明时代奠定了物质基础。考古发掘表明，中国古代文明的起源既是本土的，又是多元的。

第二节　新石器时代滇东南、滇南地区的文化遗存与社会形态

到距今一万多年前，经过旧石器时代的漫长发展，出现了以磨制的精细石器为特征的文化类型，农业、饲养牲畜有了新的发展和提高，还出现了制陶业，随着人口的日益增多，活动范围也进一步扩大，村落越建越多，人类开始步入新石器时代。滇东南、滇南地区的新石器文化遗址分布较广，最具代表性的是文山州麻栗坡县的小河洞

遗址。该文化的主要特征是：多为洞穴遗址，器物以有肩石斧（包括双肩大石铲）、有肩石锛和石钺（包括独具地域色彩的靴形钺）、有段石斧、石刀和石印模为主，常见的陶器为几何印纹陶釜、陶罐之类。学术界普遍认为：有肩石斧、有肩石锛、有段石斧和几何印纹陶，是古越人创造和使用的典型器物，并将这一具有鲜明地方特点的文化称为先越文化。据此，著名考古学家李昆声先生和肖秋先生在《云南原始文化族系试探》中讲："文山新石器时代文化应与广西、越南北部属同一种类型的文化。应为骆越民族的先民们创造的原始文化。"[①]具体情况如下：

一、滇东南、滇南地区的新石器时代文化遗址

麻栗坡县小河洞遗址是云南新石器时代文化的代表。该遗址位于文山州麻栗坡县城内畴阳河西岸（见图1-5），洞口高出河面6米，洞穴里面宽8米。1975年3月，云南省博物馆的考古工作者在洞内堆积层进行过发掘，出土动物遗骸、有段石斧、有段石锛、有肩石斧、梯形石锛、三角形石刀、鱼形石刻装饰和正方形纹饰的石印模等11件打磨精细的石器及数百片陶片。陶片多为手制夹砂灰褐印纹陶釜、平底陶罐、陶钵等器皿的残片，主要纹饰为绳纹、划纹和附加堆纹。[②]以上石器和陶器均属于新石器时代古人类的遗物。小河洞遗址是文山州第一个经发掘的新石器时代遗址，已被定为州级文物保护单位。

除小河洞遗址外，文山州的新石器文化遗址还有广南县八宝镇板幕龙根洞遗址、百乐余家岩洞穴遗址、乐贡铜木犁遗址、龙根洞遗

---

①李昆声、肖秋：《云南原始文化族系试探》，《云南社会科学》1983年第4期。

②云南省文物考古研究所、文山州文物管理所、红河州文物管理所编著：《云南边境地区（文山州和红河州）考古调查报告》，昆明：云南科技出版社，2008年版，第22～23页。

图1-5　麻栗坡县小河洞遗址

址，珠琳镇上寨飞鸽落洞遗址、篆角乡阿渺布苏洞遗址，坝美镇者乎村大阴洞遗址、革把村遗址、西松小学遗址、莲城镇那们锅盖山遗址、旧莫乡猫街猫洞山遗址，文山市灰土寨遗址，丘北县新寨乡小尖山洞穴遗址，西畴县兴街镇漂漂小寨遗址、东瓜村遗址，西洒镇金钟山北西洒遗址，富宁县龙迈乡龙迈村遗址，等等。[①]其中，1977年在广南县八宝镇板幕龙根洞遗址采集到有肩石斧及有肩有段石锛各1件，并发现夹砂红陶片、炭屑和红烧土，当时文化层尚存0.3米。1983年又在该洞文化层发现螺壳和炭化稻。在珠琳镇上寨飞鸽落洞遗址发现轮

①云南省文物考古研究所、文山州文物管理所、红河州文物管理所编著：《云南边境地区（文山州和红河州）考古调查报告》，昆明：云南科技出版社，2008年版，第22～23页。

制的陶罐、陶钵、平底盘等，其印纹有小方格、绳纹、网纹等，堆积物厚0.9米。1983年在文山县灰土寨遗址采集到人牙、石斧、陶网坠、陶弹丸、砺石及陶片、动物残骨等。斧为磨制长条形。陶器多为红陶及黑陶，以侈口罐类为主，火候较低，纹饰有方格、波浪、弦纹等，调查时文化层厚0.2～0.7米。1983年在西畴县兴街镇漂漂小寨遗址采集到磨制石器20余件，器型有长条形斧、有肩斧、锛、杵、刮削器、弹丸、砺石等，并有部分夹砂粗陶片，调查面积为1000平方米。1984年在广南县乐贡铜木犁遗址采集到砍砸器1件、磨制有肩石斧2件、凹刃石斧1件及其他类型石器35件，并有夹砂红、黑、灰陶片数十片，陶纺轮1件及大量兽骨、炭屑等。在坝美镇革把村遗址采集到有肩石斧、石锛、弹丸、砺石和陶片，陶片皆为夹砂灰陶，器型有罐、钵等，纹饰为素面和绳纹，当时分布面积约300平方米。1985年在广南县坝美镇西松小学遗址出土磨制石器7件，其中有肩有段锛和有肩斧各1件、长条形斧5件。1986年在广南县百乐余家岩洞穴遗址采集到石器近100件，有砍砸器、刮削器及刀、磨制斧、弹丸、砺石以及烧骨、绳纹红陶片。在西畴县东瓜村遗址采集到多件通体磨光的长条形斧、锛。在麻栗坡县董湖村河旁台地遗址发现磨制石器、小陶片及四处散落的螺壳。2017年12月至2018年1月又在广南县坝美镇者乎村大阴洞发现古墓17座、石箭镞14件、石斧6件、石锛7件，还有骨镯、角锥2件以及陶纺轮、陶釜、陶罐、陶杯等，并且有许多灰坑和大量的碳化稻。根据著名考古学家李昆声和肖秋先生的研究，文山州新石器时代文化应该属滇东南地区—小河洞类型。这一类型的新石器时代文化以麻栗坡县小河洞遗址为代表，出土石器有直角双肩石斧、靴形石斧、三角形刮刀，与广西左右江流域和广东、海南出土的石器十分相似。而陶器以夹沙陶为主，纹饰为绳纹、划纹、附加堆纹、波浪纹，器型以釜、罐、钵为主，与我国东南沿海的新石器时代遗址有明显的共性^①（见图1-6）。

　　还须指出的是，云南文山出土的许多大型石斧，如文21（广龙M-5）和文47两件标本（从编号副号以"广"字开头看，可能出自广南县），与广西百色出土的"大石铲"为同一类型。广西学者把此类

图1-6　文山州出土的新石器时代石器

　　①李昆声、肖秋：《论云南与我国东南地区新石器时代的关系》，见《中国考古学会第三次年会论文集》，北京：文物出版社，1981年版。

"百色型"石斧称为"大石铲"或"大石铲文化",并将当时所见的344件石铲划分为3型8式,其中I型为直腰形。后来,佟柱臣先生将大石铲分为4型8式,其中I型为长方形。[①]文21保存完好,呈舌状;毛坯为玄武岩砾石,除柄部末端保留小部分石皮外,其余大部分器身均由石片疤组成,不保留石皮;系采用交互打击法制成,打制程序已包括粗打、成型和精修等工序,因缺少去薄工序而显得钝厚,但尖端韧,两侧刃部有非常细致的精修,使得标本刃缘协调且对称;整个器身的横断面呈菱角方形,长69.8毫米、宽51.0毫米、厚32毫米。文47的毛坯仍为玄武岩砾石,经过两面加工已具手斧雏形,但因一侧有发育节理而未进一步加工,致使其形态不太规整,长75.9毫米、宽50.1毫米、厚21.0毫米。

除文山州外,红河、玉溪等州市也有相同的新石器文化遗址分布。如1993年在个旧市倘甸遗址就出土了一批石器和陶器。石器有斧、刀、球、刮削器、穿孔器。陶器有盘、钵、罐、尊、盆等,以夹砂红陶和泥质红陶为主,少数为黑陶、灰陶,多素面,部分饰绳纹、方格纹。调查时该遗址尚存面积约1000平方米,文化层厚0.1～1.45米。[②]红河县奶托梯级台地村落遗址也出土有夹砂红陶片等新石器时代的文物,遗址总面积6000余平方米。通海县海东村的贝丘文化遗址也出土有梯形石斧、有段石锛、有肩石斧、有段石斧等磨制石器100多件,还有石锤、石凿、石纺轮、石网坠、石印模及印纹陶器等,该遗址于1988～1989年发掘。[③]

---

①郑超雄、李光军:《广西桂南"石铲遗址"试论》;蒋廷瑜、彭书琳:《桂南大石铲研究》,见《广西博物馆建馆60周年论文选集》,南宁:广西民族出版社,1993年版。

②云南省文物考古研究所、文山州文物管理所、红河州文物管理所编著:《云南边境地区(文山州和红河州)考古调查报告》,昆明:云南科技出版社,2008年版,第23页。

③罗祖虞主编:《布依族历史与文化研究》,昆明:云南人民出版社,2007年版,第10页。

新石器时代以使用磨制石器、制造陶器、农业发展、饲养家畜、修建村落等为特征，其中农业的发展是最根本的。农业的发展和定居聚落的出现，是世界上一切农业民族通向文明时代的共同起点。

在新石器时代早中期，人们为了方便生产生活，已经有相当一部分氏族从天然岩洞中迁徙到河旁、湖畔的台地上建屋居住。为了适应炎热潮湿的气候环境和对付毒蛇猛兽的侵害，人们"依树积木以居其上"，建筑干栏式的茅屋，这是壮族先民对居住环境审美观念的升华。有了房子，就意味着有了规模较大的村落，人们过上了相对稳定的生活。恩格斯在描述这种氏族情况时说："这种十分单纯质朴的氏族制度是一种多么美妙的制度啊！没有军队、宪兵和警察，没有贵族、国王、总督、地方官和法官，没有监狱，没有诉讼，而一切都是有条有理的。"又说："一切问题，都由当事人自己解决，在大多数情况下，历来的习俗就把一切调整好了。"[1]

新石器时代早中期是母系氏族公社的鼎盛时期，洞穴和河旁台地贝丘遗址及其文化就是这一时期的产物。最能说明其社会性质的是这类遗址中的墓葬及其所反映的墓葬制度。集体丛葬的墓地多数是屈肢蹲葬，少数是侧身屈肢葬和二次葬，二次葬是母系氏族社会的最好证明。

按照摩尔根的理论，在母系氏族公社全盛时期，男性必须嫁到妻方氏族中，同妻子和儿女共同生活，但他依然是其母系氏族的人，不能算为妻方氏族的成员，所以他死后不能埋葬在妻方氏族墓地中，必须由其原来氏族的兄弟姊妹将其尸体抬回，埋葬在其母系氏族也就是他自己氏族的墓地里，以表明死者依然是本氏族的人。

如前所述，壮族先民在母系氏族公社时期的情况，同摩尔根描述的完全一样，其对死者的处理方式，则形成了壮族"拾骨重葬"的

---

[1]恩格斯：《家庭、私有制和国家的起源》，见《马克思恩格斯选集》第四卷，北京：人民出版社，1975年版，第92页。

传统风俗。又由于妇女在经济生产活动中发挥着重要作用，故其在社会和家庭中的地位普遍较高，其遗风也随着壮族的不断发展而延续下来。《太平寰宇记》卷一五九载：岭南西路"织竹为布，人多蛮僚，妇市，男子坐家"。《岭外代答》亦载："城郭圩市，负贩逐利，率妇人也。"

在母系氏族社会里，每个氏族都有一个共同的女性始祖，作为氏族赖以联系的纽带和象征。因此，氏族通常以她的名字或者与她有特殊联系的某种动植物和自然物的名称来命名，图腾崇拜就此产生。继而又有了以图腾名称作为氏族名称及姓氏的演变。壮族中的侬、黄、韦、宁等大姓，还有莫、罗、陆、欧、兰等望族，便是这样产生的。在壮语里，"侬"（竜或崇）为"森林"，"黄"（宏）为"首领"，"韦"为"水牛"，"宁"为"铜鼓"，"莫"为"黄牛"，"罗"为"飞鸟"，"陆"为"山谷"，"欧"为"青蛙"，"兰"为"竹笋"，这些姓氏均与远古时代的氏族图腾有关。早期的氏族多以图腾为自己的标志，后来这些图腾即转化为姓氏，如以森林为图腾的氏族后来改称侬氏，以水牛为图腾的氏族后来改称韦氏，以黄牛为图腾的氏族后来改称莫氏，以鸟为图腾的氏族后来改称罗（骆）氏，以竹为图腾的氏族后来改称兰氏，等等。

史前岩画是人类社会生产力和文化艺术发展到一定阶段的产物，被誉为"崖壁上的历史文献"。在云南文山，至今还保留有壮族先民们在新石器时代所作的麻栗坡大王岩崖画、岩腊山崖画，西畴蚌谷狮子山洞壁画，砚山平远大山村崖画、卡子崖画，广南田房村仙岩崖画、弄卡崖画、普格崖画，丘北曰者狮子山洞壁画、黑箐龙崖画、普格崖画、红花山崖画，文山喜古顺甸河附近崖壁岩画、杨柳井红字冲岩画等10余处，图形多达1700多个。这些崖画同广西宁明花山崖画一样，皆用动物鲜血和红色的铁矿粉作为颜料进行绘制，这是壮族先民将鲜血和红色视为象征生命及血亲关系的具体体现，也是其作为氏族部落崇拜的圣物形象和自身力量的标志。这些崖画具有写实的淳朴风格，描绘的物象不仅有日、月、鸟、兽等自然物，而且渗透着复杂的人为观念意识，直接反映了壮族先民们在原始氏族社会所处的环境及各种劳动、村落建筑等复杂的生产生活状况。需要特别提出的是，麻栗坡畴阳河畔大王岩上两位8米高、6米宽的女人画像（当地壮族称其为"偶宏岜亮"，意思是"母皇在红岩上的身影"），其身下还绘有顶礼膜拜的祭祀者及祭祀用的动物形象，在此崖画点正上方上侧和左上侧还有两位孕妇图像。这应该是母系氏族社会祭祀祖先神灵及"孕体崇拜"的遗迹，反映了先民们对女性祖先灵魂的崇拜以及对生殖繁衍、生产丰收、人丁兴旺的心理诉求（见图1-7）。可以说这是新石器

图1-7　麻栗坡大王岩崖画（局部）

时代原始氏族部落社会巫术和宗教的附属品。至今，当地壮族妇女仍将其视为女神，每年农历九月初一到初九，都要携带青香、纸钱、酒肉、贡品等上山祭祀。1987年，云南省人民政府将其列为文物保护单位加以保护。

上述这些文山崖画，既记载历史，也传播技能，应该说它是文山文化艺术的源头活水，同时又是用表象方法表示记忆，铸造"造型语汇"，使之能状物记事、表情达意，成为思想交流的一种手段，为后来壮族图画文字的形成奠定了基础。

新石器时代还是人类语言、神话、原始宗教发展的重要时期。由于稻作农业的发展，相关的稻田（那），稻作生产的犁（泰）、收割（环耗）、舂米（萨糇），家居生活的木楼（干栏）、楼梯（莱）、门（都）、柱（叟），家畜家禽中的水牛（歪）、黄牛（莫）、猪（沐）、狗（骂）、羊（咩）、鸡（介）、鸭（别）、鹅（罕），人体器官的头（召）、眼（它）、耳（乎）、嘴（坝）、手（蒙）、脚（卡）、肚（咚），以及天文气象的天（奔法）、地（丁）、云（泮法）、雾（卯）、雨水（南奋）、太阳（塔稳）、月亮（岛登或隆亥）、星星（岛迪）等等一系列骆越古语的基本词汇已经形成，并随着其民族的发展而传承下来。流传于壮族民间的《南咕咙沌奔》（洪水淹天）、《乜丁乜宏》（地母女神）、《布洛陀》（创世大神）等神话传说及原始宗教信仰便是在这一时期形成的。

经历了漫长的母系氏族社会，到新石器时代中晚期，壮族先民开始从母系氏族社会向父系氏族社会过渡。

二、从母系氏族公社过渡到父系氏族公社

到了距今四五千年前的新石器时代晚期，随着古濮越人社会生

产力的提高和稻作农业的发展，男子在农业生产乃至社会活动中发挥了越来越重要的作用，社会地位亦日益提高，妇女则逐步退居次要地位，进而引起了社会组织与结构的变化，延续数万年的母系氏族制度开始瓦解。"父权制"逐步取代"母权制"，社会开始进入父系氏族公社。那么，"父权制"是怎样产生的呢？正确的答案是：随着农业生产成为社会的主要经济部门，使男子在社会与家庭中的地位不断提高而形成。

在"母权制"全盛时期，由于社会生产力有了较大的发展，特别是原始农业、饲养业和制陶业出现以后，新的生产工具和生产技术不断被采用，从而引起了家庭分工的变化。原本在母系氏族公社初期的家庭分工中主要从事狩猎和砍伐山林、开垦荒地等体力劳动的男子，到了母系氏族公社后期，便在水稻生产中显示出其重要地位。他们从事制造、革新石斧（包括大石铲）、石锛、石钺和石刀等生产工具，承担各种农事劳动，使人们赖以生存的稻作农业生产从"火耕水耨"生产阶段发展为铲耕（锄耕）生产阶段。随着生产技术越来越复杂化，体力较强的男子便将主要精力转到农业生产上来，逐步取代妇女而成为农业生产的主要力量，妇女则退居到日益繁杂的社会服务劳动和家务劳动之中。

到母系氏族公社后期，由于妇女在生产和社会活动中所处地位的变化，进而引起社会组织与结构的变化，母系氏族制度逐步没落并开始瓦解，"父权制"渐渐取代"母权制"。

"父权制"社会的初期阶段依然是以氏族公社为基础，氏族酋长仍然由民主选举产生，所不同的是负责管理氏族公社事务的"都老"已由男性取代了女性。而且由于稻作农业的发展，先民们生产的产品除了供氏族成员消费以外，还有一定数量的剩余，这就为私有制的产生及社会分工提供了必要的物质条件。开始时仅仅是氏族酋长掌握着比一般成员更多的生产工具和产品，但后来氏族公社的一般成员中也逐步出现了劳动产品的多少之别，贫富不均的现象开始出现，这就不可避免地引发了氏族公社的解体，原来那种只有由氏族集体共同劳动才能获得必需的生活资料的生产方式，这时已发展为以父系为基础的一个对偶家庭即可进行生产。一方面，随着专业化分工的出现、剩余产品和私有经济的产生，商品交换和以交换为目的的商品生产也在氏族部落及各个家庭之间发展起来。另一方面，由于社会生产力的不断提高，原来那种只有由氏族集体共同劳动才能获得必需的生活资料的生产方式，这时期已发展为一个父氏家庭即可进行生产，因而，父氏个体家庭逐步成为社会的基本经济单位，成年男子不仅在社会上，而且在氏族、部落和家庭中的地位也日益提高，进而成为氏族或部落的领导者，并且日益掌握更多的社会财富。随着一些条件优越的家族不断积累财富，私有观念萌生，贫富分化开始。家庭与婚姻形态改为从夫居，由对偶婚向专偶婚过渡，母系家族转化为父系家族。在这种情况下，原有"母权制"的原则，如世系按女方计算，子女属妻方氏族，财产必须留在氏族内归外甥女们所继承等，已与社会的发展不相适应，于是"产生了利用这个增强了的地位来改变传统的继承制度使之有利于子女的意图"①。而这种"希望把财富传给子女的想法导致把世系由女系过渡到男系时，这时便第一次奠定了父权的坚固基础"②。从此，男性成员便不再出嫁到妻方氏族从妻居，而是要求将妻子娶回本氏族结婚，并要求妻子从夫居，所生子女一律留在本氏族内从父方世系，而他们的姊妹的子女反而不能留在本氏族内，而是归属其夫方氏族，也就是嫁到外氏族去，父系氏族公社从此建立起来。

---

①恩格斯：《家庭、私有制和国家的起源》，见《马克思恩格斯选集》第四卷，北京：人民出版社，1972年版，第51页。

②马克思：《摩尔根〈古代社会〉一书摘要》，北京：人民出版社，1952年版。

新石器时代晚期，壮族先民的父系氏族公社虽然建立了，但并不能在一朝一夕之内完全取代母权制，因为母权制不仅具有数万年以上的漫长历史，而且由于妇女一直在农业生产及产品交换等经济领域起着重要作用，所以造成了母权制同父权制长期并存、互相争夺的局面，母系氏族制度的躯壳及其他一些制度仍然存在。诸如"歌圩""入赘婚姻""哭嫁""不落夫家""产翁"等习俗，便是母权制向父权制过渡时产生的。直到现在，云南壮族还有浓厚的母权制残余存在。

"歌圩"，是壮族在特定时间、地点聚会唱歌的活动形式。"圩"意为"街场"，因"每场聚集人众不下千人"，"唱合竞日"，犹如唱歌的集市，后来人们便把它称为"歌圩"。诗云："岁岁歌圩四月中，欢聚白叟与黄童。"[①]资深壮学研究专家、"壮学丛书"总主编张声震先生在其丛书"总序"中指出，壮族歌圩"当追溯到氏族部落时代的群体祭祀形式和族外群婚制向对偶婚制过渡阶段的社交活动"[②]。

云南壮族从古至今一直传承下来的"歌圩"很多，其中比较著名的有广南的"花街"、富宁的"珑端街"、麻栗坡的"风流街"、丘北和师宗的"三月三"歌会等。因前往参加的青年男女都穿着最新最美的衣服，故许多作家又将其称为"壮乡情人节"。与"歌圩"相关的还有《广南图符壮歌》和《富宁坡芽歌书》。

云南壮族的入赘婚姻，未受到封建礼教的严重歧视和束缚，因而一直流传至今。入赘女婿要改从女方姓氏，可以继承女方父母的遗产，这应该是"母权制"时代"女娶男嫁，夫从妻居"婚制的遗风。

---

①潘其旭：《壮族歌圩研究》，南宁：广西人民出版社，1991年版，第2页。

②张声震：《壮族麽经布洛陀影印译注》，南宁：广西民族出版社，2004年版，第16～17页。

按照当地习俗，三代以后可以"还宗"，即恢复男方姓氏。

"哭嫁"，即新娘在出阁前的夜里，要通宵达旦地唱"哭嫁歌"，音韵和谐，声调高昂，如泣如诉，听者无不凄然泪下。据清《武缘图经》载："僮（壮）女出嫁，前数日，即号哭痛骂也！哭之段落则分为其三：其始怨自身不为男子，俾承宗祀；次则叙其父母的抚养，难报宗恩；继则数其兄弟之鬻己于人，希图谋占家产。"哭嫁歌实质是壮族先民从"女娶男嫁，夫从妻居"婚制转变为"男娶女嫁，妻从夫居"婚制的一种反映。她们的哭诉成为一种习俗，流传至今。广南的《八宝刻木图纹歌书》中便有"哭嫁歌"24首，是即将出嫁的新娘倾诉父母养育之恩及不舍离别亲人而哭诉的歌。

"不落夫家"即女子婚后先不坐家，农忙或过节时才临时回去与丈夫团聚，直到怀孕生子时止。壮族"不落夫家"习俗是"女娶男嫁，夫从妻居"婚俗的一种遗风，也是"夫从妻居"制向"妻从夫居"制过渡的一种婚姻形态。它表现为"母权制"与"父权制"的顽强斗争，以及"父权制"对"母权制"表示的一种妥协与让步。

"产翁"，通俗地讲，即妇女生小孩，男人要"坐月子"。《太平广记》卷四八三引唐尉迟枢撰的《南楚新闻》："南方有獠（僚）妇，生子便起，其夫卧床褥，饮食皆如乳妇。又云：越俗，其妻或诞子，经三日，便浴身于溪河。返，具糜以饲其婿，婿拥衾抑雏，坐于寝榻，称为产翁。"意大利人马可·波罗也曾在滇西傣族中发现有这种风俗："妇女产子，洗后裹以襁褓，产妇立起工作，产妇之夫则抱子卧床四十日，卧床期间受诸亲友贺……据云：妻任大劳，夫当代其受苦也。"元代李京在《云南志略》中也有类似的记载："（妇女）既产，即抱子浴于江，归付其父，动作如故。至于鸡亦雌卵则雄伏之。"文化人类学家认为此俗是原始社会末期男性与女性为争夺对子女的影响和属系权利的一种遗风，是母系社会向父系社会过渡的典型例证。

由于壮族女性作为劳动支柱及在经济活动中发挥的重要作用并没有减弱，所以一些维护母权的习俗仍然能被人们接受并传承下来，加之长期以来形成的尊母心理已成定势，并作为民族的伦理道德教育后代，所以在壮族家庭和社会中，母亲的地位与父亲一样崇高，极少出现性别歧视。人们特别强调自己既为父母所生，长大后又养育子女，就要讲伦理道德：孝敬父母，尊老爱幼。壮族先民还倡导互助互爱、和谐共处以及积德行善的道德行为，并以神谕的方式劝导人们共同遵守，借以维护家庭、氏族乃至整个民族的团结。

三、中心聚落的出现与社会不平等的产生

在新石器时代晚期，由于农业经济比较发达，人口的繁衍十分兴旺，所以社会有了大的分工，私有制逐步产生。又由于农业生产力的提高与粮食储备的增加，进一步促进了饲养业的发展。而随着农业和家畜饲养业的发展，人们便开始在平坝及河旁台地上建立起定居的村落，并大量生产陶器，发展原始的手工业，为聚落生活的安定提供保障。

文山州广南县余家岩遗址的绳纹红陶，铜木犁遗址的夹砂红、黑、灰陶，龙根洞遗址的夹砂红陶，革把村遗址的夹砂灰陶，等等，其纹饰多为绳纹、网纹、米字纹、花瓣纹、圆瓣纹等，其器物有敞口或卷口平底罐、圈足浅底盘、圆底釜和钵、鼓腹圈足壶及陶盆、陶碗、纺轮、网坠和弹丸等。其中釜、罐、钵为炊煮器，壶、盆为容器，盘、碗为饮食器，纺轮、网坠和弹丸为纺线及渔猎工具。陶器多为手捏的，表面有刮削或打磨的痕迹，底部多残留有稻壳或树叶印纹，估计原来是为脱坯方便，在陶坯的底部有意铺垫一些植物叶壳，

以防泥坯与地面粘连。晚期陶器多用转轮制坯，轮盘为木制，中间有一木棒，木棒的下端插入地面的圆形小坑内，上端与轮盘齐平。使用时先将揉好的陶泥放在轮盘上，轮盘有用手转动的，也有用脚拨动转轮的。转轮制的坯表面比较光滑。烧制的方法一般有两种：一是露天烧制，一是用窑烧制。露天烧制的方法是将制好的陶坯和稻草、木柴一起堆放在露天里，然后在上面加上用草拌泥的外壳，留出火口和通风孔，随后点火烧造。当烧到一定程度时，打去外壳，即可得到烧好的陶器。用窑烧制则是将陶坯分层放进窑子里，再用干草、木柴烧造。用窑烧制的陶器火候都比较足，因而也更加结实美观。陶器制作工艺与石器磨光技术和原始农业一样，是衡量新石器时代人类发明创造和技术进步的主要标志之一，陶器制作工艺的产生和发展，不仅可以指示史前工艺技术的演变，有时候甚至可以指示经济形态的变化。而"几何印纹陶"则成了"百越文化"的标志性器物。

中原地区在距今7000～5000年前的仰韶文化时期，就已经萌生了私有观念和私有制，不仅父系家族的贫富分化明显，而且聚落内部也出现了贫富分化和贵族阶层（墓葬悬殊），中心聚落与普通聚落的关系也不平等。中心聚落是用围墙或壕沟围起来的村落，这里既是权力和经济的中心，也是宗教祭祀的中心；规模宏大的庙宇和祭坛成为部落群或部族崇拜共同祖先的圣地；酋长通过主持祭祀祖先和天地社稷来提升和扩大自己的权力，使其等级地位更加巩固和发展，并使之更加神圣。①

据司马迁《史记·西南夷列传》载："西南夷君长以什数，夜郎最大；其西靡莫之属以什数，滇最大；自滇以北君长以什数，邛都最大；此皆椎结，耕田，有邑聚。"经研究，此书讲的"椎结，耕田，

①中国社会科学院历史研究所编：《简明中国历史读本》，北京：中国社会科学出版社，2012年版，第33页。

有邑聚"的"靡莫之属"，就是壮族的先民。

"靡莫"，过去许多学者用汉字的含义去做解释，总是说不通，其实"靡莫"是用汉字记的壮语。"靡"，有的也写作"咪"或"乜"，为"母"或"女性"的意思；"莫"，有的也写作"摩（麽）"，意即巫师或"专门吟诵经文的人"。"靡莫"或"咪摩（麽）"翻译成汉语，意思就是女巫师，"靡莫之属"就是以女巫为酋长或邑君的氏族部落集团。云南还有许多以"马龙"或"曼竜"命名的地方，这也是用汉字记的壮语，"马（曼）"意为"聚落"或"村寨"，"龙（竜）"意为"大"，"马龙（曼竜）"即"大的邑聚或村落"。

另据《华阳国志·南中志》载："南中，在昔盖夷越之地，滇濮、句町、夜郎……"句町列在滇濮之后、夜郎之前，而著名历史学家方国瑜先生则说："汉初设治之句町、进桑，在春秋战国时已有部族组织。"[1]这说明在先秦时期，与滇"同姓相扶"的句町、漏卧、进桑等"以什数"计的西南夷，都曾经是以女巫为酋长的氏族部落。

世界上凡有悠久历史的古老民族，都曾经历过由具有血缘关系的氏族，逐步扩大到具有亲缘关系的部落或部落集团的过程。辉煌灿烂的中华文明是多元一体的，我国著名社会学家费孝通先生就指出："我们可以推定早在公元前6000年前，中华大地上已存在了分别聚居在不同地区的许多集团。新石器时代各地不同的文化区可以作为我们认识中华民族多元一体格局的起点。"[2]

---

① 方国瑜：《云南地方史讲义》（上），云南广播电视大学，1983年内部发行，第38页。

② 费孝通：《中华民族多元一体格局》，北京：中央民族大学出版社，1989年版，第4页。

第三节　滇东南、滇南地区部落联盟与国家的产生

尧舜至商周时期，中华大地上的部落联盟逐渐过渡为国家。根据恩格斯在《家庭、私有制和国家的起源》中的论述可知，从氏族制度发展成国家所经历的阶段大致是：母系氏族—胞族—部落—父系氏族—地区部落—部落联盟—民族国家。我国著名的历史学家苏秉琦先生也指出：文明起源是"从氏族到国家"一路发展而来的。[①]中国的史前社会正是如此，在经历了社会关系不平等的中心聚落阶段之后，到距今5000～4000年前，便迎来了早期文明，出现了城邑与国家的初始形态。2012年7月，中国社会科学院历史研究所新编的《简明中国历史读本》认为：古代中国早期的国家为邦国，其形成时间是考古学上的龙山文化、红山文化时期。

龙山文化在黄河流域，以山西襄汾县的陶寺遗址为其都邑；红山文化在西辽河流域的凌源、建平，在该遗址中出土了一尊相当于真人大小的女性头像和孕妇神像。[②]经C-14测定，两地文化遗址的年代约在距今5000～4100年前，属于尧舜时期。尧为陶唐氏的邦君，舜为有虞氏的邦君，他们又都是邦国联盟的盟主。除陶寺之外，河南、山东的龙山文化遗址，浙江、上海的良渚文化遗址，湖北的石家河文化遗址等，也都有城邑和贵族墓葬，说明当时的邦国有一大批。故《尚书·尧典》有"协和万邦"之说，《汉书·地理志》也讲尧舜时期"协

---

①苏秉琦主编：《中国通史》第二卷《远古时代》，上海：上海人民出版社，1994年版，第2页。
②步近智、张安奇：《中国学术思想史稿》，北京：中国社会科学出版社，2007年版，第17页。

同万国"，到周初还有1800国。[1]

除中原华夏族各个部落发展而成的许多邦国外，华南和西南夷地区的越人部落或濮人部落亦发展成了由邑君长统治的西瓯、骆越、夜郎、滇、句町、漏卧、进桑等若干组"以什数"计的边疆邦国（方国）。

一、部落战争与部落联盟

从部落联盟到国家的产生，即文明和国家起源的过程中，由于专业性分工和实物交换的发展，财产日渐积累起来，各个部落之间为掠夺人口和抢劫粮食、财物而经常发生战争，故部落成员既是农民、猎手，又是战士。恩格斯说："他们把可耻的掠夺当作比创造的劳动更容易，甚至更加光荣的事情。"[2]在部落联盟中，实行着一种民主制度，即酋长会议管理民政，军事首长管理军事、司法和宗教等事务。出于军事行动或集体防御的需要，部落联盟实行军事民主制，由各个部落共同推选军事首长，并公认其为领袖人物。

华南和西南夷中的西瓯、骆越、夜郎、滇及与之"同姓相扶"的句町、漏卧、进桑等"以什数"计的部落联盟，是否也有酋长会议及军事首长并实行了"军事民主制度"呢？史籍均无记载。但我们从中华人民共和国成立之前云南壮族社会都还保持着"寨老制"的情况看，认为其先民在秦汉以前的部落联盟时，是曾经实行过由村寨长老（史籍亦称"都老"）主持民主议事制度的。

中华人民共和国成立前云南壮族社会保持的"寨老制"，是一

---

①中国社会科学院历史研究所：《简明中国历史读本》，北京：中国社会科学出版社，2012年版，第41页。

②恩格斯：《家庭、私有制和国家的起源》，见《马克思恩格斯选集》第四卷，北京：人民出版社，1972年版，第19页。

种民主管理的社会制度,即寨老议事制度。寨老由村民推选产生,条件是村中辈分最高、处事公道、德高望重且夫妻双全的男性老人。寨老主持全村男性老人参加议事会议,商定管理村寨的各种重大事项,诸如制定村规民约、保护森林水源、修筑道路桥梁和水沟、调解村民纠纷、组织防火防盗、确定与周边村寨的土地疆界等。寨老还与布摩(宗教人士)一道主持全村的宗教祭祀活动。寨老议事一般都在村中的"老人厅"里进行。老人厅是壮族村寨长老会同全村男性老人聚会议事和举行社祭的场所,壮语叫作"厅索"或"厅祊",一般是一开间,多数地方的老人厅只有一层,内设村社神龛,摆设有桌凳,供村中长老、布摩及全村男性老人每年正月初三、十五聚会或供奉社神、进行庙算使用。遇到全民族共同的重大节日、庆典活动,则由承头村寨的寨老负责召集各村寨老共同商议相关事项并具体组织实施。承头

图1-8 马关县现存的龙哈老人厅外景

图1-9 马关县现存的龙哈老人厅内景

村寨一般是轮流担任，也有实力雄厚的村寨主动承头的。遇有战争或械斗，则由各村寨老联席会议公推武艺高强、英勇善战的成年男子为军事首领，率领族中的青壮年男子携武器迎击来犯之敌，或前去报复世代结怨及有重大利益纠葛的其他村寨。笔者认为，这应该就是古代部落酋长议事制度的遗存。老人厅是壮族比较特殊的公共设施，只准许本村男性老人进入（见图1-8、图1-9）。

"句町"是西南夷中较大也是比较显赫的部落联盟。《辞海》中说："句町，古县名。'句'，一作钩。古句町国地，西汉元鼎六年（前111年）置县。"[1]"句"或"钩"，意思是"九"或"最大数"，"町"的含义则是"红、亲（联姻）"和"结盟"。云南壮族先民的各个支系都尚红，以红色和鲜血作为生命和力量的象征，他们以"町"来论"血缘亲疏"，"町"者即互称"毕侬（兄弟或姐

①辞海编辑委员会编：《辞海》（缩印本），上海：上海辞书出版社，1980年版，第328页。

妹）"。他们称有血亲关系的氏族部落或村社为"版毕勐侬"或"版侬勐毕"（姐妹之乡或弟兄之邦）。按壮语来解释"句町"，意思就是"九部联盟"或"多氏族部落联盟"。《华阳国志》载：兴古郡的"九县之民"皆为鸠僚，蜀汉时的兴古郡是在两汉时句町国的基础上设立的，可见"九县之民"其实就是原本的九个部落。著名历史学家方国瑜先生说："壮人是古越人的后裔。云南东南部的侬人、沙人和僚人，也是壮语族的支系，古为句町部族。"他还说："从各方面的记载来看……句町为壮，可能主要是侬人；南盘江以北的漏卧人，可能主要是沙人；而红河以东的进桑，可能主要是土族人，这些集团都属于壮语族，有亲密的历史渊源。"而从他们与岭南的西瓯、骆越等部落联盟都把布洛陀尊崇为始祖神、智慧神的情况来看，句町等部落联盟或部族应与西瓯、骆越同属一个民族群体。

云南壮族经诗《摩荷泰·找官篇》还讲：在古代，由于社会发展，矛盾日增，仇杀不断，人们为了得到一个和平安宁的生产生活环境，便到处去寻找品格高尚、学识渊博的人来做官。经过六七次考察，最后确定了一位知书达理的人。这位首领管到黑水边、红河边和谷昌坝，在他的管理下，百姓的粮食吃不完，盐巴足够用。该篇还专门讲：勐道（广南）的官很好，兴修了许多水利设施，还在他管辖区内设了48个"牛田"（单位），养了3000匹马。[①]

二、邦国的产生

句町部落联盟或部族是如何发展为国家的呢？史籍均无记载。但在古老的《鸡卜经》里，却载录了壮族先民们"保寨""打贼""征

---

① 何正廷主编：《壮族经诗译注》，昆明：云南人民出版社，2004年版，第117～128页。

战""兵戈""出兵全回""祈贼不来""报信不通"等情况，说明当时村寨之间或是为了掠夺财物，或是互相兼并而经常发生军事冲突，有的更是发展为部落之间的战争。笔者从已搜集到的32本《鸡卜经》的卜辞内容统计，其中载录"打贼"一项的就有1924条之多[1]，说明其战争的频繁程度。从卜辞描述的战争来看，最主要的目的是掠夺人口，其掠夺人口的数目不等，少则几人，多则上万人。"打贼夺得三十头人口"，"打贼捉得奴婢四索，吉"，"打贼捉得一百八十四索，吉"，"打贼杀得三十二头，人口二千名，祭吉"，"打贼见大旺军，杀得四十路，捉得二万人"，等等。

以上载录还说明，各个氏族部落之间进行战争的目的有二：一是掠夺奴隶，抢劫财物；二是"攻城略地"。在滇东南和桂西地区的壮族各个支系中，每年农历正月最末一天至二月初二都要统一过"小年节"。这个节日的来历很特殊，相传在古代，敌兵大举入侵，为保卫家园，壮族先民把"博勒"（父子）、"奥兰"（叔侄）、"毕侬"（兄弟）全部组织起来，武装奔赴前线，抗击入侵之敌。大年三十到了，残酷的战争仍在进行，各家各户只有妇女领着小孩过年。经过全体民众的殊死拼搏，浴血奋战，终于打败了侵略者，赢得了战争的胜利。为给凯旋的父老兄弟庆功洗尘，这里的壮族民众就决定再补过一个年节，为了与岁末的年节相区别，这个年节就叫"小年节"，又由于这个节日是专门为父老兄弟（男性）过的，故称"景博"，即"父亲节"。父亲节后来成了当地壮族专门激励本族男子团结拼搏的节日。

青铜器的发明促进了生产力的巨大发展，而生产资料和生活资料的私有则导致了生产关系的变更，掠夺财富和抢占良田、矿山等自然资源的战争规模变得更大，也更加残酷激烈。在日益频繁的战争过程

---

[1]何正廷、欧薇薇主编：《壮族鸡卜经影印译注》"前言"，南宁：广西民族出版社，2013年版。

中，军事首长的作用越来越重要，其权势也随之越来越大。而每当一个氏族战胜另一个氏族后，正如马克思、恩格斯所说："氏族制度的机关便必须转化为国家机关，并且为时势所迫，这种转化还得非常迅速地进行。但是，征服者民族的最近的代表人是军事首长。被征服地区对内对外的安全，要求增大他们的权力。于是军事首长的权力变为王权的时机便来到了。"①壮族先民生息繁衍的西南和华南地区也和中原的情况一样，由于军事首长权力的增长，在部落联盟制下的军事首长最后便被父死子继或兄终弟及的情况所取代，民主选举军事首长的制度逐步变成了世袭的君主制。于是初始的国家便产生了。学术界普遍认为，青铜文化是早期国家文明的重要标志。从广南小尖山等地出现的属于较高等级的"邑君"墓葬和广南的沙果与者偏、文山的平坝、砚山的大各大、丘北的草皮村出土的6面万家坝型铜鼓及邻近的蒙自鸣鹫出土的1面万家坝型铜鼓等情况看，这里的先民们早在春秋中期以前（前8～前6世纪）便已步入了青铜时代，其社会也由氏族部落及部落联盟向初始的国家（邦国）过渡。

学术界一般认为，战国至秦汉之际，西南夷地区大部分已经进入了奴隶制社会。句町地处祖国西南边疆，进入奴隶制社会的时间比中原地区晚。许多学者研究认为：句町也是在战国至秦汉时期才进入奴隶制社会的。笔者基本赞同这一观点，而且还须指出的是，句町国的奴隶制社会形态也与中原地区一样，是一种分等级的奴隶占有制。

远在氏族制末期，部落之间发生战争，最初凡是在战争中所获的俘虏，不分男女老少，无不杀死，或者把他们作为人祭的牺牲。但后来渐渐地将其中美丽的女性、可爱的幼童或者有特殊技能的俘虏豢养起来，有的还被宠爱或收为养子。他（她）们住在主人的家里，主要

①马克思、恩格斯著，中共中央马克思恩格斯列宁斯大林著作编译局译：《马克思恩格斯选集》第四卷，北京：人民出版社，1972年版，第148页。

从事家内劳动，如烧饭做菜、纺织、做衣服、带孩子、养牛马……由于职务不同，也有等级的差别，最高等级的奴隶就是管家奴隶，在中原地区叫作"冢宰"，而在句町则叫作"奴头"或"老奴"。

至今仍在文山传承的壮族《鸡卜经》里，也有关于古代氏族部落之间频繁发生战争，掠夺人口，抢劫粮食、财物的载录，其卜辞里就有"打贼夺得三十头人口""打贼捉得奴婢四索，吉"等上千条之多，说明古代壮族先民曾有过掳掠奴隶和财物的情况。这是人类社会自原始社会向奴隶制国家过渡时普遍存在的一种现象。当时的社会组织都带有浓厚的军事色彩，部落成员既是农民、猎手，又是战士。壮族先民掠夺奴隶和财物的情况，应该是处在句町从氏族部落进入方国的时代。另一壮族古籍《布洛陀经诗》又载："王去征战做贼（指当军事首领或武士），做贼问得不吉祥的鸡卜卦兆（帝卦），王就祈祷请神灵来解鸡卜凶兆，王的宝刀抽出鞘，王攻城寨全攻下，王撬寨墙全倒塌，征战中掠得三千件衣服，征战中虏得白头老奴（有威望的奴隶头目），征战中俘得红颜美女。"[1]壮语称国王为"宏"，称邑君或邑长为"召"或"赛"，称有威望的奴隶头目为"魁（恢）吉"，称家内奴隶为"勒魁"，称在田里劳动的奴隶为"勒那"，称在手工工场中劳动的奴隶为"勒掩"，奴隶中的美女被王公贵族纳妾后所生的子女，也多因血缘关系而得到父亲的宠爱，这应该都是奴隶制社会的遗存。以上情况说明，壮族先民从句町氏族部落发展为句町国，其社会形态的发展变化情况与中原华夏族的情况大同小异，虽然它比中原地区晚了若干个世纪。

从国家是由氏族—部落—部落联盟发展而成的规律看，句町应当是壮族先民多个氏族或部族在句町、漏卧、进桑等部落联盟的基础

---

[1]张声震主编：《布洛陀经诗译注》，南宁：广西人民出版社，1991年版，第1191~1193页。

上建立起来的一个古老国家。在句町国里，虽然社会的主体已经是奴隶制，但还有大量的自由民，他们是原来句町氏族部落的成员，对句町君王必须上缴一定数额的赋税。云南壮族经诗《摩荷泰·赋税篇》说：古代原本没有赋税，首先是大家为共同利益而凑粮、凑银两应付自卫性战争而兴起的。为了集结战士，为了准备武器，为了后勤供给，"父皇"（民族首领）就要"聚拢金钱和粮食，收取粮食和银子"。战争结束以后，为了地方其他事务的需要，"父皇"又把收粮收钱变成惯例，由各村各寨或"牛田"来分担，由各地的平民百姓缴纳，而且要求逐渐提高，还"兴把税谷舂成白米"，在这样的情况下才发展成为赋税的。①

古句町国，虽然在西汉司马迁所著的《史记》中尚无记载，但许多专家学者都认为：《史记·西南夷列传》中关于"西南夷君长以什数"中，就包括了句町。

第四节　云南壮族原始宗教、思想文化与科学技术的产生与发展

云南壮族自古就有自己原始的宗教，开始时信仰"万物有灵"，后来发展为"摩"与"鸡卜"。其活动影响到当时社会生产、生活的各个领域。而其丰富多彩的原生态文化，包括诗歌、绘画、图符等，又都体现了壮族先民特有的文化艺术水平。

---

①何正廷主编：《壮族经诗译注》，昆明：云南人民出版社，2004年版，第139～143页。

一、原始宗教

云南壮族的历史悠久，源远流长。早在母系氏族社会时期，壮族先民便产生了"万物有灵"的观念，他们崇拜天地自然和祖先神灵，惧怕被鬼神伤害。在他们的观念里，整个大自然分为天、地、水三界。天为上界，有"博发"（天公）管着，天神之中，"以日为尊"；地为中界，由"乜丁"（地母）管着，人们所能获得的一切都是地母的恩赐；水为下界，由"都额"（鳄精或蛟龙）管着，水能随冷热变化，"热变雾升天，冷变雨落地"，它又是人类和所有生物赖以生存的基本元素，因此人们每年岁首的第一件大事，就是抢先挑新水回家敬神，祈求风调雨顺、谷物丰收、人畜兴旺。

壮族对日神太阳尤为崇敬和畏惧，因为太阳不仅能够给人以光明和温暖，而且还能够使天干地旱，特别是与太阳相关的四时交替、节气变更、降雨多少，都直接影响到水稻收成的好坏，如果对它不敬，它便会用酷热、干旱、雷劈和狂风暴雨予以严惩，所以大家对太阳特别敬畏。又由于大地是人类生息繁衍的唯一场所，地上有山川河流、万千生物，地下还有金银宝藏，都是大家赖以生存的物质，因此对地母也十分崇拜，年年祭祀。

原本壮族先民不懂得男女性交与生育之间的关系，认为妇女怀孕是花婆赐予花的结果，说花婆是生殖之神，人是由花朵变成的，因而产生了花婆崇拜。随着社会的发展进步，人们直观地看到婴儿的出生，从而产生了女性崇拜，认为女性是创造人类之神。在母系氏族社会兴盛的新石器时代早中期，由于稻作农业、饲养业均有了较大发展，人们更加认识到土地的重要性，他们便把土地孕育滋养万物和女性的生育联系起来，认为大地生长万物和女性的生育一样，于是生殖崇拜又发展成为地母崇拜。

壮族还十分崇拜自己的祖先。他们认为：先辈的骸骨是儿孙的本，儿孙的形体是先辈的枝，本与枝会相互感应；自己与祖先血脉相连，祖先们与自己的关系最密切，他们不仅生前是本氏族的创业者，承担着养育后代的职责，确保本氏族的繁衍与发展，而且死后仍然会竭力保佑其后代亲属安全，为之消灾祛难。因此，他们十分虔诚地崇拜逝去的祖先神灵。

从古至今，云南壮族还特别敬仰并虔诚地崇拜"竜（山林）"。他们把"竜"中的神树分为"太阳神树""社神树"和"始祖神树"3种，每年都必须进行祭祀，祈求风调雨顺、五谷丰登、人畜兴旺、天下太平。当中，尤以西畴县西洒镇上果村壮族妇女到河中沐浴净身后去祭拜太阳神树的活动最为特别，也最为古老。他们还认为："竜"的圣洁能免除疾病、瘟疫，预防自然灾害，有"竜"环抱的村寨，人能健康长寿，衣食无忧。

从社会发展的角度看，壮族的花婆崇拜反映的应该是旧石器时代晚期感生观念的某些社会特征；女性生殖崇拜和地母崇拜及祖先崇拜反映的则是新石器时代性生观念及其发展为一种信仰的某些社会特征。花婆崇拜、女性生殖崇拜、地母崇拜、祖先崇拜以及"竜"崇拜，一并构成了壮族先民的原始宗教信仰体系。可以说在壮族先民的意识中，一切事物都有神灵鬼魂。正如白寿彝先生所说："恐惧创造神。"[①]壮族对这些鬼神更多的是畏惧，进而祈求以至崇拜。万物有灵、鬼神观念，折射出壮族的社会发展历程，反映了壮族先民寄托并借助神力来协调人与自然、人与社会、人与人之间的关系，以祈求生存和发展的强烈愿望。

在原始社会，每一个氏族或部落都有负责组织或主持日常迎神

---

①白寿彝主编：《中国通史》第一卷《导论》，上海：上海人民出版社，1989年版，第253页。

驱鬼等祭祀仪式或占卜活动的巫师。巫师既掌握了祈神和念咒，又掌握了预见未来的神圣职责，无形中他们的权力是最神圣高尚的，因此，巫师往往是氏族部落的酋长和头人，他们正是通过主持一系列的祭祀仪式使得自己已掌握的权力进一步上升和扩大，使其等级地位更加巩固和发展，并且还使这种权力本身变得神圣起来。华南和西南地区壮族的巫师叫"乜摩"（女巫）和"布摩"（男巫）。"靡"或"乜"，为母或女性的意思；"莫"或"摩"，指摩教或专做摩教法事活动的人，说明春秋战国以前与滇"同姓相扶"的句町、漏卧、进桑等"靡莫之属"，都是以女巫为酋长的越人氏族部落。后来从氏族部落发展为古国，做摩教法事活动的人也有男性，人们即称其为"布摩"（"布"的意思是男性长老）。古籍中通常又把壮族先民中的男女巫师叫作"越祝"或"越巫"。

　　占卜是古代预测、验证吉凶的方法，和宗教密切相关，从古代到现在都可以在宗教文化中发现占卜的存在。壮族的占卜术主要是鸡卜，属观动物象的一种。壮族《麽经布洛陀•造万物》中就有"拿大鸡来读，拿鸟鸡来问"的记载①，说明在鸡还是野鸟（即原鸡）的时候，壮族先民便将它捕捉来进行占卜了。人们发现，原鸡与太阳存在着特殊的联系：每天清晨，雄鸡啼鸣，接着，天色由暗而明，一轮红日从东方冉冉升起，万物生机勃发。由此，壮族先民便认为鸡鸣既然是日出的前兆表征，那么鸡一定具有可通日神的奥秘，通过一定的仪式或手段，鸡同样也能与日神沟通，从而兆示出更多的事情来，因此，原鸡被人们专门用作与日神沟通交流的介质。鸡卜又分为鸡骨卜、鸡血卜、鸡卵卜等数种。壮族鸡卜源于其先民的日鸟崇拜，它作为原始宗教的一个重要组成部分，在各种祭祀活动中作为人神沟通的媒介，始

---

①张声震主编：《布洛陀经诗译注》，南宁：广西人民出版社，1991年版，第249页。

终与原始宗教的其他信仰与崇拜仪式相交织、相杂糅，彼此相辅相成。随着社会的不断发展进步，个体家庭越来越多，人们面临的问题日益复杂，包括人与自然、人与人、人与社会的种种矛盾冲突，也包括对年成好坏的预测及面临突发事件时如何做出抉择的依据，等等，鸡卜作为一种预测方式也因此被更加频繁地使用。人们企求以鸡卜预示吉凶的欲望亦越来越多，纷繁复杂的宗教祭祀活动使巫术日趋发达，而发达的巫术又促使"乜摩"和"布摩"逐渐独立成为宗教职业者。又因为壮族把各种各样的宗教法事活动都称为"荷摩（麽）"，所以人们便把其原始宗教叫作"摩（麽）教"。

摩（麽）教是壮族普遍信仰的原始宗教，与全世界所有的宗教一样，它相信并崇拜神灵，认为生死祸福都由神灵操纵，而且生死能够轮回，因果相互报应。人们还认为，父母骸骨是子孙的本，子孙形体是父母的枝，本与枝相互感应。因此，人人都要选择吉地埋葬父母遗体，以使父母的灵魂安逸，从而荫佑子孙发达富贵。摩教以创世神布洛陀为至上神和教主，有其对宇宙、天体、生死、祸福、命运、灵魂、拯救等问题一整套比较系统的诠释，由乜摩和布摩传承。乜摩和布摩在进行祭祀、超度、招魂、送鬼等法事活动时，必须与鸡卜紧密结合，以验证法事活动的结果，从而使人们更相信神鬼灵魂的存在。若是摩教法事活动缺少了鸡卜这一程序，将会难以进行下去，也无法达到预期效果，更难被人们所接受，因此摩教的各种仪式都不能缺少鸡卜。

二、思想文化

信仰是民族文化的灵魂。一般认为，原始文化与原始宗教是水乳交融、彼此不分的，在万物有灵观念的支配下，人们生活中的各种宗教行为，实际都是古老信仰观念的表现。壮族先民在进行鸡卜的过程中形成了一种独特的主客体思想，即认为所有事象都可从我方（主体）与你方或他方（客体）的关系上来进行分析判断，当中充满了辩证思维。十分难得的是，壮、汉民族古代占卜的基本理念都是"天人合一"，这是先民们通过长期观察摸索出来的。壮族说"天人合一"，就是人与自然的和谐之道，也可以说是自然规律。

壮族原始宗教的传承人乜摩和布摩为了提高自己的威信，往往还把当时民间流传的神奇故事和事迹加以改编，用以解释神的指示，这些故事就是神话。云南壮族著名的神话传说主要有花婆的传说、人种的来历、地母的传说、义推的故事、谷种的来历等。

花婆的传说讲：远古的时候，世界上没有人类，有一天，从花丛中走出一位披头散发的女人，她感到孤单寂寞，就爬到山上吹风，于是就怀孕生育了，后人称其为"雅瓦"（花婆），她就成了生育之神。在壮族的传统观念里，男人由红花变成，女人由白花变成，人死后又回到花园中去，由此周而复始、生生不息。时至今日，壮族许多老人依然坚信：如果久婚不孕，就要请乜摩来举行"求花"仪式，在床头立花婆神位，以祈求早日生儿育女；如果谁家的小孩哭闹或是生病，也要请乜摩来做法事，并在其床头插花请神，为小孩安魂。"求花"被学者们称为壮族的花婆崇拜，它是壮族生殖崇拜的一种形式，也是壮族民众乞求人丁兴旺的一种表现。花婆是壮族共有的生育神，广西上林县还有"二月初二花婆诞辰，建斋演戏三日，夜群放花炮，求子者竞抢头炮，以为吉利，且做来年主缘"[1]的记载。

云南壮族经诗《摩荷泰·故谷冠》还记载了远古人类有过兄妹或姑侄结合传人种的故事："远古的时候，洪水漫抵天，各地都淹完，

---

[1]（民国）杨盟等修，黄诚沅纂：《上林县志》卷六《社交部·风尚》，民国二十三年（1934年）铅印本。

样样都淹尽；还剩下什么呢？还剩下漂浮着的两兄妹，只幸存葫芦里的两姑侄……三个月雨停了，九个月水消了，布洛陀告诫说：没有人种不行！你俩必须成家，姑侄兄妹依了神意，人类从此得以繁衍。"该篇经诗随后还讲："共枕第一月，才成颗米粒，相处第二月，才成蜂的蛰，共枕第三月，成个小蝌蚪；带到一月又一月，带到第四月，才像晌午包，带到第五月，才如装酒壶，带到第六月，像装水葫芦，带到第七月，骨头像青蛙，带到第八月，已长有膝盖，带到第九月，九月应该生……"①

义推的故事载于壮族经诗《摩荷泰》。该经诗记载：在蒙昧时代，人类曾经有过吃死人肉的习俗。有一个名叫义推的男孩，在放牛时发现母水牛生崽时痛苦得死去活来，回去便对母亲讲了，母亲说生他时自己比母牛还要痛苦。义推听后十分感慨，不仅始终孝顺母亲，而且决心在母亲死后不让别人来分食她的肉。他制作了棺材安葬母亲的遗体，又把原来分得的死人肉归还原主，斤两不足部分则杀鸡鸭来添，或用牛肉来补。以后大家效法义推，不再吃死人肉，人烟因而逐步繁盛起来。此事最终改变了人类吃死人肉的陋习。②广西《布洛陀经诗》中的第一章《么童灵》，讲的也是同样的故事。③

谷种的来历则载于壮族经诗《摩荷泰》和《德傣掸登俄》，说稻种是狗给人类带来的。《摩荷泰》是侬人支系的经诗，该经诗中讲："狗追赶水牛回来，对着主人摇尾巴，狗尾巴上藏得有稻种，带来给咱们的主人，咱们才兴用水牛犁田，兴在水牛耕过的田里撒谷种，兴在水牛耕过的田里种稻……才兴修大坝小塘，才兴造田让人吃

---

① 何正廷主编：《壮族经诗译注》，昆明：云南人民出版社，2004年版，第51~55页。
② 何正廷主编：《壮族经诗译注》，昆明：云南人民出版社，2004年版，第68~76页。
③ 张声震主编：《布洛陀经诗译注》，南宁：广西人民出版社，1991年版，第539~584页。

不尽。"《德傣掸登俄》是土僚支系的经诗，该经诗中说："土僚古经讲，人活要靠食物养，人的食物就是粮，稻谷是壮家主粮，种粮必须有种播，种子由谁人来找，人们为这事发愁，就在这关键时候，路边跑来一只狗，那狗跑来人面前，那狗对人摇尾巴，狗尾摇得人欢喜，稻种沾在狗尾上。"又说："是兄妹两人，见狗报喜讯，知狗带谷种，两人笑开颜，瞧见狗尾巴，沾有稻谷种，见到稻谷种，两人很高兴……兄妹有稻种，分给儿孙种，从此世上人，就有粮食吃。"此经诗中还讲道："八月稻谷熟，家家收割忙，下田背新谷，就要尝新米，新米献祖宗，先要喂给狗，喂狗人再吃。"壮族有尝新节先喂狗吃新米饭和肉类等新鲜食品的习俗，并认为狗先吃的是当年价格最贵的。也有的说先吃饭则粮食丰收，先吃肉则生意兴隆。

云南壮族还有许多与稻作农业相关的神话传说和祭祀活动，带着厚重的历史印记。如说水牛原本是天上的神仙，它奉天神的旨意下到人间来帮助人们耕田，人们为了感激水牛的辛勤贡献，便把它下凡的农历四月初八这一天定为"牛王节"。农历六月的第一个亥日，壮族要用三只母鸡为稻谷"叫魂"。七八月份稻谷即将成熟时，则要择吉时到田头焚香烧纸"接谷魂"，继而隆重地举行"扁米节"（尝新节）。

崖画及图纹符是壮族先民从原始社会末期跨入文明时代最杰出的精神文化产品。云南省东南部的文山州是发现崖画较多的地区之一，图形多达1700余个，其丰富的图像纹饰和造型，堪称濮越文化艺术的源头活水，其中又以麻栗坡大王岩崖画最具特色。这些用动物鲜血和红色的铁矿粉作为颜料进行绘制的崖画，以写实的淳朴风格，直接反映了壮族先民当时的生产生活状况及崇拜日神和鸟、祈求祖先神灵保佑的心理欲望和精神需求，表现了当时人们的社会面貌和精神寄托。云南文山崖画与广西宁明花山崖画一样，均为世界艺术宝库中别具风韵的艺术之花。崖画还是一个信息库，堪称是用岩石矿粉绘成的历史图书。我们将其与用牛肋骨制作的"甲巴克"上的象形图案进行比较，觉得它们之间存在着极其密切的关系，证明书画是同源的。

用图纹符号来表意和表音这种初始的"图画文字"被以"好歌善唱"著称的壮族先民用来记录民歌。近年来发现的《富宁坡芽歌书》和《广南图符壮歌》就证明了这一点。2006年发现的《富宁坡芽歌书》有81个图符，我国著名的语言学家周有光先生将其称为"文字之芽"，国内许多著名的语言文字专家也说这是"世界上少有的一种文字"，是"一种高度浓缩的字符"，尚"处在文字发生、发展的早期阶段"。用清华大学赵丽明教授的话讲，即"用一个字作为提示性引导词，引出没有写出来的一句话、一段话"，这种引导字符的产生，便是"原始文字、不成熟、不完整的文字体系共同的现象"。与《富宁坡芽歌书》类似的《广南图符壮歌》，则是用1000多个图纹符号刻录在扁担、竹筒、刀壳、葫芦等生产生活用具上的原生态民歌，壮语称为"莱吩勐道"。中央民族大学李锦芳教授等认为这是"一种新发现的民族古文字"[①]，笔者也认为这是"百越族群中迄今仅存的一种最为古老的图画文字"，可与甲骨文、东巴文相提并论。[②]而从"莱吩勐道"的壮语本义看，"莱"为图纹符号或图画文字的意思，"吩"为诗歌的意思，"勐"为地方或国家的意思，"道"为官员或贵族的意思，它涵盖了以稻作农业为经济基础的壮族物质文明和精神文明的方方面面。从已经破译和整理的1618首《广南图符壮歌》来看，它的用途主要是记录民歌的，每一个图符标明的皆为一首壮歌，应该说它是"迄今为止发现的百越后裔中用图符记录数量最多、内涵深邃而又最

----

①李锦芳、黄舒娜等：《壮族八宝歌书及其图符构造、表意方式》，载《中央民族大学学报》2016年第6期。

②何正廷：《广南图符壮歌揭秘》，《文山学院学报》2017年第1期，第1～5页。

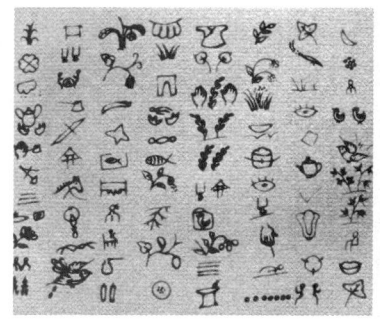

图1-10　《富宁坡芽歌书》　　图1-11　刻在扁担上的《广南图符壮歌》

为丰富的民歌，堪称我国壮族的《诗经》"。而从其内容上看，又分为古歌（根源歌）、月令歌、猜歌、赞歌、夸歌、情歌、婚礼歌、入赘歌、亲家歌、育儿歌、道德歌、祝寿歌等12个部分，涉及社会、历史、政治、经济、文化及生活习俗等方方面面，我们可以说它是壮族民众从古至今世代传承的一部"百科全书"[①]（见图1-10、图1-11）。

三、科学技术

由于稻作农业生产的需要，云南壮族先民很早就掌握了天文气象方面的知识。早在原始社会时期，他们就已经通过观察太阳运行、月亮圆缺望朔、候鸟来去及植物荣枯的内在联系和变化规律，发明了早期的物候历算方法，并将它与鸡卜卦象一起刻在水牛或者黄牛的肋骨上，用于指导按时耕耘、播种、收获等。壮族经诗《摩荷泰》讲："一个周年十二月，每月又分上下弦，兴分月暗和月明，初二开始有月影，初三开始生月芽，二七月亮开始睡，二八月亮已睡熟，才又兴分别时辰，兴分亥时和子时，亥时猪不再嚼食，丑时水牛就起身。"这说明壮族先民已经能够通过观察太阳和月亮的运转、昼夜交替以及

①何正廷：《广南图符壮歌揭秘》，《文山学院学报》2017年第1期，第1～5页。

月亮圆缺的现象得出年、月、日、时的概念。壮族先民进行历算一般都是由布摩运用干支在"甲巴克"上的30个刻度中来推演的。他们把十天干读作嘎、打、惹、勐、帕、干、宽、隆、斗、格,把十二地支读作者、保、尼、某、希、色、哈、玛、森、柔、扒、该,把月份叫作"登",一年的十二个月依序被称为:登京、登尼、登衫、登西、登我、登搓、登加、登别、登勾、登西卜、登衣忒、登拉卜。使用"甲巴克"时,正月启寅,从第一个刻度数起;二月启卯,从第二个刻度数起,依此类推,并将其与月亮圆缺望朔的情况相结合,逐月逐日进行推算,即可做出简单的年历。

青铜器的发明和使用,不仅使人类由蒙昧时代跨入了文明时代的门槛,也使人们的物质生活和精神生活更加丰富,整个人类的历史由此进入了一个全新的阶段。《史记·封禅书》说:"黄帝采首山之铜,铸鼎于荆山之下。"说明中原华夏族自远古的炎黄时代就已经开始冶炼和使用铜了。

近年来,甘肃东乡出土有距今约4700年的青铜刀,河南登封、山西夏县等处又出土铜容器残片和铜镞,表明夏代已能熔铸青铜,中原地区已经进入了青铜时代。商周的青铜艺术更加发达,许多青铜器造型美观,形态生动,不仅是礼器、实用器,更是上等的艺术品,其中最具代表性的是后母戊大方鼎。根据徐喜辰等专家的研究,晚商时期的铸铜工具是一种名为"将军盔"的特制陶器,每器可熔铜12.5公斤。铸造重达875公斤的大方鼎,至少需要200人以上操作70个"将军盔"同时熔铜进行浇铸。[1]1986年,四川广汉三星堆遗址出土的大型青铜立人、面具以及神树,则是中国古代青铜冶铸和造型艺术达到巅峰的标志。云南最早的青铜器发现于剑川县海门口遗址,经中国社科

---

①徐喜辰、斯维至、杨钊主编:《中国通史》第三卷《上古时代》,上海:上海人民出版社,1994年版,第94~95页。

院考古研究所放射性碳素测定为距今3115±90年，约当于公元前12世纪末。[①]而据壮族经诗《摩荷泰》载，其先民早在母系社会末期就已经掌握了冶铜技术，该经书讲："远古的时候，母皇不识铜，铜源在何处？铜从哪里来？铜源在有三个高峰的山上，铜矿在顶着天的山梁上；下雨了铜会显露，水冲了铜会出土，土垮了铜矿落下来……运来放在沙滩上，运来堆在院子里……铜矿放入炉灶里，炭火绕着铜矿烧，铜水便闪闪飞溅，铜水便哗哗沸腾……铸成招魂铃，铸铃请祖先……要铸僚皇的宝剑，就铸成僚皇的宝剑；要铸薄口的大刀，就铸成薄口的大刀；要铸锋利的斧钺，就铸成锋利的斧钺；要铸大王用的铜鼓，就铸成大王用的铜鼓；要铸寨主用的铜鼓，就铸成寨主用的铜鼓。"该经诗中还讲："要铸造坛子一样的铜鼓，就铸成坛子一样的铜鼓。"[②]

考古学界普遍认为，很可能是古代居民在寻找石料制作石器时，偶然发现自然界中有绿色光泽的"石头"（暴露在地表的孔雀石），人们便将其捡回，后来无意中混入高温中焙烧（新石器时代的居民，已能用1000℃以上的高温烧制陶器），由于木炭的还原作用，就有可能从氧化铜矿中炼出海绵状的铜块来。如再经反复锻打，去掉杂质，即可制成比石器更加耐用的工具和富有韧性及光泽的装饰品，这就是最早的铜器。至于青铜器，起先很可能是由铜、锡共生而来，并非有意识按比例在铜中加锡，后来人们发现用这种矿石制作出的铜器比红铜器更具优越性，于是青铜器逐渐产生了。从文山州出土6面万家坝型铜鼓来看，此经诗讲的与考古学界的研究成果是一致的。

著名的考古学专家李昆声先生说："文山出土的万家坝型铜鼓的时代上限为春秋早期或更早，下限为战国晚期，与整个万家坝型铜

---

①张增祺：《滇国与滇文化》，昆明：云南美术出版社，1997年版，第16页。
②何正廷：《壮族经诗译注》，昆明：云南人民出版社，2004年版，第77～84页。

鼓的年代框架相一致。这一情况表明：云南文山极可能是世界铜鼓起源地之一。"①他还说："云南自公元前12世纪、商代末期进入青铜时代……在云南青铜文化分类上，文山州属'红河流域青铜文化'，这一类型的青铜文化的典型器物是靴形钺、铜鼓、尖叶形铜锄、长条形铜锄、特殊铜矛。这一类型青铜文化的时代上限是以文山州广南县沙果村出土的两面万家坝型铜鼓为断代依据，确定为公元前7～前5世纪。下限则以文山州出土的石寨山型铜鼓——广南鼓为依据，定在公元前1世纪至公元后1世纪。"②另一考古学家黄德荣先生又讲："过去学术界认为世界上最先出土的万家坝型铜鼓是越南的松林1号鼓，时间是1932年，该鼓于河东省彰美县美良村的佛教寺院——松林寺院附近挖水田时出土。其实早在1926年文山就出土过一面万家坝型铜鼓，即文山平坝鼓，它应是世界上最早出土的万家坝型铜鼓。只是平坝鼓出土后长期流散在民间，不为学术界所知。"③经过实际调查，文山出土的早期铜鼓（万家坝型铜鼓）达6面之多，除上述的广南沙果村Ⅱ号铜鼓（1985年3月发现，时代为春秋早期）、沙果村Ⅰ号铜鼓（1983年3月发现，时代为春秋中期）和文山平坝村铜鼓（1926年发现，时代为春秋晚期至战国初）外，还有砚山大各大村铜鼓（1997年6月发现，时代为春秋中期）、广南者偏村铜鼓（2001年7月发现，时代为春秋晚期）、丘北草皮村铜鼓（1962年7月发现，时代为战国中晚期）。此

---

① 李昆声：《云南文山在世界铜鼓起源研究中的地位》，载文山壮族苗族自治州文化局《声震神州——文山铜鼓暨民族历史文化国际学术研讨会论文集》，昆明：云南人民出版社，2005年版，第2～6页。

② 李昆声：《云南文山在世界铜鼓起源研究中的地位》，载文山壮族苗族自治州文化局《声震神州——文山铜鼓暨民族历史文化国际学术研讨会论文集》，昆明：云南人民出版社，2005年版，第2页。

③ 黄德荣：《关于万家坝型铜鼓研究中的几个问题》，载文山壮族苗族自治州文化局《声震神州——文山铜鼓暨民族历史文化国际学术研讨会论文集》，昆明：云南人民出版社，2005年版，第8页。

外，在邻近的蒙自鸣鹫也出土了1面万家坝型铜鼓。这一切都雄辩地证实了云南壮族先民早在春秋中期以前便已步入了青铜时代，并能够生产出工艺复杂的铜鼓了。除铜鼓外，文山德厚还出土了春秋以前的铜锄、铜斧、铜矛等工具和武器；马关山车清水河和阿峨新寨也出土了战国至汉代的铜钺、铜矛、铜箭镞及尖叶形铜锄；西畴、麻栗坡出土了羊角钮编钟等（见图1-12）。

需要加以强调的是，滇东南、滇南的青铜器与中原的青铜器有许多不同之处：中原的青铜器绝大多数是钟鼎一类礼器、乐器和戈矛刀剑一类的兵器，而滇东南、滇南的青铜器则不然，其礼器、乐器为铜鼓，其斧钺刀剑等兵器也独具地方特点和民族风格。更为重要的是，

图1-12　滇东南、滇南地区出土的青铜器

滇东南、滇南地区出土了大量的生产工具和生活用具，特别是尖叶形、三角錾尖叶曲刃形、半圆形、梯形、曲刃形铜锄，还有铜耒、铜锸、铜刀、铜锛、铜凿等青铜农具和铜罐、铜釜、铜壶、铜盘等生活用具。

《摩荷泰》是壮族摩教的主要经诗，据多位壮族宗教人士讲，经诗里说的"有三个高峰的山""顶着天的山梁"都是指马关、麻栗坡之间的老君山。此山紧靠中越边境，壮语称之为"博仲发"，意即顶着天的大山或"通天山"。这里有丰富的铜、锡共生矿和铟、锌、铅等可供生产铜鼓的有色金属矿。许多学者还指出，壮族铜鼓的形状是平面曲腰、中空无底、侧有四耳的特殊器物，其鼓面正圆，中间有太阳纹，鼓身、鼓耳也有纹饰图案，与中原地区商周青铜文化中的钟鼎重器相类似。制作铜鼓的技术主要是范模铸造法。铜鼓生产除了要有必需的原料外，还必须掌握分割圆法才有可能做成，这里的壮族先民能在两千多年前便能制作铜鼓，说明他们已经掌握了分割圆法。

此外，制造舟船与马帮运输相结合，是云南壮族先民解决交通困难的一大创举。滇东南、滇南河道纵横，向东沿西江而下可以直达番禺（广州）及沿海一带，向南沿红河而下又可直通交趾（海防及北部湾地区），水上交通相当便利。壮族先民很早即擅长造船，所谓"刳木为舟，剡木为楫"，即是指此而言。其造船的历史是，先有独木舟，后有木板船。商代甲骨文中已有"舟"字，西周以后，船舶技术发展很快，《尔雅·释水》说："天子造舟，诸侯维舟，大夫方舟，士特舟，庶人乘泭。"意思是说，周朝的天子乘坐的是由多条船相并且较为安稳的"造舟"，诸侯乘坐的是由四条船相并而成的"维舟"，大夫乘坐的是两船相并的"方舟"，士乘坐的是单只的"特舟"，一般的老百姓只能乘"泭"。"泭"同"桴"，即筏。《越绝书·记地传》则说：越人"水行而山处，以船为车，以楫为马。往若飘风，去则难从"。又说其战船有大翼、小翼、突冒、楼船、桥舡等数种，"大翼者当陵军（陆军）之重车，小翼者当陵军之轻车，突冒者当陵军之冲车，楼船者当陵军之行楼车，桥舡者当陵军之轻足骠骑也"。广南阿章鼓上的船纹图案显示，当地壮族先民的木船多作长条形，中间较宽，两端较窄，首尾皆上翘，船尾有舵，用木桨划行，很明显是行船（见图1-13）。

云南壮族先民还有靠马帮做运输的陆上交通路线，"西至同师"。当今人们热议的"南方丝绸之路"，一般认为是指从成都经昆明或楚雄至保山而后入缅北孟拱、印度英帕尔再转入咀叉始罗向西行至罗马的这一条通道。笔者以为这不全面，从广州经百色、富宁、广南，再通过通海、昆明、大理、保山西行缅甸、印度、罗马的通道也是"南方丝绸之路"的重要组成部分，由于它是水路、陆路相连接的，与海上的"南方丝绸之路"非常匹配，而且较海上运输更为便

图1-13　广南阿章鼓上的划船图案

利、安全。"南方丝绸之路"至迟在战国晚期即已开通。

医药，是人类和自然环境、疾病、创伤、饥饿做斗争的产物。自从有了人类，就有了医疗活动。我国医药学有着悠久的历史，传说"神农尝百草，一日而遇七十毒"，反映了早在原始社会后期，人们即试用草药治疗疾病的状况。商朝甲骨文中记载了许多疾病的名称，但当时的医学尚未脱离巫术，而是巫、医不分，其主要治疗方法仍然是祈祷占卜。①云南壮族先民世代生活在炎热潮湿的河谷和盆地之中，恶性疟疾等传染病的发病率很高，加之周围多是高山悬崖，一些疾病如漆疮、蛇毒、蛭蚀、中蛊等，也是当地的常见病。在原始社会生产力极其低下的情况下，进行采集和渔猎活动，难免会经常被尖利的植物刺伤、被野兽虫蛇咬伤、摔伤、跌伤甚至骨折，人们如果不懂得自救是难以生存的。人们在这样的环境中同各种疾病做斗争，便逐步积累了一套应用当地出产的药物医治地方病、多发病的方法。从发掘出来的旧石器时代和新石器时代的遗物看，壮族先民们所使用的砍砸器、刮削器、尖状器、石片、骨器、骨针以及陶器等生产生活用具中，就有可用于医疗的砭针、骨针、陶针。壮族先民知道，用火加热食物能起到灭菌杀虫的作用，减少肠胃疾病及寄生虫病的发生，用火还能预防和治疗由于多雨潮湿带来的脚气、挛痹等病症。壮医常用的热熨疗法、灸治疗法也都与火有关。在古代，人们往往会因为误食某些野果、野菜而导致呕吐、中毒，或者发现一些野果吃了能使某种病痛减轻，在经过反复验证之后，壮族先民逐渐知道了哪些植物对人体有害，哪些植物能够治病，从而催生了原始壮药的萌芽。特别是进入新石器时代之后，伴随着壮族先民陶器文化的崛起，壮医陶针疗法逐渐出现，到战国时期已普遍流行。有学者认为它对中医"九针"的形

①中国社会科学院历史研究所编：《简明中国历史读本》，北京：中国社会科学出版社，2012年版，第71页。

成产生了积极的影响，因其针形与九针之首——"镵针"极为相似。因疗效确切，简便易行，壮医陶针在民间流传至今。可以说，壮医药从远古时期就已萌生。壮族先民还发明了刮痧、针灸、按摩等治病方法。

中国著名文物考古学家夏鼐在《中国文明的起源》中说：文明的标志有三个：文字、城市、青铜器。前面我们已经讲了云南壮族先民有自己古老的图画文字，并早在春秋中期以前便已步入了青铜时代，那么，他们有没有古老的城市呢？答案是肯定的。

被称为句町故里的广南，是云南省的历史文化名城，壮语称为"清道""勐道""德勐道"。清道即官城；勐道或德勐道意为官家在的地方或地方官员聚居的城市，汉文古籍多译为"特磨道"或"特莫道"，此地曾是古句町国的都城。《广南图符壮歌》中的猜歌有段唱道："勐道垭口十二处，官在哪个垭口歇？官在高高垭口歇。勐道山坡十二座，哪座山坡能放猴？高高山梁好放猴。勐道笕槽十二架，哪架水槽官洗澡？那孟水槽官洗澡。勐道事情十二桩，哪桩事情官来抓？犯法的事官来抓。勐道街道十二条，哪条街道官来逛？中央街道官来逛。勐道有花十二种，哪种鲜花官来栽？小小枣花官来栽。勐道律令十二样，哪样律令官来定？本地律令官来定。勐道美女十二个，哪个美女官员娶？红唇美女官员娶。勐道果子十二种，哪种果子官爱含？槟榔籽籽官爱含。勐道地方十二帮，官家依靠哪帮人？官家依靠弓弩兵。勐道栅门十二道，哪道栅门官进出？最大栅门官进出。勐道池塘十二个，哪个池塘官爱玩？莲湖水清官爱玩。"

苏秉琦先生把进入国家文明以后的中国历史总体划分为三个大的阶段，即"古国—方国—帝国"。古国为尧、舜时期；方国为夏、商、周时期（有时又称夏、商、周为"王国"，其外臣属于王朝的列国，称为方国）；帝国则指秦统一中国之后的历朝历代。以往的历史

学家认为，周武王伐纣时，其队伍中的濮人即与句町先民有关；战国时秦灭蜀，蜀公子畔迁徙入交趾曾取道句町；战国末期楚将庄蹻率兵进入滇池地区，也还无力顾及句町；公元前221年，秦始皇统一中国，开"五尺道"，自今四川宜宾南下经今云南昭通到曲靖地区，但仍未深入到句町一带。因此说，直至秦朝时期，句町国还是一个独立的古国。句町国处于岭南骆越古国与西南夷的滇、夜郎诸国之间，它们没有"统属"的关系。秦末汉初，南越坐大，句町地区还一度是其西通桐师（今云南保山市龙陵县）的重要通道。

第五节　云南壮族先民与华夏族的交往交流

据中国最早的史籍《尚书·牧誓》载：周武王在牧野誓师伐纣的队伍中就有濮人，说明当时的壮族先民便已经与中原华夏族交往非常密切了。该誓词的开端说："逖矣西土之人……嗟我友邦冢君、御事、司徒、司马、司空、亚旅、师氏、千夫长、百夫长及庸、蜀、羌、鬃、微、卢、彭、濮人。"西土之人是指来自周土的人；庸、蜀、羌、鬃、微、卢、彭、濮则是八个族群的名称。由此可见，武王伐纣的队伍是一支多民族的联军。

另据《史记·楚世家》载："成王恽元年……使人献天子，天子赐胙，曰：'镇尔南方夷越之乱，无侵中国。'"此文讲的是周朝时，天子诏令楚王镇守（或镇压）其南方的夷越人，使之不要侵扰中原地区。徐旭生指出："夷下列越，足以证明它为一种族的名。"《华阳国志·南中志》云："南中，在昔盖夷越之地……秦并蜀，通五尺道，置吏主之。"《华阳国志·蜀志》也载："（蜀）东接于巴，南接于越。"其中所说的南中，主要是指现在的云南省，这说明云南古代的越人很多。

前面已经述及我国有许多学者认为濮、越同为一个族系，包括罗香林先生讲的"越与濮原为一族而可混称"①，潘世雄先生著的《濮为越说》②。也包括江应樑先生在其《傣族史》中说的："古代的'濮'和'越'、'百濮'和'百越'是一个族"；"越作为这个大族群的族称，是在春秋时吴、越建国以后才通用的"。③还包括尤中先生在其《先秦时期的百越民族》和《中国西南民族史》中讲的："公元前16世纪至公元前771年的商朝和西周时期，越亦称作濮，因为濮的分布区域正是近代壮、布依等族的居住区，而壮族自称布壮、布侬和布依族自称布侬的布，都是古代濮族名称的遗留"④；"公元前三世纪之时……当时在今贵州和云南东南部的濮人，显然大部分指的是百越系统的部落"⑤。

居住在云南东南部的古濮越人，不仅创造了独具地方民族特色的句町文化，而且向东可用舟船沿西江而下直达番禺及沿海一带，向北则有马帮沿陆路交通路线通达巴蜀，能够开展与中原华夏族的经济文化交流，吸收了许多中原文化的精华。其中，最突出的是干支、五行。

云南壮族先民也使用干支记日的方法，把十天干读作嘎、打、惹、勐、帕、干、宽、隆、斗、格，把十二地支读作者、保、尼、某、希、色、哈、玛、森、柔、扒、该。这显然是吸收了中原文化精华的结果。

①罗香林：《中夏系统中的百越》，北京：独立出版社，1943年版。

②潘世雄：《濮为越说》，载《中南民族学院学报》1986年增刊。

③江应樑：《傣族史》，成都：四川人民出版社，1983年版，第92页。

④尤中：《先秦时期的百越民族》，载《百越民族史论丛》，南宁：广西人民出版社，1985年版，第47页。

⑤尤中：《中国西南民族史》，昆明：云南人民出版社，1985年版，第11页。

　　壮族先民虽然有宇宙是由天、地、水三种基本物质构成的认识，但又把木、火、土、水、金五种自然物质构成世界万物的说法融合其中，他们把木、火、土、金、水读作梅、菲、纳木、含、南，从而构成了壮、汉传统文化相互兼容的现象，一直传承至今。

第二章
郡国并存时期

公元前221年，秦王嬴政统一六国，建立了集君主专制、中央集权、官僚制度三位一体的国家，并成为此后历代王朝沿袭的基本模式。"海内为郡县，法令由一统"，建构了统一的多民族国家的基本格局。①但由于秦王朝统治过于残暴，故仅存续了15年，就被陈胜、吴广领导的农民起义军推翻了。公元前202年，刘邦击败项羽，建立起了西汉王朝。西汉王朝经过"文景之治"后，出现了社会稳定、经济发展、国库充实的繁荣景象。至汉武帝时，又通过北击匈奴、西通西域、东定朝鲜、南平百越，使汉王朝迅速发展成为一个强大的帝国。地处祖国大西南的句町国国君毋波，早已仰慕中央王朝的强大及中原经济文化的发达，便于西汉元鼎六年（前111年），即汉武帝挥师平定西南夷并降服夜郎之时，主动臣属汉朝。汉武帝封毋波为侯，以其地置句町县，隶牂柯郡，属益州刺史统辖，同时保存其方国国君的地位及原有的社会制度。自汉晋直至南北朝时期，由于历代中央王朝均在西南夷地区实行"以其故俗治""毋赋税"的郡县与方国并存的制度，使句町成了与郡县并存时间最长的奴隶制方国，在历史上留下了浓重的一笔。在郡国并存的政治制度下，壮族先民原生的文化、信仰和崇拜不仅得以继续传承，而且还通过吸收汉文化精粹而不断丰富和发展，并对南迁的族群产生了极大的影响。

---

①《史记·秦始皇本纪》。

《华阳国志·南中志》载："句町县，故句町王国名也。其置自濮，王姓毋，汉时受封至今。"《辞海》则说："句町，古县名。'句'一作钩（gou）。古句町国地，西汉元鼎六年（前111年）置县。"[1]可见句町国从春秋战国开始，历经两汉、三国、西晋，直到东晋穆帝时都还存在，至南北朝梁时才不见于史。若从有文字记载的时间算起，句町国在历史上至少存在了613年，其历史比滇国长500多年，比大理国早1000多年。

第一节　句町国的发展与郡国并存制度的确立

句町之名，始见于《汉书》，其《地理志》和《王莽列传》写作"句町"，《昭帝纪》和《西南夷两粤朝鲜传》则写作"鉤町"，而在明诸葛元声的《滇史》和清冯甦的《滇考》、倪蜕的《滇南历年传》、王崧的《道光云南志钞》等书中，句町又被写作"畇町"。有学者认为，后两者的"句"字，一个有金字旁，一个有田字旁，应是史学前辈们认为句町国当时有较高的青铜冶炼技术及较高的稻作农业生产能力两方面的具体反映。

众多专家学者的研究表明：句町国早在先秦时期就已经存在，由于能够大量制造和广泛使用青铜工具和武器，因而农业经济发达，军事力量强大，社会文化繁荣。到汉代已经是跟夜郎和滇一样具有一定影响力的方国。《华阳国志·南中志》说："南中，在昔盖夷越之地，滇濮、句町、夜郎、叶榆、桐师、嶲唐、侯王国以十数。"以上所列的都是在先秦以前西南地区的方国，句町国列在第二位，排在滇

---

①辞海编辑委员会编：《辞海》（缩印本），上海：上海辞书出版社，1980年版，第328页。

濮之后、夜郎之前，说明句町国在先秦时期是排在雄踞西南的诸方国前列的，其社会历史文化也与滇和夜郎相近。句町故地出土的大量精美铜鼓、羊角钮编钟、各种青铜兵器和农具等珍贵文物也证实了这一点。特别是公元前86～前81年，句町国君毋波奉命率其邑君长人民参加平息益州的反叛而被汉昭帝册封为王之后，句町王室与中央王朝的关系便更加密切，句町地区与内地的经济文化交流也日益频繁，从而极大地促进了祖国西南地区的社会稳定及经济文化的巨大发展。

西汉中央王朝在西南夷地区实行"郡国并存"制度，即在新设置的边郡及其属县选派太守、县令或县长的同时，也保留当地少数民族首领的统治地位，并封他们为王、侯、邑君或邑长。此制度存在于两汉、三国、两晋直至南北朝时期。直到东晋常璩写《华阳国志》时，仍然保留句町王国的封号，该书的《南中志》中就明确记载：句町国"汉时受封至今"。

一、古籍文献记载的句町国

"句町"之名，始见于汉代班固所著的《汉书》，《汉书·西南夷两粤朝鲜传》用了一半的篇幅记录句町的情况。其后的《后汉书》《三国志》《晋书》《宋书》《南齐书》《水经注》《华阳国志》等，均有关于句町国的载录。

据司马迁《史记》中的《南越列传》和《西南夷列传》载：汉武帝元鼎五年（前112年），南越相吕嘉反叛，汉武帝决定用兵岭南。首先，汉武帝为了截断称雄岭南的赵氏政权与西部的联系，采纳了唐蒙的建议，"发巴蜀兵千人，奉币帛见夜郎侯喻以威德，为置吏"，同时"以重币喻告诸种侯王"[1]。南越平定后，又乘胜"平西南夷，

---

① （晋）常璩著，任乃强校注：《华阳国志校补图注》，上海：上海古籍出版社，1987年版。

为牂牁郡"。另据《汉书·地理志》载：汉武帝元鼎六年（前111年）设置的牂牁郡下辖17个县，其中就有句町县，而应劭注说句町县是从"故句町国"而来。这就说明，在汉武帝元鼎六年（前111年）设句町县以前，就已经有一个古句町国了，句町县是在古句町国的基础上设置的。中华人民共和国成立后出版的《辞海》也肯定地讲："句町，古县名。'句'一作钩（gou）。古句町国地，西汉元鼎六年（前111年）置县。"①

记载句町国历史最详尽的是《汉书·西南夷两粤朝鲜传》，此篇重要文献载录了汉武帝之后直到东汉时期的重大历史事件。主要说的是公元前86年，威名显赫的汉武帝逝世，帝位由年仅8岁的武帝少子刘弗陵继承，是为昭帝（前86～前74年在位），并以大司马霍光辅政。此时西南地区各部不服统治，趁机起来造反："孝昭始元元年，益州廉头、姑缯民反，杀长吏。牂牁谈指（今贵州兴义、贞丰一带）、同并（今云南弥勒、石林一带）等二十四邑，凡三万余人皆反。遣水衡都尉发蜀郡、犍为奔命万余人击牂牁，大破之。后三岁，姑缯、叶榆（大理）复反，遣水衡都尉吕辟胡将郡兵击之，辟胡不进，蛮夷遂杀益州太守（治所在今晋宁晋城），乘胜与辟胡战，士战及溺死者四千余人。"为平定反叛，西汉朝廷派军正王平与大鸿胪田广明率部出征，并"风喻"毋波率其军队协同汉军作战，结果"大破益州，斩首捕虏五万余级，获畜产十余万"。据此，"上曰：鉤（句）町侯亡（毋）波率其邑君长人民击反者，斩首捕虏有功，其立亡（毋）波为鉤（句）町王"。

该书又载："成帝河平中，夜郎王兴与鉤（句）町王禹、漏卧侯俞（漏卧侯国在今云南泸西、师宗、罗平一带）更举兵相攻。牂牁

① 辞海编辑委员会编：《辞海》（缩印本），上海：上海辞书出版社，1980年版，第328页。

太守请发兵诛兴等，议者以为道远不可击，乃遣太中大夫蜀郡张匡持节和解。兴等不从命，刻木象汉吏，立道旁射之。杜钦说大将军王凤曰：'太中大夫匡使和解蛮夷王侯，王侯受诏，已复相攻，轻易汉使，不惮国威，其效可见。恐议者选懦，复守和解，太守察动静，有变乃以闻，如此，则复旷一时，王侯得收猎其众，申固其谋，党助众多，各不胜忿，必相殄灭。自知罪成，狂犯守尉，远臧温暑毒草之地，虽有孙吴将，贲育士，若入水火，往必焦没，知勇亡所施。屯田守之，费不可胜量。宜因其罪恶未成，未疑汉家加诛，阴敕旁郡守尉练士马，大司农豫调谷积要害处，选任职太守往，以秋凉时入，诛其王侯尤不轨者。即以为不毛之地，亡用之民，圣王不以劳中国，宜罢郡，放弃其民。绝其王侯勿复通。如以先帝所立累世之功不可堕坏，亦宜因其萌牙，早断绝之，及已成形然后战师，则万姓被害'。"此事使西汉朝廷伤透了脑筋。为树立国威和平息事端，朝廷选用曾经当过连然（今安宁）长和不韦（今保山）令的陈立出任牂柯太守，让其直接处理这一棘手的问题。陈立上任后，于河平二年（前28年）十一月丁巳谕告夜郎王兴，兴仍不从命，陈立遂带"从吏数十人出行县，至兴国且同亭，召兴。兴将数千人往至亭，从邑君数十人入见立。立数兴责大逆不道，捕杀之，以兴头示之，邑君皆悦服。句町王禹及漏卧侯俞即"入粟千斛，牛羊劳吏士"。夜郎王兴死后，其"妻父翁指与兴子邪务收余兵，迫胁旁二十二邑反"，又被牂柯太守陈立与都尉万年镇压，夜郎从此覆灭。

该书还载：公元9年，"王莽篡位，改汉制，贬鉤（句）町王以为侯。王邯怨恨，牂柯大尹周钦诈杀邯"。导致"三边蛮夷愁扰尽反"，句町王邯的弟弟承，率各部兵马进行反攻，杀了周钦（歆），复杀益州大尹程隆，给王莽政权以沉重的打击。为镇压句町等"三边蛮夷"的反抗，王莽于天凤三年（16年）派遣平蛮将军冯茂率巴、蜀、犍为吏士进剿，"赋敛取足于民，以击益州"，但却毫无进展，三年仍未攻下，甚至造成"疾疫死者什七，巴、蜀骚动"的被动局面。为此，王莽气急败坏地囚杀了冯茂，"更遣宁始将军廉丹与庸部牧史熊大发天水、陇西骑士，广汉、巴、蜀、犍为吏民十万人，转输者合二十万人"，浩浩荡荡讨伐句町。"始至，颇斩首数千"，"复大赋敛，就都（故广汉）大尹冯英不肯给"，"其后军粮前后不相及，士卒饥疫，三岁余死者数万"。由于后勤保障出了问题，王莽军队士气低落，在句町及其周围各族邑君长人民的顽强抗击之下，仍屡战屡败，"死者数万"。地皇二年（21年），王莽"又遣国师和仲、曹放助郭兴击句町，皆不能克而还"。最终，王莽政权于公元23年在内地赤眉、绿林农民起义与西南边疆各族人民的反抗之下垮台。王莽政权垮台后，刘秀在洛阳建立了东汉王朝。《汉书·西南夷两粤朝鲜传》说："会莽败汉兴……复旧号云。"颜师古注曰："此汉兴者，谓光武中兴也。"说明东汉又重新恢复了西汉时句町王的封号。

除《西南夷两粤朝鲜传》外，《汉书》载录句町国事的还有《昭帝纪》《天文志》《王莽列传》《食货志》《地理志》《郊祀志》等。《昭帝纪》载：汉昭帝诏封毋波为句町王的时间是始元六年秋七月。《天文志》载："河平二年十一月丁巳，夜郎王歆（兴）大逆不道，牂柯太守立捕杀歆（兴）。"《王莽列传》载：其篡夺汉位后即实行改制，认为四夷称王是"谬于一统"，于是下令贬句町王邯为侯，邯不从命。《食货志》："宣帝始赐单于印玺，与天子同，而西南夷句町称王。莽乃遣使易单于印，贬句町王为侯。二方始怨，侵犯边境。"《食货志》还载："汉连出兵三岁，诛羌，灭两粤，番禺以西至蜀南者置初郡十七，且以其故俗治，无赋税。"《地理志》则载录了牂柯、益州诸郡属县的情况，其中讲到"句町，文象水东至增食（今田东到武鸣一带）入郁，又有卢唯水、来细水、伐水"。而《郊祀志》则载录了越巫鸡卜之事。

范晔撰的《后汉书》记载句町的事情多在《西南夷列传》，如："牂牁地多雨潦，俗好巫鬼禁忌，寡畜生，又无蚕桑，故其郡最贫。句町县有桄榔木，可以为面，百姓资之。""桓帝时，郡人尹珍自以生于荒裔，不知礼义，乃从汝南许慎、应奉受经书图纬，学成，还乡里教授，于是南域始有学焉。"另外，《岑彭传》载："又发桂阳、零陵、长沙委输棹卒，凡六万余人。""棹卒，持棹行船也。"这说明汉代不仅民间的小船要拨桨划行，就是官方的楼船水军也同样需要大量的划桨手（棹卒）。《百官志》则载有边郡置农都尉及属国都尉事，"每郡置太守一人，二千石，丞一人……边郡置农都尉，主屯田殖谷，又置属国都尉，主蛮夷降者"，"四夷国王，率众王、归义侯、邑君、邑长，皆有丞，比郡、县"。

陈寿撰的《三国志·蜀书》载：三国时诸葛亮率部南征，李恢军"追奔逐北"，也仅"南至盘江"而止，句町依旧牢牢控制着盘江以南地区，俨然是"南邻交趾之大族"[1]。随后，诸葛亮实行"南抚夷越"的政策，收到了"赋出叟、濮，耕牛、战马、金银、犀革，充继军资，于是费用不乏"的良好效果。刘禅建兴三年（225年），分原益州郡和牂牁郡南部各一部分设兴古郡（驻宛温，或在今云南文山市德厚至砚山县平远一带），句町国与兴古郡并立。当时的兴古郡"统县十一"，其句町县的范围仍与汉代一样，没有发生变化。另外，《魏书·僚传》多载僚人风俗，说僚人"依树积木以居其上，名曰干栏，干栏大小随其家口之数"，又载僚人"略无姓氏之名，又无名字，丈夫称阿谟、阿段，妇人称阿夷、阿等之类"。

房玄龄撰的《晋书》，记录了西晋（265～316年）与东晋

---

[1]蒙文通：《越史丛考》，北京：人民出版社，1983年版，第51页。

（317～369年）的事情。其间（305～347年），西蜀为李成政权割据，南中亦降附于成汉。其后桓温伐蜀，成汉灭亡，兴古郡复归于晋。据《晋书·地理志》载：晋朝初年，句町国仍与兴古郡并立，其句町县沿袭于三国时期蜀汉。永嘉五年（311年），又分兴古郡东部置西平郡（驻西平，今广西西林县东南），初领盘江、来如、南零三县，后改为西平、温江、都阳、晋绥、义成五县，其地域包括今广西西林、隆林、乐业、田林、凌云等县。另据《晋书·陶璜传》载："宁州兴古，接据上流，去交趾郡千六百里，水陆并通，互相维卫。"

沈约撰的《宋书》和萧子显撰的《南齐书》两部正史中的《州郡志》，记载了公元420年南朝刘宋政权取代东晋、公元479年刘宋又为萧齐取代的设治情况。两朝的兴古郡中皆有句町，但到梁朝时就已没有了句町的记载，而萧齐被梁朝取代是在公元502年，说明此时句町国已经在历史上消失了。

除正史外，载录有句町国情况的还有北魏郦道元撰的《水经注》和东晋常璩撰的《华阳国志》。

《水经注》是我国古代地理名著，该书以《水经》为纲，全面而系统地介绍了水道所流经地区的自然地理和经济地理等诸多方面的内容，是一部历史、地理、文学价值都很高的综合性地理著作。其中《水经·温水注》云："温水又东经增食县，有文象水注之，其水导源牂柯句町县。"这与《汉书·地理志》所载的"句町，文象水东至增食（今田东到武鸣一带）入郁，又有卢唯水、来细水、伐水"相吻合。而《水经·叶榆河注》引《马援上书请通麋冷道》又说：当时马援率部征交趾，曾"将骆越万余人，便习战斗者二千兵以上，弦毒矢利，以数发，矢注如雨，所中辄死"，欲"从麋冷水道（红河）出进桑王国（今马关、河口、金平一带），至益州贲古县（今蒙自、个旧一带）"，还得到了"骆越铜鼓"。另《水经注》引《交州外域记》

言其"土地有雒田"，皆可与正史相参照，订谬补遗，是研究汉晋时期句町历史的珍贵资料。

《华阳国志》载："昭帝始元元年，益州廉头、姑缯，牂柯谈指、同并等二十四县民反。水衡都尉吕破奴募吏民及发犍为、蜀郡奔命击破之。后三岁，姑缯复反。都尉吕破奴击之，败绩。明年，遣大鸿胪田广明等，大破之。斩首、捕虏五万人，获畜产十余万头。封渠帅亡（毋）波为鉤（句）町王，以助击反者故也。"又载："成帝时，夜郎王兴与鉤（句）町王禹，漏卧侯愈，更相攻击。帝使太中大夫蜀郡张匡持节和解之。鉤（句）町、夜郎王不服，乃刻木作汉使，射之。大将军王凤荐金城司马蜀郡陈立为牂柯太守。何霸为中郎将出益州。立既到郡，单至夜郎且同亭召兴。兴与邑君数十人，率从数千人来见立，立责数，斩兴，邑君皆悦服。"还载："王莽定诸王之号，四夷称王者皆更为侯。王邯怨怒不附，莽讽牂柯大尹周歆诈杀邯。邯弟承，起兵杀歆，州郡击之，不能服。蛮夷愁扰尽反，复杀益州大尹程隆。"其后又说："句町县，故句町王国名也，其置自濮，王姓毋，汉时受封迄今。"即是说，句町国到常璩写《华阳国志》之时（略当345～361年，东晋穆帝时期）都依然保留王国的封号。此外，该书还讲："孝武时，通博南山，度兰仓水、耆溪，置巂唐、不韦（今云南保山一带）二县，徙南越相吕嘉子孙实之。"即在汉灭南越后，朝廷还将南越国宰相吕嘉的子孙迁往滇西一带。

明诸葛元声的《滇史》和清倪蜕的《滇云历年传》等书中，也有关于句町国情况的记载。

二、句町故地的出土文物

句町国的历史虽然载于许多史册，但有无出土文物可以作证呢？

答案是肯定的，不仅有，而且非常丰富。

首先，句町故地出土了许多精美的铜鼓。早在20世纪70年代末期，著名考古学家汪宁生先生即认为：西汉和西汉以前，云南东南部和广西西部的句町、漏卧等部落及其先民，与滇、夜郎、邛都等西南地区原住民一样，是铜鼓的最早制造者，句町也是铜鼓起源地之一。[①]文山及其周边地区出土的大量万家坝型、石寨山型和冷水冲型铜鼓证实了这一点。

其次，作为句町故地的滇东南地区，不仅有许多春秋战国时期的万家坝型铜鼓被发现，而且还出土了大量的石寨山型铜鼓和冷水冲型铜鼓，其时代前后衔接，与两汉时句町县及三国以后兴古郡的设置也完全吻合。其中较有名的有：广南阿章铜鼓（1919年在广南县阿章寨发现，时代为西汉）、牡宜铜鼓（2011年3月发现，时代为西汉）、文山开化铜鼓[②]（1902年以前发现，时代为西汉）、古木铜鼓（1989年11月发现，时代为石寨山型中期）、麻栗坡城子上铜鼓（1975年7月发现，时代为石寨山型中晚期）、富宁孟梅I号铜鼓（1992年4月发现，时代为石寨山型晚期）和II号铜鼓（1992年4月发现，时代为石寨山型晚期），以及广南的瓦标铜鼓（1985年10月发现，时代为冷水冲型中晚期）、富宁的田莲铜鼓（20世纪90年代初发现）、麻栗坡的普扫I号铜鼓（1996年7月发现，时代为冷水冲型晚期）、富宁的上寨铜鼓（20世纪90年代发现）、直伦I号铜鼓（时代为冷水冲型晚期）等。冷水冲型铜鼓是从石寨山型铜鼓发展而来的，还带有较多石寨山型铜鼓的特点，如鼓面小于鼓胸，鼓身胸、腰、足三段分明，鼓面上的变形翔鹭纹、鼓胸上的变形船纹、鼓腰上的变形羽人纹分别从石寨山型铜鼓的

①汪宁生：《试论中国古代铜鼓》，《考古学报》1978年第2期。

②文山壮族苗族自治州文化局编著：《文山铜鼓》，昆明：云南人民出版社，2004年版，第77页。

翔鹭纹、船纹、羽人舞蹈纹演变而来。尽管如此，冷水冲型铜鼓与石寨山型铜鼓相比还是有明显的变化，除了形体、纹饰的不同外，在冷水冲型铜鼓的鼓面上都有青蛙。在以上这些铜鼓之中，尤其以广南阿章鼓、文山开化鼓的纹饰最为精美。而文山古木鼓不但精美，通体还呈碧绿色，实为罕见。

广南阿章铜鼓（见图2-1），现陈列于云南省博物馆。此鼓面径68.5厘米、高46厘米、胸径80.5厘米、腰径62厘米、足径84厘米。辫纹扁耳2对。鼓面14晕，1晕为太阳纹，12芒，芒间填斜线；2～7晕为点线与勾连雷纹和锯齿纹，3～8晕素面；9～14晕点纹夹内外向锯齿纹。胸上部饰点纹夹锯齿纹带，中部饰4组船纹，每组船上有7～8人，皆裸体，项髻，其中第1、第4人戴羽冠，人腰系2襜，执羽仪，第5人坐于台上击鼓，第7人髻插双羽掌舵，其余划桨。腰纵分成14格，格中有羽人对舞和捶牛等图案。捶牛图案是其中最特殊的两幅。图幅的中心是1根长长的立柱，立柱上端饰有羽葆等物，下方系1头高峰牛，牛的正前方有1人举斧相向，牛的背后有1人举斧（钺）向下。与之相关

图2-1　广南阿章铜鼓

的方格内，每一格各有2位化装成鹭鸟的舞人，他们或屈张双手作翔鹭腾飞，或一手执钺，或一手执斧，举手蹬腿，作等待上场捶牛之状。与捶牛图相邻的另一侧，则有一幅猜拳罚酒的图像。此鼓是迄今为止云南发现的最大铜鼓之一，其布局之严谨、造型之端庄、纹饰之华美、制作之精良，均堪称工艺极品，可与世界上最精美的青铜器相媲美。该鼓上的"杀牛祭祀图"为全世界所独有。[①]铜鼓上的各种纹饰图案，反映了句町王国强盛时期的社会、经济、文化等诸多方面的发展水平。

文山开化铜鼓（见图2-2），现收藏于奥地利。该鼓面径65厘米、高55.5厘米、足径71厘米。鼓面单弦分16晕，面中央太阳纹12芒，芒间饰坠形纹。2～6晕饰点纹、勾连圆圈纹夹勾连雷纹带；第7晕是主晕，有舞人2组，每组有奏乐者4人（包括吹葫芦笙、击铜鼓者）、徒手舞者7人，另有编锣1架，干栏式房屋2座，屋顶立大鸟，屋内有铜

图2-2　文山开化铜鼓

①文山壮族苗族自治州文化局编著：《文山铜鼓》，昆明：云南人民出版社，2004年版，第78页。

鼓台和罐、鬲等容器；8～10晕是点纹夹勾连云纹纹带；11晕饰翔鹭18只；12～16晕是点纹、锯齿纹夹勾连昏纹纹带。鼓胸上部所饰纹带与鼓面12～16晕相同，鼓胸下部有羽人划船纹6组，再下是1条已模糊的纹带。鼓腰上部被点纹、斜线纹夹勾连雷纹纹带纵向分为6格，每格饰一持盾羽人。鼓腰下部所饰纹带与鼓面12～16晕相同。此鼓体型高大，纹饰精美，内容丰富，描绘的是征战凯旋庆典及祈求风调雨顺、人畜兴旺、五谷丰登的祭祀场面。①

文山古木铜鼓（见图2-3），现藏于文山州博物馆，俗称"黑漆古"。该鼓通体呈碧绿色，面径29.5厘米、高24厘米、足径39厘米。窄条辫纹小扁耳两对于胸腰间，耳长4.5厘米。鼓身合范线两道，鼓面中央太阳纹，光体和芒混成一体，共14芒，芒间填斜线。双弦把鼓面分成7晕：2晕羽状纹，3、7晕素面，4、6晕点纹，5晕外向锯齿纹。胸部单弦分5晕：1、3晕点纹。2晕锯齿纹。4晕4人船纹共4组，4人皆裸体、项髻，作划桨状，裸人身上有点纹。5晕羽状纹。腰部分上下两段，上段以纵线填入点纹、羽状纹带将腰分为8个相等的格子，格间饰一站鹭。下段分3晕：1、3晕点纹，2晕向下锯齿

图2-3　文山古木铜鼓

①文山壮族苗族自治州文化局编著：《文山铜鼓》，昆明：云南人民出版社，2004年版，第77页。

纹。足部素面。①

在滇南的元江县甘庄干坝农场也出土了一面石寨山型的"羽人船纹"铜鼓。②此外，与文山州毗邻的广西西林普驮、百色龙川、隆林扁牙、田东锅盖岭及越南老街等地也发现此类铜鼓。③广西西林、田东还有3面冷水冲型铜鼓出土。④中国古代铜鼓研究会会长蒋廷瑜研究员认为："自西汉至东晋，句町王国共存在五百多年，在句町立国之前及汉晋时期的这五百多年期间，流传于广西西部地区和云南东南部地区的铜鼓都应是句町鼓。"⑤他还认为："句町把石寨山型铜鼓向东推进，直达南越腹地布山（今贵港）和苍梧（今梧州）所属的贺州。"⑥铜鼓是我国青铜文化中的一朵奇葩，也是句町青铜文化的代表性器物，极富特点。句町的铜鼓文化，还与滇池地区、两广地区乃至越南、老挝、泰国的铜鼓文化有一定的渊源。

除铜鼓外，在句町故地还出土了羊角编钟、靴形铜钺（含"风"字形铜钺、斜刃铜钺、凹銎双勾倒人字纹铜钺、凹銎双勾M纹铜钺）、铜剑（含铜柄铁刃剑）、匕首（含人面纹三角形铜匕首、云纹三角形铜匕首）、铜矛（含人头纹铜矛、长笛铜矛、双环钮铜矛、宽叶铜

---

①文山壮族苗族自治州文化局编著：《文山铜鼓》，昆明：云南人民出版社，2004年版，第79页。

②张增祺：《滇国与滇文化》，昆明：云南美术出版社，1997年版，第12页。

③范明玄著，郭立新译：《关于老街1993年所发现之东山铜鼓的介绍》，载《铜鼓和青铜文化的再探索》，南宁：民族艺术出版社，1997年版。

④中国古代铜鼓研究会编：《中国古代铜鼓》，北京：文物出版社，1988年版，第59页。

⑤蒋廷瑜、彭书琳：《试论句町铜鼓》，载文山壮族苗族自治州文化局《声震神州——文山铜鼓暨民族历史文化国际学术研讨会论文集》，昆明：云南人民出版社，2005年版，第23页。

⑥蒋廷瑜：《西林普驮铜鼓再研究》，载中共西林县委县人民政府、广西文物考古研究所、广西历史学会编《句町国与西林特色文化》，南宁：广西人民出版社，2009年版，第91页。

矛、双腰形铜矛）、铜斧（含靴形铜斧）、铜戈、铜镈、铜锤、铜叉（含三角形铜叉）、铜墩、铜弩机、铜箭镞、当卢（含人面四鸟双鱼纹铜当卢、虎纹铜当卢）及各式铜甲等兵器。同时出土了铜锄（含尖叶形锄）、铜斧、铜锛、铜锸、铜耒、铜凿、铜刀、锯镰、铜削、铜针、铜锥、鱼钩、纺轮等农业和手工业生产工具和铜釜、铜壶、铜钵、铜樵斗、铜洗、铜桶、铜罐、铜盘、铜杯、铜匜、铜鼎、铜灯、铜镜、铜牌饰、铜镯、腰扣、棋盘等生活用具。

中华人民共和国成立后，已在句町故地发现了许多汉代墓地，包括：广南县城东北6公里处的小尖山汉代墓葬群[1]；文山市德厚小龙墓地[2]、文山三板桥乡新老龙村墓群、杨柳井乡三角地墓群；西畴西洒镇花果山墓群；马关马尾冲乡新地房墓群、茅草寨乡桐果村墓群、攀枝花乡小南山墓群、通寺乡老佟坡墓群[3]；麻栗坡梁子街乡梁子街墓群；个旧市阿邦、倘甸标杆坡、石榴坝、卡房黑玛井等地也发现青铜墓地[4]；广南牡宜白龙坡汉代木椁墓和白岩脚汉代墓葬群；广西西林普驮铜棺墓葬和铜鼓墓葬；等等。其中，以规模庞大、规格很高的广南牡宜木椁汉墓群及广西西林普驮铜棺墓葬和铜鼓墓葬最具代表性。

广南牡宜汉墓群包括白龙坡和白岩脚两处。白龙坡木椁墓由省、州文物部门于2007年开始发掘（见图2-4），出土的文物有头箱、锡合金鼎、铜钵、铜灯、锡合金盘、锡合金鸡形壶、内侧和杯底朱书"王×"的许多漆木耳杯、漆木盘、漆器残片、勺、木构件、臼、木

①王金光、张祖光：《广南小尖山青铜时代古墓群调查》，《中国古代铜鼓研究通讯》1987年第5期。

②云南省文物考古研究所、文山州文物管理所、红河州文物管理所编著：《云南边境地区（文山州和红河州）考古调查报告》，昆明：云南科技出版社，2008年版，第25～26页。

③国家文物局主编：《中国文物地图集·云南分册》，昆明：云南科技出版社，2001年版。

④国家文物局主编：《中国文物地图集·云南分册》，昆明：云南科技出版社，2001年版。

图2-4　白龙坡木椁墓发掘现场

马、木车马器、车马器构件、案脚、几案、摇钱树、竹简、黄釉陶缸
和罐、五铢钱等。白岩脚汉墓群中的10座墓葬也由省、州文物部门发
掘清理，于2011年3月出土了铜鼓、羊角钮编钟、有龙虎纹饰的金腰
扣、虎搏羊形器、柿花形金饰、铜镈、提耳铜釜、环耳铜釜、铜鼎、孔
雀壶、铜焦斗、铜簋、铜罐、铜杯、铜甑、铜葫芦瓶、鎏金铜壶、铜
镜、鎏金盆、铜镯、鸠杖头、耳环、绿松石珠、玛瑙扣、玛瑙珠、五
铢钱、铜铃、铜筒、铜矛、铜弩机、铜钺、椭圆形銎、铜锛、铜锄、

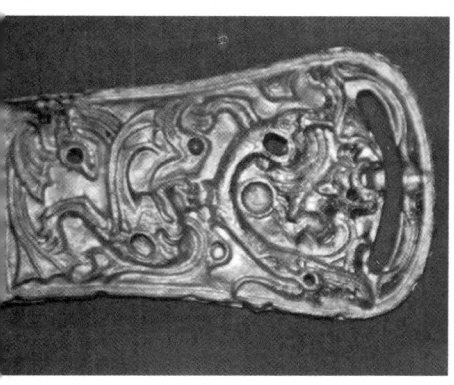

图2-5 广南牡宜汉墓群出土的文物

铁剑、铁锸、植物种子等。①此外，在邻近的坝美镇普千村还出土了一件鎏金人面四鸟纹当卢（见图2-5）。

需要说明的是，牡宜汉代墓葬群中出土的竹简（木牍）、木雕车马模型、黄釉陶、漆木耳杯及墓室中的头箱，均为云南省首次发现，特别是朱书有"王×"字的漆木耳杯。据王充《盐铁论》载：汉代的漆木耳杯"一文杯得铜杯十"，又说"一杯棬用百人之力，一屏风就

---

①以上见《广南牡宜东汉墓清理报告》，载云南省文物考古研究所田野考察报告第7号；云南省文物考古研究所、文山州文物管理所、红河州文物管理所编著：《云南边境地区（文山州和红河州）考古调查报告》，昆明：云南科技出版社，2008年版，第107～125页；广南县民族博物馆《牡宜句町贵族墓M4、M5简介》。

万人之功"，正因为如此，当时的贵族和官僚们往往在漆器上书写姓氏或官爵之类的文字以作标志，朝鲜平壤王盱墓和王光墓中的漆杯上就写有"利王"和"王氏牢"字样，山西省阳高耿婴墓中的漆杯有"耿"字，长沙马王堆轶侯利苍家属墓中的许多漆器也都写有"轶侯家"字样。牡宜汉墓出土的漆木耳杯有5件侧面和底部均朱书有"王×"字（1件似"王侯"字样，4件疑似"王承"字样）。从字迹观察，5件均较清晰，书写风格也基本一致。故参加发掘的云南考古专家杨帆先生和曾跃明先生认为：牡宜汉墓出土的"漆木器是该墓的一个亮点……从工艺上看这些漆木器制作精巧，色彩鲜艳，花纹优美，是当时最尊贵的日用器物。所以，其价值之高也就不言而喻"。木椁墓的主人，或许就是率领"三边蛮夷"反抗王莽20万大军征伐十余年而不败的句町国王——承。①

　　牡宜白岩脚右边有一名为花果的自然村，周围还有多处营盘、军事哨墙、古驿道、古窑洞、古矿洞等遗址。从地名学考证的结果看，牡宜，壮语称作"勐宜"，"勐"意为地方或国家，"宜"意为小，"勐宜"意为坝子小的那个地方。花果，壮语称作"宏谷"，"宏"意为国王或皇帝，"谷"意为元老或根基，"宏谷"意为开国皇帝或老国王居住的地方。花果村紧连北（白）炮台，背后是原始森林密布的花果大箐；其西南的阿章寨，是古代阿章营的驻地，也是发现阿章铜鼓的地方；在牡宜坝子边上还有"将军洞"，其龙角山下的龙口有大股清泉涌出，当地政府在此修建了牡宜水库，其小河南流至天生桥下伏流，再从富宁普阳入南利河后进入越南，在越南汇入红河，古为交通要冲，也是传统观念里的风水宝地。由此可见，广南牡宜汉墓群

---

①参阅杨帆、曾跃明：《广南县牡宜木椁墓与句町古国》，载中共西林县委县人民政府、广西文物考古研究所、广西历史学会编：《句町国与西林特色文化》，南宁：广西人民出版社，2009年版，第114～123页。

应当就是句町王族的墓地。杨帆先生和曾跃明先生说白龙坡木椁墓的主人是句町国的国王"承"，应该是合乎情理的。

　　广西西林普驮铜棺墓于1969年为当地筑路工人发现，铜鼓墓则于1972年在普驮粮站发现。2个套置的铜鼓即著名的西林280、281号鼓，内有人骨一具，人骨用无数细如粟粒的绿松石串珠编缀而成的"珠襦"包裹，随葬品包括金丝、鎏金铜骑马俑、铜跽坐俑、铜六博棋盘、铜羊角钮编钟、山羊纹铜牌饰、兽面铜牌饰、虎纹铜当卢、铜洗、铜匜、铜耳杯、铜镯、铁剑等铜铁器270余件和谷纹玉玦、玛瑙环

图2-6　广西西林普驮铜棺墓出土的文物

等玉石器200余件①（见图2-6）。这一切都印证了史籍记载的句町存在的真实性。

三、中央王朝在句町地区实施郡国并存制度

公元前206年，刘邦建立汉王朝。公元前111年，汉武帝派兵攻破南越，置儋耳（治今海南儋县西北）、珠崖（治今海南海口东南）、南海（治今广州番禺）、苍梧（治今广西梧州）、郁林（治今广西桂平西）、合浦（治今广西合浦）、交趾（治今越南河内西北）、九真（治今越南清化西北）、日南（治今越南广治西北）九郡。随后，又折兵北上征服夜郎，在夜郎王管辖的区域内设置牂牁郡（治今贵州福泉），接着又降服滇国，在滇王管辖的区域设置益州郡（治今云南晋宁东）。句町国首领毋波在得知西汉朝廷发兵攻破南越及回师降服夜郎之后，于元鼎六年（前111年）率部归附汉朝，从此，句町地区即正式列入了中国版图，成为中华民族大家庭中的一员。汉武帝在新设立的初郡内推行"以其故俗治，无赋税"的政策，实施"郡国并存"制度。

从中华一统的国家层面上看，中央王朝实行的"郡国并存"制度，为句町国得以长期存续提供了保障，而句町王室与中央王朝的密切关系，又使当地与中原的经济文化交流日益频繁，从而极大地促进西南边疆民族地区的社会稳定及经济文化的巨大发展。《史记·平准书》和《汉书·食货志》均载："汉连出兵三岁，诛羌，灭两粤，番禺以西至蜀南者置初郡十七，且以其故俗治，无赋税。"《史记·平准书》和《史记·索引》则指出："初郡即西南初置之郡也。"《后汉书·百官志》又说："每郡置太守一人，二千石，丞一人……边郡

---

①广西西林县委宣传部、广西西林县博物馆编：《句町遗韵》，2008年版，第16～22页。

置农都尉，主屯田殖谷，又置属国都尉，主蛮夷降者。"同时讲："四夷国王，率众王、归义侯、邑君、邑长，皆有丞，比郡、县。"从上述史料看，中央王朝是依据边疆、民族的特点而在西南夷地区设置边郡的，边郡及其属县虽然都是中央集权制下的一级地方政权，由中央王朝选派太守、县令或县长，但与内地郡县大不相同的是：它保留了当地少数民族首领的统治地位，封他们为王、侯、邑君或邑长，并保留已经存在的王权政治体制及其社会内部结构，即所谓"以其故俗治"。边郡不向中央王朝缴纳赋税，但方国要向中央王朝上贡，其军队要服从中央王朝调遣。

汉廷在少数民族地区设官建置，还有属国都尉和持节领护诸官，秩皆为二千石或比二千石，相当于内地郡守。如武帝元狩二年（前121年）秋置五属国以处匈奴四万余众降汉者；宣帝神爵二年（前60年）置金城属国以处降羌，五凤三年（前55年）置西河、北地属国以处匈奴降者。东汉属国更多，而且扩展到东北和西南地区，故《后汉书·窦融传》注有"汉边郡皆置属国"的说法。属国都尉和一般都尉不仅典武之职不同，还兼理民事，"治民比郡"。都尉之下有丞、侯、千人，还有主簿。《后汉书·百官志》也载："边郡置农都尉，主屯田殖谷。又置属国都尉，主蛮夷降者。中兴建武六年，省诸郡都尉，并职太守……唯边郡往往置都尉及属国都尉，稍有分县，治民比郡。"两汉属国都尉的设立，不仅对加强中原汉族与边疆少数民族之间的经济文化交流起到了积极的作用，而且对开发边疆、保卫边疆地区的安全以及维护祖国的统一也有很重要的作用和贡献。

我国著名的民族历史学家方国瑜先生在其《云南地方史讲义》中说：边郡（初郡）有四个特点，即"郡县区域大都以部族联系之基础为范围；既设郡县，任命太守、令、长掌治之，又任命土长为王、侯、邑长；边郡出赋，由土长解纳土贡；边郡太守主兵，兵由内郡遣戌"。他还说:"汉时受土长职,大者为王,次为侯……大抵王为一郡之长,侯为一县之长,县属于郡,侯属于王","盖一县之内,大邑首领任命为侯,即所谓侯邑;小邑首领为长"①。笔者以为此说甚是。即句町王要定期向中央王朝进献贡品,而上贡事项,往往又是通过边郡的太守代办的。贡品数量多少并不计较,主要是为体现句町王已属中央王朝内臣,句町国属于中央王朝版图中的一个方国,从政治上明确了句町王的身份和句町国的性质。这种郡县与方国并存的制度,从两汉、三国、两晋一直延续到南北朝,这肯定是句町国的王权政治长期存在的重要条件之一。

由于句町国与郡县并立存续的时间很长,我国许多历史学家对历代句町王室与中央王朝的关系及相关情况均有较为深入的研究。如著名历史学家江应樑先生在其《中国民族史》中论及句町助汉平息益州反叛时说:"毋波进军益州,不惟获得了王爵,而且还掳掠到一些奴隶、牲口,权势日益扩张。"又说:"随着爵位的晋升,其势力亦相应地有所扩大,趁进入益州之机,在朝廷的支持下,遂欲长期留驻滇池地区。"他还说:"益州'大破'之后,滇国的实力下降,滇王的地位亦不复存在了,时距益州郡的设置仅二十七年(前109~前82年),代之而起者是钩(句)町侯亡(毋)波。"②另一位历史学家张世铨先生则认为:"在西南民族中,受封王的已有二:即武帝所封的夜郎王和滇王……由于句町侯亡波支持汉兵打败了姑缯、叶榆,'斩首捕虏五万余级,获畜产十余万',汉王朝从这场战争中看到了句町侯拥有与夜郎、滇王相同的实力,所以也给予封王的同样待遇加

————————

①方国瑜主编:《云南史料丛刊》第一卷,昆明:云南大学出版社,1998年版,第88~89页。

②江应樑:《中国民族史》,北京:民族出版社,1990年版,第239~249页。

以笼络、羁縻。"[①]对于毋波如何进军益州，留驻在哪些地区，笔者根据壮族古籍《摩荷泰》《德傣掸登俄》和汉文典籍《明史》《读史方舆纪要》《云南通志》《通海县志》等的相关记载，并参考古代自广南、百色至昆明、大理的水陆交通要道，得出了"毋波进军益州是从建水、通海进入滇池地区，再通过楚雄而入大理"[②]的结论。建水有"句町三洞"（亦称颜洞），位于建水东10公里，此洞为石灰岩溶洞群，分前、中、后洞，就在广南至通海的孔道上，古有"西南第一洞天"之称。通海还有"句町王庙"，云南壮族、傣族都把通海称为"杞麓"（景龙），把杞麓湖称为"浓傣"，把通海坝子称作"勐景（清）龙"或"勐浓傣"。时至今日，西双版纳州的傣族仍然记得他们的祖先是从"勐浓傣"搬迁去的。而楚雄万家坝的"万家"，大理祥云大波那的"波那"，也都是壮傣语地名，"万家"为中寨的意思，"波那"意即田坝中的涌泉。这些情况说明，毋波进军益州是从建水、通海进入滇池地区，再通过楚雄而入大理的。临安（今建水）、通海、滇池（今晋宁）、楚雄万家坝和祥云大波那，或许就是句町军队留驻过的地方。

关于句町、漏卧与夜郎之战，江应樑先生的解读是："句町人"在滇的统治持续了54年之久，距毋波附汉的元鼎六年已达83年，"由于句町在益州驻留，与夜郎的矛盾尚未激化，但其回归后，二王的对立正式构成"[③]。事实的确如此，句町本属牂牁郡，自从毋波由侯晋级为王之后，牂牁郡内即同时存在夜郎和句町两个王国。为互相兼并，

---

①张世铨：《汉句町四题》，载中共西林县委县人民政府、广西文物考古研究所、广西历史学会编《句町国与西林特色文化》，南宁：广西人民出版社，2009年版，第50页。

②何正廷：《句町国与壮泰族群南迁的关系》，载中共西林县委县人民政府、广西文物考古研究所、广西历史学会编《句町国与西林特色文化》，南宁：广西人民出版社，2009年版，第77页。

③江应樑：《中国民族史》，北京：民族出版社，1990年版，第239、249页。

两个王国之间终于在成帝河平年间（前28～前25年）发生了长达4年的残酷战争。此次战争使西汉朝廷头痛不已，并曾派遣太中大夫蜀郡张匡持节调解，但夜郎王兴等不从命，其后朝廷又派牂柯太守陈立直接处理这一棘手问题，兴仍不从命，致使夜郎招致灭顶之灾。时距汉武帝赐予夜郎王号仅84年。当代学者郑超雄先生在分析夜郎与句町、漏卧之间发生战争的原因时说："这次西南三国战争，很可能是夜郎国引起的，个中原因估计是夜郎王想吞并句町、漏卧两个方国，结果是句町、漏卧两方国联合起来，共同对付夜郎国，最后是汉王朝派军队消灭了夜郎国。这场战争才算结束。"①而另一位学者唐文元先生则认为："夜郎的上层人物确有些'夜郎自大'，而且穷兵黩武，远没有句町王禹、漏卧侯俞等识时务，以致遭到灭顶之灾、亡国之难。"②自此次战争之后，句町国即日益坐大，"威震南裔"，控制了益州郡和牂柯郡的广大地区，成了当时西南地区最大最强的方国。

　　句町与"新莽"政权的关系始终不好，一直处于敌对状态，并发生长达十余年的战争，主要问题出在外戚王莽篡夺汉位，于公元8年建立新朝，并贬句町王为侯，还诈杀句町王邯，导致"三边蛮夷愁扰尽反"。历史学家们一致认为：这是王莽实行歧视和欺压边疆少数民族政策造成的恶果。公元23年，"新"莽政权被绿林农民起义军推翻。公元25年，刘秀重新统一中国，在洛阳建立了东汉王朝。东汉朝廷又重新恢复了句町王的封号，中央王朝与西南少数民族地区的矛盾随之缓解，整个句町及"三边蛮夷"地区就没再发生战事。另据

---

①郑超雄：《句町国的历史渊源与王权政治》，载中共西林县委县人民政府、广西文物考古研究所、广西历史学会编《句町国与西林特色文化》，南宁：广西人民出版社，2009年版，第21页。

②唐文元：《由西林铜鼓葬和可乐套头葬想到的几个问题》，载中共西林县委县人民政府、广西文物考古研究所、广西历史学会编《句町国与西林特色文化》，南宁：广西人民出版社，2009年版，第100页。

《水经·叶榆河注》引《马援上书请通麋冷道》说：在马援率部征交趾时，曾"将骆越万余人，便习战斗者三千兵以上，弦毒矢利，以数发，矢注如雨，所中辄死"，欲"从麋冷水道（红河）出进桑王国（今马关、河口、金平一带），至益州贲古县（今蒙自、个旧一带）"，还得到了"骆越铜鼓"。笔者以为，此万余人及3000名战斗者或许都是句町的武装战士，他们在东汉马援征交趾的过程中发挥过十分重要的作用。事平后，马援于建武十九年（43年）在交趾边境立铜柱为界，此铜柱位于今友谊关外30里的坡垒驿。

据《三国志·蜀书·李恢传》和《三国志·蜀书·诸葛亮传》载：三国时诸葛亮率部南征，李恢军"追奔逐北"，也仅"南至盘江"而止，句町依旧牢牢控制着盘江以南地区。据此，蒙文通先生认为，句町俨然还是"南邻交趾之大族"①。随后，诸葛亮实行"南抚夷越"的政策，并鉴于他对当地民族组合的较深入认识，便于蜀汉建兴三年（225年）重新调整了南中的行政建制，在句町王控制的地区另立兴古郡（驻宛温，在今云南文山德厚至砚山平远一带），"统县十一"，"皆即其渠率（帅）而用之"。并说："吾欲使不留兵，不运粮，而纲纪粗定，夷、汉粗安故耳。"②方国瑜先生讲："兴古郡，此郡的成立当以句町集团为主。"③兴古郡利用当地民族集团渠帅原来的控制关系来管理，从而实现了诸葛亮要稳定蜀汉对当地统治的目的。句町国与兴古郡并立，收到了"赋出叟、濮，耕牛、战马、金银、犀革，充继军资，于是费用不乏"的良好效果，说明句町王室与蜀汉政权的关系依然十分密切。

又据《晋书》载：晋时西蜀曾一度为李成政权割据，南中亦降附

---

① 蒙文通：《越史丛考》，北京：人民出版社，1983年版，第51页。

② 《三国志·蜀书·诸葛亮传》。

③ 方国瑜：《方国瑜文集》（第一辑），昆明：云南教育出版社，2001年版，第250页。

于成汉，其后恒温伐蜀，成汉灭亡，兴古郡才复归于晋。《晋书·地理志》还载：当时的句町国仍与兴古郡并立，其句町县依然沿袭于三国时期的蜀汉。至永嘉五年（311年），才分兴古郡东部置西平郡（驻西平，今广西西林县东南），初领盘江、来如、南零三县，后又改为西平、温江、都阳、晋绥、义成五县，其地域包括今广西西林、隆林、乐业、田林、凌云等县。另据《晋书·陶璜传》载"宁州兴古，接据上流，去交趾郡千六百里，水陆并通，互相维卫"。而《华阳国志·南中志》载"句町县，故句町王国名也，其置自濮，王姓毋，汉时受封迄今"。即是说，句町国到常璩写《华阳国志》之时（略当于345～361年的东晋穆帝时期）都依然保留句町王的封号。但至南朝梁时，句町之名已不见于史。

从整个中国的历史看，句町悠久的历史及其灿烂的文化表明：句町国君及其民众始终认同中华一统，他们为开发建设祖国西南边疆、维护国家统一及保持边疆稳定都做出了积极的贡献。句町君民"认同中华一统，共建中华文明"的主体思想及其核心价值取向，是我们中华民族的一笔巨大精神财富，值得我们继承、弘扬并永远发扬光大！

第二节　句町国的都城、疆域及中央王朝在域内设治的情况

一、句町国的都城

关于句町国的都城所在，过去有人说在通海，前些年又有人说在西林，还有人说是在广南的。究竟何处才是句町国的都城呢？学者们都在从各个方面寻找确切可靠的史料和考古研究成果。

　　说句町国都城在通海的主要是依据《明史》《通海县志》等。《明史·列传》说："临安，古句町国，汉置县。"又说："（通海）东北五里，相传汉句町县治此。"据《通海县志》讲："句町国城故址，在通海县县城北。"通海秀山还建有句町王庙。《通海县志》又说："汉武帝……平西南夷，为牂牁郡，改句町为县，徙治通海。"还说："句町王庙，即秀山神祠，又名土主庙，位于秀山正中下方，乃一庙四合大院，内曾铸有句町王毋波丈八金身铜像。"

　　通海确实有3座句町王庙，以位于秀山上的最为有名。此庙位于秀山正中下方，乃一庙四合大院，内曾铸有句町王毋波丈八全身铜像，明清时加以修葺。山门原有"句町王庙"悬匾，大殿匾额书"大义激华夷"（清云贵总督巴锡题），对联云"祖启土孙开疆忠义一门无愧山河正气，入鸣钟出列鼎王侯累代居然边寨功臣"；"西略巴黔威名羡尔长存暴秦强楚今何在？南开赕析封域由兹益大碧鸡金马比居先"。通海至今仍有人认为："句町王毋波在通海时，颇能施惠于民"，还说"毋波是两千余年前一位在通海有武功而兼有文治的良将"[1]（见图2-7）。

　　对句町国建都通海之事，云南大学教授林超民先生和通海县志办的唐尚贤先生以及广西的一些学者均持否定态度，甚至以为此说是"空穴来风"。

　　说句町国都城在西林的主要是广西的部分学者，他们的依据是在广西西林县普驮屯发现了独具特色的铜棺葬和铜鼓葬。广西学者张世铨先生说："铜棺葬可与同时代（西汉）的云南晋宁石寨山滇王族墓葬相媲美，应是句町王的墓葬。"铜鼓是当时代表权力和地位的重器。铜鼓墓葬中有金丝、珠襦残片，这是汉代赐给西南民族封王者的

－－－－－－－－－－

①杨千成：《秀山》，昆明：云南人民出版社，1985年版，第4、24页。

图2-7　通海句町王庙匾额及外景一览

殉葬品，故铜鼓葬也应是句町王的墓葬。句町王的住所就应当在普驮屯这一带地方。"由于应劭注句町县为'故句町国'，《汉书补注》作者王先谦指出句町是'国县并置'，故其王与县治当是统一的，因而断定句町的政治中心在今西林驮娘江上游的普驮屯一带，大致可以成立。"为证明西林普驮是句町国的政治中心即王所，张世铨先生还把流经西林县城的驮娘江说成是欢水"首受"的文象水，而西洋江则应是支流。[①]广西的另一学者覃圣敏先生也说："西林县驮娘江上游的普驮一带应是句町国的政治中心。这种看法，是无法推翻的。"他还对普驮一带的地理形势做过考察，认为："整个西林县的地理环境都是险恶的，千山万壑层出不穷，真是'路无一里直，地无一里平'。汽车在公路上行驶，方向盘或左或右，几乎都没有静止过。在这崇山峻岭之中，普驮是难得见到的小谷地。谷地东西长约一公里，南北长约五百米，四周为高耸的山岭。驮娘江自东北方向注入谷地，始而南流，再沿着谷地南缘折而西流，到谷地西头又折而东南流。在谷地河流的两个拐弯处，地势险要，除了河道以外，别无他途可行，可谓'一夫当关，万夫莫开'。谷地中有低矮的小山坡，坡上有村落。铜鼓葬和铜棺葬就在坡脚上，相距约20米。可以想见，句町王族选择这个难得的小谷地作为天然'王城'，不知踏勘了多少山岭，费了多少人力物力，才最后择定的。"[②]

说句町国都城在广南的主要依据是《辞海》和《中国历史地图集》。《辞海》说："句町……古句町国地，西汉元鼎六年置县。治所约在今云南广南县境内。"[③]根据古书凡提到县名的地点都是其县治或其政治中心所在的惯例，1982年国家正式出版《中国历史地图集》时，我国众多专家学者就共同研究确定，把句町标在今广南县莲城的位置上。广西壮族自治区原副主席、资深的壮学研究专家张声震先生主编的《壮族通史》也讲："西汉元鼎五年（前112年）汉朝出兵攻下南越后，便挥军西北上，降服了夜郎各部落，于元鼎六年（前111年）

---

①张世铨：《汉句町四题》，载中共西林县委县人民政府、广西文物考古研究所、广西历史学会编《句町国与西林特色文化》，南宁：广西人民出版社，2009年版，第48～50页。

②覃圣敏：《句町古史钩沉》，载中共西林县委县人民政府、广西文物考古研究所、广西历史学会编《句町国与西林特色文化》，南宁：广西人民出版社，2009年版，第9页。

③辞海编辑委员会编：《辞海》（缩印本），上海：上海辞书出版社，1980年版，第328页。

在夜郎地区设置了牂牁郡，驻今贵州黄平县。句町部落之地则被设为句町县。驻今云南广南县。"①

笔者曾对以上三种说法进行过深入细致的研究，认为说句町国都城在通海的虽然不是"空穴来风"，但也与事实不符；说句町国都城在西林普陀的虽然引用了一些出土文物做依据，但却忽视了许多重要的历史常识；说句町国都城在广南的比较符合历史事实并有确切依据，因此句町国的都城应当就在广南，但由于句町国在历史上存在的时间很长，其统治范围也有所变化，故其统治中心也会迁徙。

从汉武帝时在句町城设立治所对云南壮族先民聚居的区域实行统治之后，该区域又历经了毋波率部助汉平叛立功晋爵为王，句町、漏卧与夜郎之战以及抗击王莽政权的战争，其政治、经济和社会情况均发生了极大的变化。虽然在东汉时期各种矛盾相对缓和，但由于汉族官员及驻军的进入，从益州掳来的大量奴隶的安置，使得地方豪族势力逐步壮大，在经过数百年发展之后，至三国蜀汉统治时期，当地夷汉民众已经大部分被爨氏大姓所控制。在这样的情况下，蜀汉统治者只好"改益州郡为建宁郡，分建宁、永昌郡为云南郡，又分建宁为兴古郡"。《三国志·蜀书·诸葛亮传》载："皆即其渠率（帅）而用之。或以谏亮，亮曰：'若留外人，则当留兵，兵留则无所食……吾欲使不留兵，不运粮，而纲纪粗定，夷、汉粗安故耳。'"又说："出其金、银、丹、漆，耕牛、战马，给军国之用，都督常用重人。"

兴古郡于蜀汉建兴三年（225年）立，虽然句町王国仍然与之并立，句町王也还住在句町老城广南，但兴古郡的治所已不在句町城，而改设于宛温城（今文山德厚一带），兴古太守及郡兵的驻地也都迁

---

①张声震主编：《壮族通史》，北京：民族出版社，1997年版，第266页。

往宛温。又据《晋书·地理志》载：晋永嘉五年（311年），又分兴古郡东部置西平郡（驻今广西西林县东南的西平），初领盘江、来如、南零三县，后改为西平、温江、都阳、晋绥、义成五县，其地域包括今广西西林、隆林、乐业、田林、凌云等县。到东晋时，又将兴古郡统属的毋掇、镡封、贲古三县分出，另置一个梁水郡，兴古郡从此越变越小。不过据常璩的《华阳国志》载："句町国……汉时受封迄今。"即是说，句町国到常璩写《华阳国志》之时（略当于345～361年东晋穆帝时期）都依然保留句町王的封号。其后又经历了南北朝时期，兴古郡治虽然还在宛温县，但治所又有变动。1975年，中国地图学社出版的《中国历史地图集》已经将兴古郡治的具体位置标在了文山。

二、句町国的疆域及中央王朝在域内设治的情况

句町国的疆域包括哪些地方，史籍没有确切记载。对此，许多专家学者都进行过研究，但意见并未统一。笔者借助考古学的研究成果及句町国境内原住民的分布情况进行综合分析，并从史籍中关于句町国的记载进行比较后认为，句町国有一个由小变大的过程，其最强盛时的统治区域，大致包括今云南省文山州全部，红河州中东部，玉溪、曲靖和广西百色3个市以及越南北部的部分地区。

当代学者彭长林先生通过考古资料分析，"勾划出句町文化的分布区域，北面约在南盘江以北不远的地方，西北与滇池区域的滇文化接壤，东北与夜郎文化为邻，西面大致在元江一线，东面延伸到百色盆地一带，与西瓯和骆越文化交错，南面与东山文化相连，越南北部

边界地区的老街省、河江省的部分地区也属句町文化的范围"①。而从文物采集点和墓葬中出土的石寨山型、冷水冲型铜鼓和靴形铜钺、尖叶形铜锄、长条形铜锄等相互衔接的四至界限看，句町文化遗物的分布范围大致为：东面至西林、隆林、田林、凌云、百色、田东、那坡一线（西林、隆林北面为夜郎国；田林、田东、百色、那坡东面为骆越国）；北面达丘北、开远、通海等地（这里也是句町和漏卧及滇国的分界线）；南抵越南的河江、老街一带（这里至今仍然是与壮族同源同种的侬族和岱族聚居的地方，他们的语言、生产生活方式、风俗习惯及宗教信仰都与壮族完全相同，古为句町部族的一个有机组成部分）；西到金平、红河、元江地区（这一带应是句町与滇和哀牢王国的分界线）。这一历史现象表明，上述地区大概就是句町国的地域范围。

许多专家学者都认为：汉晋时期在西南地区设置的郡县，一般都是按照当地民族的居住区域划定的，从上述地区各个部族或民族集团的活动范围看，应该就是句町国的疆域。张世铨先生认为：句町国的范围即王莽时所谓的"三边蛮夷"之地，"三边地方原来是一个民族集团的区域"，他们"能与句町采取共同反王莽的行动，是有其历史、地理环境与民族等原因的"，"显然是组成了以句町王为首的民族集团"②。另据尤中先生考证："其地在今云南省文山州东部的广南、富宁至广西西部的隆林、西林、田林、凌云、百色，乃至田阳、田东一带，辖地甚为广阔。"③上述各地，虽然汉时大部分区域属于

---

①彭长林：《句町文化及其族系研究》，载中共西林县委县人民政府、广西文物考古研究所、广西历史学会编《句町国与西林特色文化》，南宁：广西人民出版社，2009年版，第41页。
②张世铨：《汉句町四题》，载中共西林县委县人民政府、广西文物考古研究所、广西历史学会编《句町国与西林特色文化》，南宁：广西人民出版社，2009年版，第50～51页。
③尤中：《中国西南民族地区沿革史》（先秦至汉晋时期），北京：民族出版社，2005年版，第154页。

牂牁郡，但不受夜郎王统率，益州郡东南部、交趾郡与牂牁郡接壤的北部地区也都不受滇王及交趾的统治，特别是滇国消失和夜郎亡国之后，此区域的各个部族更是以句町王为共主，所以至蜀汉建兴三年（225年），句町部族或民族集团的活动区域即从牂牁、益州两郡划分出来，别立兴古郡，成为一级与句町国并立的地方行政区域。

从句町国的历史发展情况看，它的壮大主要是在汉昭帝至汉成帝统治的数十年间。汉昭帝始元年间（前86年～前81年），句町侯毋波因助汉平定益州姑缯、叶榆反叛而升格为王，成帝河平年间（前28年～前25年）与句町"举兵相攻"的夜郎王国又被消灭，自此之后，句町国的范围便扩展到了牂牁、益州及交趾三郡接合部的"三边蛮夷"地区，包括当时的句町、宛温、镡封、进桑、都梦、西随、胜休、毋缀、贲古、律高等县，成了当时西南地区最强大的地方王国。虽然王莽篡夺汉位后对句町进行了十余年的征伐，使其实力一度遭到重创，但在承王的领导下，句町军民经过不屈不挠的斗争，不仅战胜了王莽军队数次大规模的进攻，而且还使东汉朝廷恢复了其王国的名号。此情况一直保持到三国时期，蜀汉政权又以其地置兴古郡。《华阳国志·南中志》载："兴古郡，建兴三年置，属县十一。"经考证，此11个县的大致情况及具体位置如下：

（一）句町县

此县是句町国的发祥地，也是句町国的王畿之地，句町国的都城及句町县的治所均在此地。但关于句町县的确切位置，学术界历来争议较多，笔者认为，确定其位置应以《汉书·地理志》为准。《汉书·地理志》载："句町，文象水东至增食入郁。又有卢唯水、来细水、伐水。"这就说明，句町县是文象、卢唯等水的发源地，而正确判定文象等水的水道，则是确定句町正确位置的关键。《汉书·地理志》和王先谦《汉书补注》均以西洋江为文象水。方国瑜先生在其《云南地方史讲义》中也说："郁水上源有左、右两江，右江源即西阳（洋）江。"[①]中华人民共和国成立后，国家组织全国著名的历史学家共同研究编制，并在中国地图出版社出版的《中国历史地图集》中，从秦汉到三国两晋的所有地图上，也都把今西洋江标定为文象水。此外，《汉书·地理志》"增食"条又载"欢水首受牂柯东界，入朱涯水"。郦道元《水经注》还有"温水（南盘江）又东径增食县，有文象水注之，其水导源牂柯句町县"和"欢水入朱涯水"，"朱涯水东北流入领方县"的记载。增食为汉郁林郡的属县，据《元和郡县志》载："邕州朗宁县，本汉增食县地，南至邕州一百八十里。"广西学者考证："邕州治所在今广西南宁，则朗宁在今南宁西北约二百里处的隆安：隆安县就是汉代的增食县地。"汉增食县还包括今平果等县。汉领方县为今广西的宾阳、邕宁、南宁、武鸣、上林、来宾等市县地，从西南向东北流入领方的朱涯水即现在的左江，而欢水亦称郁水，即今田阳以上的右江水道，句町当在田阳以上的右江及其支流一带。根据以上所述，我们认为汉句町县管辖的范围，就是现在广南、富宁、西林、隆林、田林、百色、那坡、德保、田阳及田东县的一部分。

（二）宛温县

宛温是蜀汉兴古郡治所在地，其位置也很重要，但历来争议也不少。经查，问题出在对古郁水（盘江）的理解不一，因为盘江有南北两条。《后汉书·郡国志》"宛温"条注引《南中志》曰："县北

---

①方国瑜：《云南地方史讲义》（上），云南广播电视大学，1983年内部发行，第9页。

三百里有盘江，广数百步，深十余丈。"而《太平御览》卷七九一引《永昌郡传》则说："兴古郡在建宁县八百里……郡北三百里有盘江。"若依《南中志》言，宛温应在北盘江南面三百里的兴义一带，而依《永昌郡传》言，则兴古郡治的所在地宛温，又是在南盘江之南300里的砚山平远至文山德厚一带。从南盘江是郁水主流，又是整条珠江上游的情况看，笔者以为，宛温当在今砚山平远至文山德厚一带，其管辖的范围包括砚山的平远坝子、砚山坝子及文山县、开远县的一部分地方。德厚，历史上称为"乐期就"，其壮语的意思是古城寨，这里有汉晋时期的青铜墓葬，明清以前一直是连通越南河江、老街与云南弥勒、昆明的交通枢纽及重要的马帮驿站。

（三）都梦县

都梦地处句町南境，毗邻交趾，战略地位十分重要。《汉书·地理志》云："都梦，壶水东南至麋泠入尚龙溪，过郡二，行千一百六十里。"壶水即今文山州内的盘龙河，在越南境内与明江合流，之后与红河合为一水，古称尚龙溪。麋泠为郦注之麓泠，即今越南宣光一带。盘龙河发源于文山老君山北麓，前已说明今砚山的平远坝子、砚山坝子及文山市、开远市的一部分地方为汉宛温县地，麋水下游属交趾郡，故知都梦县在文山之下、越南宣光之上的西畴、麻栗坡两县及越南河江省一带。

（四）镡封县

《汉书·地理志》载："镡封，温水东至广郁入郁，过郡二，行五百六十里。"《水经·温水注》也载："温水自梁水郡经镡封县北。"晋代梁水即今建水、开远一带，温水（南盘江）由开远经镡封县北，审之地理，其地应在今丘北县及师宗五龙一带。道光《云南通志》说："镡封，当在今广南北境丘北县。"丁谦《水经注正误举例》等书也说在今丘北县。丘北壮族多属沙人支系，当是早期与古句町部落结盟的漏卧后裔。

（五）毋掇县

《汉书·地理志》载："毋掇，桥水首受桥山，东至中留入潭，过郡四，行三千一百二十里。"又载："胜休，河水东至毋缀入桥。"《水经·温水注》也说："温水经兴古之毋掇县，与南桥水合。"据《云南水道考》说，桥水即源于今石屏异龙湖之泸江，温水即南盘江。道光《云南通志》认为，今云南西南部的泸江源于石屏县异龙湖，流至开远入南盘江，则知今开远市为两汉时期益州郡的毋掇县。汉昭帝时，句町侯毋波率领其军队助汉击反叛者便是从这里进入益州的，毋波在益州平叛有功而晋爵为王之后，即一直控制此县，并将此地作为安置奴隶进行生产的重要基地。

（六）贲古县

《汉书·地理志》云："贲古，北采山出锡，西羊山出银、铅，南乌山出锡。"《后汉书·郡国志》亦说："贲古，采山出铜锡。"说明贲古县盛产有色金属，地下矿藏非常丰富，其地当在现在的个旧、蒙自一带，这里自古以来就盛产锡矿。汉昭帝时，益州贲古县也是毋波率领部队协助汉军进入益州平叛的必经之地，毋波被汉昭帝册封为句町王后，这里又成为他集中安置掳来的姑缯与叶榆军民进行奴隶劳动、开采矿山和生产各种青铜器物的重要基地。汉成帝时，贲古、毋掇、镡封诸县还为支援句町、漏卧与夜郎之间的战争提供了有力的后勤保障。在句町王承率领"三边蛮夷"抗击王莽军队十余年的进攻中，又是这一重要的后勤保障基地使句町立于不败之地。另据《水经注》引马援上书曰"从麋泠水道出进桑王国至益州贲古县"的记载，可知东汉时的贲古县仍是益州郡最南的一个县，从此地沿红河而下，即可至交趾麋泠，故知贲古县地在今蒙自、个旧一带无疑。

（七）进桑县

《汉书·地理志·牂牁郡进桑县》说："麋泠水道出进桑王国至益州墳古县"。"麋泠水道"即"麓泠水道"，"墳古县"即"贲古县"。《水经注》又说：叶榆河"入牂牁郡西随县北为西随水，又东出进桑关"，说明此进桑在西随之东。另据《云南水道考》讲，此叶榆河当濮水之误，亦即礼社江。西随麋水即古濮水之别称（濮水上游今名礼社江，中游称元江，下游称红河，一水多名，古今皆同），从元江流向看，进桑当在西随的下游。又《水经·叶榆河注》引马援上书曰："从麋泠水道出进桑王国，至益州贲古县，转输通利，盖兵车资运所由矣。"此材料说明贲古之下为进桑。前述今个旧、蒙自一带即两汉时期的贲古县，则进桑当在其南面的屏边、马关、河口至越南老街省一带。河口地势险要，历来是沿红河入越南的咽喉要地。《汉书·地理志》载："进桑，南部都尉治。有关。"这也与河口的地势相符。河口对面的老街，古代也是壮族先民的聚居地，其首府驻地谷柳就是壮语地名，意思是木棉树下的村寨。麋泠，两汉属交趾郡，晋属新昌郡，新昌即分交趾北部新置，李兆洛释麋泠在安南太原府北境。

（八）西随县

《汉书·地理志·牂牁郡》有西随县。据该志载："西随，麋水西受微外，东至麋泠入尚龙溪，过郡二，行千一百六十里。"《水经注》载：叶榆河"入牂牁郡西随县北为西随水。又东入进桑关，过交趾麋泠县北"。说明贲古县之下为西随县，位于进桑的上游。故郦《注》引马援上书曰："从麓泠水道出进桑王国，至益州郡贲古县，转输通利，盖兵车资运所由矣；自西随至交趾，崇山接险，水路三千里。"此知由进桑关陆行可至贲古县，水行可至西随县。前已述及今蒙自、个旧为汉之贲古县，屏边、河口为汉之进桑县，由进桑沿红河而上可通西随县，则西随当在今个旧南面至红河州西北侧的金平、元阳、绿春、红河至元江等县一带，这里的居民既有僚人、沙人和侬人，又有后来迁入的氐羌移民和尼（哈尼），其西北则为哀牢夷聚居之地。

（九）胜休县

《汉书·地理志》载："胜休，河水东至毋缀入桥。莽曰胜僰。"《水经·温水注》载："桥水东流，梁水注之，梁水上承河水于俞元县，而东南经兴古之胜休县，又东经毋掇左注桥水，桥水又东注入温。"前面已述桥水即泸江，温水为南盘江。《南中志》亦说："胜休有大河，纵广百四十里，深数十丈。"道光《云南通志》认为今云南西南部的泸江源流为石屏县异龙湖，周一百五十里，水深三丈，与《南中志》所说胜休的大河大体相符，而附近虽有源于湖泊河道，但没有异龙湖这样与河身融为一体的形象构造，故可知石屏龙武等地为汉胜休县。龙武河源自峨山县，疑今峨山的部分地区亦为汉胜休县属。

（十）律高县

《汉书·地理志》载有律高县。《续汉书·地理志》也载："律高，石空山出锡，盤町山出银、铅。"《晋书·地理志·兴古郡》中也有律高县。据《宋书》《齐书》的州郡志，律高也属兴古郡。《宋书·州郡志》载："晋武帝咸宁元年，分建宁郡修云、俞元二县间流民复立律高县。"故律高县当与俞元县毗邻。俞元县在今云南澄江、江川二县，则律高县应在澄江、江川之南的通海、建水一带。

此外，《汉书·昭帝纪》载："（元凤五年）秋，罢象郡，分属郁林、牂柯。"依《汉书·地理志》证之，此时已无象郡，但经蒙文通先生考证："句町宜即自象郡分属牂柯者。"[①]牂柯郡有句町、都梦、进桑、西随诸县与交趾接壤，则句町南境也应包括今越南北部的一些地区。

综上所述，句町的发祥地当在今广南、西林一带，句町国本土应在今滇、桂接合部的文山州及百色市的部分地区。随着进桑、漏卧与其结盟及毋波晋爵为王，而滇和夜郎又相继衰亡之后，句町王国曾经盛极一时，其统治范围也有所扩大，包括了今云南省文山州全部、红河州中东部、玉溪、曲靖和广西百色，乃至越南北部的部分地区。从自然地理情况来看，这一地区是在珠江和元江两大水系中部的广阔地带，基本属于一个地理单元。元江是滇东和滇西两大地理单元的分界线，其东部属滇东南岩溶高原地带，整片地区的地势西北高而东南低，山间大大小小的盆地都是鱼米十分丰富的地方，属句町王国的地域；元江以西即为横断山纵谷的哀牢山区，属哀牢人的地域；北以南

[①]蒙文通：《越史丛考》，北京：人民出版社，1983年版，第49页。

盘江为界，江北即为滇中高原区，属滇国的统治范围。

第三节　句町国的经济

司马迁在《史记·货殖列传》中载："夫山西饶材、竹、谷、纑、旄、玉石；山东多鱼、盐、漆、丝、声色；江南出枏、梓、姜、桂、金、锡、连、丹沙、犀、玳瑁、珠玑、齿革；龙门、碣石北多马、牛、羊、旃裘、筋角。铜、铁则千里往往山出棋置。此其大较也。此皆中国人民所喜好，谣俗被服饮食奉生送死之具也。故待农而食之，虞而出之，工而成之，商而通之。"[①]中国许多地方政权的建立，也都必须具备一定的地理条件，即必须有地方上的经济条件做基础。作为与郡县并立的句町国，虽然地处西南边陲，但也能够在尊重自然的同时充分利用当地的地理条件，开发利用当地的自然资源，大力发展经济，使其农、牧、渔业不断获得丰收，冶金、纺织及其他手工业有了巨大发展，造船和交通运输业得到长足进步，从而成为西南地区存续时间最长、影响特别巨大的地方王国。

一、农、牧、渔业不断获得丰收

农业是句町国经济的基础。句町国位于滇桂接合部，西北是云贵高原的延伸部分，东南为右江、盘龙江等河谷地带，境内地形西北高东南低，呈台阶状，在山地间有众多大小不一的"坝子"（壮语称"峒那"），这些坝子像碧绿的珠宝，镶嵌在红土高原的各个角落。

①白寿彝主编：《中国通史》第一卷《导论》，上海：上海人民出版社，1989年版，第148页。

坝子周围的山上和缓坡上是茂密的森林和草场。高山、草坡、田坝、江河都为句町国经济的发展提供了良好的自然条件。多数坝子地势低平，土层较厚，很适宜于农业发展，尤其是作为"王畿"的广南坝子，面积广阔，田畴万亩，土壤肥沃，气候温润，四季如春，特别适合稻作农业生产。在右江上游的西洋江、驮娘江一带地区，还有盛产八宝贡米的八宝坝子，而在滇东南的文山地区，还有面积更加广阔的文山坝子、丘北坝子、平远坝子等，其气候、土壤也与广南一样，而物产更加丰富。据不完全统计，仅文山地区的坝子就多达257个，面积达2000多平方公里，其中有水田60余万亩，也多为鱼米之乡。又由于铜锄（含尖叶形锄）、铜锸、铜耒、铜刀、锯镰、铜斧、铜削等青铜农具的广泛使用，开垦农田、精耕细作、中耕施肥、选择良种等农业生产技术的不断提高，使稻作农业获得了巨大的发展。从通海县杨山汉墓出土的陶制水田池塘模型等随葬品来看，句町人还掌握了筑坝修沟引水灌溉稻田的技术；从出土的陶制和铜制的民居和仓储模型看，各个村社更是重视农田的开垦，以争取收获更多的稻谷，并有了相当的粮食储备。

句町人不仅善于耕田种稻，他们还能充分利用坡地大量种植粟米，因此在汉成帝河平年间，句町王禹和漏卧侯俞一次就可以向汉军"入粟千斛"。按《汉书·律历志》记："十龠为合，十合为升，十升为斗，十斗为斛。"又记："一龠容千二百黍，重十二铢……二十四铢为两，十六两为斤。"即一合一两，地斗重六斤四两，一斛62.5斤，一千斛62500斤，汉时的斤只有今天的一半重，一千斛约为今天的31250斤。句町王与漏卧侯一次就能向汉军交出这样多的粟米，说明句町人和漏卧人都已经熟练地掌握了粟的种植技术，并说明句町和漏卧都是以农业为主的方国，而且其生产的粮食已经自给有余。由于粟米是我国北方人民的主粮，汉军大都是北方人，喜食粟米，句町王

和漏卧侯能够投其所好，这既使得他们与汉军之间的关系更加融洽，也使得句町王室与汉朝中央的关系更加密切。

另据《太平御览》引《南方草木状》说：兴古郡出产"甘薯（红薯），民家常以二月种之，至十月乃成卵，大者如鹅，小者如鸭"。兴古郡是三国两晋南北朝时期与句町王国并立的一级行政单位，管辖的范围与句町王国一致，这说明当时的句町人已经掌握了红薯的生产种植技术，并已在全国推广。《后汉书·南蛮西南夷列传》载："句町县有桄榔木，可以为面，百姓资之。"《华阳国志·南中志》载：兴古郡"有桄榔木，可以作面，以牛酥酪食之，人民资以为粮"。桄榔木，壮语称为"馃榔"，当地俗称"董棕"，属棕榈科植物，为热带或亚热带地区的常绿乔木，树高数丈，树干粗壮，表皮坚硬但内心松软，取其树心加工成面粉，既可充饥，也可做成良好的保健食品。由此可见，句町人的粮食还是较为充裕的。

从另一个角度看，句町王国之所以能与夜郎进行连年战争，其后又能够抵抗王莽大军十余年的进攻而最终取得胜利，如果没有充足的粮食储备，要供养数万的军队，并使之长期坚持战斗，那是不可想象的。

句町国除充分利用良田好地发展粮食生产外，还利用境内大片缓坡和丘陵形成的天然草地大力发展畜牧业。这从广南、富宁和广西百色都出土过铸有牛纹的铜鼓，并出土铜马、羊纹铜牌饰等青铜器皿可以证实。句町国时期饲养的黄牛，从青铜器上的形象看，一般体型较大，额部粗壮，额前有明显的凹陷，角较长，从额脊两端伸出，先平直而后略向上翘，项峰较高，大耳、长尾，四肢粗大，颈下垂肌发达，现在的广南高封牛与之类似。《汉书》讲句町王与漏卧侯在交给汉军数万斤粟米的同时，还以"牛羊劳吏士"，说明句町国的牛羊也是比较多的。经考证，在句町国的畜牧业中，除牛、马、羊外，还有猪、狗、鸡、鸭。牛分为水牛、黄牛；马也有大小两种；羊又分为山羊、绵羊。句町人饲养家畜的方式，主要有放养和圈养两种。一般牛、马、羊都是放养的。猪既可放养，也可圈养。鸡、鸭多半是放养，早晚喂些粮食，其余时间任其自行觅食。句町人饲养鸡、鸭的时间很早，砚山县平远镇大山村新石器时代的岩画上就已经有了人工养鸡的画面，壮族摩经中也有关于先民大量使用鸡、鸭作为祭品的记录。

牛的用途主要有四：一是用于祭祀（主要是黄牛），即祭祀仪式中的牺牲；二是用来耕种田地（主要是水牛）；三是用作食品，句町国居民不仅吃黄牛肉，也食酥酪；四是用牛作为贡品或商品，既表示句町王对中央王朝的忠诚，也换回句町国需要的内地产品。马的主要用途也有四：一是用来武装骑兵部队；二是用来组成"马帮"，作为交通运输工具；三是用作代步工具；四是作为贡品或是对外贸易进行交换的大宗商品。猪、羊、鸡、鸭主要是为了食用并作为祭祀的牺牲，狗则用于看家和狩猎。以上情况，反映了句町畜牧业的发达及其在经济生活中的重要地位。

《华阳国志》载：诸葛亮平定南中后，南中（包括句町）以"金银、丹漆、耕牛、战马给军国之用"。《三国志·蜀书·李恢传》也载："赋出叟濮，耕牛、战马、金银、犀革充继军资，于时费用不乏。"这说明在当时，耕牛、战马已经成了句町国向蜀汉政权上交贡赋的主要项目之一。

句町民众还继承了古越人驯养大象的传统习惯。袁康著的《越绝书》中讲："象耕鸟田，民食其利。"樊绰的《蛮书》也载："开南已南养象，大于水牛，一家数头养之，代牛耕也。"又载："象大于水牛，土俗养象以耕田，仍烧其粪。"在广南文庙中，至今还保留有"象耕"石刻，该石刻刻画大象牵犁在肥沃的土地上耕作，旁边是和

风吹拂的树枝和花草，还有美丽的云朵在辽阔的空中飘动。此石刻表
明，句町人养象或许也与耕田相关（见图2-8）。经过训练的大象还可
组成象队，用于战争。

句町铜鼓上还有鸬鹚纹、鱼纹和鹿纹，说明句町国的渔、猎在生
产领域中虽不占重要位置，但仍是取得生活资料的一种补充手段（见
图2-9）。句町人捕捞鱼虾类水产品的工具主要有渔网、渔笼、渔罩、
渔钩和渔叉，还有泡笼捕鱼、鱼床捕鱼和鸬鹚捕鱼等。《魏书·僚
传》还说，句町人中的僚民"能卧水底持刀刺鱼"。《太平御览》卷
七九一引《永昌郡传》也说："僚民……能水中潜行数十里，能水底

图2-8　"象耕"石刻

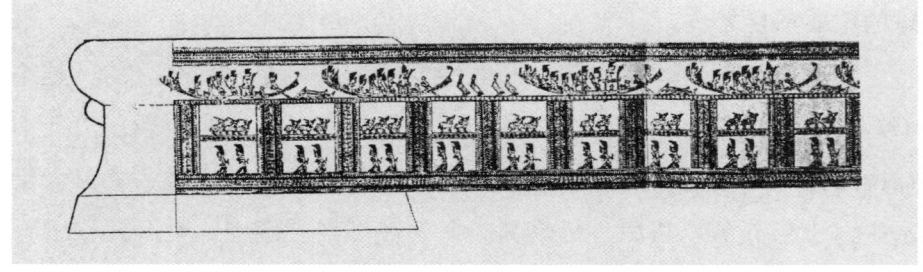

图2-9　西林280号鼓身纹饰展开图

持刀刺鱼。其人以口嚼食，鼻饮水。"句町人狩猎的工具有唧杆、陷阱、网罟等，而方法则多种多样，对于善于奔跑的草食动物，如鹿、麂子之类，句町国猎手们多用猎犬追逐的方法，即先纵狗穷追不舍，一直将其追至精疲力竭时，然后再抓捕或射杀；狩猎熊和虎豹等猛兽则用唧杆、陷阱和弓箭；猎取飞鸟则用网罟。狩猎产品的用途亦非常广泛，肉可食，皮、骨可入药，羽毛则多作为装饰品，供给饰羽翎或戴羽冠的越巫或舞蹈者使用。而虎、豹、孔雀、鹦鹉等活体动物，又往往是对外贸易中很受欢迎的商品。

从句町故地出土的铜锄（含尖叶形锄）、铜斧、铜锛、铜锸、铜耒、铜凿、铜刀、锯齿镰、铜削、铜针、铜锥、鱼钩等生产工具及铜釜、铜壶、铜钵、铜樵斗、铜洗、铜桶、铜罐、铜盘、铜杯、铜匜、铜鼎、铜灯、铜镜等生活用具看，句町国发达的农牧渔猎业与其发达的青铜制造业密切相关。许多考古专家还认为：这些独具地方特点和民族风格的青铜器物，是在当地新石器文化的基础上发展起来的。如宽叶形铜锄与新石器遗址中的石铲相近；无銎、实心的梯形铜斧、铜锛，又与当地新石器遗址中常见的石斧、石锛相似；收割稻谷的穿孔铜镰，也与新石器遗址中的半月形穿孔石刀的器形及大小接近。从当地原住民的生产生活方式看，也与新石器时代是一脉相承的。这说明，汉晋时期句町国的青铜文化及发达的农、牧、渔、猎业，是在当地新石器文化的基础上发展起来的。

二、冶金、建筑、纺织及其他手工业取得巨大发展

（一）发达的青铜铸造业

句町王国时期，是青铜冶炼、加工和使用最繁荣的时代。随着句

町地区农业、畜牧业经济的进一步发展，以有色金属的采冶和制作为主的冶金业已成为句町国经济的重要支柱，这从句町故地出土的大量青铜兵器、礼器、农具和各种生活用具（包括鎏金铜具）能够得到证实。可以说当时句町国生产的青铜器与世界上任何一种青铜器物均能媲美而毫不逊色。

句町国之所以能够生产众多精美的青铜器，与当地拥有丰富的铜、锡、铅等有色金属矿藏有关。地质资料表明，文山州的马关、麻栗坡、广南、富宁及红河州的个旧、蒙自等地皆是铜、锡、铅、汞（丹砂）、金、银等有色金属及贵金属的富矿区。《宋书·州郡志》和《华阳国志》也载："贲古县，山出银、铜、铅、锡。"这都说明句町国的确具备大量生产青铜兵器、礼器、农具和各种生活用具（包括鎏金铜具）的物质基础，这与我国中原地区因缺乏铜、锡、铅资源而很少使用青铜农具形成了鲜明对比。

从滇东南出土的青铜冶炼使用的铸铜石范和铜渣、残铜屑以及大量青铜文物来看，句町人的冶炼、铸造和鎏金技术先进，工艺水平较高，器物也非常精美。其铸造的刀、剑、斧、钺和箭镞都非常锋利，而举世闻名的广南鼓、开化鼓和西林铜鼓，其布局之严谨、造型之端庄、纹饰之华美、铸工之精良，可以说已经达到了炉火纯青的地步，堪称极品，能与世界上最精美的青铜器相媲美。其羊角钮编钟、各种各样的铜牌饰、铜马、铜俑等也都别具一格，如果句町国没有专门的铸铜作坊和精湛地掌握鎏金工艺的工匠，要制造出这些器物来是不可思议的。据此而言，句町国拥有高度发达的青铜文化是毋庸置疑的。

句町国的青铜器铸造技术，大致有范模铸造法、单范铸造法、空腔器物铸造法、套接铸造法、鎏金等。

1. 范模铸造法

在句町国出土的青铜器物中，范模铸造的约占总数的80%，其中又以蚀蜡法（失蜡法）铸造的句町铜鼓等器皿最为精美。其铸造工艺流程主要分为制范、浇铸、修饰3个阶段：制作铜鼓的范必须先用木头制成内模，再以谷壳、黏土和牛粪拌匀敷制成泥模，晾干后又在泥模上敷一层两分厚的蜂蜡并刻上太阳、星体、翔鹭、羽人、船及点线、锯齿、圆圈和双旋等花纹，使其成为一个体现句町民族独特文化内涵的蜡模，最后再以牛粪、黏土和谷壳拌匀敷在外层，使之形成夹蜡的泥模，晾干后即把木模卸除，范模才算制作完成。浇铸铜鼓，先要拿夹蜡的泥模去烧，让里面的蜡流出，接着在鼓模还热时，将溶好的铜液不急不缓地注入范腔，直至饱满为止。由于铜鼓属于大型铸件，需要有大量的铜液，因此不仅要有专门的炼铜炉和一定数量的坩埚，还要有鼓风设备和分工很细、技术熟练的工匠通力协作，才能顺利地把浇铸工作完成好。浇铸工序结束后，还要敲掉外壳，挖掉内模，并对粗制的铜鼓进行修理、锉平、磨滑，花纹不够清晰、饱满的则需仔细修饰，让其显得更加完美。

2. 单范铸造法

句町国的当卢、腰扣和装饰品中有许多动物纹，如山羊纹、兽面纹、虎纹、鱼纹等。以上青铜器及装饰品的背面无任何纹饰，很明显是用单面范铸造的。即先制一范，将要铸的动物纹图案刻在范内，刻制时必须是反刻（就像刻图章一样），铸出的青铜器才是正像。另一种制范方法可能是先做一件板状装饰图案的内模，用此模在未干的泥范表面压一印痕，使范面上出现一个与内模图案完全相同的凹坑，即成铸范。无论哪一种制范方法，浇铸工序都是相同的。即先将铜液注入单面范的凹坑内，直至注满为止，待其最后冷却，打去外范，此装饰品即形成。到目前为止，笔者还未发现两种图案完全相同的当卢和装饰品，说明无论是哪一种方法制成的单面范，都是一范一器，不能重复使用。

3．空腔器物铸造法

句町国有一种带銎的青铜兵器和空心柄铜剑，是用空腔器物铸造法铸造的。带銎的青铜兵器如斧、矛、钺和空心柄铜剑等，铸范一般都是用两块对合的外范及夹在中间的泥芯（内模）组成的，由于泥芯的关系，在铸件上才能形成供装木柄的銎部和铜剑柄的空心部分，其泥芯的一端露在范外，浇铸完成后便可以直接取出。

4．套接铸造法

句町国青铜器中还有环环套接的活动铸件，这便是用套接铸造法铸造的。所谓套接铸造法，就是先用一般范模铸出链状器物上的第一个链环，然后将此环嵌入另一铸范的适当位置，以此作为第二次铸造的内模。这样连续套铸多次，即可得到环环扣合、活动自如的链状青铜器。一些小型的链状器物则可能是用锻打工艺形成环环套合的链条，而不用套接铸造法铸造。

5．鎏金

为了使青铜器更加美观和经久耐用，句町国的工匠们还在铸好的青铜器上进行镀金。镀金亦称鎏金，西汉时期，句町国的鎏金工艺已臻成熟，鎏金青铜器出土的数量也较多。特别是1997年11月在广南县阿科乡普迁村出土的防箭击和装饰作用的青铜鎏金人面鱼形四鸟纹当卢，其制作工艺十分精美，造型极其生动，更反映了句町铜冶技术的高超。近代冶金工艺研究表明，古代青铜器上的鎏金原料，主要是金粉和水银的混合物（亦即《考工记》上所说的"金汞齐"）。人们将此混合物涂在青铜器表面，用温火烘烤，让水银很快挥发，金粉就会留在青铜器的外表，从而达到鎏金的效果。实践证明，鎏金青铜器不仅美观而且富有光泽，也有很好的防腐蚀作用，凡经过鎏金处理的青铜器，就不易受水汽和二氧化碳气体的侵蚀而使青铜器表面产生铜绿锈层。

在云南文山还发现一种名为"黑漆古"的青铜器，最具代表性的是铸造精美的古木铜鼓。该鼓通体呈碧绿色，表层呈透明状，与常见的铜绿色截然不同，鼓面、腰部、足部十分光滑，腰下部的晕圈内饰阳纹锯齿纹，这些锯齿纹虽小，但都是碧绿色，锯齿纹两侧更小的圆点纹、晕与晕之间的弦纹也是碧绿色。该鼓属于石寨山型，年代为西汉，俗称"黑漆古"。2002年1月，由于北京大学考古文博学院与云南省博物馆开展项目的需要，项目组专程到文山州博物馆取样，从古木鼓足部取了很小部分样品进行了检测，其金属成分占比为铜86.54%、锡10.12%，无铅、铁、锑等成分，是一种铜、锡二元合金。但长期以来，学术界对古木铜鼓的这种黑漆颜色是怎么形成的这一问题，仍然没有形成统一而又正确的答案。有说是人工处理的，有说是自然形成的，还有说是土壤腐蚀的，莫衷一是。持人工处理看法的主要是西方学者，如英国学者卡尔贝克早在1926年就注意到中国古铜钱表面有人工漆过的漆，"黑漆古"名称即由此而来。美国学者钱斯对"黑漆古"也做过分析研究，发现其表面含硅元素，认为是有意制造和人工氧化的结果。另一位美国学者也认为"黑漆古"表层普遍含硅元素，是人为加进去的。认为是自然形成或土壤腐蚀的主要是我国学者，如北京科技大学孙淑云等学者认为："高含锡量是青铜表面'黑漆古'形成的必要条件之一。"梁上椿先生也强调铜器"入土千年"，"入水千年"，"我国南方多水坑，水质呈酸性，多出黑漆古"。明代方以智《物理小识》卷八也载："其锡剂多者，久则黯绿，更久则黑。"但也有学者认为其与器物的合金成分无关，都是镀锡表层自然腐蚀的结果，如何堂坤先生认为"黑漆古""绿漆古"都是镀锡（开光）表层自然腐蚀的结果，而不是有意制造的。黄德荣和李昆声生先生则说："黑漆古"是腐蚀形成的，而不是镀锡层的腐蚀产物或附加在表层的其他物质。它之所以是透明而有玻璃光泽和玉质感，与二氧化锡晶体呈半透明状及其厚薄有关，越薄透明度越大，且有金刚石类型光泽。[1]笔者以为，"黑漆古"的形成仍有不少奥秘尚未揭开，还需要有关专家学者进行更深一步的研究，以期最终形成统一而又正确的答案。

考古发现句町国故地还有铁器，如广南小尖山墓葬出土的铜柄铁刃剑，牡宜白崖脚出土的铁锸，个旧市标杆坡东汉墓出土的铁剑、铁斧、环首铁刀等，说明西汉时期，句町区域已经有了铁器。从句町早期铁器绝大部分为铜铁合制器，其铜柄或铜鋆部分的器形和纹饰都与当地青铜器相同这一特点看，其铁器很明显是模仿青铜器制作的，如广南小尖山汉代墓葬出土的铜柄铁刃剑，其柄上有螺旋纹，剑格为"山"字形，与当地的"一"字形格青铜剑完全相同。

我国的冶铁术，是在冶铜术高度发达的基础上逐步产生的。近年来的考古研究证实，古代制作的铁刃是用含镍较多的天然陨铁经加热锻打成形后，嵌在陶范内和铜钺本体在浇筑时铸接在一起的。关于汉代句町人是否已经掌握了冶铁和铁器制作技术的问题，我国学术界有两种不同的看法：一种看法认为是由内地输入的；另一种看法认为是句町国工匠生产的，即句町国已经掌握冶铁和铁器制作技术了。从句町地区有铁矿，可以在高度发达的冶铜技术的基础上炼出铁来，且其早期铁器绝大部分为铜铁合制器，如广南小尖山汉代墓葬出土的铜柄铁刃剑等方面的情况看，汉代句町的工匠们在冶铸青铜器的基础上，已认识到氧化铁矿在较低温度下可直接还原出铁，并将"块炼铁"锻打成型，打制出比青铜器更经久耐用的铁器了，特别是句町内附之后，其工匠更有可能从内地汉族那里学会用冶铁和铁器铸造技术。不

---

①黄德荣、李昆声：《句町国的"绿漆古"铜鼓——以文山古木鼓为例》，载中共西林县委县人民政府、广西文物考古研究所、广西历史学会编《句町国与西林特色文化》，南宁：广西人民出版社，2009年版，第92～96页。

过就整体而言，当时句町国仍处于青铜时代的繁荣期，尚未进入铁器时代。

《汉书·地理志》载："贲古，采山出银，羊山出银铅。"同书还载："律高，西石空山出锡，东南滥町山出银铅。"说明句町国还有银矿的采炼与银器制作及铅的冶炼与铅器生产，其生产的方法是"沉铅结银法"。铅多用于制作铅弹、渔网坠、灯具及盘、碟等类器皿。白银和黄金一样都属于贵金属，而且有较好的延伸性能和金属光泽，因此古代多用银制作银器和装饰品。

（二）独具特色的建筑与纺织业

1. 句町国的建筑以干栏式最具特色

《魏书·僚传》载："依树积木居其上，名曰干栏，干栏大小随其家口之数。"《旧唐书》说："干栏"建筑是人们为适应"土气多瘴疠，山有毒草及沙虱、蝮蛇"的自然环境而形成的。

一般干栏式建筑均分上、中、下三层，顶层储粮，中层住人，底层放置农具和饲养牲畜。顶层与中层之间用竹笆和横梁相隔，中层与下层之间用木板和横梁相隔。为使人住的中层更结实牢固，底部还有大小不一的木柱支撑，各层之间有独木梯相接。干栏多以三开间或五开间为一幢，家家都有望楼和晒排。房屋的坐向因地而异，多数都是背靠青山面向田坝，正面视野开阔。直至近代，壮族的房屋依然普遍使用干栏式建筑形式（见图2-10）。

句町国的建筑中也有板筑建造法。据《后汉书》载，句町有城，即其"国都"还有围墙。壮语称"城"或"墙"为"清"或"景"，称广南为"清侬"或"清道"，从广南的古城墙遗迹及当地老人的介绍看，广南的老城墙当是用鹅卵石拌泥垒砌或板筑的。一般板筑夯土

图2-10　壮族干栏式建筑房屋

墙的方法是，先立4块挡土板（两长两短），挡土板的尺寸视墙体的长、宽、厚而定。板筑夯土墙时，先在挡土板的板框内填土一层，即夯筑一次，再填一层，再夯一次，如此反复多次，直至将框架内填土夯平，在一段夯土墙形成后，接着再夯筑下一段，这样整堵夯土墙也就形成了。

2. 句町国的纺织业起步很早

从滇东南新石器时代中期文化遗址出土的陶纺轮看，古句町人当时已经学会了纺织。《后汉书·南蛮西南夷列传》载：其地"宜五谷蚕桑，知染采文绣"，说明秦汉时期句町人的家庭丝织业已是其经济的一个重要方面。李调元《越南笔记》引《南越志》说：当地还产"白叠"和"兰干细布"，又说"白叠即吉贝也"。"贝"和"派"

是滇东南和桂西壮族对棉花的叫法，侬人的语言有吐气音，即读作
"派"，沙人的语言无吐气音，即读作"白"或"贝"，与东南亚和
南亚等地的居民对棉花的叫法一致，说明汉晋时期的句町民众已经开
始栽培棉花和进行棉布生产了。《魏书》载："僚者……能为细布，
色色鲜净。"《华阳国志》也载："兰干细布。兰干，僚言纻也，织
成文如绫锦。"《太平御览·永昌郡传》也说："兴古郡……九县之
人皆号曰鸠民……鸠民咸以三尺布角割作两襜。"可见句町人的纺织
业已经相当发达。从句町国时期青铜器上的纺织图像看，其织布工具
有腰机和竖机两种。腰机也称踞织机，主要由经轴、分经杆、布轴、
幅撑、打纬刀、投纬工具、背带、综杆等附件组成；竖机又称斜织
机，也有经轴、分经杆、布轴、幅撑、打纬刀、投纬工具等附件，但
较腰机要先进得多。句町人一般都是男耕女织，妇女们将棉布织成
后，还要用蓝靛染色，用砾石磨光布面，有的还要在纺织品上进行刺
绣。除丝、棉织品外，句町国的纺织原料还有火草、麻、毛等。

（三）造船等行业得到长足发展

句町故地素有"山水之国"的美称，境内不仅有峻峭的青山，而
且还有秀美的江河，其中的文象水（西洋江）、蒙水（驮娘江）合为
郁水（右江）后汇入珠江，即从番禺（今广州）流向大海，中间还可
以从苍梧（今梧州）溯漓水（桂江）北上，扬帆灵渠，进入湘江而与
长江水系联通，沿红河而下又可直通交趾，水上交通相当便利。"水
行山处"的句町民众自古就擅长伐木造船，到汉晋时期，其制作船舶
的技术又有了长足的进步。广南阿章鼓上的船纹图案显示，船上设有
特制的灶台和饮食器皿，由四人划桨，一人在船尾掌舵，说明句町国
的木船是专供长距离航行使用的，此类船上已经有舵。句町国的木

图2-11　广南阿章鼓上的船纹图案

船，其舵在翘起的船尾，从底部开舵孔，舵杆与舵衡呈"十"字交叉形，舵衡后端的舵叶为较宽的三角形，其前又有一长方形板，用以加大障水力量，舵手双手握舵杆，即可带动与舵杆相连的舵衡及后端的舵叶板，说明此舵为转轴舵。转轴舵在当时是一种比较先进的舵，不仅省力，而且操作起来也比较灵活，更重要的是它能使船保持顺直，顺水流上下，方向不变，可见句町国制造的船在当时是比较先进的（见图2-11）。

　　除造船业外，句町国的竹木器、陶器、漆器和玉器加工业等也很发达。句町地区森林茂密，竹木原料丰富，而且当时已有锯、凿、削、锛、斧、钻等金属加工工具，故用竹木加工的生产工具和生活用具很多，使用范围也相当广泛。竹多用于编制笭筐，古代称"箐笭"或"箐笼"。《史记·滑稽列传》载："瓯窭满篝。"《正义》曰："瓯窭，谓高地狭小之区，得满篝笼也。"《类篇·竹部》也说："蜀人负物笼，上大下小而长，谓之箐笭。"句町人普遍使用笭筐，至今滇东南和桂西山区的壮族仍用其背（挑）粮食或其他物品，非常适用。笭筐还是衡量稻谷的工具（每笭约合30斤），也可用于计算土地面积，如多少笭谷种的田等。明代朱梦震《西南夷风土记》说："贸易多妇女……度用手，量用笭。"从牡宜汉墓出土的几何印纹黄釉陶缸、瓮和陶罐等器物看，句町国还有比较先进的制陶工艺和手工作坊，陶器多为轮制，其法是将揉好的陶泥放在木制的轮盘上，用脚拨动转轮制坯，先用陶泥做出器底，然后用泥条盘成粗坯，再用转轮使坯的表面光滑，涂上黄釉，随后将陶坯分层放进窑子里烧制。用窑烧制的陶器火候都比较高，因而也更加结实美观。从牡宜汉墓出土的大量漆器来看，该国早在西汉末东汉初就已使用漆器，而且有了当地的漆器制造业。其油漆还用在描绘青铜器表面的装饰图案上，因为漆色不像其他颜料一样容易脱落，所以绘在青铜器上的花纹至今仍清晰可见。句町国墓葬中还有一定数量的珠宝玉器，如玉环、玉璧、谷纹玉玦、玛瑙环、红玛瑙珠、绿松石串珠等，表明当时句町国已经有了玉器加工作坊及高水平的玉石制作工匠。从广南牡宜白岩脚出土的一

图2-12　广南牡宜白岩脚出土的铜骑士

件铜骑士（见图2-12）看，该骑士身着铠甲战袍，勒缰跃马，威风凛凛，说明句町国用牛皮做马鞍、络头、攀胸、后秋、腹带、缰绳等的制革行业也非常兴盛。此外，他们还用牛角做号，以作传达信息或召集队伍之用。

三、粤滇水陆交通与南方丝绸之路更加通畅

粤滇水陆交通，是指乘船从番禺（今广州）溯珠江、郁水（右江）西上句町（今广南），再利用马帮沿陆路进入益州滇池（今昆明）、叶榆（今大理）再"西至桐师（今保山市龙陵县）"的陆路交通路线。据《华阳国志·南中志》载："孝武时，通博南山，度兰仓水耆溪，置巂唐、不韦二县，徒南越相吕嘉子孙宗族实之，因名不韦，以彰其先人之恶。"王先谦说："巂唐在今保山境及云龙境界，不韦在今保山县西。"由此可知，从番禺到同师的道路，汉代更加通畅。前章已经言及南方丝绸之路即古"蜀身毒道"，是从巴蜀至滇池、叶榆、桐师，过伊洛瓦底江至缅北的孟拱，又到身毒（今印度）东北的英帕尔后，再向西北行至与伊朗高原相接的坦叉始罗并转入西亚的通道，粤滇水陆通道与南方丝绸之路是相互联通的，特别是汉晋时期，二者更密不可分，这对处于内陆地区的句町国的社会经济的发展壮大起到了十分重要的促进作用。从《汉书》记载句町助汉平息益州姑缯、叶榆等地反叛的情况看，此通道不仅是双方经济文化上的重要通道，而且也是重大军事行动的必经之路。

考古材料印证了上述这一结论。在广南小尖山汉墓、牡宜汉墓和西林铜鼓墓出土的文物中，除有当地生产的铜鼓、羊角钮编钟、靴形钺、靴底形虎纹铜当卢、山羊纹铜牌饰等越文化的物品外，还有竹简、漆木器耳杯、五铢钱、汉代铜灯、铜洗、铜俑、铜六博棋和木雕

车马模型等来自中原或明显受中原文化影响的物品。而玉管、玉环、玉璧、谷纹玉玦、红玛瑙珠、绿松石串珠等名贵首饰及其原料，则是来自滇国、缅甸、印度。如果句町王室未得到中央王朝的重视和支持，其势力也没有抵达益州姑缯、叶榆等地，并与滇西和南亚、西亚各国发生密切的经济文化交往，那么这些地方的物产及文化影响决不会波及句町。

句町与南方的交趾（今越南河内）也有水上通道，即从进桑关（今河口）沿红河而下或从都梦（今麻栗坡天保口岸）沿盘龙河而下的水道，越南东山文化中的铜鼓、羊角钮编钟、一字格铜剑、直内无胡戈和尖叶形铜锄等"句町式"青铜器，便是句町与交趾之间密切的文化交流及商贸往来的有力见证。汉晋时期，交趾、九真、日南都是中国版图内的郡，据中国社会科学院历史研究所编写的《简明中国历史读本》介绍："西汉中期以后，对外贸易逐渐发达，建立了自河西走廊通往中亚、西亚以及欧洲的'丝绸之路'，主要出口丝织品，进口貂皮等毛织物、香料、珠宝等。番禺成为重要的对外贸易港口，海上'丝绸之路'开始形成。桓帝延熹九年（166年），大秦商人到达日南郡（治今越南广治）边境，以大秦王安敦的名义进贡特产。"[1]这些对句町国的经济文化也都造成了一定影响。

四、移民对经济开发的促进作用巨大

东汉以后，中国大一统的政治局面被打破，朝代更迭频繁，战乱持续不断，导致了北方流民大量进入华南和西南地区，特别是西晋末年至南朝初年的大规模移民浪潮。移民们到达华南和西南地区后，与

---

①中国社会科学院历史研究所编：《简明中国历史读本》，北京：中国社会科学出版社，2012年版，第153页。

当地濮越人和睦相处，并带来中原先进的生产技术，一起对南方腹地和西南地区的山林川泽进行开发，从而扩大了耕地面积，促进了当地社会经济的发展。如刘宋大明年间，由于"富强者兼岭而占，贫弱者薪苏无托"[①]，朝廷不得不下诏明文规定官员占山锢泽的面积。又如南朝时期，牛犁耙耕在江南和岭南地区已经较为普遍，"句町的农业，大致已用牛耕"[②]。铁制农具大量使用，水利灌溉事业也有长足发展，先进的生产技术及生产工具的使用，使农副业产量大增。在岭南交广和滇东南地区，已出现"再熟之稻"乃至"三熟之稻"。在蚕桑生产方面，采用低温控制蚕卵孵化技术，以增加蚕的饲养次数，已有一年"八熟"之蚕，"四熟""五熟"之蚕更加普遍。经过移民和原住民的共同开发，昔日"地广人稀"的穷乡僻壤，焕然呈现"连宇高甍，阡陌如绣"[③]的繁荣景象。

第四节　句町国的社会形态与政治制度

从社会形态看，汉晋时期的句町国仍然属于奴隶制社会；从政治制度看，句町国属于君主专制制度，国王在国内拥有绝对的权威和地位，是集军政大权于一身的君王。

一、句町国的奴隶制

前章已经讲到，中国早在商周时期就已经进入奴隶制社会了，

---

① 《宋书·羊玄传附羊希传》。
② 张世铨：《汉句町四题》，载《民族研究》1983年第5期。
③ 《陈书·宣帝纪》。

所谓"普天之下，莫非王土；率土之滨，莫非王臣"，讲的便是占有土地等生产资料的国王和贵族就是奴隶主，他们还占有创造社会财富的臣民们——奴隶，并以"井田制"的方式占有其劳动成果，是一种分等级的奴隶占有制。学术界一般认为，西南夷地区在秦汉时期已经进入奴隶制社会阶段，有以滇池为中心的滇类型奴隶制和以理县、汶川、茂汶数县为中心的冉駹奴隶制等类型。滇类型奴隶制的特点是：土地属于滇王，他再以之分配给治下的大小奴隶主，奴隶主直接占有奴隶，驱使他们在田地上或手工工场中进行劳动，属庄园剥削制。冉駹奴隶制尚处于由原始社会末期向全面的奴隶制过渡的阶段，属父系家长奴隶制。[①]句町地处西南边疆，进入奴隶制社会的时间约在战国至秦汉时期，因受内地的影响较深，其奴隶制类型也与中原地区一样，是一种分等级的奴隶占有制。

壮语称国王为"宏"，称邑君或邑长为"召"或"赛"，称有威望的奴头为"魁（恢）吉"，称家内奴隶为"勒魁"，其中又把在田里劳动的奴隶称为"勒那"，把在手工工场中劳动的奴隶称为"勒掩"，"勒"在壮语中是子女的意思，"魁（恢）"即奴隶，这也应是父系家长奴隶制的遗存，说明句町国的奴隶制也是家长奴隶制。

汉晋时期，句町国奴隶制的主要特点是：奴隶的主要来源是战俘和被征服民族，原始社会残余形态尚存，商品经济极不发达。

（一）奴隶的主要来源是战俘和被征服地区的民众

据《汉书》载：在汉昭帝时，句町国王毋波奉调率其邑君长人民助汉平息益州姑缯、叶榆的反叛，曾捕掳了5万余个战俘及被征服

[①]童恩正：《南方文明·从考古学资料看中国西南地区的奴隶社会》，重庆：重庆出版社，1998年版。

地区的民众。这些人都沦为毋波王族及其邑君长们的奴隶，被安置在其"王畿"之地及新扩展到的毋掇、贲古、胜休、律高四县，从事农业、家畜饲养业、矿山开采及青铜器制造业，以获取大量的粮食、畜禽产品、青铜兵器及铜、锡、铅、银、金等金属产品，并用这些财富和战争工具来充实国库，增强国力，强化其王权制度，使句町国的奴隶制得到了空前发展。就一般情况而言，要使大量的战俘及捕掳来的民众转化为生产奴隶，战胜者既要有绝对的军事优势，同时还要有较发达的生产水平，使战俘不仅能靠生产来获得自己生存的生活资料，还能创造一定的剩余价值。句町王正是以其坚强的武装力量作为后盾，把捕掳来的人分赐给作战有功的邑君长，由他们率部监视奴隶劳动。所以说句町国的奴隶制也是一种分等级的奴隶占有制。在句町国的社会里，占支配地位的生产关系是奴隶制，其生产力和生产关系的矛盾，主要体现在各族奴隶与句町王族及其邑君长们之间的矛盾。

除战俘和被征服地区的民众外，句町国内的民众也有沦为奴隶的，如《魏书》就记载有："平常劫掠，卖取猪狗而已。亲戚比邻，指授相卖，被卖者号哭不服，逃窜避之，乃将买人捕逐，指若亡叛，获便缚之。但经被缚者，即服为贱隶，不敢称良矣。"[1]《周书》也有"获其口以充贱隶"[2]的记载，说明当时还有买卖奴隶及将罪人没为奴隶的现象。

（二）原始社会残余形态尚存

句町国虽然已经使用大批奴隶劳动，形成了大规模的农牧业和手工业生产，但奴隶的人口数仍然少于奴隶主贵族和自由民的总数，构

---

①魏收：《魏书》，北京：中华书局，1974年版，第2248～2251页。
②令狐德棻：《周书》，北京：中华书局，1971年版，第891页。

成其社会基础的仍然是氏族部落的成员。毋波及其邑君长统率的"人民"，都还是其公社农民，他们与句町王同族，同样是农业生产的主要担当者及奴隶制国家的主要兵士来源，就整个社会而言，还是以氏族公社为基础的自然经济占主导地位。在句町国内，妇女仍然占有很高的地位，有些奴隶主就是女性，这在句町和滇以外的其他地区是十分罕见的。或许这与句町人主要从事以耕织为本的稻作农业经济有关，因为稻作生产过程中的选种、撒种、育秧、插秧、薅秧、割谷、装仓等工序都是由妇女来完成的，男人只完成筑篱围田、引水灌田、犁田耙田、挑秧、打谷、挑谷等，而种棉、采棉、纺纱、织布等则全是由妇女来完成的。从晋宁石寨山出土的贮贝器盖上有女巫主持的祭祀场面及女奴隶主监督女奴纺织的场面看，在其传统社会里，叫谷魂、祭谷神、祭纺织神等活动也都是由女巫主持操办的。句町和滇的奴隶制社会中存在这种情况，应当是与其保留有原始社会时期女氏族族长的残余势力有关，尽管当时的社会形态已经改变，但她们旧有的习惯权势仍具有很大影响。

（三）商品经济极不发达

从句町国的经济发展水平看，虽然其稻作农业、畜牧业、矿山开采业、青铜加工业及纺织等手工业都比较发达，并有充裕的粮食、丰富的畜产品、精美的铜鼓及各种各样的青铜器皿，还有独具地方特色的纺织、漆器、陶制品和珠宝玉器，但这些产品绝大多数都不是用作商品在市场进行贸易的，其中相当的一部分仅用于供给王室及贵族使用，如釜、甑、壶、杯、盘、案、铜鼓、编钟和铜锣等青铜用具及乐器，还有原料来之不易、生产工艺要求较高的金银、珠宝、丝绸之类的手工业品，绝大部分也都被用于满足王室和贵族奢华生活之所需。

另一部分则用于满足武装部队的需要，如戈、斧、矛、钺、剑、盔甲及箭镞等大量的青铜兵器，这些产品是武装句町国军队用的，并不作为商品在市场上交易。还有一种是农村公社成员剩余的农副产品、竹木工具和青铜农具等，他们用"以物易物"的形式进行交换，以达到互通有无的目的，主要还是满足民众生产生活自给自足方面的需要。虽然当地已经形成初期的市场——圩（僚市），但其交易仍停留在部分农副产品的交换上，度量衡的方式方法也十分原始：重量论挑（两箩）、丢（10斤）、艮（斤）和掌（两）；长度论掰（双手平直伸开的长度）和拃（拇指和食指张开的长度）；容量论箩（竹编的箩）。句町国虽然也出现了规模较大的对外贸易，但这些贸易都是由王室直接控制的。句町国没有自己铸造的金属货币，交易时使用的货币是五铢钱和贝币等，这说明自给自足的自然经济在该国仍占主导地位，其生产和交换行为不是以商品经济为前提的。

二、王权政治与军事力量

从广南、西林等地汉墓群出土的龙虎纹金腰扣、鎏金环、车马模型、漆木耳杯、精美铜鼓、印纹黄釉陶、骑俑、坐俑，竹简、铜灯、五铢钱、牌饰、剑、镞、水晶饰品、谷纹玉玦、红玛瑙珠、绿松石串珠等大量珍贵的随葬品看，句町国的君王在其方国内是集军政大权于一身、具有绝对权威和地位的。

广南牡宜出土的汉代木椁墓，地面封土厚约1.2米，土坑长5.1米、宽4.2米、深2.9米；墓室分3层，椁室长4.46米、宽2.8米、高2米，整个木椁用材粗大，四周椁板均用3块整木完成，内置长2.1米、宽0.84米、高0.66米的头箱，头箱用整段树木抠成方凹槽，两头为插板，木椁四周采用填塞膏泥，其形制与长沙马王堆二号墓类似。西林普驮出土的铜棺墓，其铜棺是整体浇筑而成的，长约200厘米、宽约66厘米、高约68厘米，棺板厚约0.5～1.5厘米，重达数百公斤，棺的头、尾挂有铜铺首，棺的两侧悬铜面具，外表鎏金，棺盖上还立有铜铸人物活动场面造型。铜鼓墓则由4件铜鼓套合而成，比晋宁石寨山滇国王族墓地的3件还要多，均为世界罕见。

从历史学的资料看，句町王不仅能世代统率各部族的邑君、邑长，有效地调动全国的武装力量，而且还牢牢地控制着全国的经济大权，使国内的土地及贡赋全归王室所有。其王权在方国之内具有牢固的社会基础和持续的社会属性。特别是《汉书》记载句町在西汉中后期参与了3次大规模的战争：第一次是汉昭帝始元年间，其因"斩首捕虏有功"而被汉廷正式册封为句町王；第二次是汉成帝和平年间，句町王禹、漏卧侯俞联合组织军队与夜郎王兴的部队之间的战争；第三次是王莽改制后，杀句町王邯，邯弟承统率"三边蛮夷"反抗王莽数十万大军的战争。这三次战争规模都很大，句町国应是举全国之人力、物力和财力，并动用了所有的武装力量投入战争的，否则也不会每次战争都成为最后的胜利者，随后成为西南地区最强大、持续时间最长的方国，且影响越来越深远。在这数十年的时间里，几代句町王如果不能将国内的土地及贡赋全部控制在王室手中，不能控制全国的经济大权，不能调动全国的武装力量，那么要取得这三次大规模战争的胜利是不可能的。

句町国统治者为维护自己的特权并镇压奴隶的反抗，还使用了各种不同的刑法，如戴上颈枷、腿枷和手铐等。更为残酷的是，他们将经常反抗的奴隶作为祭祀用的牺牲品。

古语道："国之大事，在祀与戎。"[1]句町国的王权政治，还与

---

[1]《左传》成公十三年。

神权和巫术紧密结合在一起。摩（麽）教长老就是国王及其邑君长的军师和高参，他们常用鸡卜"预测"国家大事，并以各种法事活动及诵经祝祷的方式参政。据《史记·孝武本纪》载："是时南越既灭，越人勇之乃言'越人俗信鬼，而其祠皆见鬼，数有效'……乃令越巫立越祝祠，安台无坛，亦祠天神上帝百鬼，而以鸡卜，上信之，越祠鸡卜始用。"邝露《赤雅》则说："汉元封二年平越，得越巫，适有祠祷之事，令祠上帝，祭百鬼，用鸡卜，斯时方士如云，儒臣如雨。天子有事不昆命于元龟，降用夷礼，廷臣莫敢致诤，意其术大有可观者矣。"可见越巫鸡卜之盛。后来的史书经常将西南地区的少数民族"渠帅"称为"大鬼主"，说明这里的许多民族头人都身兼宗教首领，他们既用武装力量，也用神权思想来维护和巩固其统治地位。

句町国的军事力量也是可圈可点的。该方国之所以能够长期屹立在祖国的大西南，固然与其历代君王良好的政治素质分不开，但从其军队在奉调助汉平息益州的反叛中发挥了关键性作用，在与夜郎军队对战的四年中仍然保持强大的战斗力，在抗击王莽数十万大军征伐的十余年中依然立于不败之地，在东汉至魏晋南北朝的数百年时间内还能保境安民等关乎国家命运的重大事件来观察，都与其拥有强大的军事力量分不开。仅就毋波率部助汉平息益州的反叛一战而言，当时装备精良、训练有素且由水衡都尉吕辟胡率领的益州郡兵，都未能战胜滇西姑缯、叶榆等方国的反叛部队，甚至连益州郡治滇池及益州太守的命也都没能保住，而句町军队却能胜利进军益州，大败姑缯、叶榆的叛军并使之一蹶不振，从而取得辉煌战果。相比之下，句町军队的精锐程度是不言而喻的。姑缯、叶榆本是"嶲""昆明"诸族建立的国家，据蒙文通先生考证："姑缯之事，唯见于此。"《汉书·杨雄传》载雄言："'往时探姑缯之壁，籍荡姐之场……固已犁其庭、扫

其闼'，是知姑缯即于此役破灭。"[1]

从句町国武装力量的总体看，其军队是由各氏族部落中的青壮年男子组成的，不仅训练有素，而且组织得体、装备特殊，既有适于山地作战的步兵部队，又有精悍骁勇的骑兵部队。

从出土文物及其图像看，句町国部队配备的兵器大致有砍劈类、勾刺类、击打类、远射类和防护类5种。砍劈类兵器主要有钺、斧、刀、剑、削等；勾刺类兵器主要有戈、矛、镦、叉和啄等；击打类兵器主要有流星锤、狼牙棒、棍棒等；远射类兵器主要有弩机、箭镞及箭菔等；防护类兵器主要有盔、甲、盾牌及当卢等。其中能使句町国军队克敌制胜的特殊武器和装备主要是弩机、毒箭、兜鍪、马镫、山漆和铜釜。

句町步兵配备的兵器主要有铜矛（含人头纹铜矛、长笛铜矛、双环钮铜矛、宽叶铜矛、双腰形铜矛）、铜戈（含蛙人纹直内无胡戈和翼上饰勾连云纹戈）、铜斧（含圆形、椭圆形、方形、六边形銎弧刃铜斧）、铜钺（含靴形钺、风字形铜钺、斜刃铜钺、凹銎双勾倒人字纹铜钺、凹銎双勾M纹铜钺及椭圆銎长条形平刃铜锛）、铜剑（含卷云纹茎首铜剑、雷纹茎首铜剑、柄首镂空无格铜柄铁刃剑、一字格曲刃铜剑）、匕首（含人面纹三角形铜匕首、云纹三角形铜匕首）、战刀（含长刀和弯刀）、铜镦、铜啄、铜削、流星锤和狼牙棒，还有铜锤、铜叉、铜镈、铜弩机、铜箭镞和盾牌等用于攻防的武器及兜鍪、颈甲、胸甲、背甲、臂甲、腿甲等用于保护士兵身体各个部位的装备。

从出土的铜骑士、铜骑俑的装备看，句町骑兵不仅配备有精良的战马及马鞍、马镫、络头、攀胸、后秋、腹带、缰绳等整套的马具，其兵器也优于步兵，主要有戈、矛、刀、剑、斧、钺、箭、弩、头

---

[1] 蒙文通：《越史丛考》，北京：人民出版社，1983年版，第50页。

盔、铠甲等，战马头部则配有当卢和饰牌，作为战马的防护用具。有些当卢和饰牌还是鎏金的，其中又以广南普迁出土的人面鱼形四鸟纹当卢最为精美，这应当是句町王或其将帅的遗物（见图2-13）。

此外，从句町国江河纵横和句町人善于用舟及养象、驯象的情况看，句町国军队中或许还有船队和象队。

综上所述，由于句町国军队有其与众不同的精良兵器及各种特殊装备，再加上他们训练有素、指挥得当，所以打仗经常取得胜利就不

图2-13　广南出土的武器装备

足为奇了。

三、句町王室与中央王朝的关系

从汉武帝时毋波主动内附开始，句町王室与中央王朝就建立了十分密切的关系。特别是在汉昭帝继位后，西南夷地区不服中央统治而纷纷起来造反之时，毋波能够"率其邑君长人民击反者"并"大破益州"，为维护西汉王朝的统治发挥了关键性的作用，从而得到朝廷的高度信任，句町王室与中央王朝的关系也因此更加亲密了。江应樑先生说："毋波进军益州，不惟获得了王爵，在朝廷的支持下，遂欲长期留驻滇池地区。"①滇王的地位从此被其所取代，时距益州郡的设置仅27年（前109～前82年）。

汉成帝河平年间（前28～前25年），夜郎王兴举兵攻句町王禹和漏卧侯俞（漏卧侯国在今云南泸西、师宗、罗平一带），时间长达四年之久。中央王朝派使臣调解，句町王禹很识时务，表示服从，而夜郎王兴却盲目自大，穷兵黩武，结果遭到灭顶之灾，从此覆灭，时距汉武帝赐予夜郎王号仅84年。自此以后，句町控制了益州郡和牂牁郡的广大地区，成了当时西南地区最大最强的方国。

公元8年，外戚王莽篡夺汉位，另立"新朝"。他下令贬句町王邯为侯，又叫"牂牁大尹周钦诈杀邯"，从而挑起了句町王室与"新朝"政权之间的矛盾，并导致"三边蛮夷愁扰尽反"。这既反映出句町王室对汉朝中央的忠贞不二，同时也反映出王莽歧视边疆少数民族的政策不得人心。在内地赤眉、绿林农民起义与西南边疆各族人民的反抗下，"新朝"政权终于在公元23年垮了台。其后，刘秀于公元25年重新统一中国，在洛阳建立东汉王朝后，又恢复了西汉时句町王

---

①江应樑主编：《中国民族史》，北京：民族出版社，1990年版，第239～249页。

的封号，句町王室与中央王朝的矛盾随即化解，整个句町及"三边蛮夷"之地便再也没有发生战事。不仅如此，据《马援上书请通麋泠道》讲：东汉马援率部征交趾时，曾"将骆越万余人，便习战斗者三千兵以上"，欲"从麋泠水道（红河）出进桑王国"，此万余人及三千战斗者或许都是句町的战士。东汉以后，魏、蜀、吴三国并立，蜀汉于建兴三年（225年）重新调整行政建制，在句町王控制的地区另立兴古郡，诸葛亮实行"南抚夷越"的政策，使蜀汉政权与句町王室之间一直保持着和睦关系，并收到了"赋出叟、濮，耕牛、战马、金银、犀革，充继军资，于是费用不乏"的良好效果。

两晋南北朝时，由于内地纷争不断，国家四分五裂，诚如洪齮孙《补梁疆域志》云："东晋十六国以来，侨州郡县，朝南莫北，旋有旋无，虽巧术不能算焉。"句町王室也因此无所适从了。但从中华一统的国家层面上看，句町王室依然沿袭汉晋以来实行的"郡国并存"制度，继续维系其自身在当地的统治。

综上所述可知，句町王国的统治者与历代中央王朝的关系都是比较密切的，这种密切的关系促进了中华民族内部的凝聚力和向心力，也促进了各民族的和睦友好及边疆地区社会经济的发展和进步。

四、与内地汉族的交往、交流与交融

特别值得一提的是，句町民众在与内地汉族的长期交往、交流中，学习到了中原地区的许多优秀文化知识。据《后汉书·南蛮西南夷列传》载："句町县……公孙述时，大姓龙、傅、尹、董氏，与郡功曹谢暹保境为汉，乃遣使从番禺江奉贡。光武嘉之，并加褒赏。桓帝时，郡人尹珍自以生于荒裔，不知礼仪，乃从汝南许慎、应奉受经书图纬，学成，还乡里教授，于是南域始有学焉。珍官至荆刺史。"

　　三国、两晋、南北朝时期，句町国为大姓爨氏所掌控。据《混一方舆胜览》载："爨深，晋武帝时兴古太守，爨人之名始此。"即是说爨氏是从爨深开始在兴古郡发迹的。另据《新唐书·南蛮传》载："西爨自云，本安邑人，七世祖晋南宁太守，中国乱，遂王蛮中。"此初唐时所记录的"遂王蛮中"之"七世祖"，便是爨深。爨深后来降于蜀中的李雄，《华阳国志·李雄志》讲："咸和七年（332年）秋，李寿南征宁州至朱提，太守董炳固城，宁州刺史尹奉遣宁太守霍彪、大姓爨深等助炳……八年，炳、彪等出降。九年春，分宁州置交州，以霍彪为宁州、爨深为交州刺史。"又讲："咸康五年（339年）夏，建宁太守孟彦，率州人缚宁州刺史霍彪于晋。"据方国瑜先生研究：霍彪"投晋广州刺史邓岳，李寿追击于南丹，孟彦死。霍、孟二姓同归失败，而爨氏独强，称雄于南中"[1]。由于内地南北势力争夺不已，地方势力纷乱，爨氏遂统治南中达二百余年。

　　爨氏能统治南中的一个重要原因是他们都与当地的少数民族首领通婚，结成亲家，形成盘根错节的"遑耶"关系。常璩《华阳国志·南中志》载："与夷为婚，曰：'遑耶'……与夷至厚者谓之'百世遑耶'，恩若骨肉。"汉族与少数民族结成亲家，实为边疆地区不可避免的一种民族融合现象，并在长期的历史发展进程中逐步形成风俗，在云南，此风俗至今依旧十分盛行，有结成"实亲家"的，也有结成"干亲家"的。所谓"实亲家"就是有姻亲关系的，其子女要称他们为"亲爹、亲妈"；没有姻亲关系的则叫作"干亲家"，也称"打老庚"或"打老同"，其子女则称他们为"干爹、干妈"。凡结成亲家的，无论有没有姻亲关系也都"恩若骨肉"。汉族与少数民族结成亲家的风俗，当始自爨氏。

---

　　①方国瑜主编：《云南史料丛刊》第一卷，昆明：云南大学出版社，1998年版，第240～241页。

第五节　句町国的宗教

在汉晋时期，宗教活动成为句町国的一件大事，影响到其社会生产生活的各个领域。

当时句町国的神权政治思想已经成熟，并得到国内民众的普遍认同，神治和巫术在该国占有十分重要的地位。《史记·孝武本纪》载："越人勇之乃言'越人俗信鬼，而其祠皆见鬼，数有效'……乃令越巫立越祝祠，安台无坛，亦祠天神、上帝、百鬼，而以鸡卜。"《汉书·郊祀志》和《后汉书·南蛮西南夷列传》也有"牂柯……俗好巫鬼禁忌"的记载。《魏书·僚传》则说僚人"其俗畏鬼神，尤尚淫祀"。《华阳国志·南中志》又说："南人轻为祸变……其俗征巫鬼，好诅盟，投石结草，官常以盟诅要之。"说明我国岭南及西南夷地区的壮族先民均崇拜鬼神，而当地的统治者为了借助宗教的力量来维护其统治，也都极力提倡崇拜天神、上帝、百鬼、祖先和崇信鸡卜，句町国的历代国王也不例外。

一、句町的传统摩教

句町人自古信仰"摩"，司马迁的《史记》写作"莫"，今亦写作"麽"。"摩"（"莫"或"麽"），壮语的意思是诵经祷告。做诵经祷告的祭师叫"布摩"（男）或"乜摩"（女），"乜摩"古时也写作"靡莫"，许多汉文古籍也称之为"越祝"或"越巫"。句町国即以传统信仰的"摩"为其国家宗教。摩教已经有自己的经典，初步形成了一套对宇宙、天体、生死、祸福、命运、灵魂、拯救等问题的诠释，并认为生死祸福都由神灵操纵，而且生死能够轮回，因果相互报应。鸡卜是一种预测吉、凶、祸、福的占卜术，源于远古时代的占象，即观动物象的一种。考古工作者在广州南越王宫遗址出土的数件木简中发现载有"大鸡官"用"野雄鸡六""野鸡七，其六雌一雄"占卜的内容，说明汉代的南越国就特别信仰鸡卜，并且设有专门的官员主管此事。鸡卜分为鸡骨卜、鸡血卜、鸡卵卜等数种，鸡骨卜又有鸡胯骨卜、鸡头骨卜、鸡翅骨卜之分，其中发展程度比较高的是鸡胯骨卜，其是依据鸡胯骨上原生血窍的数量、位置及插签的角度、朝向构成的卦象来判断吉凶的，这种方法形成的卦象既繁杂又各不相同，但却有一定的规律可循，为鸡卜的系统化和可重复操作性提供了条件。联系上述《史记》《汉书》《后汉书》等古籍的有关记载，可以说当时的鸡卜体系已经形成，其特点是浓重的"三元四方"观念及明确的主客体思想。"三元"指构成宇宙的天、地、水三种物质；"四方"指日出方（东）、日落方（西）、上方（北）、下方（南）；主体为我或我方，鸡卜时以其左胯骨代表；客体为你、你方或他方，鸡卜时以其右胯骨代表。其术语为"刁垦刁赛法，刁拉刁赛丁"。"赛法"意即天官，"赛丁"意即地官，"刁"表示鸡胯骨血窍及插签的方向，"垦"或"刁垦"表示与天官沟通得到的信息，"拉"或"刁拉"表示与地官沟通得到的信息。

摩教的经典，壮语叫作"司摩"，俗称《摩经》。《华阳国志·南中志》载："夷中有桀黠能言议屈服种人者，谓之'耆老'，便为主。议论好譬喻物，谓之'夷经'。今南人言论，虽学者亦半引'夷经'。"句町是当时在南中与兴古郡并立的方国，其《摩经》应该就是常璩在《南中志》中所说的"夷经"。

《摩经》分为"摩龙（大显经）""摩廖（小显经）"和"摩额

姆（秘经）"三大类。"摩龙"以超度亡魂为主，主要的经文有《摩布洛陀》（教祖经）、《摩荷泰》（超度经）、《麻仙》（赎魂送魂经）、《德傣掸登俄》（土僚经）等；"摩廖"以招魂、解厄为主，主要的经文有《恼款》（招魂经）、《恼款考》（叫谷魂）、《恼款歪》（叫水牛魂）、《邦唐菲》（受孕保胎经）、《邦兜壬》（撑房子经）、《邦概扎》（搭桥延寿经）等；"摩额姆"以驱邪、解厄、送鬼为主，经文多为警句，而且夹杂咒语，如《能莫海》（撵五海鬼）、《盖版》（扫寨）、《解多巴嘎伙》（解鱼刺卡脖子）、《隔姆曼》（驱除山中带来的邪气）、《送批染》（送瘟鬼）等。由于布摩念秘经时不发出声音，并且要用一碗水，念毕即含水喷向四边，故壮语也称其为"万南"（"万"即碗，"南"为水）。上述三大类《摩经》中，以《摩布洛陀》《摩荷泰》《麻仙》和《德傣掸登俄》4部大显经最为重要。

《摩布洛陀》多为云南侬人、沙人支系和桂西壮族共同使用。全书分为7篇15章，共5700多行，内容主要是讲布洛陀大神创造天地万物，规范人间伦理道德，启迪人们祈祷还愿、消灾祛邪，追求幸福生活等四大方面。[1]《摩荷泰》主要是侬人支系使用。全书分为42篇，共6000余行，为布摩超度亡魂时吟诵使用，其内容包括：分天地、干旱和洪水神话；人种、谷种、棉种和耕牛的来源；婚姻、家庭、乡村和城镇的发展；偷盗、抢掠和战争等社会问题的出现；找官、交租和上税等社会控制机制的初步形成；为死者沐浴、做棺材、选坟地；杀牲为死者赎魂；守候死者的灵柩，为亡魂背轭、抬轿，送亡魂上路、过桥、过关到祖宗在的仙界；告别亡灵、烧纸钱、还恩等。《麻仙》主要是沙人支系使用。全书分为7篇，共1300多行，为布摩赎魂和超度

---

①张声震主编：《布洛陀经诗译注》，南宁：广西人民出版社，1991年版。

时吟诵使用，主要内容包括：为老人、成人、孕妇、孩童赎魂超度及对亡魂情况的各种预测和解释；以规范的宗教仪式超度亡魂并进行祭祀等。《德傣掸登俄》主要是土僚支系使用。全书分为4篇，共2300多行，为长老或布摩在红白喜事或节日期间吟诵使用，其内容包括《掸登掸俄》（开天辟地）、《南溢吞俄》（洪水淹天）、《德傣色贞》（土僚创世）、《达娘玛登》（星女下凡）4个部分。[①]

以上4部《摩经》中关于布洛陀的种种神话，反映了壮族先民寄托神力来协调人与自然、人与社会和人与人之间的关系，企求消灾免难、过上幸福生活的美好心愿，折射出壮族社会的发展历程。这些宗教典籍，对研究句町社会历史、经济文化、风俗习惯等方面都具有十分重要的作用。

鸡卜本身是一种巫术，主要是以占卦的方式来与天地神灵沟通，卜问吉、凶、祸、福，并验证通过法事活动之后达到的效果。其运作分为选鸡、祈祷、取卦、看卦4个步骤，首先是选用健壮而且鸡冠没有破损的红羽雄鸡，洗净头脚，接着默默祈祷，明确用意，告知所求，祈求神示。随后杀鸡祭祀所求神灵，去毛煮熟后将胯骨抽出刮净使其露出血窍，再用削好的竹签插入窍中，使鸡骨和插入的竹签构成卦象。最后由事主、长老和布摩共同验视，并由布摩确定卦象类别和卦名，判断占测的结果及该卦应验的时间和方位（见图2-14）。

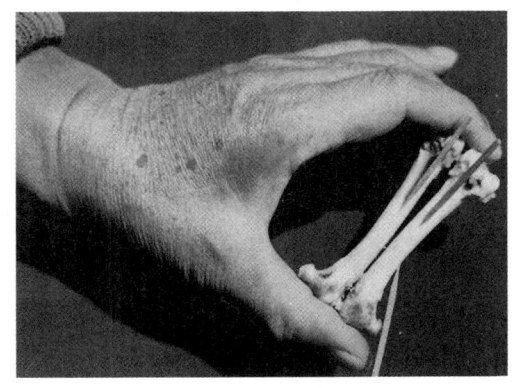

图2-14　壮族布摩在鸡卜

---

①何正廷主编：《壮族经诗译注》，昆明：云南人民出版社，2004年版。

鸡卜卦象大类分为6种，壮语称为"介龙""介衫""介消""介楼""介崩""介林"，意即龙（竜）卦、衫卦、消（修）卦、楼（陋）卦、崩卦、林卦。其中消（修）卦还有2个变卦："介满"（满卦）和"介王"（王卦）。龙卦类的卦象是每组卦的四角都有血窍可以插签，且其中一方的签是聚拢中间的；衫卦类的卦象是每组卦的四角都有血窍可以插签，且其中一方的签位比其他方高；修卦类的卦象是每组卦都只有三方有血窍可以插签，且其中一方的签仅朝下或朝一个方向（其中的满卦为一方有签且签朝上，王卦为一方有签且签横居中间）；楼卦类的卦象是每组卦都只有左右上角或者左右下角有血窍可以插签；崩卦类的卦象是每组卦左右两方的血窍所插的签都是朝一个方向斜穿的；林卦类的卦象是每组卦的左右两方或者其中一方没有血窍可以插签。上述六大类鸡卦一般被称作"母卦"，在各类母卦中还有许多"子卦"，子卦是依据每组卦中能插签的血窍数和签与骨构成的形状来确定的，如龙卦和衫卦中有两根签翘朝上的图像似鸟嘴的叫"坝"，而签翘朝下的图像似木桩的叫"腊"，两根签互相交叉的则叫"坝九"或"腊九"，有一签横于中间的图像似门闩的叫"千都"，有两签横于中间的图像似搭桥的叫"拔扎"等。又如楼卦中有两根签翘朝上的图像似马耳朵的叫"署马"，两根签翘朝下的图像似鱼尾的叫"汤巴"；崩卦中有三签朝上的图像状似雨伞的叫"康楞"，三签朝下的图像状似撑开口袋的叫"康通"；修卦中有一根签翘朝上的图像状似支刷竿的叫"干咩"，有一根签横于中间的则叫"干王"；等等。

确定卦象的名称时，以右卦（左骨）代表己方，称之为"娄"（意为我或我们）；以左卦（右骨）代表彼方，称之为"蟒"或"脱"（意为你、你们或他方），还要看己方或彼方母卦和子卦的情况，最后才综合为一个卦名。如"娄龙娄坝"（我方占得龙卦，我方有喙）、"蟒衫宗邦坝"（你方占得衫卦，两边都有喙）、"娄龙娄拉九"（我方占得龙卦，我方朝下的签交叉）、"蟒衫娄千都"（你方占得衫卦，我方关门）、"娄龙娄拔扎"（我方占得龙卦，我方搭桥）、"蟒龙蟒塘四"（你方占得龙卦，你方有四签）、"蟒衫蟒谭四娄旦六"（你方占得衫卦，有四签；我方有六签）、"楼汤巴"（鱼尾形的楼卦）、"楼娄署马娄跳帕"（我方占得马耳朵形的楼卦，我方的签上翘）、"娄康楞"（我方打伞）、"蟒康通娄壮匹"（你方撑开口袋，我方放鬼）、"娄王蟒修"（我方占得王卦，你方为修卦）、"蟒王娄干咩"（你方占得王卦，我方猎岩羊）等。

　　布摩占测吉凶，主要是看母卦，其中龙卦代表母（雌）的，双数、低处（平地），占得龙卦预示平稳安定、团结和睦、发展壮大等，多用于选择村寨住址；衫卦代表公（雄）的，单数、高处（山上），占得衫卦预示追赶竞争、人丁繁衍、畜禽兴旺等，多用于保身和求财；修卦代表消失、化解、不干净。在鸡卜时出现修卦，以我方得修卦预示自己失财，以对方得修卦预示我方得财；王卦代表阻拦，在鸡卜时以我方得王卦对自己有利，相反则对我方不利；满卦代表细小，因其卦位在未方，属羊，应验的时间也被说成是六月、未（属羊）日或下午1～3点钟；楼卦代表烟熏或升腾，在鸡卜时以我方得楼卦对自己有利，相反则对我方不利；"崩"的壮语含义是窜或飞奔，在鸡卜时以窜朝上为佳，窜朝下为劣；林卦即无血窍插签的光骨，在鸡卜时常预示平安无事或毫无收获。此外，也要兼顾子卦，以我方有嘴或喙为佳，以对方有嘴或喙为劣；以对方得桩对我有利，相反则对我不利；卦象中我方签数多的要杀牲祭祀，对方签数多的要用布匹祭祀；以对方得拜卦对我有利，相反则对我不利等。壮族有一套自古传承下来的术语，如"介龙列摆低"，意思是占得龙卦要在低处祭祀；"介衫列摆松"，意思是占得衫卦要在高处祭祀；"介楼三叟匪"，意思是占得楼卦祭祀时立三个灶都难了结（没完没了）；"介修不丢迪"，意思是占得修卦无须再搞第二次祭祀；"娄拜娄喇柬，蟒拜握潜阖"，意思是我方占得拜卦要失财，你方占得拜卦要抱钱给（我方）；"娄剥娄掌，蟒剥蟒嚓诺"，意思是我方有喙我方强，你方有喙要吃肉；"娄腊掉董等，蟒腊送马壬"，意思是我方有桩，财落他方，你方有桩，钱送我方；"娄谭谭诺谭囊，蟒谭谭旁谭帕"，意思是我方签多要赎肉赎皮，你方签多要赎布赎帕；"松邦叭得进，松邦丁不得又"，意思是两边都有喙预示得吃，两边都朝地预示不能住；等等。

鸡卜涉及的神鬼众多，有天神（鬼）、雷神（鬼）、土地神、山神（鬼）、风神（鬼）、水神、龙王鬼、燕鬼、野鬼、家鬼、官鬼、恶鬼、瘟鬼、五海鬼、杂种鬼、寡儿鬼、后门鬼、阴兵鬼、缸边咒嘴鬼等，反映出句町人的鬼神观念相当浓重，可以说在他们的意识中，一切事物都由神灵鬼魂操纵。

二、"摩"和鸡卜的运用范围

"摩"和鸡卜被运用到的场合十分广泛，几乎涵盖了句町人社会生产生活的各个方面。归纳起来大致有六大类，即社祭、战争、求问、家祭、招魂、送鬼。这些活动都要进行"摩"和鸡卜。

（一）社祭进行"摩"和鸡卜

社祭即村社集体或数村联合进行的各种祭祀活动，包括在社庙祭祀天地神灵，上竜山祭"梅塔稳"（太阳神树）、"梅奢"（寨神树）和"梅布洛陀"（始祖神树），下田坝祭祀"峒那"（田坝）

等等。有的地方还同时祭祀"图南"（水神）或进行"盖版"（扫寨），句町铜鼓上的羽人舞蹈纹、羽人划船纹，即是其祭祀河神而举行的迎神、送神、媚神仪式的真实写照。社祭的目的是用鸡卜预测所祭之神是否能保佑全体村社成员，并探查祭祀活动是否可以达到风调雨顺、四季平安、五谷丰登、人畜兴旺的预期结果。

（二）战争进行"摩"和鸡卜

句町国时代，战争十分频繁。每当战争将临，上至国王或部队统帅，下至村社头人，都要在社庙中举行庙算仪式，用雄鸡祭神和请布摩诵经，祈求神佑，并同时进行鸡卜。若鸡卜预兆吉利，即可激励将士英勇杀敌，凯旋而归；若鸡卜预兆凶险，便要停止战斗，或者按卜辞所示，举行法事活动并施行巫术，以求化险为夷。如《摩经》里讲："王去征战做贼（指当军事首领或武士），做贼问得不吉祥的鸡卜卦兆（帝卦），王就祈祷请神灵来解鸡卜凶兆，王的宝刀抽出鞘，王攻城寨全攻下，王撬寨墙全倒塌，征战中掠得三千件衣服，征战中掳得白头老奴（有威望的奴隶头目），征战中俘得红颜美女。"在鸡卜卜辞里更是大量记载了"打贼""保寨""征战""兵戈""出兵全回""祈贼不来""报信不通"等情况。

（三）求问进行"摩"和鸡卜

在句町故地发现的许多鸡卜卜辞里，都大量记载民众在开耕、渔猎、建房、乔迁、出行、贸易、诉讼、治病或选择墓地时杀鸡问卜并进行祈祷活动的情况。《摩经》里还讲："王去造鱼塘，造塘问得不吉祥的鸡卜卦兆，王就祈祷请神灵来解鸡卜凶兆，主家的圹鱼得到繁殖，鱼重新回到池塘里，池塘的水永远蓄得住，吃鱼不再吃鱼头"；"王去造田地，造田问得不吉祥的鸡卜卦兆（陋卦），王就祈祷请神灵来解鸡卜凶兆，神灵保佑陈谷吃到新米出，一文钱变成千万贯，一粒谷变成千万穗，人们吃饭不用看米桶"；"王上山去葬坟，葬坟问得不吉祥的鸡卜卦兆（衫卦），王就祈祷请神灵来解鸡卜凶兆，人就又生男孩，牛又生出种牛，事事行得通，样样做得顺，寻找金银找得着，有病痛全都治好，年年享富贵"；"王去造村庄，造村问得不吉祥的鸡卜卦兆（龙卦），王就祈祷请神灵来解鸡卜凶兆，村庄重新有人安顺，房屋重又有人居住"；①等等。

（四）家祭进行"摩"和鸡卜

句町人特别重视对父母的丧葬祭祀和超度亡灵，他们认为父母骸骨是子孙的本，子孙形体是父母的枝，本与枝能够相互感应，因此便把举行鸡卜法事活动以请回父母亡魂并超度到祖宗住地，作为子女必须尽到的义务。他们还崇拜祖先，认为祖先神是其家庭乃至整个氏族部落最亲近、最得力的保护神，因此必须年年祭祀，杀鸡问卜，并诵经祈祷。

（五）招魂进行"摩"和鸡卜

句町人相信万物有灵，而且认为活人的灵魂若不附体，就会导致各种不幸，失去灵魂更会岌岌可危、在劫难逃，特别是体魄较弱的婴儿、孩童、高寿老人以及伤病患者。即使是青壮年人，在社会活动

---

① 张声震主编：《布洛陀经诗译注》，南京：广西人民出版社，1991年版，第1185～1188页、第1194～1197页。

中也难免跌倒、受惊，甚至落水、坠崖，导致魂不附体。为使事主健康长寿，便要请布摩来为其举行招魂仪式，把未附体或失落的灵魂招回，使其恢复身心健康。此仪式也要杀鸡祭祀神灵，并由布摩或乜摩诵经招魂，将由于各种原因而离开了他们身体的灵魂招回来。布摩或乜摩证明灵魂招回与否的办法有两种：一种是将一组被剖成两半的牛角尖抛于地上验视，若两半牛角尖呈现一正一反的情况，即表示已经顺利招回，否则要再诵经再抛，直到取得满意的结果为止；另一种是将鸡蛋立起来或于其顶上放住米粒，即表示生魂已经招回。仪式结束时，布摩或乜摩即在事主的手腕或者小腿上拴线安魂。

（六）送鬼进行"摩"和鸡卜

句町人及其后裔"尚鬼神""好淫祀"是出了名的，他们认为：人病、畜瘟或是连遭祸事，均是鬼作祟的缘故，必须请布摩或乜摩来为其送鬼。为确定是什么鬼作祟，句町人先要用鸡卜来预测，而后再有针对性地施行巫术；为了验证鬼是否被"送"走，他们也要用"摩"和鸡卜，若验证的结果是送鬼未成，则还要重复进行，直至获得满意的结果。其送鬼仪式形形色色，千奇百怪，对待不同的鬼要用不同的巫术手段。如送"官鬼"用狗；送"瘟鬼、五海（害）"用羊、鸡、鸭；送"病、冤家鬼"用猪、羊；送"神虏东方女鬼"用母猪；等等。在实施的各种巫术手段中，既有模拟巫术，又有交感巫术，说明句町国的摩教还保留相当多的原始成分。

在句町国时代，"摩"与鸡卜具有它所参与的一切宗教活动和社会活动所具有的功效，特别是能满足人们预知自身行为凶吉的愿望，帮助人们解决生活中的探求、困惑和难题，还可通过祭祀与祈祷，来为人们消灾免祸、化凶为吉，从而给人们以思想上的安慰，获得精神

上的依托，增强人们生活的信心和勇气，为图谋生存发展而齐心协力地去战胜天灾人祸，化解各种社会矛盾。一个民族的形成和发展，要靠一种文化心态来维系，使之成为该民族共同心态的凝聚力。毫无疑问，"摩"与鸡卜在句町人及其后裔的社会发展历程中，曾经是这种凝聚力的精神支柱之一。

句町国的宗教祭祀活动由布摩或乜摩主持，这从句町铜鼓图案中经常出现的形象即可看出。从图像上看，他们的服饰均与众不同，一种的形象比较平和，既不大喊大叫，也不挥刀弄剑，一般以说唱和表演为其说教布道的手法；一种的形象狰狞可怕，自身也装扮得稀奇古怪，或许是为了装神弄鬼，说明自己法术无边，道法高深，以此来博得人们的敬畏。因为他们是人与神鬼之间的中介，在群众中有一定的威信，因此非常受人尊敬。

三、崇拜对象与祭祀仪式

（一）崇拜对象

句町国的摩教是在多神崇拜的基础上发展起来的，尚处在自然宗教向人为宗教的过渡阶段，这从其后裔的传统宗教习俗可见一斑。至今，滇东南和桂西的壮族依然是既崇拜人文始祖布洛陀和摩洛嘎（姆六甲），又崇拜天、地、山、水、森林等自然神，还崇拜祖先、花婆和土主毋波。

1. 崇拜布洛陀

摩教教义指出：布洛陀是该教的教主和至上神，也是人间的创世神。他永生于宇宙之中，知道人间所发生的一切事情，能够为人们指点迷津，改变命运。他的妻子摩洛嘎是位乜摩，又是其得力的助手，因此，每当人们遇到无法解决的问题时，都要"去问布洛陀，去问摩洛嘎"。在人们走投无路和遇难而向他们求救的时候，"布洛陀就讲，摩洛嘎就说"，及时给人们提供帮助。布洛陀和摩洛嘎正直公道、赏善罚恶，凡遵从他们训诫的人，都会万事顺意，生业发达，家道兴旺，否则就会遭到报应。句町人及其后裔认为布洛陀是一位慈祥、皓首、鹤颜的长者，是其人文始祖，又是一位全智全能的崇高神明，他与日月山川长期共存，平时住在村边的山林里，人们烧香念经请他，他便会随时光临。在现今云南壮族聚居的村寨还有专门祭祀布洛陀的地方，竜山上有布洛陀神树，老人厅中有布洛陀神坛。自古以来，无论大人小孩，都有忠顺尊崇布洛陀的义务。每年二月初二或三月初三，村民们都要用猪、鸡作为供品，到竜山上祭祀布洛陀。村中遇到无法查证的一些案子，往往也要在布洛陀神树前发誓赌咒，由寨老和布摩主持进行神判，意在谁做了亏心事就要受到布洛陀的严惩，迟早会遭到报应。若某家新生了男孩，其父母则必须在此男孩出生后第一个年节的正月初三，用一只大红公鸡、一瓶酒、三碗米饭做贡品，请布摩和长老到老人厅中祭祀布洛陀，表示感谢神灵赐子之恩。

　　2．崇拜太阳和雷公

　　句町人及其后裔认为：天为上界，有天神管着，天神之中，"以日为尊"。因为太阳能给人类以光明和温暖，给万物以生机和活力，它还与四时交替、节气变更、降雨多少相关。如果对它不敬，它便会用酷热、干旱、雷劈和狂风暴雨予以严惩。所以人们必须敬畏太阳，年年祭祀，请布摩诵经祈祷，与天神经常沟通。他们祭祀太阳与别的民族不同，其太阳神的载体也是村社后山或村头的一棵古老的大树，壮语叫作"梅塔稳"，俗称太阳神树。句町人及其后裔还认为：雷公也是天神之一，雷鸣电闪时发出的巨大声响及一闪即逝的强光，不仅非常恐怖，而且经常造成森林火灾，伤及人畜，或伴随着狂风暴雨，造成泥石流及洪涝灾害，给农业生产及定居生活造成巨大破坏，对于句町人来说，雷不但是神秘的，更是可怕的，于是他们带着恐惧的情感来崇拜雷公。雷公虽然凶狠，但亦给人类许多兆示，如春雷一响，蚕即出壳；阴天有雷，预示雨将来临；等等。

3. 崇拜地母女神

句町人及其后裔认为：地为下界，由地母女神管着。地上有山川河流，生长万物，由人类及各种动物居住；地下有金银宝藏，可供人类开发利用。人们所能获得的一切，都是地母女神的恩赐，因此，必须年年祭祀，请布摩诵经祈祷，与她经常沟通。祭祀的地方是村头的地母庙或土地庙，村民往往把此地作为求财之地，故经常香火不断。

4. 崇拜"竜"

"竜"崇拜是句町故地原住民特有的一种图腾崇拜，从古传承至今。"竜"，壮语为"山林"的意思，云南壮族聚居的村寨都有竜山、竜林、竜树。其中，最大的竜山有两处：一处是广南的九龙山，壮族语称之为"博吉金"，意即七股金脉汇集的山，此山环抱的广南坝子就是古句町国的发祥地；另一处是位于文山的老君山，壮语称之为"博宏僚"（僚皇山之意），三国两晋时期与句町国并立的兴古郡治就在其间。身为句町后裔的云南壮族，世世代代对"竜山"实行严格保护，不许任何人砍伐，禁止扔污物或置葬，否则，不仅要受重罚，还宣称将会遭到"老天报应，雷打天收"。他们认为："竜"的圣洁能免除疾病、瘟疫，预防自然灾害；有"竜"环抱的村寨，人能健康长寿，百姓衣食无忧；"竜"中长年流淌的清泉，是他们从事稻作生产的首要条件；他们把"竜"的萌、发、荣、枯视为春、夏、秋、冬的信息，并按照"竜"中的物候变化进行播种、薅锄、收割、贮藏等农事活动；他们依据"竜"中植物的生长周期、月亮圆缺和昼夜变化规律来制作自己的农历；他们还把"禁山林、培风水"说成是

"关乎人杰地灵"的大事。为此，壮族每年农历二月初二或三月初三都要祭"竜"，并以之作为村社发展的精神支柱和本民族群体团结的纽带。句町人及其后裔祭祀森林的虔诚及其保护森林的认真程度，也是一种特有的文化现象，这一全民爱护森林、保护生态、美化生活环境、与自然和谐相处的良好风尚，防止了当地石漠化的发生，既古朴而又十分科学，本质应是天人合一的一种生态文化理念。

5. 崇拜水神

句町人及其后裔很早就懂得水为生命之源的道理，因此他们都生息繁衍在水源丰富的河谷和平坝地带。至今，滇东南和桂西地区的民族分布依然如此，即所谓"壮族占水头、汉族占街头、瑶族占箐头、苗族和彝族占山头"。句町人及其后裔特别崇拜水神，每年岁首的凌晨子时，第一件大事就是先祭水神，在挑第一担新水时都要焚香、烧纸钱、放鞭炮，新水挑回家中，还要在门前燃放十二个特制的大鞭炮（象征十二个月），以示新春入门，一年四季吉祥如意。人们认为：用最清新洁净的新水烧制的茶饭敬神并食用后，一年之中便能避恶驱邪、强体壮身。句町铜鼓上还有许多以龙舟竞赛来祭祀水神的纹饰图案，赛龙舟至今仍然是壮族一项重要的民俗活动。

6. 崇拜花婆

花婆，壮语叫作"娅瓦"，是专管人类生育的花神，有的也译作"花王圣母"。花婆崇拜，是句町人生殖崇拜的一种形式，也是句町人及其后裔祈求人丁兴旺的一种表现。繁衍子孙后代、人丁兴旺发达，是过去任何一个壮族家庭都期盼的，因此滇东南和桂西地区的壮族仍然崇拜花婆，说世上所有的人原本都是花婆百花园里的花朵，每家的小孩也都来自花婆的百花园，故几乎家家都供奉有花婆的塑像或牌位。至今，仍然有许多人认为，谁家的小孩哭闹或是生病，都与花婆密切相关，要请乜摩来做法事并在其床头插花请神，为小孩安魂；

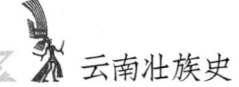

如果谁家有夫妻久婚不孕的情况，那更要请乜摩来做"求花"的法事活动，以祈早日生儿育女。

7. 崇拜祖先

句町人及其后裔有祖先崇拜的习俗。至今，滇东南和桂西地区的壮族人家，每家的堂屋都有祭祀祖先的神龛，上立祖宗牌位，供全家老小祭祀。他们认为，父母历尽艰辛才把自己养育成人，父母的恩情比高山重、比江河长。他们还认为，自己与祖先血脉相连，祖先们与自己的关系最密切，不仅生前是本家族的创业者，承担着养育后代的职责，确保本氏族的繁衍与发展，死后仍然会竭力保佑其后代亲属安全，为之消灾祛难，是本家族最亲近、最善良、最得力的保护神。因此，对逝去的父母及祖先，崇拜都十分虔诚，并不亚于崇拜其他神灵。

8. 崇拜土主毋波

毋波率部归附汉朝，使这里的民众很早就成了中华民族大家庭的成员，后来他又奉调率部参加平息滇中和滇西地区的反叛，为维护西汉王朝的统治立了大功，被汉昭帝册封为王。他晋爵为王后，曾使句町国盛极一时。为此，在他逝世后，人们专门建"土主庙"祭祀他。壮族称土主庙为"厅布宏"或"厅祊"（直译为皇祖神庙或王爷庙），有的村寨则叫"厅索"（意即社庙）。"厅祊"和"厅索"至今仍是云南省大多数壮族村寨长老主持社祭或进行议事的场所，通常被译为"老人厅"（见图2-15）。据《广南府志》载，其"土主庙，在府治西"。笔者曾在广南西郊的那浮村见过此庙，内立石碑一块，上书"本境土主先王毋波之神位"十一个大字。

在众多的土主庙中，以位于通海秀山上的土主庙名声最为显赫。通海人至今仍认为"句町王毋波在通海时，颇能施惠于民"，还说

图2-15　广南县西郊那浮村"老人厅"

"毋波是两千余年前一位在通海有武功而兼有文治的良将"①。

9. 崇拜铜鼓

铜鼓也是句町国居民及其后裔崇拜的对象之一，鼓面中央的太阳纹显示了天神太阳的崇高地位，而铜鼓的整体则融入了壮族先民们的三元宇宙观念和万物分公母的哲学思维。由于鸟为"越祝之祖"，所以太阳周围有飞鸟（翔鹭）纹；由于青蛙能向天神传递人间求雨的信息，故鼓边饰以蹲蛙，为求得公母互应，促进人畜繁衍。鼓铜的制作特别注意音响，以便人们按声音高低来区分公母。壮族民间故事还讲：铜鼓能镇住水中的"都额"（鳄精），是专门为民除害的。铜鼓还因其能发出洪亮的声音而成为一种重要的礼器和乐器，犹如中原地

①杨千成：《秀山》，昆明：云南人民出版社，1985年版，第4、24页。

区的钟鼎一样，被用于祭祀、祝捷、征战、朝聘、宴享、迎宾等重要的社会活动之中。古代的王、侯和达官显贵，则以其为"国之重器"和神器，均"铸铜为大鼓"，"置酒以招同类"，"击铜鼓为号令"，因此有的史书上说："有是鼓者，极为豪雄。"至今滇东南和桂西的壮族民众仍然认为铜鼓具有非同寻常的功能，不仅是天地神灵的集合体和人神沟通的圣物，而且还是重大社会活动中必备的礼器和乐器。铜鼓上的纹饰，体现了人们的自然崇拜、心理诉求和宗教观念，以及人们追求和平幸福生活的强烈愿望。

10. 崇拜动物

句町国境内有许多茂密的原始森林、江河和湖泊，经常有大量的毒蛇猛兽出没，对句町国居民构成巨大威胁，如老虎和鳄鱼等；也有的动物对他们的稻作农业大有益处，如青蛙等。因此他们崇拜动物之神，尤其是畏惧伤害人畜的老虎和鳄鱼，由畏惧进而祈求、崇拜，并将其奉为神灵，对其进行祭祀，以求保护人畜安全；又由于"青蛙叫，雨来到"，青蛙只吃稻田里的害虫而不损害稻谷，人们也将它奉为稻谷的保护神进行祭祀；句町人及其后裔还崇拜狗和牛，认为稻谷种是狗给人类带来的，牛是奉天神的旨意下凡来帮助人们耕田的，它们对人类都有大恩大德，因此逢年过节必须要先喂狗，特别是尝新节喂狗时，人们不仅要喂狗吃新米饭和肉类等新鲜食品，还要仔细看它先吃什么，认为狗先吃的是当年价格最贵的。也有的说先吃饭则粮食丰收，先吃肉则生意兴隆。每年农历四月八日或十月初一，还要举行隆重的"祭牛王"活动，到时家家都要在牛厩旁给牛王点香、烧纸钱，进行祭祀，并从大清早就给牛喂新鲜而精细的草料，把牛牵到河边给它洗澡，有的还特意在牛角上和牛身上贴花，午饭时还要用煮熟的腊肉、糯米饭、面蒿粑等食品喂牛（特别是耕牛）。这一天，任何人对牛都要特别关照，不打不吓，不拖犁耙，也不架车，让牛好好休息一天。有牛王庙的地方，村寨长老和布摩还要代表村民带上香纸及"刀头"、鸡、鸭等供品前去祭祀。

句町人及其后裔还相信稻谷有灵魂，田坝有"田坝神"，对谷魂和田坝神也要进行祭祀，以求其保佑和恩赐。《华阳国志·南中志》还载：兴古郡"有桄榔木……人民资以为粮。欲取其木，先当祭祀"，说明他们连桄榔木都要祭祀。

（二）祭祀仪式

句町人及其后裔进行祭祀的仪式也比较多，主要有杀牛祭祀、杀人祭祀、舞乐祭祀等数种。

1. 杀牛祭祀

在句町时代，大凡是重大节庆、社祭和为逝去的父母进行超度，都要举行杀牛祭祀仪式。广南阿章鼓的腰部就有"杀牛祭祀图"（见图2-16），这或许与毋波被汉昭帝册封为句町王有关，因为汉昭帝册封他的时间是始元"六年秋七月"，毋波在此时举行盛大的庆祝活动，既体现他效忠西汉中央的耿耿心愿，也显示了他在西南地区各部落及方国中"执牛耳"的地位。至今，云南壮族仍然在过七月

图2-16　广南阿章鼓上的"杀牛祭祀图"

节进行社祭时沿袭这样的杀牛习俗，即先用斧头猛捶牛的脑门而后宰杀，其场面与古代句町国杀牛祭祀时的情况基本一样。他们在为死去的亡灵进行超度时也要杀牛祭祀，以表示对逝者的敬重。

2. 杀人祭祀

句町国的杀人祭祀，又分为猎头祭祀、战俘祭祀和奴隶祭祀3种。

据《魏书·僚传》载："其俗畏鬼神，尤尚淫祀。所杀之人多美鬓髯者，乃剥其面皮，笼之以竹。及燥，号之曰鬼，鼓舞祀之，以求福利。"广西贵港市罗泊湾汉墓出土的铜盆，外腹部用漆绘制的四组人物图画中，画有一首领盘腿端坐，其右前方有三人持长械向其禀报，每人腰后都悬挂一个人头。首领左侧二人肩上还扛着两个小人（俘虏）。经郑超雄先生等学者考证，此即猎头图案。①罗泊湾汉墓为骆越贵族墓，句町亦为骆越之一，当也有猎头祭祀之风。战俘祭祀资料见于晋宁石寨山出土的贮贝器上，当中就有被杀或待杀者作为祭祀用的人牲，其形象多辫发，很可能是从姑缯、叶榆地区捕掳来的俘虏。奴隶祭祀主要流传于广南、富宁等句町故地的民间传说，讲的是过去进行祭祀活动时，头人一年要杀5个奴隶。虽然在句町故地未发现殉葬的情况，但广西贵港市罗泊湾汉墓则是用人殉葬的。专家们认为，殉葬者是当时的奴隶，句町人与罗泊湾汉墓的主人一样同属骆越，也会有用奴隶祭祀的情况存在。

3. 舞乐祭祀

句町故地出土的青铜器物上反映的祭祀场面中，多伴有音乐和舞蹈，说明句町国君民在祭天地、鬼神及祖先仪式中，多有礼乐敬和。《史记·乐书》中讲："大乐与天地同和，大礼与天地同节……故祭天祭地，明则有礼乐，幽则有鬼神。"《集解》亦说："自天子至人

---

①郑超雄、覃芳：《壮族历史文化的考古学研究》，北京：民族出版社，2006年版，第474页。

民，皆贵礼之敬，乐之和，以事鬼神、先神也。"句町国的祭祀仪式与中原地区的华夏族大体相同。祭祀活动用音乐舞蹈，反映了人们对被祭祀神灵的敬仰，既陈以祭品，又享予舞乐。近代云南壮族农村的丧葬祭祀仪式中，也多伴有歌舞乐，歌词多为叙述逝者的"伟大"功绩及其子孙对他们的感激心情。还有的地方则在下葬前围绕棺材为死者奏乐歌舞，一些学者将此情况称作"娱尸"。

除上述祭祀仪式外，句町人及其后裔还有用猪、鸡、鸭、羊、鸡蛋、粮食、布匹祭祀的。用猪祭祀时，多用口含一根猪尾的猪头代表整头猪，置于祭台上；用鸡祭祀，除作为牺牲外，还有一个重要的功能，即以鸡骨占卜吉凶；用鸭祭祀，主要是为非正常死亡的人（如死于难产的妇女、战死沙场的将士等）进行超度，意思是他们受到了"血光之灾"，必须用鸭子驮着他们的灵魂渡过苦海之后，方能与正常死亡者的灵魂一道步入仙界，进入祖先的行列；用羊祭祀的，多是厉鬼或恶鬼，如五海鬼、饿死鬼、冤死鬼等，民间有羊血可以避邪之说，故取其能驱逐厉鬼恶鬼以避邪之意；招生魂及向花婆求子女的仪式，则必须用新鲜的鸡蛋、大米和自织的棉布进行祭祀。壮族认为新鲜鸡蛋表示有生命的东西，生魂可以附在上面；大米是主粮，棉布可以制作衣服，生魂见到了就会认为吃穿不愁，因而喜欢来到主家。用布匹招魂求子，还有为生魂"搭桥铺路"以示隆重迎接的意思。在为老人祝寿祈福时，也要用布接"延寿米"，还要用三块木板或竹片钉在道路边上"架功德桥"，祈求神灵保佑自家老人能延年益寿。

"摩"和鸡卜这一原生态的宗教，正是壮族先民自句町国时代传承下来的。

四、道教传入对摩教的影响

　　道教是我国土生土长的宗教，两汉时还处于原始形态，东汉后期民间巫术与黄老学说、神仙方术结合，逐渐形成早期的道教。顺帝时，于吉（一说干吉）弟子琅邪人宫崇献上一本《太平清领书》，其内容庞杂，包括阴阳、五行和各种巫术思想，也有主张平等、反对压迫剥削的思想，此书后来成为道教经典。灵帝时，张角得到此书，在冀州传教，以符水咒语为人治病，号"太平道"，并组织了黄巾起义。顺帝时，张陵自称天师，在蜀地建立"五斗米道"（信道者需出米五斗），成为道教的一支。张陵死后，其子张衡、孙张鲁世传其道。张鲁曾在益州建立政教合一的政权，割据二十多年。建安二十年（215年），张鲁被曹操招降，但"五斗米道"继续流传，后来发展为道教的主要流派"天师道"。东晋时，葛洪创建"金丹派"，许迈等人创建"上清派"，分别把战国以来的各种神仙方术理论归纳在道经里面，进而完备了道教的理论体系。南北朝时，嵩山道士冠谦之把儒家的"佐国扶民"思想纳入道教教义，创立"北天师教派"。而庐山道士陆修静则吸收佛教的仪式，编制了斋戒仪范，创立"南天师教派"（灵宝派），使"灵宝之教，大行于世"①。

　　句町附汉及中央王朝派来管理边疆事务的官员、戍边的驻军及移民屯田的汉族逐渐增多后，内地产生的道教也随之传入句町地区，包括其使用的经典，如《老子》《尚书》和《易经》等。《周易》讲"无极生太极，太极生两仪"，这两仪的意思就是阴和阳。《老子》又说："万物负阴而抱阳。"《尚书·洪范》也载："五行，一曰水，二曰火，三曰木，四曰金，五曰土。"东汉王充在其《论衡》中

---

　　①中国社会科学院历史研究所编：《简明中国历史读本》，北京：中国社会科学出版社，2012年版，第208页。

又提出"五行之气，天生万物，以万物含五行之气，五行之气更相贼害"及"欲为之用，故令相贼害，贼害相成也。故天用五行之气生万物，人用万物作万事；不能相制，不能相使，不相贼害，不成为用；金不贼木，木不成用；火不烁金，金不成器"的理论，这些都被摩教吸收，并融入其理论体系之中。

"摩"和鸡卜原本的一个核心理念是把天、地、社会比作有生命的机体，认为自然的天地与人类社会息息相通、互相感应，人类只有与自然和谐共生，天下才会太平。句町附汉之后，开始奉汉为正朔，使用汉朝皇历，即公元前104年汉武帝改用的太阳历。此皇历重新确定，以建寅之月为一年的开头。句町人及其后裔在使用古老的"甲巴克"来测算日子时，也采用了十天干和十二地支循环相配成六十甲子的方法，以表示年、月、日、时的长度，并统筹安排其次序，进行历算，周而复始，循环使用。现在，壮族的布摩依旧用干支纪年、纪日。鸡卜体系也受道家学说里阴阳五行相生相克以及五行寄生十二宫观念的影响，将木、火、金、水四个卦宫定为木生亥、火生寅、金生巳、水生申，即阳性的木长生在亥，火长生在寅，金长生在巳，水长生在申；亥卯未合为木，寅午戌合为火，巳酉丑合为金，申子辰合为水。布摩在以插在鸡骨上的签数为依据卜算时，则按阴阳五行划分，并与天干联系，即：双数为阴，单数为阳；1、2为木，3、4为火，5、6为土，7、8为金，9、10为水，超过10的，只计尾数；1、2、3、4、5、6、7、8、9、10表示甲、乙、丙、丁、戊、己、庚、辛、壬、癸十天干。布摩同时认定：木旺于春，火旺于夏，金旺于秋，水旺于冬；木生火，火生土，土生金，金生水，水生木；木克土，土克水，水克火，火克金，金克木；木、火、土、金、水在一年的十二个月中，皆有其接气、受胎、形成、生长、沐浴、冠带、临官、兴旺、衰老、得病、死亡、归墓（入库）的时段；等等。这一切都显示了壮族、汉族两个民族的宗教文化在逐渐相互融合。不过，布摩言及月份和每天的时间，却很少使用天干；言及方位也不提中央的土；言及签数时却以"我"代替5，说明他们在借用道教理论来丰富、完善摩教鸡卜体系时，依然保持着自己"和而不同"的特性。

还须指出的是，句町国时期，当地人的信仰因受到汉文化的影响也发生了一些变化，如其崇拜的地母，本为乘象仙女，由她统管大地，生养万物，教人耕田种地。而内地汉族则认为：地母是炼五色石补天的女娲，她与伏羲结婚繁衍人类，是人类的始祖。在经过长期而又密切的文化交流之后，人们便产生了"乘象仙女"与"女娲圣母"同为一位至尊女神的共识，认为她既是大地之母、万物之母、人类之母，也是稻作文明之母。大家都会在上巳节祭祀先农（王社）并举行藉田礼时，一起祭拜地母，以表达敬畏及感激之情。特别是汉武帝于元鼎四年（前113年）在山西汾阳的万荣建后土祠，并亲至其地祭祀后土圣母（地母）之后，祭祀地母的活动即在句町以及全国许多地区普及开来。内地汉族带到句町地区的"后土崇拜"的礼节和习俗，在与当地壮族先民固有的民俗文化长期交流融通之后，使地母崇拜兼有了壮族、汉族两种文化的特色，其内涵亦因此而更加丰富多彩。至今，地母崇拜这一民俗文化还一直在广南传承。

作为句町后裔的壮族支系之一的沙人，他们使用的摩教经典《麻仙》更深受道教的影响，有时还与道教经典混合使用，互为补充，二者兼收并蓄。其供奉的神祇除布洛陀、摩洛嘎、花婆等摩教原有的诸神外，还有道教的玉皇大帝、太上老君、土地神、灶王等。布摩进行法事活动时也如同道士一样使用符水和咒语，以至于"布摩"（摩公）亦被称为"布道"（道公），显现了壮族、汉族文化较早交融、互相渗透的历史痕迹。

第六节　句町的文化艺术与科学技术

一、图纹符号与古老文字

文字是记录和传达语言的符号，它同时还有标识、提示、记事、凭借、艺术、魔咒的功能。其主要特征是有相对稳定的形态，记录词素并表达词的音形义，可以在不同的结构中流动和反复出现，是扩大语言在时空上的交际功用的文化工具。人类文字通常有表形文字、表意文字和表音文字3种类型。

我国汉族的文字是从甲骨文发展而来的。在西南地区的句町国，壮族先民在步入文明的初期也创造过一种"图画文字"，如前面所述，此种初始的文字开始时也刻在被称为"甲巴克"的牛肋骨上，仅仅具有以形表意的功能，其后他们又用类似的"图画文字"来记录民歌，并将其刻录在扁担、竹筒、刀壳、葫芦等生产生活用具上或描画在白色的土布上，如《广南图符壮歌》。我国著名的语言学家周有光先生称之为"文字之芽"，而中央民族大学李锦芳教授则说是"一种新发现的民族古文字"。此种"图画文字"一直在句町故地广南和富宁的壮族聚居村落传承至今，但应用范围不广，几乎濒临消失。

由于句町附汉，汉族文字随之传入句町地区，并逐步取代当地传统的"图画文字"，故在汉代句町王族墓葬的许多随葬品上都出现了汉字，广南牡宜汉墓中还出土了用竹简做成的"遣册"和朱书有"王"字的漆木耳杯等，贵重器物上也都用汉字书写，表明句町国统治者及其大臣或军师们已经学会汉语、汉文了，否则，他们不会在冥器上做如此处置。据此推断，在西汉中后期，汉字及汉文化已经在句町国上层人物中得到了初步推广。到东汉时，汉字在句町地区及句町国所属部落中已经颇为流行了，这从个旧汉墓中不仅出现数量较多的汉式器物，还发现"大泉五十"的新莽钱币中可以得到证实。因为汉人墓通常是不可能埋在句町国的墓地里的，这应该是汉文化在句町国内得以广泛传播的必然产物。当时句町国不仅有很多人认识汉字，甚至连工匠们都会书写汉字，有的葬礼也都改成汉式的了。

在汉代，还有人开始用汉字记录越人的诗歌，其中以刘向《说苑》中用汉字记录的《越人歌》最为著名。梁启超先生以为《越人歌》就是《越女櫂歌》，并盛赞其"译本之优美，殊不在《风》《骚》下"[1]，说的是《越人歌》的优美，并不比《诗经》和《离骚》逊色。据游国恩先生《楚辞的起源》考证："这首越人歌出世的时候必在楚康王五十五年中，我定他们（为公元）前五五〇（年）间的产品"[2]，即为春秋战国时期的作品。

《越人歌》是榜枻越人唱给鄂君子皙听的，歌词的越语记音为："滥兮抃，草滥予。昌木玄泽予，昌州州湛州焉乎，秦胥胥；缦予乎，昭澶秦踰渗随河湖。"当时译成楚语为："今日何夕兮？搴洲中流；今日何夕兮？得以王子同舟；蒙羞被好兮，不訾诟耻，心几顽而不绝兮，得知王子。山有木兮木有枝，心悦君兮君不知。"对于此歌，语言学专家韦庆稳先生用壮语可全部读通并进行翻译，意为："今夕复何夕？盛礼举舟游。中舟坐者谁？楚宫美王侯。蒙王子礼遇，越歌谢知音。欲与君再游，同舟待来日。受惠我心知。"[3]滇东南

---

① 潘其旭：《壮族歌圩研究》，南宁：广西人民出版社，1991年版，第13页。

② 游国恩：《楚辞的起源》，转引自潘其旭《壮族歌圩研究》，南宁：广西人民出版社，1991年版，第13页。

③ 韦庆稳：《"越人歌"与壮语的关系试探》，载《民族语文论集》，北京：中国社会科学院出版社，1981年版。

和桂西的壮族用当地方言同样也可以读通。

用汉字记录越人经书是壮族先民的一大创造，在壮族《摩经》中，就有许多汉借字和"土俗字"，即我们通常所说的"方块壮字"，犹如日文中的"片假名"。这或许便是在文化交流的过程中，已经学会汉语、汉文的句町国王公贵族及他们的后裔，借用汉字来记录句町自身文化生活的语言，并创造一些汉字无法记录的"土俗字"与之结合使用，将大量的摩教经诗及鸡卜内容记录下来的。由于壮、汉民族经济文化交往日益频繁，使句町故地的壮族先民最终选用汉字来记录壮语，并仿效汉字六书造字法创造方块壮字，从而中断了其图画文字的进一步发展。

二、民歌经诗与铜鼓艺术

（一）民歌和经诗

壮族是一个歌伴人生的民族，《史记》谓之"尚越声"。云南和桂西地区的句町人及其后裔亦然，其最具特色的唱歌活动形式便是"歌圩"。

"歌圩"，壮语称作"欢圩芳""欢圩"，意为赶街（赶集）。"芳"，意即欢乐，"欢圩芳"直译即"赶欢乐街"，它是壮族自古传承至今的唱歌活动形式。因"每场聚集人众不下千人"，"唱合竞日"，犹如唱歌的集市，后来人们便将其称之为"歌圩"，诗云："岁岁歌圩四月中，欢聚白叟与黄童。"[①]云南壮族较为著名的歌圩有：广南的花街、富宁的珑端街、麻栗坡的风流街、丘北和师宗的"三月三"歌会等。壮家人逢事必唱，无处不歌，这样的文化表现形

---

①潘其旭：《壮族歌圩研究》，南宁：广西人民出版社，1991年版，第2页。

式，造就了壮族人民发达的诗性思维。他们用歌来阐释天地、书写历史、传播文化、交流经验、抒发内心的喜怒哀乐、表达美好的理想和愿望。特别是每逢"歌圩"，青年男女们便会穿最新最美的衣服，个个打扮得花枝招展，于山椒水湄之间的大青树下或鲜花丛中，互相邀约对歌，比试才智、增进了解、倾诉心声、倚歌择偶、交谊结缘，并互赠布鞋、鞋垫、头帕、银镯、项链等信物。"歌圩"既是一种带有历史性的民俗活动，更体现了其民间文学艺术载体的社会功能，它使得壮族的诗歌文化蔚然成风、生机勃勃、经久不衰，许多传统民歌便是通过歌圩得以世代承传，并随着时代的发展而不断充实完善，成为诗歌文化的主流的。其中，在句町故地广南和富宁发现的《广南图符壮歌》，多由五语律诗组成，讲求押韵对仗，韵律十分严密，尤以首尾韵、尾腰韵和尾韵最具特色。歌中还大量采用赋、比、兴的手法，具有高超的文学造诣，堪称是"壮族的《诗经》"。

（二）铜鼓与艺术

铜鼓是中华文明中的艺术瑰宝之一。句町故地出土的阿章鼓、开化鼓和西林鼓，其特点是平面曲腰，中空无底，侧有四耳，皆以炉铸精工、造型端庄、纹饰华美、文化内涵深邃而蜚声海内外。

由于句町铜鼓的鼓面、鼓身都有太阳、鹭、牛、羽人、武士和船等具象的纹样图案，又有点、弦、回、绳、网、锯齿、圆涡、编织等抽象的纹样图案，所以专家、学者都认为它是民族文化的载体，而且是句町人三元宇宙观念的表现。此观念认为：宇宙是由天、地、水3种物质构成的，最初是一个混沌的球体，后来被创世大神布洛陀分成天、地、水三界，其中天为上界，由神灵居住；地为中界，由人和各种动物居住；水为下界，由水族居住。由于"天之诸神，以日为尊"，所以太阳要铸在鼓面中央；由于鸟能通神，所以鼓面上要有飞鸟，特别是有冠翎的翔鹭；鼓面的点、弦、回、网等纹饰是用来表示星辰、雷电的；鼓面边沿的蹲蛙，则是能够帮助人类呼风唤雨、消灾弭祸的雷公之子；鼓身下半部的纹饰，被学者们称为"鼍纹"，这种形似鳄鱼的图案，即壮族非常敬畏的水神——"都额"，通常译为"蛟龙"，民间传说它会变成美丽的少女来勾引男人，又会变成英俊的小伙子来勾引女人，还能飞上天空呼风唤雨、潜入深潭兴风作浪。

句町铜鼓上绘有武士来表示"杀敌护头饰凤翅"，并绘有巫师或舞者等特殊打扮的"羽人"纹以及与交通、竞渡和渔猎密切相关的船纹。此外，还有人住干栏、敲编锣、击铜鼓、跳芦笙舞、捶牛等生活和娱乐情景的画面，这些纹饰图案既反映了句町人的自然崇拜、心理诉求、宗教观念，又反映了当时人们社会生活的方方面面。应该说，它是先辈们智慧的结晶，也是不朽的历史画卷。还须特别一提的是开化铜鼓鼓面的舞蹈图案，其第七晕有舞人二组，每组有奏乐者四人（吹葫芦笙及击铜鼓）、徒手舞者七人，另有编锣一架，干栏式房屋二座，屋顶立一大鸟，屋内有铜鼓及罐、鬲等物。鼓中描绘了征战凯旋的庆典及祈求风调雨顺、人畜兴旺、五谷丰登的祭祀场面。

铜鼓是我国西南边疆少数民族普遍使用的一种打击乐器，也是一种礼器，"其功能有实用和社会功能两种，实用功能有击之以为乐、用以赛神、祭祀祖先和传递信息、指挥军阵等，社会功能则有作为铜鼓占有者身份和地位的化身、权力重器、财富象征、部落保护神等"[1]。至今云南和桂西的壮族仍在使用铜鼓，他们把铜鼓当成祖宗基业的标志及后代命脉所出、精神所在的心灵圣殿，在铜鼓上寄托了他们的感情、愿望，虽经千古沧桑，至今仍然世代传承。

---

① 蒋廷瑜：《古代铜鼓通论》，北京：紫禁城出版社，1999年版，第216~229页。

铜鼓作为礼器、乐器使用，还反映了句町国时期舞蹈艺术十分发达。从汉晋时代铜鼓上舞者的图像看，当时的舞蹈形式大致分为徒手舞和器具舞两大类。徒手舞为舞蹈者的双手于前后左右有节奏地摆动，其手指有较为固定的格式，大多为拇指和其余四指分开，腿部及身躯做相应的伸曲。在徒手舞蹈者中，最著名的是"羽人"舞。器具舞又根据舞者所持器具分为羽舞、戈舞、干钺舞、弓矢舞、刀舞和芦笙舞等数种。执羽翟而舞谓之文舞，象征和平；反之则为武舞或兵舞。戈舞、干钺舞、弓矢舞、刀舞在我国均有悠久的历史。作为句町国乐器使用的除铜鼓外，还有羊角钮编钟、铜锣、錞于、铜铃、铜钹和葫芦笙等。

艺术是一定的社会观念在人们头脑中的反映，各个时代的艺术都有其时代主题、社会精神和艺术风格。句町国的艺术文化，除反映在铜鼓上之外，还反映在铜牌饰、扣饰、当卢以及纺织、刺绣、雕刻等各个方面。其中，铜牌饰、扣饰、当卢等青铜器艺术图案又有写实性和象征性两种，写实性图案有山羊、绵羊、虎、鹿、鸟、鱼等形象，刻画得栩栩如生；象征性图案则有雷、云、网、弦、水波、圆涡、竹节、绳辫、菱角等。纺织、刺绣、雕刻等方面的艺术图案也可分为纹饰和图画两大类，纹饰多为比较抽象的几何图形式样，如弦纹、绳纹、席纹、云纹、雷纹、双旋纹、菱形纹、网状纹、犬牙纹、脉叶纹、花草纹等；图画则是通过创造性的视觉形象去反映自然物象或社会生活的画面，如农作生产、打鱼、狩猎、战争、宴饮、祭祀、竞渡、歌舞等，还有其饲养的牛、马、猪、狗、鸡、鸭，以及跟他们的崇拜和信仰相关的日、月、花、鸟等自然物象和象、狮、鹿、龙、猴、兔、鹤、鹭、凤等吉兽珍禽，且与句町人及其后裔的思维取向、历史故事、风俗礼仪有密切联系，蕴含着深层的母题含义。又由于与内地加强了经济文化的交流，许多装饰工艺的技法还吸收了中原汉族艺术文化的精华，反映出句町人高超的艺术造诣。

三、生物医药与历算历法

（一）生物医药的拓展

句町人及其后裔，是在云贵高原与珠江三角洲接合部生息繁衍的稻作先民，漆疮、蛇毒、蛭蚀、中蛊等是当地的常见病，其医疗实践活动必须与这种物质生产活动相适应。从东汉年间的中国现存最早的本草专著《神农本草经》中所记载的365味药物来看，这一地区盛产的菌桂、牡桂、薏苡仁、丹砂、钟乳石等均被收入其中。晋代嵇含的《南方草木状》一书，也记载了许多当地的民间用药，如吉利草、蘘、豆蔻花等。还有葛洪的《肘后方》，记载了当地民众治疗脚气病、防治沙虱虫（恙虫病）的经验，特别是青蒿治疟的宝贵经验。此外，他们还知道蓝青、藕、生葛根、干姜、雄黄、竹沥可解箭毒，鬼针草、荆叶等内服或外敷可治毒蛇咬伤等，因此可以认为，当地民众对毒药与解毒药的认识和应用，在这一时期已经得到了极大拓展。

（二）物候历法与骨刻历算术

句町人也有自己的历算方法，他们还把历算与神话故事及鸡卜预测活动结合在一起。壮族经诗《摩荷泰》说：古时候有12个太阳，一个追随一个升起，因此不分白天黑夜，郎先用楠木箭把11个太阳射杀之后，剩下的1个躲到了地底下，人们迫于无奈，只得请雄鸡去把它叫出来。于是"天才兴有时间，天才兴有年，一个周年十二月，每月又分上下弦，兴分月暗和月明，初二开始有月影，初三开始生月芽，

二七月亮开始睡，二八月亮已睡熟，才又兴分别时辰，兴分亥时和子时，亥时猪不再嚼食，丑时水牛就起身"[1]。这或许是先民们通过观察太阳月亮的运转，并从太阳早出晚落、昼夜交替以及月亮圆缺的现象中得出了年、月、日、时的概念。他们还观察到植物随气候变化而出现萌芽、生枝发叶、开花结果到落叶枯萎的物候现象，继而产生了四季的观念，这些时间观念与三元四方的空间观念一起，又与越巫的鸡卜预测活动相结合，从而增加了人们对越巫鸡卜的相信程度，也使越巫文化更加深入人心。

句町人还使用一种骨刻的历算器——"甲巴克"，上有30个刻度，壮语叫"巴克稳亨（日卡）"，正反两面合用，计有60卡，为干支计日的一个周期，可以推出60甲子中任何一日应在的刻度，并结合月亮圆缺望朔的情况，依据《摩经》关于"初三生月芽，十五月亮明，二七月入睡，三十月最暗"的记述，正月启寅，从第一卡数起，二月启卯，从第二卡数起，依此类推，布摩即可作出一年十二个月的简单历算，每三年一闰，民间亦常以此计算日子。"甲巴克"在使用时，总是将月、日、时的刻度与表示农时栽种、植株成长情况、是否获得丰收等类的许多图纹符号相对应。这种古老的历算术，体现了句町人的智慧和才能。

滇东南和桂西的壮族，把十二地支读作者、保、尼、某、希、色、哈、玛、森、柔、扒、格。他们把月份叫作"登"，一年的十二个月依序被称之为登京、登尼、登衫、登西、登我、登搓、登加、登别、登勾、登西卜、登衣式、登拉卜。一般来讲，寅为正月，卯为二月，其余依此类推。每日的时辰亦依据十二地支推定，国内以子夜11～1点为子时，以中午11～1点为午时。十天干，壮语读作嘎、打、

---

①何正廷主编：《壮族经诗译注》，昆明：云南人民出版社，2004年版，第42～43页。

惹、勐、帕、干、宽、隆、斗、格，多在推算年及日的时候使用。

句町人还在长期的生产生活过程中积累了初步的物候和气象知识，通过观察太阳运行、月亮圆缺望朔、候鸟来去及植物荣枯的内在联系和变化规律，发明了自己的物候历算方法，并将它与鸡卜卦象一起刻在水牛或者黄牛的肋骨上，促使人们更加关心一年十二个月里寒暑交替及阴、晴、雨、旱的变化规律对水稻种植和渔猎生产的影响，更加注意探求候鸟来去的规律与植物荣枯变化的相互关系，从而不断丰富自己的物候经验和气象知识，以便按照节令适时播种，并注重良种的选择及秧苗的栽插技术，以求获得粮食丰收。由于掌握农时季节的需要，句町人对物候的观察更加深入，并将其作为掌握农时的一种手段。如：燕子来，春天到，春耕春播开始了；大叶榕吐芽，快把稻种撒；大雁北飞好种瓜，不会再遇倒春寒；春雷一响，就把蚕养。又如：春雨来，鱼下水；秋雨来，鱼上水；秋天熊攒膘，冬天熊睡觉；等等。这说明汉晋时期的句町人，更重视将物候观测用于稻作农业、采桑养蚕和打鱼狩猎等生产活动方面了。尽管这种物候历算方法存在很大的局限性，但它却有利于自然科学的进步，对句町国社会生产力的发展是起到了积极的促进作用的。

第七节　句町与周边民族的关系

特定的地理区位与历史背景，使地处云南和桂西地区的句町成了各族交流的走廊。史学界普遍认为，约在公元前5～前3世纪，我国东南地区的越人由于秦汉帝国的经略，他们中有的即向西南迁徙，大量进入了句町地区，并通过句町地区迁往东南亚。又由于秦、汉王朝的拓地广境，西北的氐羌民族在被迫通过横断山脉进入滇西和滇中时，即与滇和句町的濮越人发生了微妙的关系。还有东南亚及南亚的许多族群也在通过南方丝绸之路经商贸易的过程中与句町人频繁交往。特别是两汉、三国、魏晋南北朝时期，中原王朝在句町地区实行郡县与方国并立的制度以后，句町地区开始受到中原文化、氐羌文化的深刻影响，并与东南亚、南亚等地各族文化频繁交流，而且随着时间的推移，这种影响和交流亦愈来愈深、愈来愈广。句町与周边民族的关系问题，即成了我们研究云南壮族历史必须弄清楚的一大问题。

一般来说，文化传播的途径是多种多样的，并不限于一种形式，贸易、贡赋、赏赐、民族迁徙都能传播文化，甚至连战争也可能成为文化传播的媒介。但由于贸易和贡赋的文化传播形式只能起到物与物的交流作用，很难使不同族群间的思想感情、宗教信仰、风俗习惯等意识形态中的精神生活得到交流，因而传播的广度和深度有限。而战争则既可以得到对方的物，又可以得到对方的人（俘虏），因此也可以说战争同样是一种文化交流的途径。中国的造纸技术、火药和指南针，就是通过战争中的俘虏传入中亚和西亚等地，然后再传入西方的。我们不主张战争，是因为战争对人类文明的破坏极大。文化传播的最佳途径，应该是各族群的流动与迁徙。

一、与内地汉族的关系

汉族，源自华夏，人口众多，经济发达，对周边各个族群都有极大影响，包括句町在内的整个濮越地区也不例外。特别是汉武帝元鼎六年（前111年）句町国君毋波主动臣属汉朝以后，句町地区即正式列入了中国版图，句町人也成为中华民族大家庭中的一个早期成员，句町人及其后裔从此与汉族建立了十分密切的经济文化关系，并为开发建设祖国西南边疆、维护国家统一及保持边疆稳定做出了积极的贡献。

其实，句町先民与汉族先民早在商周时期就已经开始往来，这在前一章里已做过介绍，此处不再赘述。到秦始皇发50万大军统一岭南时，开凿了沟通长江和珠江两大水系的灵渠（即兴安运河），为南北经济文化的交流开辟了便利的道路，使岭南越人在经济文化各领域都有了长足发展，并影响到同它毗邻的西南夷地区，这当中也包括句町。据《史记·西南夷列传》载："秦时常頞略通五尺道，诸此国颇置吏焉。"《正义》引《括地志》解释说："五尺道在郎州。"郎州即今曲靖。颜师古《汉书注》又说："其道险厄，故道才广五尺。""五尺道"从今成都经宜宾至云南曲靖，全长2000余里，是秦时由川入滇的"国道"，句町故地紧邻曲靖，当中必有民间通道连接。又据《汉书·食货志》载：唐蒙、司马相如"始开西南夷，凿山通道千余里，以广巴蜀"。说明到西汉时内地与西南夷地区的陆路交通又有了更大的发展。蜀郡的铁器、漆器、丝织品就是通过这些道路不断输入西南夷地区的。此外，句町还有水路直通番禺，与当时的南越地方政权密切交往，汉武帝元鼎五年（前112年）遣路博德、杨仆等将兵平定南越，次年又挥师平西南夷并降服夜郎，以其地置牂柯郡，句町即主动内附。元封二年（前109年），汉又出兵伐滇，滇降，以其地置益州郡。至西汉中期，包括句町在内的整个西南夷地区同中原内地的联系就已经比较密切了。特别是汉昭帝时，毋波率其"邑君长人民"助汉平息益州的反叛，因功被册封为句町王之后，句町与西汉中央王朝的关系更加密切，句町与内地的经济交流也日益频繁，汉文化的传播更加广泛深入。句町地区因而成了岭南和西南地区经济文化交流的中转站。

需要强调的是，自汉武帝在岭南和西南地区推行"郡国并立"制度之后，不仅选派内地的汉族官员到新设的郡县上任，而且还在当地进行屯田，使进入句町的内地汉族移民逐渐增多，从而促使句町及其周边地区的社会、经济和文化都发生了变化。《汉书·百官志》载："领军皆有部曲，大将军营五部，校尉一人，比二千石，军司马一人，比千石，部下有曲，军有军侯一人，比六百石，曲下有屯，屯长一人，比二百石。"这些来自内地的驻军及屯户，不仅在保卫边疆、建设边疆及增进边疆少数民族人民的向心力和凝聚力中发挥了重要作用，而且还把内地的冶铁技术、铁制工具以及许多先进的科学技术和文化知识也带到了句町地区，促进了句町及整个西南夷地区社会经济的迅速发展。句町内附之后，即奉汉为正朔，使用汉武帝时颁发的"太初历"，从此以正月为岁首，此事还一直影响到澜沧江-湄公河一带的傣泰民族先民。东汉时，中央王朝又对西南边疆的屯田制度进行了改革，新遣更多的屯户来句町等地，而且明确所有屯户（包括其家属）必须长期留居边疆。来边疆的屯户都有固定的居住区，有专职的大小官员负责管理，每个组织都有定额生产任务。东汉统治者还积极扶持当地汉族屯民中的"大姓"，使屯田组织和汉族"大姓"的势力更加巩固和壮大。随着汉族移民的增加，汉文化的影响日益深入，以至于东汉桓帝时，牂牁郡人尹珍还"自以生于荒裔，不知礼义"，乃入内地"从许慎、应奉受经书、图纬，学成，还乡里教授，于是南域始有学焉"。[①]

东汉时，王充的朴素唯物主义思想对句町人及其后裔也产生了较为深刻的影响。比如他说："天地，含气之自然也。"又说"天动不欲以生物，而物自生，此则自然也。施气不欲为物，而物自为，此则无为也"，"天覆于上，地偃于下，下气蒸上，上气降下，万物自生其中间矣"，而绝非"天地故生人""天故生万物"[②]。这些朴素唯物

①《后汉书·南蛮西南夷列传》。
②白寿彝、高敏、安作璋主编：《中国通史》第四卷《中古时代·秦汉时期》，上海：上海人民出版社，1995年版，第527页。

论思想，至今都还在句町故地继续传承。

　　三国时诸葛亮实行的"南抚夷越"的政策，密切了句町人及其后裔与汉族的关系，对促进当地社会稳定及发展边疆经济均起到了积极作用，因而收到了"纲纪粗定、夷汉相安"及"出其金、银、丹、漆，耕牛、战马，给军国之用"的良好效果。其后，"方土大姓"爨氏自兴古郡发迹，与当地"渠帅"结为亲家，即所谓"百世遑耶"，"恩若骨肉"，从而统治南中达数百年。汉族民众与其他少数民族结成亲家的现象也从此在句町故地形成风俗，并盛行至今，促进了当地的民族融合。

　　作为句町人后裔的云南壮族，取名冠以姓氏的时间很晚。《魏书·僚传》载：僚人"略无姓氏之名，又无名字，丈夫称阿谟、阿段，妇人称阿夷、阿等之类"。桑悦的《壮俗诗》也提到"朝甫先加老唤公"，意思是说：壮人的名字在年幼时称为朝某（男称"特某"，女称"驮某"），到生了小孩就叫"甫某"，老了有了小孙子，别人就称其为"公某"了。云南壮族的名字也是一生三变，从出生到结婚前是一个名，通常叫义某（男）、迪某（女）；结婚生育子女后，其名称即依子女而变为"博某"（某人之父）或乜某（某人之母）了；到有了孙子孙女后，其名称又依孙子孙女而变为布某（某人之祖父）或娅某（某人之祖母）。壮族非常讲究尊老爱幼，凡已经为人祖父（布某）的，人们又都尊其为"都老"，显示了其浓郁的民族特色。但随着汉文化影响的深入，壮族取名也开始冠以姓氏，有的以先辈崇拜的森林（侬或龙）、竹子（兰或郎）、鸟（罗或骆）为姓，也有的以水牛（韦）、黄牛（莫）为姓，还有的则直接借用汉姓，如赵、钱、孙、李、周、吴、郑、王等等，其中又以侬氏为大宗。

　　纵观汉晋时代六百余年"郡国并立"的历史，作为句町人及其后裔的云南壮族，与汉族的密切关系是史无前例的，其经济文化交流和

相互影响也越来越深。令人称道的是：句町国君及其民众始终认同中华一统，并为构建辉煌灿烂的中华文明做出了积极的贡献。

二、与氐羌的关系

由我国西北地区南迁的氐羌族群，在汉代已经沿"三江"（金沙江、澜沧江和怒江）河谷到了滇西地区。《史记·西南夷列传》载："其外西自同师以东，北至楪榆，名为嶲、昆明，皆编发，随畜迁徙，毋常处，毋君长，地方可数千里。""及元狩元年，博望侯张骞使大夏来，言居大夏时见蜀布、邛竹杖，使问所从来，曰'从东南身毒国，可数千里，得蜀贾人市'。或闻邛西可二千里有身毒国。骞因盛言大夏在汉西南，慕中国，患匈奴隔其道，诚通蜀，身毒国道便近，有利无害。于是天子乃令王然于、柏始昌、吕越人等，使间出西夷西，指求身毒国。至滇，滇王尝羌乃留，为求道西十余辈。岁余，皆闭昆明，莫能通身毒国。"《史记·西南夷列传》还说昆明人"善盗寇"，他们当是汉代滇西地区人数较多而又十分强悍的氐羌游牧族群。元封六年（前105年），滇西地区的昆明人被平定，其地被划归益州郡管辖，但他们多数不服西汉王朝统治。至汉昭帝始元元年（前86年），即发生"益州廉头、姑缯民反，杀长吏。牂柯、谈指、同并等二十四邑，凡三万余人皆反"，"后三岁，姑缯、叶榆复反，遣水衡都尉吕辟胡将郡兵击之。辟胡不进，蛮夷遂杀益州太守，乘胜与辟胡战，士战及溺死者四千余人"的严重事件。汉廷"风喻"句町侯毋波协同汉军击反者，结果"大破益州，斩首捕虏五万余级，获畜产十余万"。姑缯、叶榆等昆明人的反叛被彻底击败了。如前所述，他们被俘后，大部分成了句町王公贵族们的奴隶。

氐羌族群擅长畜牧业，在整个中国，畜牧业是仅次于农业的重要生产方式，农业和畜牧业是互相补充的。农业为牧民提供粮食、饲料、茶、糖、布、丝、棉、药材等必要的物品，畜牧业则为农业地区提供肉、奶、皮毛、骨角以及牛、羊、马、骡等牲畜。沦为奴隶的昆明人与句町的平民百姓（即广大农村公社社员）共同在一个区域内生产生活，虽然前者是失去人身自由的奴隶，后者是自由民，在政治待遇上有所区别，但他们又都是劳动者，在劳动生产的过程中，经常互相支持、共同协作，句町百姓从昆明人那里学会了放牧的本领，昆明人也从句町百姓那里学会了稻作生产技术，双方之间互通有无，建立起了深厚的感情。特别是随着时间的推移，历经数十年乃至上百年后，双方已经形成了相互依存、不能割舍的亲密关系。至今，在广南、富宁一带的彝族中还广为流传着壮族保护其祖先的故事，说当时彝族被统治者驱赶追杀的危难时刻，是壮族妇女用裙子罩在鸡笼上把他们藏起来才得救的，因此当地彝族（倮支系）要专门过一个节日以示纪念。在滇东南和桂西地区的彝族，其传统的住房多为干栏式民居，其语言中夹杂有许多古越语，他们还与壮族一样视铜鼓为神器，重大节日也要跳铜鼓舞。这些都说明句町与南迁的氐羌民众之间有着非同寻常的关系，其文化上的影响也是很深的。

还需说明的是，句町国的奴隶制是典型的家长奴隶制，句町王族的家内奴隶中就有不少臣服的"奴头"、美貌的女奴及其子女，虽然他们是昆明人，但他们都自认是句町王的家人，因而享有许多特权，他们也尊崇毋波为土主，并立庙进行祭祀，原通海秀山上的毋波神祠（土主庙）就是其中最著名的一个。又由于这些人与其他昆明人有深厚的民族感情，故能够帮助句町王室对奴隶进行有效的管理，在句町国中发挥着特殊的作用，使得当地矿产资源开发和农牧业生产均得到长足发展，因此，在句町国数百年的历史进程中，双方都没有发生过重大的矛盾或冲突。应该说濮越民族与氐羌民族之间的关系还是比较

融洽的。

《三国志·蜀书·李恢传》载："南土平定，恢军功居多……赋出叟、濮，耕牛、战马、金银、犀革，充继军资，于时费用不乏。"叟即是氐羌民族的一支，濮当是句町人及其后裔，他们都共同成为蜀汉政权在南中（云南）和桂西地区的社会支柱及军资来源，对巩固和建设祖国西南边疆都做出了极其重要的贡献。

第三章
羁縻制度时期

隋唐至两宋时期，中央王朝在少数民族地区推行羁縻制度，以取代自汉晋以来实行的"郡国并存"制度。在这将近700年的时间里，壮侗语族群体均被称为"僚"或"溪峒蛮僚"，其社会发展变化非常巨大，此时又正是云南历史转折的关键时期，与广西直接在中央王朝统治之下不同的是，云南相继被爨氏大姓、南诏和大理国掌控，滇东南的僚子部及其后的特磨道，则成为唐朝与南诏地方政权、宋朝与大理地方政权的缓冲地带。唐代李由独率僚部"白衣没命军"联合南诏军队两次攻陷安南都护府，北宋侬智高起义失败后率部奔走大理国之和泥（今元江），南宋设马市进行马匹交易等重大历史事件，都与壮族先民紧密相关。

第一节　隋唐时期滇东南、滇南的政局变化与社会转型

公元581年，北周丞相杨坚废静帝自立，建国号"隋"，改元"开皇"，是为隋文帝（581～604年在位）。隋王朝的建立，结束了汉末以来长达近400年之久的分裂局面，再建了统一的多民族国家。但隋朝皇帝为政苛暴，仅存在38年，便于618年被李渊建立的唐朝所取代。唐朝统治者总结历史经验及教训，废隋苛政，整肃吏治，关注民生，发展社会经济，调和民族关系，兼容并纳外来文化，从而使中国封建

社会一度臻于鼎盛，特别是"贞观之治"和"开元之治"，将唐王朝打造成了政治昌明、经济繁荣、文化灿烂、声威远播的强盛大国，在中国乃至世界文明史上均谱写了壮丽篇章。但到天宝年间（742～756年），唐玄宗李隆基逐渐追求奢欲、倦于政事，特别是天宝四载（745年）册封杨贵妃后，终日沉溺声色，即所谓"春宵苦短日高起，从此君王不早朝"，并以李林甫、杨国忠为宰相，政治日趋腐败。由于宰相专权，不遗余力地打击政敌，使两次征伐南诏的"天宝之战"惨败，又让边地藩镇势力急剧膨胀，随即酿成了持续7年有余的"安史之乱"，给民众带来了一场大浩劫，对社会经济造成了一场大破坏，最终导致了藩镇割据的局面。藩镇"既有其土地，又有其人民，又有其甲兵，又有其财赋"[1]，父死子代，长期割据一方。这种局面在唐代后期持续了150余年，直到公元907年唐朝灭亡。

一、隋唐时期滇东南、滇南政局的变化

在隋唐之前的魏晋南北朝时期，由于晋武帝以爨深为兴古太守，当时与兴古郡并立的句町国便被爨氏大姓所管控。晋朝之后，爨氏仍"称雄于南中"，历时达200余年。由于边郡制度衰败，中央王朝只是遥领而已。《滇史》载："爨分东、西，有黑、白二种。自曲州、靖州西南，昆州、曲轭、晋宁、喻献、安宁，距龙和城（即镇南州），通谓之西爨白蛮；自弥鹿、升麻二州（在汉建宁郡，唐为郎州），南至步头（即建水），谓之东爨乌蛮。两爨蛮延袤二千余里，土多骏马、犀、象、明珠。蒙氏未兴之先，南蛮莫盛于爨。"[2]在东爨乌蛮

---

[1]《新唐书·兵志》。

[2]（明）诸葛元声撰，刘亚朝校点：《滇史》，芒市：德宏民族出版社，1994年版，第99页。

内又有三十七部，其中的"僚子部""钟家部""维摩部""强现部""王弄山部""矣尼迦部""教化三部"即在今广南、富宁、丘北、砚山、文山、马关、西畴、麻栗坡一带，他们分别由"夷帅""酋帅""渠帅"或"硐（洞）主""鬼主"统治。聚居于广南、富宁的"僚子部"亦称"侬氏据地"，其控制的范围还包括今广西西部及越南北部的部分地区。

"僚"（音"老"）为壮傣语"我们"的意思，壮族的摩教经书多写作"娄"或"牢"，在民族群体中，"僚"则泛指氏族部落及部落联盟中的广大成员，犹如汉语中的"黎民"或"人民"。据此，民族学家们大都认为"僚"或"僚子"是隋唐时期壮傣语支各民族先民的泛称。僚人中又有侬氏、黄氏、李氏、韦氏、沙氏、周氏、莫氏、宁氏等大姓旺族。

隋统一全国后，改郡县制为州县制，在云南设南宁州、昆州及益州总管府。当时在云南的爨氏大姓正处于鼎盛时期，隋文帝只得任命爨震为南宁州刺史、爨玩为昆州刺史。《滇史》载："隋开皇十五年，置益州总管。初，王谦反于蜀，梁睿讨平之，西南夷僚莫不归附，于是威振西川，惟南宁州酋帅爨震恃远不服。"睿上疏曰："南宁州，汉世牂柯之地，近代已来，分置兴古、云南、建宁、朱提四郡，户口殷众，金宝富饶，二河有骏马、明珠，益、宁出盐井、犀角。晋太始七年，以益州旷远，分置宁州。至伪梁，南宁州刺史徐文盛被湘东征赴荆州，属东夏尚阻，束遑远略，土民爨瓒遂窃据一方，国家遥授刺史，其子震相承至今。而震臣礼多亏，贡赋不入，每年奉献，不过数十匹马。"[1]到开皇十七年（597年），爨震、爨玩等人借机挑起事端，隋朝廷即派史万岁率军直捣爨氏大本营，沉重地打击了

---

①（明）诸葛元声撰，刘亚朝校点：《滇史》，芒市：德宏民族出版社，1994年版，第91页。

爨氏的势力，并迫其投降。但到开皇十八年（598年），爨玩再叛，隋朝廷又派杨武通率军将其击败，并把爨玩押送入朝处死，从而使爨氏再无力与中央王朝对抗。[①]然而，由于隋朝对云南的经营时间较短，隋末大乱之后，云南大部分地区依然为爨氏所控制，但已经出现了"部落支离""首领星碎""朋仇相嫌"的局面。[②]在洱海一带则出现了蒙巂诏、邓赕诏、浪穹诏、施浪诏、越析诏、蒙舍诏等"六诏"，以及"洱河蛮""松外蛮""姚州蛮"等众多的部落，它们"各擅山川，不相役属"。

公元617年，李唐王朝建立，唐高祖李渊任命爨玩之子爨弘达为昆州（今昆阳）刺史、任命韦仁寿为南宁州都督，以加强对云南的管理。接着巂州都督府又派吉宏伟到洱海地区招抚，"授其豪帅为牧宰"[③]。至唐太宗李世民时，又把南宁州都督府移到味县（今曲靖），并以爨归王为南宁州都督，还敕书以爨仁哲为归州刺史、爨嗣绍为昆州刺史、爨曾为黎州刺史、爨崇道为威州刺史，又命梁建方率兵平定松外（今永胜、华坪一带）各部族的叛乱，于是松外七十部、西洱河各部均前来归附，同时还积极招抚了盘、犁、和蛮（今文山、红河、玉溪一带）各部，初步恢复了汉晋时期中央王朝在云南郡县的规模。唐王朝招抚"大姓、夷帅"，利用他们管理地方事务，一度使周边民族地区社会稳定、经济发展，使唐代前期出现了历史上著名的"贞观之治"和"开元盛世"。

《旧唐书·地理志·总叙》载："高祖受命之初，其边缘镇守及襟带之地，置总管府以统军戒，至武德七年，改总管府为都督府。"《新唐书》也载："自太宗平突厥，西北诸蕃及蛮夷稍稍内属，即其

---

① 《新唐书·两爨传》。

② （唐）张九龄：《敕安南首领爨仁哲等书》。

③ 《旧唐书·韦仁寿传》。

部落列置州县。其大者为都督府，以其首领为都督、刺史，皆得世袭。虽贡赋版籍，多不上户部。然声教所及，皆边州都督、都护所领，著于令式。"唐太宗认为"堰革兴文，有德施恩，中国既安，远人自服"，并标榜"自古皆贵中华，贱夷狄，朕独爱之如一"。[1]据此，唐王朝在周边少数民族地区实行了一种特殊的土官统治制度——羁縻制度。

"羁"，马络头也；"縻"，牛缰绳也。羁縻制度的意思即中央王朝将少数民族群众比作牛马，将少数民族首领比作马络头和牛缰绳。中央王朝封授少数民族首领一个职官称号，由他们世袭其地，世长其民，就像抓住马络头和牛缰绳不让牛马跑掉一样，听任其驱使。羁縻制度是中央王朝在民族聚居区实行的一种有效统治方式。唐太宗的治国政策及其对边疆少数民族采取的各项政策，使唐朝日益强盛起来，周边的民族地区也呈现出社会稳定、经济发展的繁荣景象。

唐初的统治者致力于国家制度建设，在隋制的基础上，经高祖、太宗的积极努力，最终完善了三省六部制，为唐前期的持续发展繁荣提供了政治制度上的保证。唐代将全国分为关内、陇右、河东、河北、河南、淮南、江南、山南、剑南、岭南十道，道下又设都护府和州、县。其中，剑南道的范围是：东连群柯，西界吐蕃，北通剑阁，南括西南夷（今四川西南、云南及贵州西部），皆为夷僚所居，州、县之数倍多。

据方国瑜先生研究：唐代推行的羁縻制度，乃四夷地所设之地方制度也。亦有都督府及州、县之名，即命其酋长为长官。其行政，中央政权殆少过问。唯如是，经济、文化的发展，比较迟缓。不征苛赋，仅怀柔而已；羁縻州、县之设置，设都督府于边境，为军事统治

---

[1]（宋）司马光《资治通鉴·唐纪》，《资治通鉴》卷一九八"太宗贞观二十一年五月"条。

据点，在全国先后设都督府有八百余处，各领州、县为辖境；都督又有边州都督与羁縻州都督之分，即边州都督任命流官，而羁縻州都督隶属于边州都督或都护，递相统率进行统治边缘地区。如关内道之安北都护府所属有十都督（为羁縻州都督）；又如劳池州都督府（领州九）、安化州都督府（领州七），并为羁縻州都督，隶于庆州都督府（边州都督）。此为边州都督与羁縻州都督之关系也。羁縻州、县之制度，其较著者有二：一为官职，由土长世袭；二为贡赋，不入户部。[①]由于羁縻州、县的人民不列入国家户籍，故亦没有承担国家赋役的任务，所以与编入户籍的汉族被称为"齐民"或"民"不同，而被称为"蛮"或"夷"。

唐朝在西南少数民族地区设置的羁縻州、县比较粗糙、松散，并且不断更改名称和隶属关系。如：唐高祖武德四年（621年），置南宁州总管府；七年（624年）改都督府（领州九）为羁縻州都督府。至唐太宗贞观六年（632年）又设戎州都督府，以南宁州都督改刺史，其地属戎州都督府；八年（634年）又改名郎州都督府，复名南宁州都督府等。[②]

唐开元二十一年（733年），置岭南东、西两道，僚子部隶岭南西道（治邕州）安南都护府管辖，主要目的是招抚当地少数民族的"大姓夷帅"，利用他们管理地方事务。随后，又把僚子部置于剑南道南宁州都督府、姚州都督府的统领之下。据《旧唐书·地理志》载，唐初曾在今滇东南、滇南部分壮族聚居区，分别设置过严州、秦龙州、归武州、禄索州、龙武州、汤泉州、郎茫州等进行管理。《桂海虞衡志》载："羁縻州洞，隶邕州左右江者为多。旧有四道依氏，谓平安、武勒、思浪、七源，四州皆依姓。又有四道黄氏……又有武

---

①方国瑜：《云南地方史讲义》（上），云南广播电视大学，1983年内部发行，第66页。
②方国瑜：《云南地方史讲义》（上），云南广播电视大学，1983年内部发行，第66页。

侯、延众、石门、感德四镇之民，自唐以来内附，分析其种落，大者为州，小者为县，又小者为洞。"《舆地纪胜》云："先时两江州洞，各执山僚占洞印；至治平四年，准朝廷给赐印，左江十八面，右江十八面，今所谓三十六洞者，此也。"从这一史料看，唐王朝均已给各羁縻州的长官颁赐了印信。《中国西南民族史》中还有这样的记载："唐代岭南道西部壮族先民中各个部分的地方贵族割据地盘，势力逐渐发展，唐朝封建中央不得不任命他们为各'羁縻'州县的土官，以避免地方分裂。"[1]

公元7世纪中叶，我国西部的吐蕃政权崛起，在统一青藏高原各部后，即南下占领了云南洱海地区和四川盐源一带，严重威胁唐王朝在西南地区的安全。唐高宗时，中央王朝为了打击和消除吐蕃在其西南地区的势力，即在今滇西姚安、大姚一带设姚州都督府，每年由四川派兵500人戍守，统一指挥云南各部落抗御吐蕃。随后，又扶持洱海地区的蒙舍诏（南诏）。为使其成为抗御吐蕃的西南屏障，中央王朝廷支持蒙舍诏统一了"六诏"，并封其首领皮逻阁为"云南王"，都太和城，后迁羊苴咩城（今云南大理），又任命皮逻阁之子阁罗凤为阳瓜州刺史。在唐朝政府的大力扶持下，南诏统治者曾先后派遣子弟到成都"习孔子之史书"，使南诏地区出现"人知礼乐，本唐风化"的局面。但南诏坐大之后，即向外扩张，利用爨氏内部的矛盾打击爨氏，控制滇东地区，进而图谋割据云南。面对这种局面，唐朝又只得采取抑制手段，这导致了南诏的不满，双方关系日趋紧张。南诏随后与唐发生冲突，背唐而依附吐蕃。

到唐玄宗李隆基执政后期，由于其宠幸杨贵妃，以杨贵妃堂兄杨国忠为宰相，政治更加腐败，而面对"日愈骄大"的南诏，唐王朝只

---

[1] 尤中：《中国西南民族史》，昆明：云南人民出版社，1985年版，190页。

得进行军事征讨，于是爆发了"天宝之战"。唐军在天宝八年（749年）由广南节度使何履光率十道兵征南诏，又以鲜于仲通为剑南节度使募兵讨伐，南诏则投靠吐蕃，合力反击唐军，致使8万唐军被消灭了6万多人，"仲通仅以身免"。宰相杨国忠掩盖败状，假祝胜利，又于天宝十三年（754年）"征天下兵十余万"，命李宓率领，再攻云南，结果李宓阵亡，唐军又全军覆没。[①]天宝战争对全国产生了深远的影响，20万人的"中国利兵"，结果却"弃之死地，只轮不返"。公元755年后，又连续发生安禄山、史思明的叛乱，唐玄宗被迫逃到成都，"天宝盛世"自此宣告结束，而南诏割据云南的局面也自此形成。以侬氏、黄氏等为首领的云南僚人地区及武侯、延众、石门、感德四镇之民则因此而"没于蛮"，被南诏列入其统辖的三十七部之中，由拓东节度下属的通海都督管理。《新纂云南通志》载："唐南诏时，广南、富宁为侬氏据地。"

二、唐代滇东南、滇南社会的转型

南诏是乌蛮别种，其王国的社会性质是奴隶制，故洱海及滇西一带地区买卖掠夺奴隶之风十分盛行。唐睿宗时（8世纪初期），姚州一战，唐军覆没，生者皆被掠为奴隶，《太平广记》卷一六六引《纪闻》就载有姚州判官郭仲翔曾经被俘为奴，且几经转卖，先后经历了4个部落，本人被赎身回姚州以后，又在云南奴隶市场购买了10个女奴的情况。此情况真实地反映了南诏奴隶制的存在。而《滇史》记载此事写的按语为："仲翔被掳，赐蛮酋为奴，主爱之。经岁，仲翔思北逃归，被追获转卖南洞。主苦役之，鞭笞甚至。仲翔弃而走，又被逐得更卖，其洞号'菩萨蛮'。困厄复走，蛮得复卖。乃取两板各长数

---

① 《新唐书·南诏传》。

尺，令仲翔立于板，自足背钉之。昼役带术行，夜纳地槛中。二足疮经数年方愈。如此七年，保安使人往赎，从首主展转方得。中国被虏人口，蛮法略相类。"①由此可知南诏奴隶制之残酷。特别是天宝战争之后，南诏与吐蕃结盟，吐蕃奴隶制对南诏的影响更大。

南诏反唐后，又于至德二年（757年）与吐蕃合兵夺取巂州（今西昌）、会同（今会理）、台登（今泸沽）、昆明（今盐源），进据清溪关，直逼川西平原。宝应元年（762年），阁罗凤又亲率大军"西开寻传"，"刊木通道，造舟为梁"，直达伊洛瓦底江流域，收降了"裸形""祁鲜"诸部。广德元年（763年），又置安宁城监，发展与贵州及宜宾一带的经济联系。永泰元年（765年）筑拓东城（今昆明），以阁罗凤之子凤伽异为"二诏"（副国王），居拓东。滇东南及滇南部分地区即由南诏拓东节度所辖的通海都督管理。南诏还在其南部设立银生府（今景谷至西双版纳一带），统理"黑嘴"（傣族）等部落。此时南诏已步入极盛时期，其疆域东接贵州，西抵伊洛瓦底江，南达西双版纳，北接大渡河，东南接越南，西南接骠国（今缅甸中部），西北与吐蕃的剑川为邻，东北则达戎州（今四川宜宾）。②

南诏把其所征服地区的各族群众作为"配隶"，对他们进行大规模的迁徙，使之成为"生产奴隶"。其中规模较大的有：天宝五年（746年），强迫迁徙20万"西爨白蛮"于永昌（今保山、大理一带）；贞元十年（794年），迁徙"河蛮"到今祥云和昆明，同年又掳掠"磨蛮"万户分隶滇池地区；太和六年（832年），掳骠国百姓3000多人"配隶"昆明等。据马曜先生研究，当时南诏掳掠迁徙"配隶"

①（明）诸葛元声撰，刘亚朝校点：《滇史》，芒市：德宏民族出版社，1994年版，第115～116页。

②马曜：《云南简史》，昆明：云南人民出版社，1983年版，第88～89页。

的人口不下百万①，南诏把这些"生产奴隶"称为"佃人"，他们"用武力迫使各族群众离开土地，完全丧失生产资料而降为生产奴隶的同时，将这里用武力夺得的各部落土地划分为许多庄园，复驱使这些'佃人'为之劳动生产。每一个庄园直径大约30里，归所在城镇地方政权管理。这些城镇的'将军'，既是军事首领和地方行政长官，又是当地大规模奴隶生产的总监督。他们派官员直接经营庄园，官员又命令'监守'催促监督'佃人'劳动。'佃人'一无所有，对生产资料和生产物完全没有支配权，'收刈已毕，蛮官据佃人家口数目，支给禾稻，其余悉输官'"②。"佃人"的劳动，已经成为全社会上层建筑赖以建立的基础。南诏还把边远地区的各族丁壮作为兵员，让他们在打仗时充当前阵，"如有不前冲者"，监阵者即将他们杀死。

以侬氏、黄氏及李氏等为首领的云南僚人生活区域多属南诏拓东节度所辖的通海都督统治，由于南诏官员"惧瘴疠，或避在他处，不亲视事"，故仍然由侬氏等僚人首领统管，加之侬氏等僚人与其东部邕管羁縻州的"侬峒"同为"僚子"或"山僚"，他们互相支持，于是整个侬峒僚子部就成了唐朝与南诏的缓冲地带。邕管羁縻州的侬峒又称"西原蛮"，当时"西原蛮"的社会也如同南诏一样属奴隶制，他们也经常"鬻口为货，掠人为奴"③。《新唐书·西原蛮传》载："西原蛮……攻桂管十八州，所至焚庐舍，掠士女。"《太平广记》等书也有"西原乱，吏获反者没为奴婢，长役之"和"掠良家子为臧获，如驱犬豕"的记载。

本来，唐朝是我国封建社会的鼎盛时期，虽然在僚子部推行了羁縻制度，使其处于"互不统属"的分裂割据状态，以便分而治之，

①马曜：《云南简史》，昆明：云南人民出版社，1983年版，第93页。
②马曜：《云南简史》，昆明：云南人民出版社，1983年版，第93页。
③《新唐书·孔戣传》《新唐书·孔癸传》。

但对其与封建政治思想、经济制度、文化主张相悖的奴隶制却难以容忍。因此，唐朝一直在僚子部禁止掠卖奴婢，要求把奴婢放归故里，并给予田地耕种，使其不再隶属于奴隶主。如中唐时，就颁布了《禁岭南货卖男女敕》："辛巳，罢邕府岁贡奴婢。"[①]"比闻岭南……多以南口饷遗……此后严加禁止，如违，长吏必当科罚。"[②]在唐朝数十年坚持禁止掠卖奴婢的政策影响下，僚子部已经开始向封建农奴制转化，从而促进了当地社会、经济、文化的发展。但僚子部被南诏统治之后，封建化进程就中断了，奴隶制又卷土重来。奴隶的价值首先是为奴隶主终日劳动，创造剩余价值，同时也为奴隶主做各种复杂的家务劳动。因此，奴隶是奴隶主的财富。奴隶主可以出卖奴隶换取金钱、马匹、刀剑等心爱的东西，甚至可以把奴隶赠送给权贵们或进贡朝廷。《唐会要》卷八六载：邕管羁縻州每年就把奴婢作为"贡品"，为此，唐代宗还于"大历十四年（779年）五月，诏曰：邕府岁贡奴婢，使其离父母之乡，绝骨肉之恋，非仁也，宜罢之"。太和八年（834年），唐朝又下诏："自至邕州，累平溪峒，兵威所向，首恶皆擒，然每念苍生，无非赤子，况在荒徼，尤当抚循，其溪峒如有未归附者，向后非因侵扰，更不用进讨，仍加存抚，使各怀安，所获黄洞百姓，并分配侧近州县，令自营生，不得没为奴婢，将充赏给。如是奴婢者，即任充赏。"[③]

贞元九年（793年），南诏与唐朝重归于好。次年，唐朝即派袁滋为册南诏使，到云南册封异牟寻为"南诏王"。但南诏毕竟是一个地方割据的奴隶制王国，奴隶主仍会发动战争以掠夺财物和奴隶。至太和三年（829年），南诏又再次发兵反唐，陷巂州、邛州，攻掠成都，

---

①《新唐书·德宗纪》。
②《旧唐书·宪宗纪》。
③（宋）王钦若等编修：《册府元龟》卷九一《赦宥》；卷一六五《招怀》。

"抢夺子女百工数万及财物而去"①，从此"自成都以南，越巂以北，八百里之间，民畜皆空"②。其后南诏又再次西掠骠国，掠邕州，攻黔州，并4次攻打巂州、成都，掳掠数十万人，对当地社会、经济造成了极大破坏。面对这样的情况，唐朝政府也只能穷于应付。

三、僚部"白衣没命军"二陷安南都护府

南诏四处掠夺财物和奴隶，固然令人发指，而贪腐的唐朝地方官员当时也不得人心，因而导致了李由独率领的僚部"白衣没命军"联合段酋迁统率的南诏军队，两次攻陷安南都护府的情况发生。唐朝军队几乎全被歼灭，仅有樊绰等少数人逃脱。

原本云南南部及其周围地区的僚人，曾属邕管安南都护府管制，却因当地官吏"德不能绥怀，威不能临制，侵诈系缚，以致憾恨"③。在唐玄宗征南诏时，何履光统领全国十道兵马，于天宝八年（749年）从安南出发，通过僚子部，沿红河北上，经步头（今建水）、通海、江川、拓东（今昆明）、安宁，而后西讨南诏。天宝十年（751年），剑南节度使鲜于仲通又分兵三路攻南诏，安南都督王知进所率一部也通过僚子部，沿河北上，由步头进入云南（今祥云）。军队数次通过僚人地区，已给沿途僚人增加了兵役和劳役等沉重负担，但最让僚人无法忍受的是官吏的残酷剥削，他们还要"别立名目，妄配乱征"④。《蛮书》卷九《蛮夷条教》载："自数年来，缘邕、交两地，长吏苛暴，恣杀非辜，致令众蛮告冤，因兹频来攻掠……自李象古任安南经

---

① （宋）司马光：《资治通鉴·唐纪》。
② （唐）孙樵：《书田将军边事》。
③ 《新唐书·西原蛮传》。
④ （宋）宋敏求编：《唐大诏令集》卷一〇九，北京：商务印书馆，1959年版。

略使，恣意贪害，遂自征兵。续又有李涿之诛剥，令生灵受害。"

《蛮书》卷一亦载："大中初，悉属安南管系，其刺史并委首领勾当。大中八年，经略使苛暴，川洞离心。""大中十二年春正月后，安南都护李涿为政贪暴，强市蛮中马牛，一头只与盐一斗，又杀蛮酋杜存诚，群蛮怨怒，'导南诏侵盗境'。峰州有林西原（今越南老街省境内），旧有防，冬兵六千，其傍七绾洞蛮，其酋长曰李由独，常助中国戍守，输租赋，知峰州者言于涿，请罢戍兵，专委由独防遏，于是由独势孤，不能自立。南诏拓东节度使以书诱之，以甥妻其子，补拓东押衙，由独遂率其众臣于南诏。"[①]

樊绰《云南志·名类》亦载："桃花人，本属安南林西原七绾洞主大首领李由独管辖，亦为境上戍卒，每年亦纳赋税。自大中八年被峰州知州官申文状与李涿，请罢防冬将健六千人，不要昧、真、登州境上防遏，其由独兄弟所不禁，被蛮拓东节度与书信，将外甥嫁与李由独小男，补拓东押衙。自此之后，七绾洞悉为蛮收管。"《旧唐书·本纪》又载："咸通四年七月朔制：安南寇陷之初，流人多寄溪峒。其安南将吏官健走至海门者人数不少，宜令宗式、李良瑷察访人数，量事救恤。安南管内被蛮贼驱劫处，本户两税、丁钱等量放二年，候收复后别有指挥。其安南溪峒首领，素推诚节，虽蛮寇窃据城壁，而酋豪自守土疆。如闻溪峒之间，悉籍岭北茶药，宜令诸道一任商人兴贩，不得禁止往来。"《新唐书·南蛮传》还载："安南之陷，将吏遣人多客伏溪峒，诏所在招还救恤之，免安南赋入二年。"

《新唐书·南蛮传》又载："大中时，李琢为安南经略使，苛墨自私，以斗盐易一牛，夷人不堪，结南诏将段酋迁陷安南都护府，号'白衣没命军'。南诏发朱弩佉苴三千助守。"

---

①龙云、卢汉监修、周钟岳总纂：《新纂云南通志》卷一七一《族姓考一》，民国三十七年（1948年）铅印本。

以上这些史料说明，唐代邕管安南都护府管辖区和南诏统治区的僚人均有溪峒之组织，洞主又称大首领，他们同属一族，双方经济文化联系紧密，商业已有相当发展，且对中央王朝供输赋税，但因为唐朝地方官吏"苛墨自私"，致使他们已经到了不堪忍受的地步。唐朝官吏的残酷剥削使僚人地区的阶级矛盾不断上升，在这样的情况下，僚人团结在一起，组成了"白衣没命军"，并联合南诏军队，从而汇成汹涌澎湃的斗争洪流，猛烈冲击着唐王朝的统治，终于引发了两次攻陷安南都护府的重大事件。

咸通元年（860年），僚人"白衣没命军"联络南诏将领段酋迁，合兵3万余人，浩浩荡荡沿红河而下，所向披靡，最后攻下交趾。南诏发朱弩佉苴兵3000名前往助守。

咸通二年（861年）春季，唐朝发岭南西道等处军队反攻，夺回交趾。然而，僚人军队与南诏军队却采取迂回战术，从云南东南部进入添州（今百色）、田州、横山（今田东）、思笼（今龙安），而后于当年秋季攻陷邕州。

咸通三年（862年）十一月，"白衣没命军"再度进攻安南，唐朝廷调集中原各道兵卒3万人到安南抵御。僚人与附近各族联络南诏，组建了5万人的军队进攻安南。次年，攻陷交趾，唐军几乎全部被歼。接着，同年三月，僚人军队与南诏军队又进攻左右江一带，直逼邕州。唐朝以康承训为岭南西道节度使，率兵驻守邕州。

僚人联合南诏军队两陷安南都护府，引起唐朝廷极大震动。咸通五年（864年），唐朝廷以高骈为安南都护、本管经略招讨使，将兵收复安南。南诏军队转又进攻邕州。咸通六年（865年），高骈进到峰州，时人正收稻谷，骈尽掠之，以充军粮，并截断红河沿岸僚人各部的联系，南诏遣鄯阐节度使杨缉思率兵助南诏，战不利，退保交趾城。高骈围攻，攻破后屠城。"骈至，复督励将士攻城，遂克之，杀段酋迁及土蛮为南诏乡导者朱道古，斩首三万余级，南诏遁去。骈又破土蛮附南诏者二洞，诛其酋长，土蛮帅众归附者万七千人。"①同年，南诏军队败于邕州。

方国瑜先生说："史书述此事，皆言南诏交趾。其实，事件的起因是红河僚人各部为反抗压迫而联络南诏，并与远近各部落组成军事集团，作为攻战和守城的主力。因此，高骈攻交趾，首先便采取攻破远近僚人组成的这个军事联合力量的策略，由此可见，红河下游僚人对唐朝中央政权与南诏地方政权在争夺安南都护府这件事中是起着巨大作用。"②

四、侬氏峒僚在唐和南诏之间的缓冲作用

唐时，云南东南部的僚子部（侬氏据地）与邕管羁縻州的侬峒蛮僚迅速崛起，并开始登上历史舞台。由于他们都是侬氏僚人，遂彼此互相支持，既受唐朝中央羁縻统治，又"结南诏为助"，因此整个侬氏峒僚地区就成了唐朝与南诏的缓冲地带。

《新唐书》载：唐僖宗乾符三年（876年），滇东南及桂西一带的侬峒与黄峒相攻，侬氏战败，邕州节度使辛谠遣巡官徐云虔前往调解，"赍美货啗二峒首领，太州刺史黄伯蕴、屯峒首领侬金意、员州首领侬金勒等与之通欢。员州又有首领侬金澄、侬仲武与金勒袭黄峒首领黄伯善。伯善伏兵瀼水，鸡鸣，候其半济（渡），击杀金澄、仲武，唯金勒遁免。后欲兴兵报仇，辛谠遣人持牛酒音乐解和，并遣其母衣服。母，贤者也，谓其子曰：'节度使持物与僚母，非结好也，

---

①（宋）司马光：《资治通鉴·懿宗纪》。

②方国瑜：《云南地方史讲义》（中），云南广播电视大学，1983年内部发行，第229页。

以汝为吾子。前日兵败瀼水，士卒略尽，不自悔，复欲动众，兵忿者，必败，吾将囚为官老婢矣。'金勒感悟，为罢兵。"[1]《新纂云南通志》也有关于僖宗乾符三年（876年）邕州节度使辛谠遣巡官徐云虔"招抚侬蛮"的记载。辛谠又利用滇东南"僚子部"侬氏首领与南诏的特殊关系，遣徐云虔通过其地进入南诏首府，与之约和，收到了预期的效果。次年辛谠即"奏南诏请和，且言诸道兵戍邕州岁饷疲弊，请许其和，使赢瘵息肩。唐僖宗下诏许之"[2]，从而再次缓解了唐朝与南诏之间的矛盾。《滇史》载："唐僖宗广明元年，辛谠遣幕府徐云虔摄使者往觇南诏。自邕管涉川陆，四十七程，方到善阐府。"[3]

南诏统治者由于连年用兵，导致人民强烈反对，内部矛盾日益尖锐，最终引发了权臣郑买嗣于乾宁四年（897年）攻杀南诏王隆舜的事件。五年后，郑买嗣又杀死隆舜之子舜化贞及王室800人，从而夺取了南诏政权。至唐昭宗天复二年（902年），郑买嗣建立"大长和国"，南诏终于宣告灭亡。其后，权臣杨干贞又灭"大长和国"，后自立"大义宁国"，而唐王朝也在哀帝天祐四年（907年）被朱温灭亡。中国历史从此进入了纷争不断的五代十国时期。

第二节　五代时期僚子部的政权变化及其封建化

公元907年，唐王朝灭亡，在其后的50多年里，全国出现了五代更迭、十国割据的局面。五代指唐朝灭亡以后在黄河流域相继建立的

---

[1]《新唐书·南蛮下》。

[2]（明）诸葛元声撰，刘亚朝校点：《滇史》，芒市：德宏民族出版社，1994年版，第200页。

[3]（明）诸葛元声撰，刘亚朝校点：《滇史》，芒市：德宏民族出版社，1994年版，第201页。

后梁、后唐、后晋、后汉和后周；十国指吴、前蜀、吴越、后蜀、南唐、闽、楚、南平（荆南）、南汉以及北汉，十国中除北汉为北方政权外，其余九国都在南方。在五代十国时期，纷争不断，战争此起彼伏，政治上支离破碎，这样的形势严重地阻碍了各地区之间经济上的交往，但无论是中原王朝还是南方割据政权，其经济的依存关系依然不可分割，彼此之间互通有无仍然客观存在。相对而言，南方9个政权的政局较为稳定，社会生产也不同程度地有所发展，尤以长江下游的吴、南唐以及吴越比较显著，而与僚子部关系最为密切的是南汉政权，在南汉政权之下，又存在着黄氏、侬氏等峒僚豪族大姓集团。在此期间，我国各民族政权之间既有政治、军事上的对立和碰撞，也有经济、文化上的交流与融合，各民族共同推动着历史的发展，创造了多民族国家的灿烂文明。

一、南汉偏安一隅对僚子部社会发展的影响

南汉创始人刘隐，在唐昭宗时被任命为静海军节度使（治番禺），开始割据岭南。后梁建立后，刘隐受封为大彭郡王、南平王。刘隐之弟刘龑继位后，扩大了势力范围，并于后梁贞明三年（917年）称帝，国号大越，次年十一月改国号为汉，史称南汉，并改广州为兴王府，作为其都城。南汉全盛时，据有今广东、广西、海南以及湖南南部和越南北部的一部分地区，并在邕州设立建武节度使。广西西南部、云南东南部和越南北部地区的广源、武勒、南源、西源、西农、万涯、复和、温弄、古拂、八耽等十州峒则为僚人大首领侬民富统管，虽然也在南汉统治之下，但具有相对的独立性。[①]据云南历史学家

---

① （清）徐松辑：《宋会要辑稿》，北京：中华书局，1957年版。

马曜先生考证，侬民富同时还是"特磨道首领"①。谢启晃、莫俊卿编著的《少数民族人物志》和高文德主编的《中国少数民族历史大辞典》也持此说。特磨道即今云南广南、富宁一带地方。

南汉的统治者实行的是一套完整的封建统治制度，其税收的主要来源是束缚在土地上的农民。尽管南汉税役繁重，在割据诸国中最为腐败，但因其偏安一隅，故政治局面相对稳定。又由于五代期间中原纷繁的战争，内地豪强地主、富室大姓以及大量逃亡的民众颠沛流离地迁徙到南方僚人生活的区域，当地僚人宽容友善地接纳了他们，而他们又将内地先进的生产方式、耕作技术和铁制农具也都带到了僚子部，推动了边疆地区社会经济的发展，也促进了僚子部封建化的进程。僚人中的李姓、周姓、宁姓、韦姓、黄姓、侬姓、莫姓、武姓等新兴封建主应运而生，并在相互兼并中不断发展壮大。特别是滇东南的各僚子部，原本对"部曲"实行奴隶制统治的"渠帅"或"大姓"，为鼓励其奴隶及部曲的生产积极性，也在一定程度上改变了过去的残暴态度，不再将他们当作牲口或财产，而是像内地来的汉族地主对待农民那样，以"计口给民"的方式，授予他们一定数量的土地，并向受土地者收取贡赋或租税，由受土地者服各种徭役。此外，还允许他们开垦荒地，"惟自开荒者由己"，即自己开垦的荒地归自己所有，且不再缴纳地租。他们还可以拥有生产工具、耕畜及其他私有财产。这种由奴隶制向封建制的变革，就使封建生产关系逐步成为当时社会的主导形态，"渠帅""大姓"亦从此渐渐变成了封建领主，而奴隶及部曲则一步步变成了农奴。

马克思主义者认为，在人类社会发展的任何历史时期，人们在生产中形成的生产关系，决定其社会关系，它也是一切社会的基础。因

①马曜：《云南简史》，昆明：云南人民出版社，1983年版，第104页。

220

为"人们在生产中不仅仅同自然界发生关系，他们如果不以一定方式结合起来共同活动和互相交换其活动，便不能进行生产。为了进行生产，人们便发生一定的联系和关系，只有在这些社会联系和社会关系的范围内，才会有他们对自然界的关系，才会有生产"[①]。"一切生产都是个人在一定社会形式中并借这种社会形式而进行的对自然的占有。"[②]马克思说："在中世纪，有封建领主、陪臣、行会师傅、帮工、农奴。"[③]又说："在这里，国家就是最高的地主。在这里，主权就是在全国范围内集中的土地所有权。"[④]南汉王朝中由侬民富主管的僚子部，包括特磨道侬氏据地，其社会形态便是如此。

二、黄氏峒僚与侬氏峒僚社会的封建化

黄、侬二氏峒僚，是唐代邕管羁縻州僚人中的豪强和望族，也是"西原蛮"中较为显赫的两支。欧阳修、宋祁《新唐书·西原蛮传》载："西原蛮，居广、容之南，邕桂之西。有宁氏者相承为豪。又有黄氏，居黄橙峒，其隶也。其地西接南诏，天宝初，黄氏强，与韦氏、周氏、侬氏相唇齿，为寇害，据十余州，韦氏、周氏耻不肯附，黄氏攻之，逐于海滨。（肃宗）至德初，首领黄乾曜与陆州、武阳、朱兰洞蛮皆叛，推武承斐、韦敬简为帅，僭号称七王，署置官吏，攻桂管十八州，所至焚掠，四岁不能平。乾元初，遣中使诏赦约降，已

①马克思、恩格斯著，中共中央马克思恩格斯列宁斯大林著作编译局译：《马克思恩格斯选集》第一卷，北京：人民出版社，1966年版，第862页。

②马克思、恩格斯著，中共中央马克思恩格斯列宁斯大林著作编译局译：《马克思恩格斯选集》第二卷，北京：人民出版社，1966年版，第90页。

③马克思、恩格斯著，中共中央马克思恩格斯列宁斯大林著作编译局译：《马克思恩格斯选集》第一卷，北京：人民出版社，1966年版，第28页。

④马克思、恩格斯著，中共中央马克思恩格斯列宁斯大林著作编译局译：《马克思恩格斯全集》第25卷，北京：人民出版社，1974年版，第89页。

而西原、环古等州首领方子弹、甘令晖等请出兵讨平之，未几，余众复叛，寇陷道州，又进攻永州，陷邵州。贞元十年，黄洞首领黄少卿攻邕管，围经略使孙公器，请发岭南兵穷讨之，德宗不许，命中人招谕，不从。俄陷钦、横、浔、贵四州。少卿子昌沔佼勇，前后陷十三州，气益振。乃以唐州刺史阳雯为容管招讨经略使，引师掩嘁，一日六七战皆破之，侵地悉复。元和初年，邕管经略使路恕败黄洞蛮，擒其首领黄承庆。至是，少卿等归款，拜归顺州刺史，弟少高为宥州刺史。"[1]同书又载："其地皆峒僚"，"其首领称峒主，其民称峒丁、峒民"。五代十国直至宋代，黄氏峒僚依然是桂西及滇东南的望族大姓。《桂海虞衡志》载："有四道黄氏，谓安德、归乐、露城、田州，皆黄姓。"

《新唐书·西原蛮传》载："其后侬峒最强，结南诏为助，懿宗与南诏约和，二洞数构败之……"《新唐书·地理志》云："安南经交趾太平、百余里至峰州（今越南越池县）……又四百里至丹棠州（今越南老街南部），皆生僚也。"《桂海虞衡志》也说"僚在右江溪峒之外，俗谓之山獠（僚）。依山林而居"；"旧有四道侬氏，谓平安、武勒、思浪、七源，四州皆侬姓……自唐以来内附，分其种落，大者为州，小者为县，又小者为洞。国朝开拓浸广，州、县、洞五十余所，推其雄长者为首领，籍其民为壮丁。其人物犷悍，风俗荒怪，不可尽以中国教法绳治，姑羁縻而已。有知州，权州，监州，知县，知洞，其次有同发遣、权发遣之属，谓之主户。余民皆称提陀，犹言百姓也。其田计口给民，不得典卖，惟自开荒者由己，谓之祖业口分田。知州别得养印田，犹圭田也。权州以下无印记者，得荫免田。既各服属其民，又以攻剽山獠及博买嫁娶所得生口，男女相配，

---

①（明）诸葛元声撰，刘亚朝校点：《滇史》，芒市：德宏民族出版社，1994年版，第172页。

给田使耕，教以武技，世世隶属，谓之家奴，亦曰家丁。民户强壮可教劝者，谓之田子、田丁，亦谓之马前牌，总谓之洞丁"。《文献通考》卷三三亦载："知州、权州、监州、知县、知洞，皆命于安抚，若监司给文帖朱记。其次有同发遣，权发遣之属，谓之官典，各命于其州，每村团又推一人为长，谓之主户，余民皆称提陀，犹言百姓也。洞丁有争，各讼诸酋，酋不能诀，若酋自争，则讼寨或提举，又不能决，讼诸邕管，次至帅司而止……"

以上史料中述及的"知州""权州""监州""知县""知洞"，他们既是州、县、峒的最高统治者，又是州、县、峒的土地所有者，即占有土地的封建领主。"其田计口给民，不得典卖，惟自开荒者由己，谓之祖业口分田。知州别得养印田，尤圭田也；权州以下无印记者，得阴免田。"讲的就是封建领主制的土地制度及生产方式。"提陀""田子""民户""峒民"即农奴，他们获得领主分配给的小块份地，但只有使用权，而无所有权，必须向领主提供实物和劳役地租。领主在辖区内还有独立的兵权，"峒丁"或"田子甲""马前牌"，即农奴中耕种"兵田"而提供军事徭役者。方国瑜先生指出，此"仍是封建领主制度"。又说："'以攻剽山僚及博买嫁娶，所得生口，男女相配，给田使耕，教以武技，世世隶属，谓之家奴，亦曰家丁。'尚有虏掠、买卖人口情况，充当家奴，男女相配，并分给田地，实为农奴属性。"[①]

南汉时期，僚子部已经广泛使用铁器和牛耕，极大地提高了当地生产力水平，这为奴隶主占有制向封建领主占有制转变提供了极其重要的物质条件，从而使滇桂接合部的黄氏峒僚和侬氏峒僚社会逐渐封建化，个体家庭的经济地位和社会地位有了很大提高。但由于这一带

---

①方国瑜：《云南地方史讲义》（中），云南广播电视大学，1983年内部发行，第230页。

处于云贵高原与珠江三角洲和红河三角洲接合部的山间盆地及河谷地带，山高谷深，交通不便，商品经济仍不发达，整个社会的生产依然处于自给自足的状态。在进入封建社会以后，当地的小农经济始终处于主导地位。

三、大理国招抚侬民富等僚人首领

后晋石敬瑭天福元年（936年），当时的云南为杨干贞的"大义宁国"统治，其通海节度使段思平举兵讨伐杨干贞。次年，思平灭干贞，改国号为大理，都苴咩城（今大理）。

《滇史》载："段思平，其先武威郡僰人也。唐天宝末，段俭魏佐阁罗凤有功，赐名忠国，擢清平官，六传而生思平。思平生有异兆，及长，智量不凡。郑买嗣弑蒙诏，时思平未显，自念世受南诏恩，未得雪国愤为恨。及杨干贞篡立，思平益韬晦，而干贞忌之。思平时为通海节度使，惧不免，散自归。祷于秀山神祠，菱跃自竖，云：'出避则吉。'乃就爨判自匿。判，思平外舅也，居巴甸（今建水）。"又载："（思平）遂密遣人往借东爨乌蛮诸部兵。于是黑爨、松爨三十七部蛮皆许助力，遣兵来会。思平约于石城会合诸蛮，誓众而后发。"还载："思平既得众助，遂与高氏共举义旅，众至十余万，鼓行而西，无不一当百，所向无敌……遂以石晋天福二年丁酉岁十二月二十一日入关。杨干贞遣兵御敌，其众不战自溃。干贞率其妻子亲属出关而走永昌（今保山），欲入缅国，以图恢复。思平遣将追之，至万箭树，干贞自缢死，亲属皆为俘。"

段思平建立的大理国，基本上继承了南诏的统治区域，其辖区是："东至普安路之横山（今贵州普安），西至缅地之江头城（今缅甸杰沙），南至临安路之鹿沧江（今越南莱州省境的黑河），北至罗罗斯之大度河。"①

　　大理政权建立后，段思平即对广源、武勒、南源、西源、万涯、复和、温、弄、古拂、八耽等十州峒的大首领侬民富进行招抚，封他为"坦绰"，并会同三十七部，于"明政三年，岁次辛未，宣谕踞奉睿旨，统率戎行，委服背恩，抚安边塞，是以剪除延众镇长奇宗、求州代连（洞波记周）、弄兔覆（者桑龙六）、磨乃（洞波那达）等三邑，统置延众镇"②。

　　所谓"统率戎行，委服背恩，抚安边塞，是以剪除延众镇长奇宗"，说的即是大理国以战争的手段来解决延众镇的问题。延众镇在今云南省富宁县归朝镇的郎中村，地处滇桂陆路交通的节点上，是一个四面环山而又田平水好的小坝子，自然条件优越，战略地位十分重要。《石城会盟碑》还载：大理政权在攻占延众镇之后，"以二月八日回军，至三月七日到石城……合集三十七部……于四月九日研罗沙一遍，兼颁赐职赏，故乃与约盟誓，务存久长"。方国瑜先生在《中国西南历史地理考释》中说："延众镇为大理东南边境要塞。"

　　继招抚广源、武勒、南源、西源、万涯、复和、温、弄、古拂、八耽等十州峒大首领侬民富并武力攻占延众镇之后，大理政权还封特磨道（今广南）的首领侬夏诚、侬夏卿为"布燮"（清平官）③，以其地隶属通海节度，并由侬氏大姓牢固地控制滇东南。后来，又改由秀山郡及最宁镇管辖。

①《元史·地理志》。
②见《石城会盟碑》。
③（宋）江少虞：《宋朝事实类苑》卷七七，上海：上海古籍出版社，1981年版。

四、宋灭南汉后对滇东南特磨道的争夺

公元960年，后周禁军最高首领赵匡胤在开封陈桥驿被部下"黄袍加身"，以"兵变"的形式夺取政权，建立宋朝，史称北宋。

开宝三年（970年）底，宋军从湖南南下，用了不到半年时间便进入广州，灭了南汉割据政权，把岭南的广东、广西等地纳入北宋的统治之下。宋灭南汉后，便展开了对广大僚子部的争取工作，"参唐制"，任命僚人首领继续担任知州、权州、知县、知洞，仍然世袭统治其地。为与大理争夺广源、武勒、南源、西源、万涯、复和、温、弄、古拂、八耽等十州峒，开宝九年（976年），还特别"诏授坦绰侬民富金紫光禄大夫、检校司空兼御史大夫、上柱国"①，并将侬氏大姓控制的滇东南特磨道地区划分为福州（今广南县）、富州（今富宁县普厅）、峨州（今富宁县剥隘）、罗佐州（今富宁县归朝）、侬内州（今富宁县境）、西宁州（今富宁县中部）、安宁州（今富宁县里达、睦伦）、那寡州（今富宁县那能乡之那瓜）、罗拱县（今广南县八宝之乐共）、那温县（今文山州境内）等羁縻州县，由广南西路邕州（治今南宁）统辖。

另《续资治通鉴长编》卷三四五载："元丰七年（1084年）五月，以邕州延众镇为富州。"而《续资治通鉴长编》卷二七九也载："元丰二年二月，广南经略司言：延众镇右千牛卫将军张智常诱致九道白衣内附。"说明位于富州的战略要地延众镇，又被宋朝政府夺回，并在此设置了右千牛卫，由张智常将军把守。

宋廷与大理政权都要争取云南东南部地区的侬氏僚人首领，是因为唐代侬氏峒僚在唐和南诏之间起到了缓冲作用，故宋代的侬氏僚子

---

① （清）徐松辑：《宋会要辑稿》，北京：中华书局，1957年版。

部也同样成了宋廷与大理之间的缓冲地带。双方的政治往来、商品贸易及各种经济交流，也都要通过这一中间地带来完成，包括大理向宋廷入贡、诱使九道白衣内附以及进行马匹交易等等。

第三节 北宋时期僚子部的社会剧变

公元960年，北宋在开封建立，随后逐个消灭割据政权，完成了对黄河流域、长江流域和珠江流域地区的统一。与北宋并立的民族政权还有北方契丹族建立的辽（916～1125年）和西北党项族建立的西夏（1038～1227年）以及东北女真族建立的金（1115～1234年）等。

北宋王朝建立后，于公元997年将岭南划分为广南东路和广南西路两大片区，其统治政策基本上沿袭唐制，即对广南东路地区实行直接的封建统治对广南西路地区仍置羁縻州、县、峒，"树其酋长，使自镇抚"。

为改变五代以来"方镇太重，君弱臣强"的问题，宋太祖赵匡胤（960～976年在位）和宋太宗赵匡义（976～997年在位）在进行统一战争的同时，还采取一系列措施强化了中央集权，巩固和稳定了封建统治。但这样的措施也造成了军队战斗力削弱、政府行政效率低下等消极后果。公元975年，宋廷谕封在今河内地区崛起的交人（京族）李公蕴为交趾郡王，并让其逐步走上独自立国的道路。公元1004年，辽国承天太后率军向南攻破数州后直逼北宋京城，怯战的宋真宗赵恒（998～1022年在位）惊恐万分，虽在宰相寇准力请之下御驾亲征，但在得知辽国有议和之意时，立即与之达成"澶渊之盟"，并答应每年送给辽国绢20万匹、银10万两，以求结束宋辽之间四十多年来的敌对状态。公元1044年，宋仁宗又在西夏要挟之下"岁赐"其银、绮、绢、茶。辽国还利用西夏作为向宋朝讨价还价的手段，迫使宋朝增加岁币银绢。[①]与此同时，宋朝则把预防"内患"放在绝对优先的地位，为应付军队的扩充和岁币的增加，从而大量增加赋税的名目和税额，冗费的激增使百姓更是不堪重负，因此阶级矛盾十分尖锐。而让僚人最不能容忍的是，交趾趁北宋忙于应付同辽和西夏的战争而无暇南顾之机，侵掠并蚕食本属宋朝统治的邕管广源州等广大僚子部。

一、"长生国"的建立与抗击交趾

宋代，僚子部发生了一起事关国家民族命运的重大事件，即原本统一生活在中国之内的僚人，由于不愿意民族分离也不愿意脱离宋朝中央政权，在首领侬全福、侬智高父子的领导下，坚决不屈从交趾，但宋廷却怕得罪交趾而导致南北受敌，拒绝侬全福、侬智高父子统管的僚人内附，结果导致公元1039年交趾王李德政率军攻杀侬全福并占据广源等州的惨剧。

《宋史》卷四九五《蛮夷三》载："广源州蛮侬氏，州在邕州西南郁江之源，地峭绝深阻，产黄金、丹砂，颇有邑居聚落。"司马光《涑水纪闻》亦说："广源州本属田州，侬智高父（侬全福）本山獠（僚）"，"广源州地产金，一值一缣，智高父由是强，招徕中国及诸峒民，其徒盛甚"。宋朝廷曾于公元1029年授侬全福"邕州卫职"，但邕州转运使章频惧怕得罪交趾，又于公元1030年"罢遣"侬全福，任由交趾侵掠蚕食广源等州。侬全福为在广源等州保境自守，即在其地建立"长生国"，与交趾政权抗衡。公元1039年，交趾王李德政率军攻破广源，将侬全福、侬智聪（侬智高兄）等5人杀害。侬智高与其生母阿侬被迫出奔，投于特磨道侬夏卿处，阿侬随后改嫁侬

①《宋史·夏国传》。

夏卿。宋人沈存中著《梦溪笔谈》载录此事时说："广源州者，本邕州羁縻。天圣七年，首领侬存（全）福归附，补存福邕州卫职。转运使章频罢遣之，不受其地……庆历八年，智高自领广源州，渐吞灭右江、田州一路蛮洞。皇祐元年，邕州人殿中丞昌协奏，乞招收智高，不报。广源州孤立无所归，交趾觇其隙，袭取存福以归，智高据州不肯下，反欲图交趾。不克，为交人所攻。智高出奔右江文村，具金函表投邕州，乞归朝廷，邕州陈珙拒不纳。"

二、侬智高起义

侬智高，公元1025年生于北宋广南西路邕管傥犹州（今广西大兴县境），自幼聪明好学，曾参加科举考试，"尝举进士不第"[1]，其生父侬全福原为傥犹州知州，后任广源州（今越南广渊）首领，为保卫疆土，抗击交趾侵掠扩张，于公元1039年被交趾王李德政杀害。其生母是武勒州（今广西扶绥县）人，在广源被攻破时逃到特磨道（今广南）侬夏卿处，并改嫁侬夏卿。侬智高随母亲到特磨道，成了侬夏卿的继子。其后，他又在继父的大力支持下，团结左右江地区的广大僚人，联络生父旧部，广招有识之士，重整旗鼓，"复与其母出据傥犹州，建国曰大历"，继续抗击交趾。

在抵抗交趾侵犯和掠夺的十余年中，侬智高历尽艰难险阻，甚至于公元1041年被交趾俘虏。交趾王想对其加以利用，赐其高官，"使知广源州，又以雷、火、频、婆四洞及思浪州附益之"[2]，但他没有投靠交趾，也没有把广源等地奉送给交趾王，而是经四年艰辛准备后，又在安德州（今广西靖西）建立"南天国"政权，再次于公元1048年

---

①（宋）张瑞义：《贵耳集》，参阅《广西民族研究》1999年第4期。

②《宋史·蛮夷三》。

起兵反抗，并于公元1050年挫败了交趾的征讨。《宋史》卷四五九载："交阯（趾）发兵讨之，不克。"

在抗击交趾侵略的岁月里，侬智高数次向北宋朝廷求援并恳请内附，还于皇祐三年（1051年）"以驯象、生熟、金银来献"①。但宋廷不仅不接纳侬智高的请求，反而牺牲广大僚人的利益来换取与交趾的苟安，"而赟擅发兵攻智高"。侬智高在腹背受敌、走投无路的情况下，被迫举起了反宋的大旗。

侬智高以广州进士黄玮、黄师宓为军师，以族人侬建侯、侬志忠为主将，集兵五千，于公元1052年农历四月六日，毅然在广西安德（靖西县安德镇）发动了反对北宋朝廷的战争，此举得到广大僚人的热烈拥护和大力支持。义军在战斗中迅速发展壮大，趁势攻克横山寨（今广西田东平马镇），进而攻破邕州（今广西南宁），活捉了邕州知州陈珙。《宋史》载："执知州陈珙等，兵死千余人。智高阅军资库，得所上金、函，谓珙曰：'我求一官统摄诸部，汝不以闻，何也？'珙对：'尝奏，不报。'索奏草不获，遂扶珙出，珙惶恐呼万岁，求自效，不听，并其属及广西都监张立害之。"即是说，侬智高在清理陈珙的府库时，发现他在上年就向北宋朝廷贡献的金银和请求内附的函件，知道了陈珙根本没有向上报告还撒谎抵赖的事实，在此情况下，他处决了陈珙等一伙贪官污吏。五月，侬智高在邕州将国名改为"大南"，自称"仁惠皇帝"，改元"启历"，署置官吏，"师宓以下，皆称中国官名"。在建立政权的同时，还采取了许多措施，如严惩赃官，大赦境内，打开府库广济贫民。接着，他又挥师东下，半月之内连破横（今广西横县）、贵（今广西贵港）、龚（今广西平南）、浔（今广西桂平）、藤（今广西藤县）、梧（今广西梧州）、

---

①（清）徐松辑：《宋会要辑稿》，北京：中华书局，1957年影印本。

封（今广东封州）、康（今广东德庆）、端（今广东肇庆）等九州，继而合兵五万围攻广州，历57天不克。后撤围北上，从清远渡江，经连州（今广东连山）、贺州（今广西贺县）、昭州（今广西昭平）、宾州（今广西宾阳），随后回师邕州，沿途接连击败宋军的围堵追击。[①]

侬智高抗击交趾、横扫两广，使北宋朝野上下一片慌乱。仁宗皇帝为之寝食不安，曾想授予他"邕桂七州节度使"，以平息事态。交趾王则致书北宋朝廷，愿出步兵二万、骑兵一千，会同宋军夹击侬智高。桂州知州余靖表示完全支持交趾王的主张，而枢密院副使狄青则认为"假兵于外，以除内寇，非我利也"。最后，宋仁宗采纳了狄青的意见，命狄青为宣抚使，诏"诸将皆受青节制"，由其带领20万宋军镇压侬智高。[②]

公元1053年正月，宋军和侬军在广西昆仑关归仁铺决战，侬智高中了狄青的圈套，不敌骑兵冲杀，在昆仑关后面的五塘战败。狄青将战死的5341名侬军将士的尸体"筑为京观"，并将黄师宓等57名"南天国"的官员杀害，"枭其首城上"。其后，侬智高率余部与母亲阿侬、弟智光和子继宗、继封等退回特磨道，在特磨道"收残众得三千人，习骑战，复欲入寇"，又"募男子年十五以上者备宿卫"。[③]《宋史·广源传》也载："侬智高入大理国，其母阿侬入保特磨。"又载："智高母阿侬为计谋，智高攻陷城邑，多用其策，僭号皇太后，智高败走，阿侬入保特磨，依其父（夫）侬夏卿。"《宋会稿》载："熙宁二年二月，广南西路经略安抚司言：闻侬智高见在特磨道。"方国瑜先生说："侬智高失败后，为何走大理，或'见在特磨道？'其母又何能'入保特磨？'没有别的，就是与特磨有同族的关系，有

---

① 《宋史·蛮夷三》。

② 《宋史·蛮夷三》。

③ 《宋史·蛮夷三》。

亲戚的关系。"①

北宋朝廷为继续追杀侬智高及其所率义军，又于公元1055年派余靖、石鉴、杨元卿、杨文广等带兵入特磨道征讨。《宋史》载："至和初。余靖督部吏黄汾，发峒兵入特磨，掩袭之。"司马光《涑水纪闻》又载："智高以兵守三弦水（今驮娘江、西洋江与谷拉河汇流处），鉴几为所获，不得进而还。"其后，侬军又与宋军在西洋渡口、宝月三关和科岩（今广南坝美）等处激战。

侬智高退出科岩后，经今丘北县境的六郎洞小江口过南盘江，进入今弥勒境后转往开远、蒙自一带，然后再到和泥（今之元江，当时属大理国）。司马光《涑水纪闻》载："智高自将兵五百及六妻六子奔大理国。"正德《云南志》载："临安府阿迷州，古迹有杨广城。有三，一在州东南二里之通安桥，一在州之市平铺，一在州之石头寨。相传，宋皇祐初，侬智高奔窜，狄青使其将杨文广追之，屯兵于此"，"蒙自古城，在新安所西，有古碑，题曰'宋将杨文广驻师之所，盖狄青讨侬智高时也'"。《蒙自县志》载："皇祐五年，侬智高叛，命狄青讨之，智高自广南遁入大理，狄青遣杨文广率兵追之，道经蒙自，驻师新安所西十里。"

侬智高兵败入大理国之后，宋廷在广西各地勒石纪功，当地的侬氏族人，要么被诛灭九族，要么被迫改族换姓，要么被迫逃离故土。宋廷还将邕管广源州一带的大片侬氏领地让给交趾，任由交趾统治者奴役。由于邕州防备空虚，交趾大将申绍泰又于嘉祐五年（1060年）率军入侵左江地区，杀永平寨主李德用等，掳北宋指挥使杨保材及士卒，掠夺牛马无数，北宋王朝为了避免和交趾发生对抗，采取了容忍态度。北宋王朝的软弱和容忍，助长了交趾的扩张野心。熙宁八

---

①方国瑜主编：《云南史料丛刊》第一卷，昆明：云南大学出版社，1998年版，第240~241页。

年（1075年），交趾国王李乾德又派大将刘纪率兵入侵邕州边境；十月，又由其辅国太尉李常杰率10余万军队分水陆两路大举入侵广西。次年正月二十一日攻破邕州城，在城里屠杀了58000余人，守将苏缄战死，无数金银财宝被掠夺，还有七八万妇孺被掳走，嚣张至极的交趾军人在15岁以上男子的额头刺上"天子兵"三字，在20岁以上男子的额头刺上"投南朝"三字，妇女的左手上则被刺上"官客"二字，侮辱被其掳走的宋朝军民。其后，虽然在郭达的率领下，宋军败交趾兵于富良江，收复了广源、思琅、苏茂、门、凉五州，改广源州为顺州，但腐败无知的宋仁宗却声言"今顺州荒远，瘴疠之地，朝廷得之未为利，交趾失之未为害，岂可以自驱戍兵投之瘴土"，于元丰二年（1079年）十月十三日又废顺州，把广源等五州扔给交趾李朝。[①]《大越史记全书·李纪》引宋人的诗句"因贪交趾象，却失广源金"进行嘲讽。

与广西邕州僚人情况不同的是，由于云南东南部的僚人属大理国的管辖范围，虽然侬智高起义对北宋王朝的统治给予了沉重打击，但他率起义军西走元江后，北宋朝廷为缓解与大理国的关系，却没有进一步追究特磨道侬氏，而是采取招抚的政策，于皇祐五年（1053年）颁布了"赦广南令"，嘉祐七年（1062年）十二月，又由知桂州萧固招特磨侬夏卿、侬平（侬夏诚长子）、侬亮（侬夏诚次子）等内属。[②]熙宁二年（1069年），由于侬平"保明"古勿峒（今广西那坡县）首领侬智会、侬进安父子归附，宋廷又转其官为左监门卫将军[③]，并授其"忠武将军"的官衔，让其照旧领有其地。这些措施客观上起到了缓和阶级矛盾和民族矛盾的作用，对稳定社会秩序、恢复和发展生产也

---

① （宋）李焘：《续资治通鉴长编》卷三四九；《宋史·孙固传》。
② （清）徐松辑：《宋会要辑稿·蕃夷五》，北京：中华书局，1957年影印本。
③ （清）徐松辑：《宋会要辑稿·蕃夷五》，北京：中华书局，1957年影印本。

起到了一定的积极作用。

三、侬智高率部落籍元江与"最后的南天国"政权

《明史·云南土司传二》载："宋，侬智高之党窜居元江，和泥蛮又开罗盘甸居之。后为么些、徙蛮、阿僰诸部所据。"正德《云南志》卷一一也载，元江"古西南夷极边之境，旧名惠笼甸，又谓之因远部……宋时侬智高之党窜居于此"。康熙《元江府志》又载："元江，古西南荒裔，唐时蒙诏以属银生节度，封栖霞为南岳，建城甘庄，今遗址尚存，随徙白蛮苏、张、周、段十姓戌之，又开威远等处置威远赕，宋侬智高之党窜于此，宋仁宗（嘉祐）四年（1059年），那氏踞焉，改城礼社江上。"还载，"侬人，其种在元江，与广南同俗，是侬智高之党窜于此者，居无椅凳，席地而坐，脱履梯下而后登，甘犬嗜鼠，妇人衣短衣长裙，男子首裹青花帨，衣粗布如绨，长技在铳，盖得之交趾者，刀盾枪甲，寝处不离，日事战斗，方、杨、普、李四姓保伢，号称善战，不敢入境窥视，诸彝之中最强者"，"沙人，习俗多同侬人，慓劲过之，惟元江境内止在惠远、定南二里……强梁称胜，诸彝畏服"。广南方面的史料也述及此事，道光《广南府志》载："智高既败，其母阿侬入保特磨，依其夫侬夏卿，收残众得三千人，复欲入寇，安抚使余靖督部吏发硐兵入特磨道掩袭之，智高子身投蛮，至和泥，即今元江。"

经调查，侬智高及其部众是从今文山壮族苗族自治州的广南县入邻县丘北，过南盘江进入红河哈尼族彝族自治州的弥勒，再入蒙自经建水至元阳而后进入玉溪市元江县的。这一地区，大理初立时归通海节度管辖，后改秀山郡，明清时称临安府，府治在今建水。当时元阳、红河均未设县，这里或为临安府直属的9个土司领地，或为建水、

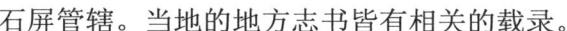

石屏管辖。当地的地方志书皆有相关的载录。

明弘治《蒙自县志》卷三载："侬人，侬智高之后，也作龙人，县初无此种，因纳更土司龙氏者兄弟相争，约侬人为助，后侬氏寝衰，侬人遂育种于蒙，其俗与沙人相似。"《万历实录》卷四七二也载："先是云南临安地方土官普崇正与侬人殿占地方。"又载："沙、侬二种，与思陀（红河县乐育乡）等九司错地而居，其人故侬智高之余孽，其地盖广陵（广陵，明代属临安府，今越南莱州地）之绝缴也。"清嘉庆《阿迷州志》载："侬人，亦作龙人，昔因纳更司（今元阳一带）龙氏兄弟相争，连约侬人为助，后遂育种于阿、蒙诸处，其俗与沙人相似。"嘉庆《临安府志》卷一八也载：纳更司"侬人……楼居，无椅凳，解履升梯，席地而坐"，又载"瓦渣（今红河县甲寅乡）计种人五：侬人，朴喇，罗罗，僰夷，窝尼"。

侬人和沙人是云南壮族的两大支系，也是侬智高的主要部众，两者的区别仅在于侬人操壮语南部方言，沙人操壮语北部方言。在越南，侬人被定为侬族，沙人则被定为岱族。

据元江彝族学者白仲和先生22年不断深入的调查研究可知：侬智高率部落籍元江后，又在当地建立了"最后的南天国"政权。他以《元江最后的南天国》《侬智高与元江的南天国》等为题，先后在"中国民族文化网""云南民族文化网"和元江《绿洲》2009年第2期、《元江傣族文化》（第一辑）等电子或纸质的刊物上发表了相关的论文。

其论文讲："侬智高在安德州所建立的'南天国'……没有因侬智高的兵败入大理而随之消亡。反而，侬智高奔大理国，落籍元江甘庄城时，他在安德州所建立的'南天国'也就随之'迁都'到了元江，因而，原大理国属地的元江境内就这样出现了一个'南天国'。"还说："元江山高箐深，森林茂密，河流众多，一年两熟。

从气候、地理、环境等方面，都适宜于壮族人的生活环境"，元江又是"大理国鞭长莫及的地方，统治势力相对薄弱，但物产丰富，是侬智高养精蓄锐、圆'皇帝'梦的极好场所……由此可以说明，侬智高建立的'南天国'，虽然没有在安德州稳固基业，却在元江得到了延续和发展"。

他又讲，"在傣族村寨搜集资料时了解到，自称为'勐傣'的傣族人都承认自己是侬智高的后裔"，"'那氏'是由'侬氏'改姓而成的"，"侬智高是个聪明人，他为了回避大理国、大宋朝廷以及交趾郡的军事干扰，便将'侬姓'改为'那姓'，用以精心经营他的'南天国'"。后来，"那氏"在澧社江（今元江）上建"罗盘城"，使"南天国"在元江得到了不断的巩固和发展。

当地的出土文物、建筑遗迹和史料均证明"南天国"在元江得到了巩固和发展。城内的"金子洞、银甸（今六车队陡坡处）、金银巷"和那整的"银矿山"等4处是"南天国"统治者注重冶金业的"文化积层"。城东南荒地上发现砖椁古冢内有金面具、金镯、金链、金香炉、银碗箸、石砚等物，《茂林杂记》指出"墓中人当系宋末时所葬"。土锅寨的陇丹喀山包上有很多宋代的黑釉、酱釉、绿釉、清金釉、月白釉、白釉黑花纹、刻画紫陶、刻画土陶等瓷片，说明"侬智高还可能将广州、广西一带烧制越窑青瓷的技术带到了元江，并在土锅寨烧制出了与越窑青瓷相媲美的瓷器"。"南天国"的遗迹有很多，除现在的元江县城外，还有古白塔（今者嘎新村北）、龙池山庄（在今青龙厂镇它克村旁，占地面积为56亩）、陶瓷窑址（在今老土锅寨村）、古砖窑（在今桥头村委会琳琅村下）、王灵宫殿（在今江东玉台山）等。

白仲和先生通过研究后认为："最后的南天国"政权在元江存在了73年，直到公元1279年，经赛典赤·赡思丁再三晓以大义后才归附了元朝,以其地为元江路,并管理罗盘、马龙、步日、思摩、罗丑、罗驼、步腾、步竭、台威、台阳、设栖、思陀等十二部。①

民族学家徐松石先生还说:侬智高率部入云南东南部后,"其中一部分则由文山、蒙自直赴十二朱汰。于是他们浩浩荡荡,沿南乌江和湄公河进入泰国北境,建立兰象和兰那两省,即僮语象场省(今万象)和田场省(今兰那)。他们与当地土人配合,威力日大,复进入湄南河上游,而建立速古台(素可泰)王朝。兰那王朝的建立,离宋仁宗皇祐年间平侬智高不过六十九年。而速古台王朝的建立,离皇祐平侬也不过大约二百年罢"②。

对侬智高起义及其建立的"南天国",中国和越南的历代史书都有记载,并有正反两方面全然不同的评论,有说侬智高是"反贼""叛徒"的,也有说他是"民族英雄"的,但不管怎样,他反对外来侵略和民族压迫的事迹,却一直在中国壮族及越南的侬族、岱族

图3-1 壮族民众为侬智高建庙祭祀

①元江哈尼族彝族傣族自治县傣族协会编:《元江傣族文化》(第一辑),昆明:云南民族出版社,2010年版,第85~95页。

②徐松石:《侬智高与泰国》,见徐松石《民族学研究著作五种》,广州:广东人民出版社,1993年版,第889~891页。

中广为传颂，当地民众还专门立庙来祭祀他（见图3-1）。

每年农历六月（或七月），云南壮族同胞都会祭祀侬智高，据说祭祀的时间是以侬军撤退经过该地区的时间而定的，广南、富宁一带多为六月份祭祀，砚山、文山、西畴、麻栗坡、马关等地则多在七月份祭祀。祭祀的形式大多是由村寨集体进行，祭时要宰牛、做红色的糯米饭，各户成年男性都必须参加。祭毕各户领取生肉、生血回家，在自家房外搭的祭台上再祭一次，随后再祭祖宗。据了解，越南的侬族和岱族也在高平等地对侬智高进行隆重祭祀，其祭祀活动已经成为当地民众盛大的节日。

第四节　南宋时期僚子部的社会变化情况

公元1126年底，金兵攻陷汴梁（今开封），次年三四月，宋徽宗赵佶、钦宗赵桓父子连同后妃、宗室、朝官等3000多人被金兵掳走，北宋覆灭。公元1127年五月，康王赵构在南京应天府（今河南商丘）宣布即位，改元建炎，是为高宗（1127～1162年在位），后迁都至临安（今浙江杭州），史称南宋。

宋廷南渡之后，试图偏安江南一隅，但金朝仍然不依不饶，不断发动战争，对其步步紧逼，南宋又于公元1041年签订"绍兴和议"，对金称臣，划淮河为界，岁贡银25万两、绢25万匹。三十年后（开禧三年），又签订"嘉定和议"，增岁币为30万两，犒师银300万两。[①]为争取较多的税收来解决岁币增加的沉重负担，南宋朝廷对江淮一带和岭南地区进行了积极的经营，时属邕州统辖的桂西和滇东南僚子部

①中国社会科学院历史研究所编：《简明中国历史读本》，北京：中国社会科学出版社，2012年版，第293页。

在得到进一步开发的同时，也加重了赋税和徭役，"虽曰羁縻，然皆耕作省地，岁输税米于官"，还要"以诸峒财力养官军，以民丁备召集驱使"。

一、朝廷加大对僚子部的开发力度

南宋开国皇帝宋高宗赵构，曾在北宋后期被派驻广西桂州（今桂林市境），对当地社会发展稳定及增强南部边防的重要性均有一定认识，因此，从南宋开始时，即重视对邕管的桂西和滇东南羁縻州峒的开发。据《宋史·食货上》载："大抵南渡后农田水利，富于中原，故水利大兴。"当时桂西及滇东南一带普遍种植水稻、麦子等农作物，有的地方水稻还一年两熟，不仅保障了民众的基本生活需要，而且还大大地充实了国库，解决了军队的粮食问题。据记载，邕州溪峒民众还饲养马匹，说其地有天马山，山上有马十余匹，"疾迅若飞，人不能迩"，熙宁间，七源州知州使人纵母马于此山，"后生驹骏甚"，这种以家马与野马配种培育良驹的技术，即被各地广泛学习运用。峒丁、土丁还善于制造和使用山弩、药箭，因为"溪峒弩箭，皆有药……是矢也，度必中而后发，苟中血缕必死。唯其土人自有解药"。官军闻而畏惧，"率皆奔溃"[1]。此外，蛮刀也是重要武器，左右江溪峒所出者又称"峒刀"，一鞘中藏二刃，一大一小，大刀可赠人，小刀不与人，盖"忽遇药箭，急以刀剟去其肉，乃不死，以故不以与人"[2]。又有"蛮甲胄"（盾牌），以皮所制。这些良驹、弩箭、峒刀、蛮甲胄等传统作战武器，对提高部队的战斗力都起到了极大作用。

---

① （宋）周去非：《岭外代答》卷六《蛮弩》《药箭》，知不足斋丛书本。

② （宋）周去非：《岭外代答》卷六《蛮刀》，知不足斋丛书本。

邕州还对一些金属矿藏进行大规模开采，《宋史·地理六》载：邕州上交朝廷的贡品就以银为主。而田州则产铁，值得特别一提的是，左右江溪峒制作的"峒刀"相当出名，与界外诸蛮"刀相类"[①]。男子以佩刀为饰，女子则以银饰为美，还说邕州溪峒"皆有金坑，其所产多于诸郡"，"今峒官之家，以大斛盛金镇宅，博赛之戏，一掷以金一杓为注，其豪侈如此"。[②]邕州右江溪峒还产"金缠砂"，8斤可产水银1斤，"砂发之年，中夜望之，隐然火光满山"[③]。当地的纺织业也很发达，左、右江溪峒蛮纺织的白缏，白质方纹，"似中都之线罗"，还有土布和点蜡幔等。此外，茶叶和药材的生产也很发达，据《宋史》卷三五《孝宗三》载：宋廷还于淳熙七年（1180年）"初置广南烟瘴诸州医官"，以解官民病痛疾苦。另据周去非《岭外代答》载：当时的商品贸易也很活跃，而最著名的当属马匹交易。据杨佐《云南买马记》载：南宋于绍兴三年（1133年）在广西横山寨（在今田东）设置买马提举司，通过特磨（今广南）、罗甸（今六盘水）、自杞（今兴义）等地向大理国买马。

二、宋与大理国都顾及不到的特磨道侬氏

首先，云南壮族先民聚居的滇东南地区，在侬智高败走元江后，宋廷虽然设置了福州、富州、峨州、罗佐州、侬内州、西宁州、安宁州、那寡州及罗拱县、那温县等羁縻州县，但由于宋朝政权一直受到辽、西夏和金等北方少数民族政权的攻击，战争连年不断，且多以失败告终，根本无力顾及这些羁縻州县，因而自从特磨道侬夏卿、侬平

---

① （宋）周去非：《岭外代答》卷六《蛮刀》，知不足斋丛书本。
② （宋）周去非：《岭外代答》卷六《金石门》，知不足斋丛书本。
③ （宋）周去非：《岭外代答》卷六《丹砂水银》，知不足斋丛书本。

归宋之后，这一地区仍然由侬氏管控。

其次，宋廷一直纠结在唐"天宝之祸起于南诏"上，而大理政权又与特磨道侬氏关系密切，就使得南宋政权对其戒心与日俱增，故两宋朝廷及其官员依然把特磨道等滇东南地区视为大理国的范围。余靖的《贺生擒侬智高母表》就明确说"于大理国特磨道生擒到蛮贼侬智高母"[1]；滕甫的《孙威敏征南录》则是把特磨道称为"特磨国"，并称其皇祐年间的首领侬夏诚为"国主"；周去非的《岭外代答》卷三《通道外夷》中也把特磨道写入"外夷"；吴儆的《邕州化外诸国土俗记》中又讲特磨道是"化外之国"；等等。方国瑜先生还讲："《宋会稿》说：'熙宁二年二月，广南西路经略安抚司言：闻侬智高见在特磨道。'侬智高失败后，为何走大理，或'见在特磨道？'其母又何能'入保特磨？'没有别的，就是与特磨有同族的关系。"[2]

此外，特磨道等滇东南地区属于亚热带区域，这里的气候使一直在温带地区生活惯了的宋朝官员及其军队很不适应，他们都说这里是烟瘴蛊毒之地，根本就不敢光顾，更不愿意停留。万历《云南通志》也讲："广南（宋时为特磨道），发于蒙自目则山，连冈叠嶂，不可胜纪。南出，过旧维摩州之五喬，东入府境。起花架、祛丕诸山，土富州治在焉。北出阿纪汛、红石岩，府脉之所经，木王、莲花诸山之间，则府治昌，板郎、速部，连峰际天；科岩马迹，层崖叠峙。西洋作池，宝月为关，一人守险，万夫坐废，侬智高所由窜伏也。"

大理政权对待特磨道等滇东南地区的情况也与宋廷略同，虽然开初曾经攻占了延众镇，继而又封特磨道首领侬夏诚、侬夏卿为"布

---

①司马光《涑水纪闻》说："广南西路转运司奏，所获非侬智高母、弟、子，蛮人妄执之，以于赏耳。"

②方国瑜：《云南地方史讲义》（中），云南广播电视大学，1983年内部发行，第233页。

爨"，并以其地隶属通海节度或最宁镇管辖，但后来却由于国内纷争不已，故对特磨道的事已经管不上了。其具体情况是：元丰三年（1080年），大臣杨义贞杀大理王段连义，自称"广安皇帝"。后四月，鄯善领主高升泰起兵灭了杨氏，复立段氏，但高氏亦趁此机会控制了大理政权，逼得段氏不得不在绍圣元年（1094年）让位给高升泰。高氏立为王，号"大中国"，由于其他领主不服，高氏又于绍圣三年（1096年）将王位还给段氏，改称"后理国"，不过高氏仍被封为"中国公"，世为大理国相，政权完全在其掌握之中。以后的大理国王大都避位为僧，如高宗十七年（1147年），段正严避位为僧，其子段正兴立。至孝宗乾道八年（1172年），段正兴又避位为僧，子段兴智立等。连年忙于内争的大理政权，对特磨道的事早已弃置不管了。民国《邱北县志》还说："邱于唐宋之间，土酋窃据，蒙段虽强，犹不能制。"

由于以上两方面的原因，故以侬氏为首领的特磨道等僚人聚居区域，便在相当长的一段时间里，仅在名誉上与南宋王朝和大理地方政权保持隶属关系，而实际上早就已经成了"两不管"的地带，以至于在双方的历史资料中，均没有何人在管控当地的载录，也无任何情况发生的信息，犹如无人之境。直到公元1253年，蒙古军攻灭大理国，并从云南向东包围南宋，严重威胁其安全，这才引起了南宋朝廷的极大关注。曾任静江府知府及广西经略安抚使兼广西转运使，后又兼节制广南的李曾伯在其《可斋杂稿》卷一七中写道："边防所急，间谍为先……数年以来，屡下邕、宜诸郡选差体探：邕州尝遣周超往罗殿，唐良臣、潘柱往自杞，宜州尝遣吴世聪等往特磨道，其去大理路程尚赊……直至谢济自大理回……始知敌与大理九和之战，公子和之死，此外俱无闻焉。"《宋史》卷四四《理宗纪》又有"宝祐四年（1256年）五月甲辰，罗氏鬼国遣报思、播言：大元兵屯大理国，取道西南，将大入边"的记载。当时，侬士贵是特磨道独一无二的主管官员，但他的头衔却说法不一，宋廷代理过兵部尚书的荆湖路安抚使并"兼节制广南、任责边防"①的李曾伯，在其《可斋杂稿续稿后》卷九《奏边事及调军马》一文说他是"特磨知道"或"知特磨道事"。《经世大典·招捕总录》中亦称他为"知特磨道事"，而《元史·阿里海牙传》则把他称之为"特磨王"，《元史·世祖本纪》又说他是"特磨道将军""宋福州团练使知特磨道事"。

三、侬仕贵投元与韦郎达"闹皇帝"

南宋末年，蒙古势力在北方崛起，在铁木真的领导下，迅速统一了蒙古各部，建立起了蒙古汗国，铁木真被尊为成吉思汗。其后蒙古又陆续攻灭西辽、西夏、金，并不断对南宋及大理用兵。公元1254年，蒙古总兵忽必烈率军绕道吐蕃地区进入云南，灭大理国，开始对整个云南地区进行直接统治。公元1271年，忽必烈定国号为元，称世祖，并在今北京建大都，但此时南宋王朝还没有灭亡。至元四年（宋度宗咸淳三年，1267年）八月，忽必烈挥师南下，与南宋展开决战，虽然南宋统治集团无心抵抗，但南宋军民却一直浴血奋战。至元十一年（1274年），元军直逼临安。至元十三年（1276年）二月，南宋恭帝投降。至元十六年（1279年）二月，元军在广东崖山歼灭南宋残部，宋帝投海，元朝才最终灭了南宋，实现了统一。

早在元设云南行省的后一年（1275年），特磨道的侬士贵便率那寡、阿吉、上林等三十七州县到昆明投元了。《元史·世祖本纪》载："溪峒诸蛮避阿里海牙之虐，特磨道土官侬士贵于至元十二年（1275年）二月，率知那寡州（今富宁县那瓜）农天成，阿吉州（今

---

① 《宋史·理宗本纪》《宋史·李曾伯传》。

富宁县那吉）农昌成，上林州（今广西西林县）农道贤及其他州县三十有七，户十万，越境纳款于云南行省请降，云南行省于特磨道所在地福州设广南西路宣抚司。"《元史·地理志》又载："广南西路宣抚司……旧领路城、上林、罗佐、安宁、富州。"①至元十四年（1277年）四月，侬士贵又说服原广南西路知安平州李维屏、知来安州岑从毅等以"所属州县溪峒百四十七、户二十五万六千归附云南"②。因辖区及人口进一步扩大，广南西路宣抚司即于五月升格为宣慰司（从三品），但此事招致湖广行省阿里海牙和广西节度使史格等官员的不满，他们极力"争之"③。其后，经元世祖忽必烈亲自裁决，云南行省把安平州、来安州又归还湖广行省，路城、上林、罗佐三州隶属于来安州，广南西路宣慰司又改为宣抚司，其辖区的范围也只有福州（今广南县全境及砚山县部分地区）和所领的安宁（今富宁县睦伦一带）、富州（今富宁县城）。

侬士贵等投元时，南宋朝廷尚未灭亡，特磨道内部的反宋派和保宋派之间的斗争十分激烈，一部分对侬士贵弃宋投元不满的地方首领，仍然不断起兵反侬士贵，如特磨道维磨州（今属砚山县）的首领者哦造反；今属富宁的沈法昔和韦郎达也多次攻打侬氏，直至公元1279年南宋灭亡，反对侬士贵投元的战事才告平息。《经世大典·招捕总录》载："初，广南西道宣慰使兼知特磨道事农士富上言……花角蛮围士富所居（今广南阿用），杀掠、夺虎符，执其子信以去。又攻其峨州岸隘（今富宁县剥隘）百姓"；既而"梦祥结盱殿州岑聪引归仁州、归洛州、上隆州、利州军四千人，烧劫罗佐州官农郎受生所

---

①路城州：今广西壮族自治区田林县一带；罗佐州：今富宁县境归朝一带；安宁州：今富宁县境西南部里达、睦伦一带；富州：也称土富州，今富宁县，治所在普厅。

②《元史·世祖纪》。

③《元史·史天泽传附史格传》。

辖那闷村及那寡州（今富宁那瓜）南村、鲁谷村，付州那罗村，又夺其那环（今富宁县那能乡那核村）……射布（今富宁县剥隘镇索乌村）……等十村"。

约在至元二十四年（1287年），侬士贵弟侬士富替袭广南西路宣抚使。当时广南仍然经常发生战争。《经世大典·招捕总录》说：先是特磨道维摩州的首领者哦造反，侬士富率3000多名土丁随云南右丞爱鲁"以蒙古军一千，师宗、弥勒寸白军一千……征维摩蛮者哦，灭铁赤必匝，寻出降"；其后花角蛮韦郎达又造反，"至元二十七年（1290年），阿叔（术）招之不服，迎敌，官军失利，以此狂纵，僭称大号"。即自称"皇帝"。"以妹夫郎满为平章，其余有万户等官"，"赍冠服铜印青锅……妄窃位号"，"鼠穴正衙"，又在各村安排其亲信头目，计有万户。《经世大典·招捕总录》还说：韦郎达为抬高自己的身价，谎称是汉淮阴侯韩信的后代："刘六十、蔡五九、黄圣许、李万顷、杨镇龙作，客匿淮阴三岁儿，见萧相圁（何），萧曰：中国不可居，惟急逃粤耳，乃遣客致儿于赵陀，陀遂养为己子，赐姓韦，存韩之半耳。今族繁，世官于广南，闻所藏赞侯（萧何）书，尉陀（赵陀）诏，俱勒之钟鼎。"

《经世大典·招捕总录》亦载，"至元……三十年（1293年）……又参省阿叔（术）招捕花角蛮，蛮恃险率众拒敌，杀令史一人，裨将十五人"；元成宗大德元年（1297年），云南参政忽速刺又带大军攻花角蛮；"十二月七日，过昔阳江，经社箐，九日，至花角蛮木苇寨，破之。十二日，攻真正寨第一门，贼败，夺门，盖其寨十二重也。十四日，分九道进攻，自辰鏖战，节次攻破其门，日暮入寨，贼败走，蛮酋韦郎达不知所在……寻又破其卒（今洞波乡腊布村）、磨峨（今洞波乡那莫村）、获架（今花甲乡）、哥雅（今花甲乡那耶村、本箐（今花甲乡本垢树）等寨，招出韦郎达妇、翁，继

村（今剥隘甲村）火头普及，把事希古、竹干，哥雅寨火头郎满及其弟郎状。郎满，韦郎达之婿也，称韦郎达就阵中伤败走，不知存亡。又攻撒都寨（今广南八宝镇砂斗村），其火头郎图、希古郎甚出降，及罗共寨（今广南杨柳井乡罗共村）火头统干、希古都鸡、韦郎达弟韦郎动，子韦郎应，把事希古、通干、知干，不弄寨（今富宁县睦伦乡）火头勤皆出降，移军攻安宁州（富宁县里达之旧寨），沈法昔降，移攻（黄）梦祥，败之，（梦祥）弃寨走"；"蛮酋韦郎达遁走"；元英宗"延佑七年（1320年）七月，花角蛮韦郎达又纠集五十三村山僚，起兵万余，劫阿用村，呼其人曰，尔即来降，我即退兵，尔之皇帝甚远，我已作帝甚近，若不降，我必破尔寨，火头农郎胜降贼，行省遣官招谕"。据《经世大典·招捕总录》载，当时韦郎达还联合广西的部分土州，起兵4000人攻占罗佐州和富州东部，其势力已西至西洋、东至剥隘、北至那吉、南至谷拉。

据《广南县文史资料》介绍，阿用古城"坐落在阿用后街约300米的山坡上，地势险要，这里历为阿用兵防屏障，城依山势而筑，墙为土夯，原城墙约500余米长，现仅存230多米，高仅2米，宽2.3米……依其'夯土为城'"。

韦郎达闹皇帝的事，最后被元廷以"文柔武竞，互出兼施"进行招捕的方式平息了。广南西路宣抚司，历经磨难，至公元1330年依郎恐以军功授宣抚职后，才最后稳定下来。

第五节　唐宋时期僚子部的经济发展

唐宋时期，我国的农业、手工业、商业等都取得突出的成就。人们在生产实践中形成一套以种植水稻为主的先进耕作制度，从而使水稻的总产量超过粟、麦，跃居首位；纺织、矿冶等传统手工业的生产技术、产品质量和生产规模等方面，均较前代有显著发展；交通运输、商业贸易亦随着"丝绸之路"的拓展而发展繁荣。在此时期，僚子部因铁矿冶炼业的发展及铁制工具的推广，自然资源得以进一步开发，生产力也进一步提高，从而使当地社会经济呈现快速发展的势头。

一、铁制工具的推广促进了农业的发展

东晋常璩的《华阳国志》载："贲古县，山出银、铅、铜、铁。"到了唐宋时期，当地的铁矿冶炼业已经有了长足进步，人们以圆形直立炉体装上铁矿、石灰石和木炭及用人力鼓风助燃提温，使铁矿与炭在高温条件下发生还原反应的办法冶铁，再将生铁反复锻打成熟铁和钢，最后加工为各种铁制工具。[1]铁铸犁铧和牛耕以及铁锄、铁刀、铁斧、铁镰等生产工具的广泛使用，"使更大面积的农田耕作、开垦广阔森林成为可能"[2]，还使大力兴修坝塘和沟渠等水利工程进展速度加快，也使制作转轮水车自动提水、加工竹木笕槽引水灌溉山间稻田等农作生产更加方便。

考古研究表明，水力推动的翻筒水车始见于唐代，与其配合使用的还有人力转动的龙骨水车。水车可把低处的河水提到高处的稻田，这对于在云贵高原山间河谷和盆地中生息繁衍的稻作民族来讲，无疑是巨大的进步。它提高了水资源的利用率，扩大了耕地面积，从而促进了僚子部农业的全面发展。水车，壮语叫作"摁关"，其中又分天

---

[1]覃尚文、陈国清主编：《壮族科学技术史》，南宁：广西科学技术出版社，2003年版，第199、245、246页。

[2]马克思、恩格斯著，中共中央马克思恩格斯列宁斯大林著作编译局译：《马克思恩格斯选集》第四卷，北京：人民出版社，1972年版，第159页。

车和龙骨水车两种。天车较大，圆形，状如摩天轮，直径一般在4～5米，也有高达10多米的，多用竹木制成，轮上装置有让流水冲动旋转的叶片，还有可以盛水的竹筒，当天车被流水冲动旋转后，竹筒即随之从低处的河沟中盛水转到高处倒入涧槽内，再由涧槽引入农田之中（见图3-2）。龙骨水车较小，长槽形，因车水的叶片状如龙骨，故名。龙骨水车又有脚踏和手摇的两种，使用起来比较费力，多为应急之用。

图3-2 稻作民族所使用的水车

由于牛耕及铁制工具在僚子部的广泛使用，使犁耙田地能够做到精耕细作，用铁制的尖叶形锄、条锄、钣锄、水锄开沟播种及中耕薅锄也更加方便，且经久耐用。樊绰的《蛮书》载："开南以南养象，大于水牛，一家数头养之，代牛耕也。"又载："象大于水牛，土俗养象以耕田，仍烧其粪。"前已述及袁康著的《越绝书》中就有"象耕鸟田，民食其利"的记载，而广南的文庙中又有"象耕"石刻，说明壮族先民确实使用过象耕。史籍对"鸟田"的解释则是"春拨草根，秋咏其秼"，这或许是早期壮族先民让大雁和野鸭在稻田中吃害虫、除杂草和松土肥田以使水稻增产的一种传统耕作方式，后来人们将大雁和野鸭驯化成了家养的鹅、鸭，并有目的地将它们放养在稻田里，让其吃田里的杂草、小鱼、小虾和秧苗中的各种害虫，鹅、鸭拉下的粪便还可以肥田，使水稻丰产。长大后的鹅、鸭及其生下的蛋，又成了农户一项可观的收入。

在云南壮族传统的稻作生产中，收割和加工稻谷的工具主要是镰刀、打谷船（槽）、背箩、挑箩、箪、砻子和水碓等，这些工具为各家各户所必备。壮族使用的铁制镰刀带齿，故称"锯齿镰"或"锯镰"，壮语叫作"玛很"。常见的锯镰又有两种：一种为曲背、弧刃装木柄的；另一种是不装木柄的穿孔爪镰，与滇东南新石器时代的蚌刀、穿孔石刀及青铜时代的锯齿镰和穿孔爪镰相似或相同，这应该都是当地古老生产工具的一种升级版。

打谷船，壮语叫作"摁泐"，是一种船形的打谷槽，以宽大而又较轻的木板加工制作而成，也有制作成方形的，俗称"掼盆"，为云南壮族在梯田及河坝中收割水稻并就地脱粒的生产工具。打谷船或"掼盆"还被僚人用作欢庆稻谷丰收时跳春堂舞的伴奏"乐器"，唐代刘恂《岭表录异》载："广南有春堂，以浑木剼为槽，一槽两边约十杵，男女间立，以舂稻粮，敲磕槽弦，皆有编拍，槽声若鼓，闻于

数里，虽思妇女之巧弄秋砧，不能比其浏亮也。"

　　铁制工具除了使水稻生产得到巨大的发展之外，旱稻、粟米、薯类、荞麦、芋头等杂粮及甘蔗、蚕桑、棉花、油茶等经济作物的种植面积也都随之扩大，并获得丰产。前一章已述及甘蔗、蚕桑、棉花等经济作物在汉晋时期就有种植，而油茶则是自唐代才由人工遍植于僚子部的，甘蔗用于榨糖，蚕桑用于养蚕抽丝，棉花用于纺纱织布，油茶用于榨油，这些经济作物的生产及各种农副产品的加工亦都有长足进步。

二、有色金属矿冶及纺织业的生产均有所提高

　　云南是著名的"有色金属"王国，盛产铜、锡、铅、锌和各种稀有金属。汉晋时期，句町王国就以青铜冶炼和生产大量精美的铜鼓及鎏金铜器而闻名于世，到隋唐两宋时期，其开采规模和矿冶技术较之以往又有新的突破。《隋书·地理志》载："自岭以南二十郡……诸蛮皆然，并铸铜为大鼓。初成，悬于庭中，置酒以招同类。"《新唐书·南蛮传》也载：当地夷僚"众处山，巢居，汲流以饮。无赋税，刻木为契。见贵人执鞭而拜。尝有功者以牛马铜鼓，'会聚，击铜鼓，吹角'"。《唐六典·武库令》还说"凡军鼓之制有三：一曰铜鼓，二曰战鼓，三曰饶鼓"，并注云"铜鼓盖南中所置"。《桂海虞衡志》亦讲："铜鼓为僚蛮所铸。"《宋史·蛮夷列传》则说：北宋乾德四年（966年），"南州进铜鼓内附"。《续资治通鉴长编》又说："家有铜鼓，子孙秘传，号为右族。"

　　除生产传统的铜鼓（见图3-3）、铜鼎等重器、礼器外，溪峒僚人还生产铜灯、铜釜、铜壶、铜钵、铜洗、铜盘、铜杯、铜镜和各种生活用具，并生产一种随身佩戴的"峒刀"。据《岭外代答·蛮刀》

图3-3　溪峒僚人生产的铜鼓

讲，溪峒僚人制作的峒刀与大理著名的蛮刀"相类"，男子以佩刀为饰，宁以大刀赠人，其小刀则不与人，女子则以佩银饰为美。《岭外代答·金石门》还说：邕管羁縻州峒"皆有金坑，其所产多于诸郡"，"今峒官之家，以大斛盛金镇宅，博赛之戏，一掷以金一杓为注，其豪侈如此"。该书又讲：右江溪峒产"金缠砂"，8斤可产水银1斤，"砂发之年，中夜望之，隐然火光满山"，可见其规模之大、产量之多，已非昔日可比。《文献通考》亦载："土产生金、银、铜、铅、绿丹砂、翠羽、洞淡、练布、茴香、草果诸药，各逐其利不困乏。"

唐宋时期，也是僚人纺织、印染、刺绣等手工业发展最快的时期，其原料主要是棉花、木棉、苎麻、葛麻、蚕丝、蓝靛及各色染料，其加工机械主要是木制的竖织机，由经轴、分经杆、布轴、梭子、幅撑、打纬刀等部件组成。这种织布机有两踩的、四踩的和六踩的。织者织布时，经线用分经棒分成底经和面经两底后，再用一提综将底经的每一根线系于综杆上的线环中，经过提综、投纬、打纬等连续不断的动作，即可织出与经线宽度相应的布匹。布匹织成后，还要用石头打磨布面，使其光滑。据说这套技艺是南宋时流落到广南西路的黄道婆从海南黎族同胞那里学来的，僚人学会之后对其纺织业发

展促进很大。其棉、麻、丝织品主要是越叠、白叠、白绫、僚布、土布、斑布、葛布、練子布、壮锦和点蜡幔等。

練子布，用苎麻精制而成，1匹布长13米以上，仅重2两（宋代1两约为37.8克），是全国闻名的精品布，誉为丝不可及，但其价格极贵，上品練子布每匹要价10余缗（宋1缗＝1000文铜钱）。

现今壮族的蓝靛印染工艺，也是在唐宋时期兴盛起来的。宋人朱辅在《溪蛮丛笑》中载："模取（铜）鼓文，以腊刻板印制，入靛缸渍染，名点蜡幔。"用线缝紧棉布或丝织品放入靛缸浸染的方法则叫"扎染纹颉"，俗称"撮花"。《一切经音义》讲："以丝缚缯，染之，解丝成文曰颉也。"绞颉可以为单色的，也可以是套染成多彩纹样的，染色后阴干，将线拆掉即可。单色印染的花布和缯帛，朴实淡雅、美观大方，而套色印染的花布和缯帛，则晕渲烂漫、变幻迷离，二者都非常实用，因此深受民众喜爱。

唐宋时代，云南壮族先民的榨糖、榨油、制漆、陶瓷、造纸等手工业，以及金银首饰的生产和竹、木、角、骨、皮具的加工业，也都发展到了相当水平。

三、特磨古道与邕江水道的拓展

随着铁器工具的推广及农业、手工业的迅速发展，僚人的商贸、交通在唐宋时期也在向纵深地区拓展，突出地表现在特磨古道相互联通，并与邕江水道衔接，陆上的马帮驮运与水上的船舶航运连为一体，极大地促进了滇桂地区经济文化的交流。

据《岭外代答》卷三"通道外夷"条载："中国通道南蛮必由邕州横山寨（今广西田东）……若欲至特磨道亦自横山，一程（至）上安县，一程至安德州，一程至罗博州，一程至阳县，一程至隘岸（即今剥隘），一程至那郎，一程（至）西宁州，一程至特磨道矣。自特磨一程至结也蛮，一程至大理界虚，一程至最宁府（即今华宁），六程而至大理国矣，凡二十程。"特磨道即云南东南部的广南。另据云南地方志书记载，广南又有联通昆明（唐称昆州、南诏称拓东；宋、大理称善阐）、开化（今文山）、临安（今建水）等地通道。其中，广南联通昆明的道路为广南"四十里至木帖、五十五里至者兔、五十里至者钟、五十里至马别河、六十里至法白、五十里至弥勒湾、六十里至树皮、九十里至大百户、五十里至腻革龙、五十里至小江口、五十里至二台坡、五十里至竹园、七十里至弥勒、六十里至大麦地、七十里至路南（今石林）、六十里至宜良、六十里至呈贡县属七甸、七十里至昆明。通计一千五百里"；广南联通文山的道路为广南"五十里至安排、七十里至阿记得、六十里至阿鸡、七十里至江那（今砚山）、七十里至开化城（今文山市）。通计共三百二十里"；开化（今文山）联通临安（今建水）的道路为"由开化五十里至侬人河，五十里至乐竜，八十里至鸣旧，七十里至蒙自，八十五里至攀枝花，八十里至临安。通计共四百一十五里"。① 《岭外代答》还讲：自邕州横山寨"又三程至自杞国（即今贵州兴义），四程至石城（今曲靖），三程至大理国之境，名曰善阐府（今昆明），六程大理国矣"。

滇桂接合部地区的僚人自古养马，早在汉晋时期的句町国就用马来组建骑兵部队及作为交通运输工具。到唐宋时期又有新的发展，传说当地的天马山上有野马十余匹，"疾迅若飞，人不能迮"，宋神宗熙宁年间，便有人纵母马与野马交配培育出良驹。

邕江水道亦称右江水道，可从广南的板蚌、富宁的剥隘直达邕

---

① （清）李熙龄著，杨磊等点校：《广南府志点校》，兰州：兰州大学出版社，2004年版，第102～103页；（清）汤大宾、周炳纂，娄自昌、李君明点注：《开化府志点注》，兰州：兰州大学出版社，2004年版，第47～48页。

州（今南宁）。据《滇史》载："唐僖宗广明元年（庚子），辛谠遣幕府徐云虔摄使者往觇南诏。自邕管涉川陆，四十七程，方到善阐府。"说明右江水道连接特磨古道直达善阐的水陆通道，曾经在唐廷与南诏修好关系上，发挥过十分重要的作用；而从广南板蚌、富宁剥隘经邕州再到番禺的水路，则一直是输送海盐、瓷器和丝绸等物资入滇及将云南的金、银、铜、锡和名特产品运往内地的主要通道。板蚌和剥隘则成了马帮与船队的集散地及水陆交通的交会点，特别是唐贞观年间和宋廷南渡以后，几次对添州（今广西百色）至特磨道段水流落差较大的河道进行疏浚和清理，使滇桂黔三边的走廊更加畅通，人员往来与物资交流亦更加便利，板蚌和剥隘也因此商贾云集，成了云南与两粤之间的商贸重镇。

邕江水道和特磨古道还是南方丝绸之路的重要一段。据《新唐书》载：从特磨（今广南）、教化（今文山）、临安（今建水）等地到昆明，随后便可由"拓东城（今昆明），八十里至安宁故城。又四百八十里至云南城（今祥云），又八十里至白崖城（今弥渡），又七十里至蒙舍城（今巍山），又八十里至龙尾城（今下关），又十里至太和城，又二十里至羊苴咩城（今大理）"；"自羊苴咩城西至永昌故郡三百里。又西渡怒江至诸葛亮城二百里。又南至乐城二百里。又如（入）骠国境，经万公等八部落，至悉利城七百里。又经突旻城至骠国千里。又自骠国西渡黑山至东天竺迦摩波国千六百里。又西北渡迦罗都河至奔那伐檀那国六百里。又西南至中天竺国东境恒河南岸羯朱嗢罗国四百里。又西至摩羯陀国六百里。一路自诸葛亮城西去腾充城二百里，又西至弥城百里。又西过山二百里至丽水城。乃西渡丽水、龙泉水二百里至安西城。乃西渡弥诺江水千里至大秦婆罗门国。又西渡大岭三百里至东天竺北界固没卢国。又西南千二百里至中天竺

国东北境至奔那伐檀那国，与骠国往婆罗门路合"①。

四、蛮马交易对僚子部经济发展的促进

两宋时期，特别是南宋时期，由于一直遭受辽、西夏和金等北方少数民族军队的攻击，战争连年不断。而西北诸族又相约不与宋廷进行马匹贸易，以至"番马绝迹不来"，宋军因为失去战马的来源而使战斗力受到严重影响。为解决这一棘手问题，南宋朝廷在邕州专门设置提举买马司，通过僚子部与大理国进行"蛮马交易"，与此同时，双方的商人也随之开展丝绸、茶叶、药材、兽皮乃至诗书典籍及名贵土特产等方面的贸易。这一市场的繁荣，促进了僚子部经济的发展。

据周去非《岭外代答》卷五"经略司买马"条载："自元丰间广西帅司已置干办公事一员于邕州，专切提举左右江峒丁，同措置买马。绍兴三年，置提举买马司于邕。六年令帅臣兼领。今邕州守臣提点买马经干一员，置廨司于邕者不废也。实掌买马之财，其下则左右江二提举。东提举掌等量蛮马兼收买马印；西提举掌入蛮界招马。有同巡检一员亦驻札横山寨，候安抚上边则率甲兵先往境上警护，诸蕃入界，有知寨主簿，都监三员同主管买马钱物。产马之国曰大理、自杞、特磨、罗殿、毗那、罗孔、谢蕃、膝番等。每冬以马叩边，买马司先招马官赍锦缯赐。马将入境，西提举出境招之，同巡检率甲士往境上护之，既入境，自泗城州行六日至横山寨。邕守与经于盛备以往，与之互市，蛮幕谯门而坐，不与蛮接也。东提举乃与蛮首坐于庭上，群蛮与吾六校博易，等于庭下。朝廷岁拔本路上供钱、经制钱、盐钞钱及廉州石康盐，成都府锦、副经略司为市马之费。经司以诸色钱买银及回易他州金锦绵帛，尽往博易。以马之高下视银之重轻，

①《新唐书·地理志》。

盐、绵、䌷、缯以银定价。岁额一千五百匹，分为三十纲，赴行在所。绍兴二十七年，令马纲分往江上请军，后乞添纲令元额之外，凡添买三十一纲，盖买三千五百匹矣。此外又择其权奇以入内厩，不下十纲，马政之要，大略见此。"

杨佐《云南买马记》、李焘《续资治通鉴长编》也讲：南宋于绍兴三年（1133年）在广西横山寨（在今田东）设置买马提举司，通过特磨（今广南）、罗甸（今六盘水）、自杞（今兴义）等地向大理国买马，从而使邕州管辖下的横山寨等博易场成为规模最大的马市。仅横山寨每年交易的马匹就达1500匹之多，且生意十分兴隆。方国瑜先生在其《南宋邕州与大理交通》一文中又说："见于记录广西买马，自建炎以后，至淳熙五十年间为最盛，每年以千五百匹为定额，每匹价银三四十两至六七十两，交易额约七万两为常，所见拨定二十万贯及锦盐斤。大理国人以马来，当易贸而归，两地贸易之盛，可想而知。而当时罗殿、自杞、特磨诸部市大理马转卖于广西，则大理与邻近诸部之往还亦当密切，大理与东南各地经济关系可想而知也。"[1]其实，所市马匹，大都超过其数额，最多时曾突破三千匹。

以市马为主，随马而至的货物亦不少。周去非《岭外代答》卷五载："蛮马之来，他货亦至。蛮之所赍麝香、胡羊、长鸣鸡、披毡、云南刀及诸药物。草商所赍锦缯豹皮文书及诸奇巧之物。于是译者平价交市，招马，乃私置场于家，尽揽蛮市而轻其征，其入官场者，什馈终一二耳。隆兴甲申胜席乔子昭为邕守，有智数，多遣逻卒于私路口，邀裁商人，越州轻其税而留其货，为之品定诸货之价，列贾区于官场，至开场之日，群商请货于官，依定所定价与蛮为市，不准减价先售，悉驱译者导蛮咨买。遇夜则次日再市。其有不售，许执复监官

---

①方国瑜：《云南地方史讲义》（中），云南广播电视大学，1983年内部发行，第216页。

减价博易，请商之事既毕，官仍抽解并收税钱。赏信罚必，官吏不敢乞取，商亦无他糜费，且无冒禁之险。时邕州宽裕，而人皆便之。"以上载录说明：横山寨的博易场，虽然官府管束很严，但私下大量货物的贸易交换却无法禁止。而在上述贸易活动中，特磨和自杞均起着特别重要的作用。故周去非《岭外代答》讲："所以谓大理欲以马至中国而北阻自杞，南阻特磨者，其道里固相若也。"

范成大《桂海虞衡志》还讲："乾道冬，忽有大理人李观音得、董六斤黑、张船若师等率以三字为名，凡二十三人至横山议市马，一文书字画略有法。大略所须《文选》《五臣注》《五经广注》《春秋后语》《三史加注》《都大本草广注》《五藏论》《大般若》《十六会序》及《初学记》《张孟押韵切韵玉篇》《集圣历》《百家书》之类。"[1]《宋史》亦载："乾道九年，大理人李观音得等二十二人至横山寨求市马，知邕州姚恪盛陈金帛夸示之，其人大喜，出一文万，称'利贞二年十二月'，约来年以马来，所求《文选》《国语》《三史》《初学记》及医、释等书，恪厚遗遣之，而不敢上闻也。"[2]说明在滇桂接合部地区，不仅经济贸易非常繁荣，而且文化交流也十分频繁，中原优秀的文化典籍依然是僚人企求购买和学习的主要读物。

另据《宋会要辑稿》载：绍兴六年（1136年）五月二十三日，提举广南西路买马司言："富州俫内州俫郎宏报：大理国有马一千匹，象三头，见在俫内州，欲进发前来。"说明富州亦有马匹交易。

南宋与云南的蛮马交易，即使到了蒙古军占领大理后，也还没有中断。李曾伯《可斋续稿后》卷五《贴黄》载："横山买马，自连年朝廷指挥位买，诸蛮不无解望，近前帅申请言路建明皆欲再行措置，

---

①方国瑜：《云南地方史讲义》（中），云南广播电视大学，1983年内部发行，217～218页。

②《宋史·兵志十二·马政》。

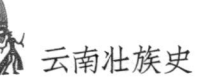
但敌在大理，至则醯去边不远，不得弗防，却是徐敏子之议谓朝廷只当守位买马之约，经司与邕州却当用通融之术，用活法以处。其说盖欲自随宜为之，遇到则买也，当买马在三月，今已过时，然访闻诸蛮，亦间有马匹到横山者，边将、商旅私自贸易，略无禁止，切谓买马路通，非但可以稍慰蛮人之心，亦可因以觇敌在蛮中之动息。今欲于横山禁私易，有马到则以官买，以盐、锦、银转易，与不用招买官及文榜之类，亦不用朝廷买马银两。"其说约为公元1257年。后卷又说："圣旨召宣谕大理今岁旱荒……敌出都泥江，非此大理之远，诸蛮怨敌，必望王师，俾令结约，以为制胜之本等事……未至横山而敌已犯田州城，由特磨以来，所经溪峒不一，如入无人之境，而卒无一能御者也……恐是连年因往买马，有失蛮心而然，远邕州备蛮人之情可知矣。今敌自前月十三日入寇田州，整整一月，虽未深入，亦未退去。前此所传旱荒，止是本司探边人吴以忠一所云，而近观硬忒勒所供，敌中无有米有肉，难尽信也。"

综上所述，我们不难看出两宋时期特别是南宋时期，蛮马交易及云南与内地发达的贸易往来，的确是僚子部生产力得到很大提高的重要因素。

第六节　唐宋时期僚子部的文化、科学与宗教

唐宋时期，云南僚人处于较为特殊的历史发展阶段，与广西僚人一直处在中央王朝统治之下不同的是，他们长时间处在中央王朝鞭长莫及的环境里。先是在南诏政权统治之下，后又处于大理政权统治之下，但南诏和大理政权都是利用僚人首领对该地区进行间接统治，特别是宋朝将其作为"化外之地"、大理政权又自顾不暇之际，滇东南

僚子部便长期处于完全自主发展或相对独立的境地，其积淀下来的传统思想文化、科学技术与生活习俗，乃至宗教信仰等方面都保持得十分完整，这与汉化程度较深的广西各僚子部不尽相同，其突出地表现在图纹符号与方块壮字兼蓄并茂、壮医壮药知识迅速提高与发展，以及儒道佛融入摩与鸡卜信仰体系之中等诸多方面。

一、图纹符号与方块壮字兼蓄并茂

本书第一、二章中我们已经介绍过壮族先民用图纹符号刻录在牛肋骨、扁担、竹筒、刀壳等生产生活用具上或描画在白色土布上来记录民歌的情况，此种图纹符号被我国著名的语言学家周有光先生称之为"文字之芽"。据《隋书》《新唐书》《宋史》等古籍记载，当时的壮族先民依然"刻木以为符契"或"刻木为契"，直到清代，谢钟龄、朱秀纂写的《横州志书》及王锡甫编纂的《小方壶斋舆地丛钞》，仍有壮族用图纹符号在扁担上"镌歌数首"的载录。《横州志书》讲：当地"少男少女皆舞采巾，歌以择配，歌意所合者，男遣女扁担一条，镌歌数首，间以金綵花卉而以漆，女赠男以绣囊锦带诸物悉手制者，约为夫妇……女至夫家，其夫击女背者三，女即用夫所赠扁担汲水，担置瓮中，旋回母家，岁一往夫家助耕，作阅数载，始归夫偕老焉"。《小方壶斋舆地丛钞》亦载："女及笄，于春时三五为伴于山椒水湄歌唱为乐，少男群歌和之竟日，视女歌意所答，而一人留，彼此相赠，遗男遣女以扁担一条，镌歌数字，仅如绳，闻以金彩，作鸟卉于上，沐以漆，使不落，盖妇人女子力作，所必须也。女赠郎以绣囊、锦带诸物女所自制者，约为夫妇，各告父母，乃债媒以槟榔定之。婚之日迎亲，送女终绎于道，歌声振林木，女至夫家，合卺丈夫，用拳击女背者三，女乃用所赠扁担即汲水，至瓮中，旋回母

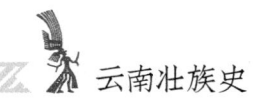

家……归与夫偕老焉。"①

以上情况说明，从唐宋直到清代，壮族先民们都还在以图符来载录和传承民歌。不过，这种实物仅见于滇东南。从广南八宝镇里乍村和富宁剥隘镇坡芽村发现的1000多个图纹符号来看，每一个图符标明的皆为一首民歌，当地歌手均能辨认图符的含义，吟诵出其歌词，并能用数种曲调进行演唱，可谓是当地独有的音像杰作。其部分图符及其含义如下：

：表示天体星月；　：表示山和森林；　：表示花的来源；　：表示鱼聚的潭；　：表示十二月的花；　：表示干栏式民居；　：表示剪刀剪布；　：表示一对竹篮；　：表示人在桥头；　：表示蜻蜓站伞；　：表示一条河；　：表示冲浪鱼；　：表示过路人；　：表示泡谷种；　：表示锯齿镰；　：表示鸡啄菜；　：表示酒甄；　：表示太阳；　：表示见泉；　：表示池塘；　：表示挖山；　：表示打桩；　：表示看花；　：表示神仙；　：表示摩公；等等。

上列第一个图符载录的歌词为："上天生上天，白天生太阳，晚上有月光，星月照大地，四处都明亮。大地有人烟，神仙是始祖。女人在各村，男人在各寨。男女相欢聚，生儿又育女，人烟代代传。"

第二个图符载录的歌词为："咱到坡赞坡，咱到岗赞岗。赞整坡森林，赞垭口木棉，赞河岸大树。山脚满榉木，山梁是松树。山岗树茂密，整坡花鲜艳。满山长锥栗，八宝尽歌声。"

第三个图符载录的歌词为："从何时兴来？从哪代开始？自古到如今，从神仙开始。青年爱相恋，皓首喜端杯。年龄如竿长，青春似筷短。竿断还可换，筷断可再削，人生难重逢。趁花椒叶绿，趁芦苇芽嫩，欢爱趁青春。莫到老来时，叹息也枉然。"

①覃兆福、陈慕贞编：《壮族历代史料荟萃》，南宁：广西民族出版社，1986年版，第96～97页。

第四个图符载录的歌词为："河是鱼的家，潭是鱼的窝。泉是白鱼泉，妹是名歌手。妹寨歌手多，唱得鱼害羞，唱得鱼跳舞，唱得哥无计。"

从图符载录的歌词看，这些民歌大多数都由五言律诗组成，讲求押韵对仗，韵律十分严密，尤以首尾韵、尾腰韵和尾韵最具特色。诗歌中还大量采用赋、比、兴的手法，具有高超的文学造诣。如"情歌"中女方唱的"钟情歌"说："因为太想哥，指尖淤紫血，血指擦柱脚，不敢告双亲，爹妈疑闯鬼，父母怕中邪，拿头帕卜卦，依然无结果，原是害相思。"而男方则唱："实在想妹多，昏死在石上。昏死得八天；入林伐棺木，父母哭伤心，爹妈哭凄惨；含泪做棺材，挖坑来下葬，想妹我复活。"如此刻骨铭心，堪称是壮歌中的爱情绝唱。宋代词人李清照的作品《醉花阴》中用"人比黄花瘦"来表达相思之情，被公认为千古名句，而刻木图符壮歌歌词与之相比，可以说也毫不逊色。

图符载录的民歌还有一大特点，就是它既可吟诵，也可以歌唱，其曲调简朴流畅而又各有不同，有高亢嘹亮的，有委婉细腻的，还有用真假嗓混合演唱及用双声部和多声部合音演唱的，加之其音阶旋律各有不同，非常悦耳动听，犹如乡野天籁，声音精妙绝伦。

与图纹符号并存的是方块壮字。方块壮字也称"土俗字"或"古壮字"，据广西学者研究，"壮族民间流行的古壮字（即土俗字）在唐朝就开始了"，其依据是遗留到现在的上林县《六合坚固大宅颂》及《智城洞碑》两块石刻上均有"任何汉文字典查不到"而又在"壮族巫经经文手抄本找到"的文字。"前碑刻于永淳元年（682年），是唐高宗李治的年号，后碑刻于万岁通天二年（697年），是武则天称帝后的年号。"[①]换言之，广西壮族先民用方块壮字抄写的巫（摩）经，是自唐宋时代开始才由当地的越巫相继完成的。从云南壮族先民传承下来的《摩经》和《鸡卜经》手抄本使用的方块壮字半数以上都与广西的相同这一情况看，其说应该是正确的。

在方块壮字中，有许多是借用的汉字，这与壮族始终认同中华一统并积极融入汉文化圈密切相关。但由于壮语有清音与浊音、舒声韵与塞声韵等鲜明的特点，其音调、音高和音节上的变化也与汉语不尽相同，因此又有许多壮语不能用汉字记录下来，于是人们便仿照汉族的"六书"造字法，创造了一套"土俗字"，壮语称之为"司丢"（意即生僻字），即我们通常所说的"方块壮字"。其结构大致可分为自造、形声、会意、假借、汉借五类：

自造字如：（·3）um^{11}（抱）、凵kuk55（做）、兀di^{24}（好）等。

形声字如：淰rom^{33}（水）、岜p0^{35}（山）、畓na33（田）、䶲na^{11}（脸面）、甜va:n^{24}（甜）、猓mu^{24}（猪）、怀va:i^{33}（水牛）等。

会意字如：歪bun^{24}（天）、垫ti^{55}（地）等。

假借字如：咪mi^{22}（有）、斗tau^{11}（来）、背pei^{35}（去）、贫pan^{33}（成）、娋θa:u^{24}（姑娘）等。

汉借字如：兵pin^{35}（兵）、金kim^{35}（金）、吩fə:n^{24}（唱）、卞pet^{42}（八）、古ku^{11}（九）、可ko^{22}（也）、生θən^{24}（生）等。

当时，云南壮族先民使用方块壮字的范围较窄，仅用于记事、民间记账、抄录经诗和民歌等，其中最著名的是宗教典籍《摩荷泰》《麻仙》《鸡卜经》和英雄史诗《侬智高》。

《摩荷泰》，壮语意即"超度经"，共42篇6000余行，为侬人支系的布摩超度亡灵时吟诵使用。内容包括创世史诗和宗教经典两大

---

①张声震主编：《壮族通史》，北京：民族出版社，1997版，第541页。

部分，有创造天地万物、民族自身起源和历史发展的各种神话，以及赎魂送魂的各种宗教礼仪。这些神话和宗教礼仪，造成深植人心的观念，实为人们认识世界和自身存在的一种哲学，引申并规范着人生伦理及有关死亡的礼仪、巫术、禁忌等，成为俍人传统宗教中最基本的内容，也是其社会结构及生活秩序良性运作的深层支柱。其经文第一篇（部分）的方块壮字抄本为：

方块壮字	汉语译文
故谷泰	超度的起源
咘祖趄犢	古时候人们这样兴
侣欧否侣斋	会摘取而不计后果
侣虺否侣泰	知人死而不懂超度
寏茉否留燮	就像捂火不保留柴头
博虺否留	父亲死了不留遗物给儿女
寏茉否留楛	就像捂火不留火炭头
妑虺否留	母亲死了不留遗物给儿女
寏茉否留楛	就像捂火不保留柴头
毕虺否留侬	兄姐死了不留遗物给弟妹
堕麻霍倪滇	传到后辈人
趄麻矗尼慕	到了新一代
侣欧趄斋	兴摘取才知计后果
侣虺趄泰	懂得死才懂得要超度
寏茉留楛	就像捂火才兴保留柴头
博虺留	父亲死了才留遗物给儿女
寏茉留楛	就像捂才火兴保留火炭头
妑虺留	母亲死了才要留遗物给儿女
寏茉留楛	就像捂火兴保留柴头

方块壮字	汉语译文
毕麂留侬	兄姐死了要留遗物给弟妹
忾麻趋斋	断气后才有人设斋桌送终
麂麻趋泰	死之后才有人设案超度[1]

······

《麻仙》，壮语为"超度逝者的灵魂到仙界"的意思，为沙人支系的"超度经"，共7篇1300余行，为布摩赎魂和超度时吟诵使用。主要内容包括：为老人、成人、孕妇、孩童赎魂超度及对亡魂情况的各种预测和解释，以规范的宗教仪式超度亡魂并进行祭祀等。其经文第一篇（部分）的方块壮字抄本为：

方块壮字	汉语译文
恼炉壹科	以香炉招回灵魂的经
否样麻唲	不讲那消逝的事情
否谋晡麻某	不谈那遥远的生活
估唲梧朵迪	我只讲讲你在人间的根源
估唲苏蒙滚	我只谈谈你在人间的往事

······

汝攒魂皇索	你们俸送着王魂
皇唲瘭眙盹	王困累得眼光呆滞
皇唲拇眙乏	王疲倦得目光青白
瘭昏腚歪逅	困累从脚下升起
困逅偈讷落	疲倦从头上落下
卟粘呢告苹	吃饭时刻又想喝茶
卟鲃咧唲杰	吃鱼又说鱼太老

---

①何正廷主编：《壮族经诗译注》，昆明：云南人民出版社，2004年版，第3～5页。

方块壮字	汉语译文
歪楼呢耐惆	上楼时浑身颤抖
拢楼呢讷耶	下楼时老想休息
不茹荷佑待	不知怎么办才健康
不茹颖佑荣	不知怎么做才舒服
板咪皇谶皇	寨子里有王就拜访王
勐咪布谶布	地方有头人就求助头人
庲谶布洛陀	去拜会布洛陀大神
峜谶摩六甲	去寻问摩六甲大仙
布洛陀述诃	布洛陀就预测说
摩六甲述嘅	摩六甲就告诉道
裚辽蹽缇苷	先世的人倒在路上
裚佬尧缇把	以前的人死在地里
魂辽翁縢坤	忙着牵走王的魂
衩忒㞘皇杰	你们放走王的灵魂
惹忒坤皇嵩	放在先辈人那里
柯亭坤歪堵	放在前世人那里
氏荷仆友	让他们来认做朋友
让氏荷毕侬	让他们来认做亲戚
氏劭忒魂耸	他就会放走灵魂
氏劭耸核坤	他就会给条路走①

……

《鸡卜经》也是当今壮族重要的宗教文化典籍，对构建壮族传统文化体系发挥着核心作用。方块壮字写作"斢跢鸼"，壮语读作"司

① 何正廷主编：《壮族经诗译注》，昆明：云南人民出版社，2004年版，第248页、第478～482页。

265

多介"。"司"意即经或书，"多"意即骨，"介"意即鸡，"司多介"的意思即占鸡骨卦的经书。全部《鸡卜经》载录了1000多副各不相同的鸡卦，每一副鸡卦的卦名也都是用方块壮字书写的。如：

方块壮字	汉语译文
娄龙正色	我方占得竜卦，放置得正
脱程龙	对方占得扩大了的竜卦
娄龙娄帝	我方占得竜卦，我方迎接
娄龙满桥帝邦斗	我方占得竜卦，你方搭桥击鼓叫魂来
蟒龙双方八九斗	你方占得竜卦，双方搭桥过来
娄龙娄谭四脱弹剥	我方占得竜卦，有四签，对方有喙
忙连忙叭	你方占得衫卦，你方有喙
脱衫脱剥咬	对方占得衫卦，对方有口舌
满衫娄千门	你方占得衫卦，我方关门
脱衫娄收轮脱收作	对方占得衫卦，我方的签朝下，对方有双柱
脱的花娄三刁上	对方得花，我方三签朝上
蟒谭六娄合刁坝	你方有六签，我方的签合成翘嘴
双方上两漏	两边占得向上的楼卦

……

《侬智高》是壮族最宏大也是最悲壮的一部英雄史诗。该史诗共11300多行，内容包括家仇国恨、特磨避难、三求内附、起兵反宋等42个部分，整部史诗充满了对宋仁宗腐败无能的愤恨及对伟大祖国的热爱。其中有一段讲：

岭南处边陲，领土属中国；

侬王侬智高，爱国热情高；

率众抗交趾，为国立功劳；

唯有宋王朝，硬说他不好；

拒之国门外，这成啥世道。

······

侬王侬智高，起兵反宋朝；

希望得统一，民众乐逍遥。

以上情况表明，唐宋时期的云南壮族先民在传承和使用图纹符号的同时，也采用汉字记音、记义，并使用汉字的偏旁相切组合创造的方块壮字，从而形成了图纹符号与方块壮字兼蓄并茂的社会环境。以汉文化为重要组成部分的中华文明，是整个中华民族群体凝聚力重要的精神支柱，云南壮族先民在当时中央王朝鞭长莫及的情况下，依然积极吸收汉文化的先进成分，这对增强边疆民众的向心力及维护国家统一都发挥了极其重要的作用。

二、医药知识的提高与发展

唐宋时期，云南的僚子部被视为"瘴疠之区""蛮荒之地"。瘴疠是热带亚热带气候性与生物多样性亚区域的难治之症，因此人们总是"谈瘴色变"。对于聚居于滇东南岩溶地区的僚人而言，由于处于北回归线通过的热带亚热带地区及太平洋、印度洋季风气候复杂影响的自然生态环境之中，其医药发展首先要解决的问题便是防治因潮湿、瘴气、蛊毒带来的各种疾病及救治因坠崖、溺水及蛇兽咬伤等造成的危害。到唐宋时期，云南僚人的医药知识得到了较为系统的发展，从而为当地民众的健康长寿提供了必要条件，主要表现在对蛊、毒、痧、瘴等病症的认识及医药知识的提高与应用。

云南壮族先民将疾病分为痧、瘴、蛊、毒、风、湿等症。病名有上百种，如标蛇痧（重感冒）、疫痧（流感）、秽肠痧（急性胃肠炎）、绞肠痧（阑尾炎）、冷瘴（风寒）、热瘴（中暑）、稍箕蛊（血吸虫病）、猪头肥（腮腺炎）、黄疸（肝炎）、肺痨（肺结核）、食积（消化不良）、打摆子（疟疾）、母猪风（癫痫）、马头不起（阳萎）、白浊（乳糜尿）、滑胎（习惯性流产）、鬼剃头（斑秃）、鹅喉（急性扁桃体炎），以及肿毒、蛇惊、伤寒、红痢、白痢、出血、咳喘、生疮、泡肿、中风、偏瘫、蛇伤、烧伤、刀伤、生癣、火眼、酒糟鼻等。针对各种疾症，其诊断方法有望诊、询诊、按诊、目诊、舌诊、脉诊、腹诊、甲诊、指诊、耳诊、药物试诊及拔罐看血斑等多种。其治病方法有草药疗法、刮痧疗法、针灸疗法、拔罐疗法、滚蛋疗法、药浴疗法、药枕疗法、热熨疗法、药捶疗法、熏蒸疗法、按摩疗法、点穴疗法等10余种。草药疗法又包括草药内服、草药外敷、草药熏洗、带药佩药4种。针灸疗法又分针法和灸法两种，针法含陶针、针挑、挑疳、放血、割治、梅花针6种。灸法含艾灸、灯火灸（灯火隔叶灸）、火针、药线灸4种。拔罐疗法含药水煮拔罐、火罐（牛羊角制成）、无火拔罐、竹管拔罐4种。刮痧疗法有药物刮、骨弓刮、牛角刮、碗刮4种。总的说来，以内服中草药为主，外治为辅。

另据黄汉儒、黄冬玲、覃尚文、陈国清等先生的研究：唐宋时期僚人的医药学知识有别于中原岭北地区的汉医药学，在中医自宋代传入之前，其最大的特殊功用是为民众提供适合本土实际的医药保障。在理论上，其与中医（汉医）相同之处是都属于天人物事认知程序的自然观范畴。与中医同中有别的则有七大方面：一是在阴阳为本的原则下分支出天、地、人三气同步，这与其一气变三界的世界观一致；二是在脏腑气血、经络体系中又分支出龙路（中枢在心脏的水血路）观和火路（中枢在脑颅的信息传感道）观；三是在病因病机体系中分支出毒虚致百病说；四是在望、闻、问、切体系中分支出独到的目诊和甲诊；五是在内因外因及内外因辨证施治范畴中分支出疏通调气和解毒补虚治疗原则；六是在中华医学病症名谱中分支出痧、瘴、蛊、毒、风、温六大类，进而在风、毒两类中细化为36种风和72种毒；七是在针灸与药物施治体系中分支出药线点灸、刺血、火罐、刮痧等外治法和解毒补虚、解蛊消瘴等药物治法，形成独到的解瘴毒、解蛊毒、解物毒、解蛇毒、解疟疾、解伤寒、解秽邪、解暑、解伤瘀和防毒害、防风湿痹症、防避瘴疟、防避瘟痧疫病和防避毒蛇毒虫伤害、鼻饮醒脑等疗防并举体系。特别是对当地药物的形态、功效、性味以及采集、加工分类均有了较全面的认识，及其与诊断学的结合，首创了瘴气分类法，综合概括了瘴气的病因病机及病势的演化，并在此基础上形成辨证施治体系，以针灸不同部位及使用青蒿等不同药物方剂以治不同瘴状，兼及风、痹、疟、毒、痛、瘟、寒、热症的治疗以疏毒渲郁等，从而增强了疗效。这一时期壮族先民形成的医学理论与临床的核心要素为毒虚并构观，如毒虚致百病说、解毒补虚调气诊治原则和毒虚防治并举体系、毒虚用药与临床手法等，均显示了壮族先民医药学知识的独特性。[1]

唐宋时期也是我国不同地区共同创造灿烂的医药文化的时代。孙思邈的《备急千金要方》和《千金翼方》，集前人药方之大成；王焘《外台秘要》对妇孺、小儿立专章论述，还引进了印度眼科技术。唐高宗显庆四年（659年）颁行的《新修本草》是世界上第一部国家药典，具有很高的医学水平。这些都对人类文明做出了重大贡献。[2]

---

①黄汉儒：《中国壮医学》，南宁：广西民族出版社，2000年版。黄冬玲：《壮药》，载《壮族百科辞典》，南宁：广西人民出版社，1993年版，第576～577页。覃尚文、陈国清主编：《壮族科学技术史》，南宁：广西科学技术出版社，2003年版，第341～385页。

②中国社会科学院历史研究所编：《简明中国历史读本》，北京：中国社会科学出版社，2012年版，第659页。

三、摩教鸡卜信仰体系日臻完备

作为壮族原生宗教的"摩"，虽然有自己的经典，也有一套对宇宙、天体、生死、祸福、命运、灵魂、拯救等问题的诠释，但其信仰体系仍然建立在万物有灵、自然崇拜之上。到了唐朝前期，唐高祖、唐太宗均确定道先、儒次、佛末的政策，唐高宗追号老子为玄元皇帝，唐玄宗注释《道德经》，还亲授道士符箓，致使道教发展到最高峰。[1]唐代道教以"上清派"影响最大，而各僚子部的摩教在其影响下，不仅吸收了道教中关于阴阳、五行相生相克的理论，尊崇玉皇大帝和太上老君，进行法事活动时也如同道士一样使用符水和咒语，还制定了较为规范的斋戒仪式，从而使摩教得到较大发展。

唐宋时期各僚子部摩教的传承方式是师徒传承，不世袭。师傅（布摩和咪摩）的地位视其活动范围大小和名望高低而定，能在本乡村做法事活动的叫"摩版"（版，壮语即"村寨"之意）；能在州县内或跨州县活动且影响较大、声望较高的叫"摩勐"（勐，壮语意即"地方"或"国家"）。布摩和咪摩的主要职能是：主持集体及个体家庭的各种宗教祭祀活动，如诵经祈祷、杀鸡问卜、超度亡灵、招魂和送鬼等。摩教的神职人员，平时参加劳动生产，可以结婚，可以荤食，可以饮酒，但禁吃狗肉和牛肉（特别是水牛肉），否则认为他们不能通神，说出的话也不灵验。他们的家里都设有祖师神位，每月阴历初一和十五都要烧香拜师，拜前必须净身，拜时只许吃斋，不能荤食。他们都信守摩教的七条戒律，即：一戒杀慈不救众生；二戒虐待父母长辈；三戒诈陷善良；四戒偷盗抢窃；五戒淫秽乱伦；六戒凶怒傲慢；七戒二奉不专。他们使用的法器很多，布摩一般以神剑、铜

---

[1]中国社会科学院历史研究所编：《简明中国历史读本》，北京：中国社会科学出版社，2012年版，第256页。

铃、"甲巴克"为主，辅之以神刀、神印、神布、甲马、令牌、稻草、草绳和锣鼓；咪摩则用扇子、五谷等。他们主持集体的法事活动为公德活动，一般都不计报酬；为丧家进行超度亡灵则叫作"积阴德"，收取的报酬也不高，但必须带6，如6元、66元、86元、166元等。其他法事活动如招魂送鬼等，报酬则由邀请者按照作法的辛苦程度自愿付给，尾数也须带6。

与摩教并行的是鸡卜。唐时，汉文文献记载鸡卜的事较多而且也比较详细，如张守节《史记·正义》关于鸡卜的载录就注意到了"生祝愿讫"，"煮熟又祭，独取鸡两眼骨，上自有孔……"；段公路的《北户录》则说"南方当除夜及将发船，皆杀鸡择骨为卜，古法也"；柳宗元在其《柳州峒氓》中也写道"鹅毛御腊缝山罽，鸡骨卜年拜水神"；张说作的《广州都督岭南按察五府经略使宋公遗爱碑颂》又说"曝牛牲兮菌鸡卜，神降福兮公寿考"；《太平寰宇记》还说"新州以鸡骨占吉凶。豪渠之家，丧祭则鸣铜鼓，召众则鸣春堂"；等等。宋代，周去非的《岭外代答》和范成大的《桂海虞衡志》对鸡卜又有了更为详细的记述："南人以鸡卜，其法以小雄鸡未孳尾者，执其两足，焚香祈所占而捕杀之；取腿骨洗净，以麻线束两骨之中，以竹梃插所束之处，俾两腿骨相背于竹梃之端，执梃再祷，左骨为侬，侬者我也，右骨为人，人者所占之事也；乃视两骨之侧所有细窍，以细竹梃长寸余者遍插之，或斜或直，或正或偏，各随其斜直正偏而定吉凶。其法一十八变，大抵直而正或附骨者多吉，曲而斜或远骨者多凶。"①著名诗词大家苏轼还在《潮州韩文公庙碑》的碑文中写道："儌牲鸡卜羞我觞，于粲荔丹与蕉黄。公不少留我涕滂，翩然被发下大荒。"而在《题高凉洗庙诗》中他又讲："爆笙菌鸡卜，

---

① （宋）周去非：《岭外代答》卷一〇《鸡卜》，知不足斋丛书本。

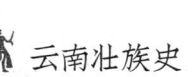
我尝一访之，铜鼓胡芦笙，歌此迎送待。"这一切都说明，唐宋时期，广大岭南地区的鸡卜之风依然十分盛行。

由于道教的传入，使五行相生相克的思想融入了原有的鸡卜体系之中，从而使其卜测系统更加严谨和完善。布摩则用方块壮字将鸡卜的实况及应验结果记录下来，整理成《鸡卜经》，作为日后活动的参考或借鉴。由于书中载录的鸡卜辞每条都有明确的"神示"，因此该书被视为壮族先民流传下来的最古老、最原始的宗教文化典籍。

《鸡卜经》的内容包括卦象、卦名、卦宫和卦辞4个方面。卦象用图画表示，是布摩和鸡卜师占测的主要依据。卦名依据卦象而起，大类分为龙卦、衫卦、修卦、楼卦、崩卦、林卦6种，修卦又有满卦和王卦2个变卦。卦宫专指该宗卦象在当年应验的时间和方位，即月份、日子、时辰和东（木）、南（火）、西（金）、北（水）四方。卦辞也叫卜辞，壮语称作"嘎木赎"（意为祈祷得来的话），内容十分广泛，包括所占的各种事象，以及用祭祀和巫术解决问题的方法，如耕田、求雨、求田（祈求丰收）、打鱼、打山（猎）、婚姻、生育、求花王圣母、求子、求寿、祈人、买卖、求财、借贷、进人口、买奴婢、问债、节庆、新年、坐（建）新寨、架屋、入宅、保家、保寨、保城、移徙、出行、谋望、求官（上诉）、官事（被告）、保寨、打贼（战争）、征战、祈贼（议和）、保身、疾病、服药、祸事、失物、择坟地、送父母（超度）、除灵、安葬、请神、收魂、送鬼等是吉是凶、半吉半凶、先吉后凶或先凶后吉等。占卜的结果还包括如何用法事活动及巫术解决问题的方法等。

具体事例如下：

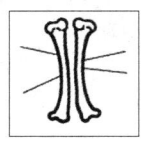

劳竜（我方占得竜卦）

金生巳、酉、丑

坟地小吉。出行吉；病，老凶小吉；官事、新年小灾；买卖在本；婚姻、求田凶；入屋小吉；送父母凶；保身凶；收魂不来，送鬼去；失物不见。

此《鸡卜经》的内容包括：左图为鸡卜占得的一副"卦象"；依卦象而得名为"劳竜"（我方占得竜卦）；其卦宫为"金"，按道教对五行方位及相生相克关系的解释，阳金长生在巳，旺在酉，入库在丑，均属吉利。据此，该卦应验的方位在西；应验的时间在巳月巳日巳时、酉月酉日酉时或丑月丑日丑时上；卦宫下面的文字即为卜辞，涉及择坟地、出行、疾病、官事、新年、买卖、婚姻、求田、入宅、送父母、保身、收魂、送鬼、失物等方面。以下各卦的卦象、卦名、卦宫和卦辞情况也都如此。

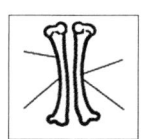

脱衫脱泪赖（对方占得衫卦，对方流走的多）

火生寅

坟地吉。病，外鬼、木下水伤；送父母凶；求才、买卖小利；横事、保身吉；架屋、入宅小吉；移徙、出行吉；其人、失物见；打鱼、肉得少；耕田吉；收魂来，送鬼去；婚姻、求田吉；求官、官事吉；打贼杀得五十九头，捉得三十索，吉。

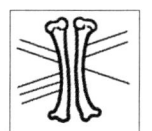

娄衫脱谭五娄帝剥（我方占得衫卦，对方五签，我方在山口击鼓）

木生亥

坟地吉。病，家鬼；送父母吉；求官吉；官事凶；横事、保身吉；移徙、出行吉；求才、买卖吉；婚姻、求田吉；新年得才吉；打鱼、肉得；收魂来，送鬼去；其人、失物不见；架屋、入宅吉；打贼杀三头，捉得六十索，大吉。

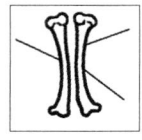

满加王艮艮（你方占得处处受阻拦的王卦）

水生申

坟地大吉。保病，小凶；横事、保身吉；求财、买卖

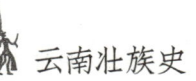

吉；求官、官事凶；新年吉，见财；架屋、入宅、求婚田半吉；失物见；收魂来，送鬼不去。庚申年卦。

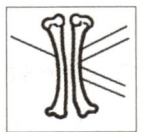 娄的花脱刁上（我方得花，对方的签朝上）

水生申

坟地大吉。病，祭吉；求官、官事吉；横事、保身吉；求才、买卖得少；新年吉；婚姻、求田吉；架屋、入宅吉；耕田吉；移徙、出行吉；收魂来，送鬼去；其（祈）人、失物见；打鱼、肉不得；打贼杀得七十三头，捉得一百索，大吉。（说明："的花"，壮语"得花"的意思，"花"读"瓦"，在壮族传统风俗中泛指孩子。妇女患不孕症或习惯性流产时，要举行"求花"的法事活动，祈求"花婆"保佑怀孕保胎，"得花"预示求子有效果。）

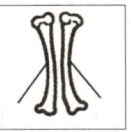 娄汤岜（鱼尾形的楼卦）

水

坟地不用。病，老人凶、小人吉；求官、官事凶；求财、买卖吉；新年大吉；横事、保身，大人吉，小人凶；婚、田凶；打鱼、肉吉；收魂来，送鬼去；架屋入宅吉；出行吉；失物见；有五海鬼、寡儿鬼，三牲送吉。夏日吉。

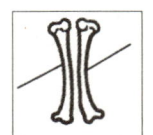 娄篷听满蓬奔（我方窜朝地，你方窜朝天）

水

坟地不用。保病，限三日三时，凶；求官吉；官事凶；求财、买卖失本；新年吉；横事、保身半吉；婚、田半吉；架屋、入宅凶；失物不见；收魂不来，送鬼去；打鱼、肉小得；送父母凶；祈贼不来；打贼旺，吉。官鬼求大猪；五海，三牲吉。六、七月吉。

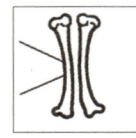 娄林脱利（我方占得林卦，对方有签立起）

水生申

坟地不用。送父母凶；新年口舌；求官、官事凶；

婚姻、求田凶；求才、买卖失才；架屋、入宅凶；移徙、出行凶；打鱼、肉不得；收魂来，送鬼不去；其人、失物不见；打贼大凶，不用。（说明："林"，壮语为无血窍插签的光骨。）

据资深的老布摩介绍：如果要从鸡卜卦上取得更多的信息，就要将右卦作为体卦，左卦作为用卦，插签数作为爻数来进行推演。占卜的规律是以相生或者相克来定吉凶，即以体克用、用生体或体用比和为吉利顺遂；以用克体为凶，体生用主损耗；受克逢生为之有救；受克无生为之无救。如：测生育以用生体、体生用或体用比和为吉利，若遇体克用或用克体，则有难产之忧，以致血盆之灾；测求财以体克用、用生体或体用比和为吉利，若遇用克体或体生用，则无财可进，甚至失财；测失物以用生体、体克用或体用比和为吉利，若逢体生用或用克体，则失物难见，或不可寻；测疾病以用生体、体克用或体用比和为吉利，若逢体生用或用克体，则虽药无功，病重难好；等等。总之，大凡布摩杀鸡问卜，预测吉凶祸福及利害得失时，均可从中得到明确的"神示"。

自唐宋以后，摩教及其鸡卜体系已臻完备，并深深扎根于云南壮族先民之中并流传下来，其《摩经》和《鸡卜经》的手抄本，则作为摩教的主要经典在滇东南广为传承。

第七节　唐宋时期僚子部与周边民族及南诏、大理的关系

唐宋时期是中华文明发展非常辉煌的时期，经济、文化和社会都呈快速发展之势。特别是陆上丝绸之路的发展及海上丝绸之路的开通，极大地促进了东西方经济文化的交流，使中国的四大发明（造纸

术、指南针、火药及胶泥活字印刷术）经大食（阿拉伯帝国）传入欧洲，更让中国在世界上享有极高的声望，而四大发明中的胶泥活字印刷术及指南针、火药，则是在宋代发明、完善和得到广泛应用的。[①]在这样的情况下，僚子部与周边民族的关系又发生了空前的巨变。

一、与周边民族的关系

唐宋时期，随着中国经济重心的南移，大量汉人从华北迁入岭南，形成庞大的"客家人"群体，其中就有许多汉族进入广西、云南。加之由于北宋朝廷镇压侬智高领导的起义后，一些有实力或有背景的汉人甚至还成了当地的头人，如跟随狄青征伐侬智高到富州的沈达及其后人，就当上了富州的世袭土官；[②]原籍江浙的吴人龙海基，寓居于教化三部多年，在宋皇祐五年（1053年）狄青征侬智高时，也因"向导有功"，而被"命领其地"；[③]等等。汉族官员、商人及大量的汉族民众进入滇东南、滇南，他们带来了先进的科学技术和文化，他们与当地僚人和睦相处、互相帮助，共同促进了当地农业、手工业、交通运输业和商品贸易业的发展。滇东南、滇南的铁器生产，铜、锡、金、银等有色金属和贵金属矿产的开采、冶炼和加工，亦都与大批汉族移民的参与分不开，而商业贸易活动更是以汉族为主来进行的。由于汉族多在集镇从事手工业生产和商品贸易，鼠街、牛街、猫（虎）街、兔街、龙街、马街、羊街、猴街、鸡街、狗街、猪街等商贸集市遍布各地。

---

①中国社会科学院历史研究所编：《简明中国历史读本》，北京：中国社会科学出版社，2012年版，第310页。

②富宁县地方志编纂委员会编：《富宁县志》，昆明：云南民族出版社，1997年版，523页。

③（清）汤大宾、周炳等纂，娄自昌、李君明点注：《开化府志点注》，兰州：兰州大学出版社，2004年版，第10页。

　　又由于唐宋时期的滇东南、滇南长期被南诏政权和大理政权所控制，不在中央王朝的直接统治之下，流入当地的汉族，因与内地的交通被阻断而长时间处于相互隔绝的状态，他们为了生存便入乡随俗，或与当地僚人通婚，从而改变了汉族的身份。这样的民族融合，对增进边疆各族人民的凝聚力和向心力、强化对中国的国家认同是大有裨益的。

　　唐宋时期，不仅有汉族融入僚人之中，也有僚人融入傣等民族的，这种情况尤以侬智高起义失败后率部落籍元江最为突出。前引《明史》、正德《云南志》和《元江府志》都讲，"宋，侬智高之党窜居元江"；"侬人，其种在元江，与广南同俗，是侬智高之党窜于此者"；"沙人，习俗多同侬人，慓劲过之，惟元江境内止在惠远、定南二里……强梁称胜，诸彝畏服"。现今云南壮族主要由侬人、沙人和土僚三大支系组成（见图3-4、图3-5、图3-6、图3-7），自称布侬、布雅衣和布傣（岱），以侬人、沙人居多。唐宋时期元江一带侬人的首领为侬智高之裔，但元江自宋代以降，却不见有侬氏人家见之于志书的，倒是有称雄于当地数百年的那氏家族。经调查得知，这是

图3-4　《皇清职贡图》中云南的"侬人"

图3-5　《皇清职贡图》中云南的"土僚"

图3-6　《皇清职贡图》中滇东的"沙人"

图3-7　《皇清职贡图》中滇南的"沙人"

宋代人们避讳"侬"姓以免遭受杀身之祸而以"那"姓代之的缘故。元明之后，从元江迁移到红河甲寅的那氏族人又恢复了侬姓。现住甲寅乡的侬克斗、侬理才先生说："我们的祖先是从元江搬来的，在元江时以那为姓，就是那知府家，祖先的坟地很出名，后因落难才迁来红河，这事弄梅大寨的侬姓人家家家知道，最早来弄梅的先祖名叫那保举，祖坟上的碑文刻的也是那姓。"①另据元江傣族干部白云女士讲，当地"水傣原是'沙人'和'侬人'"，"水傣，自称为傣拉，含义是'掉队的部落'，相传他们的祖先是从石屏、红河方向迁徙过来的，因为大部队已经往西双版纳去了，他们落在后面没有赶上，看到元江河谷土地肥沃，气候适宜，就定居下来，开发土地，繁衍生息，现在元江河谷的水傣有30多个村寨，2万多人"，她还说，"元江那氏土司应是侬智高后裔，侬智高死于元江，坟墓在元江城南十多公里的者嘎山梁上；末代土司那嵩护明反清失败后，全家自焚，族人逃

---

① 参阅侬鼎升《侬智高出桂入滇采访纪要》、何正廷《侬智高率部落籍元江行踪考》，载范宏贵主编《侬智高研究资料集》，南宁：广西民族出版社，2005年版，第150～174页、第293～300页。

散，并改刀、封、白、罗四姓"。[①]

跟随侬智高落籍于元江的侬人和沙人，其后都成为傣族，傣语称为"傣仲"。据云南省政协原副主席刀世勋先生讲，"仲"应当就是"壮"。宋大理时，今广南、富宁的壮族曾被称为"钟家部"，是大理政权的重要组成部分，当地头人曾任大理的重要官员。江少虞《宋朝事实类苑》卷七七载："侬夏诚（侬智高继伯父）称大理官名布燮（清平官）。""仲""钟""壮"作为族称，写法不同，但意义一致。实际上，"傣仲"就是具有壮族血统的傣族。"傣仲"又分为"傣腊"和"傣雅"两种，"傣腊"意即没有跟上大军行进而掉队的人，"傣雅"意即停止战争后留居下来的人，其说法皆与侬智高部众退居滇南相关。"傣腊"多居江边，因而也称"水傣"；"傣雅"则由于妇女喜欢用一丈多长的彩带绕腰系裙，因而被称为"花腰傣"。现在元江已没有称侬人和沙人的了，他们都被归入了傣族。

壮、傣本是同根生的民族，是在漫长的历史发展进程中分成两个民族的，元江侬人、沙人变为傣族的过程就是最好的例证，可以说，元江是壮、傣民族融通过渡的地方。自元江往南，傣族佛教文化的特征才逐渐显现其主导地位。落籍元江的侬智高后裔及许多侬人和沙人，后来又继续南迁，其中一部分则到了老挝和泰国，成为老人和泰人的重要组成部分。有意思的是他们也与壮族一样信奉鸡卜，其鸡卜图像和经文内容均与壮族的《鸡卜经》大同小异（见图3-8、图3-9）。

法国菲利普·德维耶所著的《老挝》一书中则说："根据种种迹象判断，大部分泰老（僚）人是从云南经红河上游河谷、奠边府和南翁河谷，大约在公元11世纪到达湄公河的。他们同吉蔑帝国和素

①白云：《元江水傣和侬智高考察记》，载范宏贵编《侬智高研究资料集》，南宁：广西民族出版社，2005年版，第300～302页。

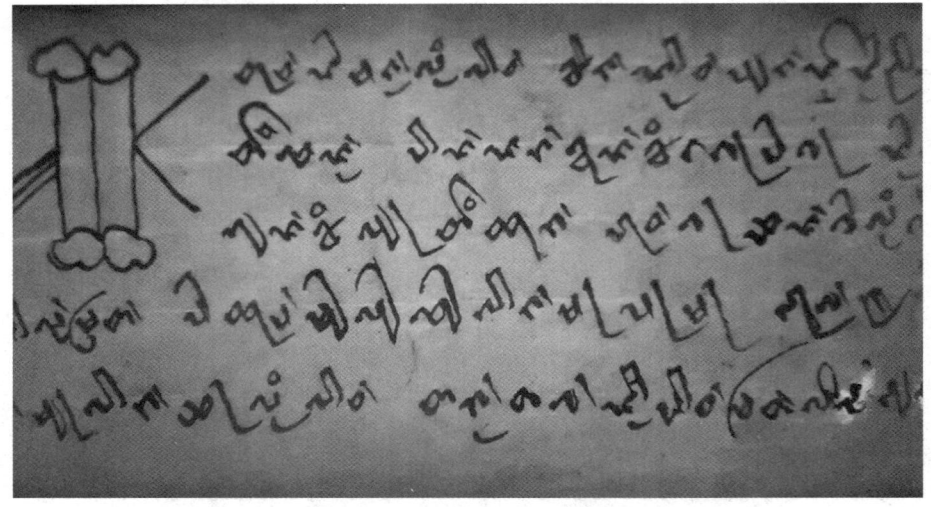

图3-8 中国傣族的鸡卜经文

图3-9 印度阿洪泰人的鸡卜经文

可泰王国建立了联系，他们在湄公河左岸南甘河口建立了芒斯瓦（孟骚）公国，定都香东（后来的琅勃拉邦）。"孟骚当是云南地方文献中的猛老，即老挝。公元11世纪从云南红河河谷南下老挝建国的泰老（僚）人，即是侬智高所领导的部队及其后裔。

著名民族史学家徐松石先生早在20世纪四五十年代就讲道："侬智高乃广西西南地区的僮人。自唐以降，侬氏世为当地羁縻州受封的首领。《邕州府志》说，'贞元中，诸夷（指广西西南地区）内属，始置羁縻州，以其首领为刺史，是皆内地官长也。可建立土人为首领而承认为内地官长，自唐以来即已如此。智高的父亲名侬全福，乃当犹州知州。全福弟全禄，乃万涯州知州。全福妻弟侬当道，则为武勒州知州。侬氏势力甚盛’。宋仁宗时，侬智高以广源州叛，攻破邕州。由粤江顺流而下，围攻番禺，立为南天王。后来退守邕宁，于公历一〇四九年为狄青余靖所败，率部逃入大理，从行的僮人很众。直至今日，云南省的东南部和正南部，还有许多侬氏的后裔。初时侬氏部下僮人的子孙，由广南经文山蒙自石屏元江，而至普洱思茅和十二版纳。一部分则由文山蒙自直趋十二朱汰……于是他们浩浩荡荡，沿南乌江和湄公河谷而进入泰国北境，建立兰那和兰象两省。他们休养生息，与土人配合，威力日大，又进入湄南河上游，而建立速古台王朝。距离宋仁宗皇祐年间平侬智高时，大约有二百年。兰那皇朝的建立，则离皇祐平侬不过六十九年而已。”（朱即州，汰即地，朱汰即土知州，乃中国式的政治制度）“广源乃西原的一部分，居民不止侬氏一族。但西原僮人大批移入泰国，即在智高败走之后。这里有许多事实证明此说的不误……我们明白了这一个渊源，就不能不喟然感叹泰国人民和两粤人民关系的悠久和亲密了。今日成为泰国中坚部族的小泰人，必与广西的侬智高族为同一系统。”[1]徐先生还说：“无疑今日广西的僮人，是泰国小泰人最近的亲属。其实整个粤民族，也与泰国的泰人有非常密切的关系。两粤古苍吾族的一部分，移入泰国而成为泰人，目前追溯这一段迁移历史，还不是困难的事。泰族先人在岭南地方的来踪去迹，差不多随处可以采集。将来更进一步研究泰族在华的历史，岭南地区所能供给的资料，可谓无限无量。单就广东接近珠江口的‘四色区’而论，在地名和语音上，与泰族的联系已经是明显得很。像这样的情形，真是令人兴奋。最可惜的，就是当日泰族西移，而僰僰南下。僰族在滇南，渐渐地把泰族的移动线截断。于是经过一个长久时期，泰国的泰人和桂西的僮人更完全断绝了音讯。后来

---

[1]徐松石：《民族学研究著作五种》，广州：广东人民出版社，1993年版，第343～344页。

彼此竟然不知道原是一家之亲。现在我们有机会把双方面的关系重新表露出来，前尘回首曷胜今昔之感！"[1]

据广西民族学院教授范宏贵先生介绍，侬智高在泰国的影响很大，认为他是泰民族的英雄。泰国艺术大学曾编写过侬智高的歌舞剧，在国家剧院演出；泰国学者玛哈，自认是侬智高的后裔，还到过广西找侬智高的故乡寻根；泰国学者狄拉·沙拉耶曾著文《从侬智高到坤真》，认为泰族传说中的英雄坤真，有可能源自壮族英雄侬智高。1985年，泰国的两位教授到元江调查傣语，发现70%的元江傣语与泰国语相同。范宏贵教授还说：缅甸的掸族也传说他们的祖先是侬智高率领的士兵与当地女子结合后繁衍的。笔者曾阅读过泰国巴色·那·那空所著的《史前期泰人进入东南亚》（方仕伦译），文中提及"坎伯林（张伯伦）和通谈·那三侬讲到泰侬族的首领侬智高说，其于公元1053年宣布自己为难（南）傣国王，同时，占据广西南宁城和其他各城，但后来被中国和越南合伙镇压平息。是否可能这样：在上述那个伟大的军队里的泰人不愿意在别人的管制之下，最后在公元1179年去占据清垅、西双版纳，于公元1229年去占据阿萨姆邦，大约在佛历18世纪末建立老挝国和素可泰国"。

还须指出的是，壮语与傣、老、掸、泰民族至今仍保留着诸多原生同源词。早在20世纪初叶，美国的杜德博士在认真研究了壮、泰语后就得出邕宁壮语与泰语相同的占78.4%、文山壮语与泰语相同的占66.7%的结论。1923年，他著的《泰族》一书在美国依俄华出版，该书援引菲立民传教士的话说："为泰族盘踞地之中国西南部领土，若广西、贵州、海南岛及广东一部分，又云南东部与西部，均有多量之泰

---

[1] 徐松石：《东南亚民族的中国血缘》，1957年香港出版。转引自徐松石：《民族学研究著作五种》，广州：广东人民出版社，1993年版，第889～891页。

族，为各该省人民重要之成员。"①范宏贵教授还讲，"壮语、泰语、老龙语相同或相近的词汇是很广泛的，天体、气象、动物、家畜、家禽、农业、人体部位、饮食、生活用词，甚至骂人的丑话都相同，赶牛的吆喝声也相同"；"大量基本词汇的相同，不可能是壮语借傣语的，也不可能是傣语借壮语的……词汇和语法上的相同，只能理解为壮、傣民族同一起源，否则无法说明这一奇特现象"。②黄渠先生曾在泰国、云南、广西考察数年，他在《暹罗人种源出中国的考证》一文中说："光就这语言的证据，我们便可以断定暹罗人种与中国云南、广西边界的许多土著，却同是一个源流。这就是说，暹罗人种发源于中国。"③云南大学教授暨西南边疆少数民族研究中心特聘研究员何平先生也认为："傣族以及其他傣泰各民族及其支系主要是从今天的广西、云南和越南交界一带的今天壮族以及他们的支系聚居的地区辗转迁徙到今天他们居住的这一带地区的。今天壮族以及他们的支系聚居的这一带地区才是傣泰民族的发祥地。"④

二、与南诏、大理的关系

据《新唐书·地理志》载："安宁经交趾、太平百余里至峰州，又经南田百三十里至恩楼县，乃水行四十里至忠城州（今越南河池），又二百里至多利州，又三百里至朱贵州，又四百里至甘棠州，皆生獠（僚）也。又四百五十里至古涌步（河口），水路距安南凡

　　①《暹罗民族学研究译丛》，北京：商务印书馆，1946年版，第50页；转引自范宏贵《同根生的民族》，北京：光明日报出版社，2000年版，第23页。

　　②范宏贵：《华南与东南亚相关民族》，北京：民族出版社，2004年版，第221页。

　　③黄渠：《暹罗人种源出中国的考证》，《复兴》1934年第2卷第12期，第19页。

　　④何平：《关于傣族起源和早期历史的再考察》，载元江哈尼族彝族傣族自治县傣族协会编《元江傣族文化》第一辑，昆明：云南民族出版社，2010年版，第27~42页。

千五百五十里。"笔者曾在河口、老街一带调查得知，当地以前皆属壮族先民的聚居区域，越南老街省政府驻地谷柳，是壮语地名，意思是木棉树下的村寨。樊绰《蛮书》也讲："从安南上水至峰州两日，至登州两日，至忠城州（河池）三日，至多利州两日，至奇富州两日，至甘棠州两日，至下步三日，至黎武贲栅四日，至贾勇步（河口）五日；以上二十五日程，并是水路。大中初悉属安南管系，其刺史并委首领勾当。大中八年，经略使苛暴，川洞离心，疆内首领被蛮贼诱引，数处陷在贼中。"该书同时明确地说：七绾洞首领李由独，被蛮拓东节度与书信，将外甥嫁与李由独小男，补拓东押衙。"自此之后，七绾洞悉为蛮收管。"从《新唐书》和《蛮书》载录的情况看，当时南诏政权主管滇东的官员还与红河流域的僚人首领进行了政治联姻，而滇东南僚子部的侬氏也"结南诏为助"，说明二者之间的关系比较融洽，而且上层之间的关系也是非常密切的。

继南诏之后的大理地方政权，一开始便封广源等十州峒的僚人首领侬民富为"坦绰"，还封特磨道（今广南）地区的僚人首领侬夏诚、侬夏卿为"布燮"（清平官）[1]，说明僚人与大理王室的关系也是密切的。又由于滇东南是蛮马交易的必经之地，大理国的官商通过特磨道与宋廷置于邕州的提举买马司进行大宗马匹博易时，"朝廷岁拔本路上供钱、经制钱、盐钞钱及廉州石康盐，成都府锦、副经略司为市马之费"，而蛮马则"岁额一千五百匹，分为三十纲，赴行在所"，可知双方关系十分密切。方国瑜先生说："大理与邻近诸部之往还亦当密切，大理与东南各地经济关系可想而知也。"[2]

---

①江少虞：《宋朝事实类苑》卷七七，上海：上海古籍出版社，1981年版。

②方国瑜：《云南地方史讲义》（中），云南广播电视大学，1983年内部发行，第216页。

第四章
土司制度时期

　　土司制度，是元、明、清三代中央王朝在我国少数民族地区实施的一种政治制度。这种制度与唐宋时期的羁縻府州县制度一样，仍然由中央王朝对地方民族首领封以官爵，让其世袭统治原有的各族人民。同时又规定地方民族首领必须承认其治理的地方是中央王朝统治下的一部分，他们要听从中央王朝的征调，按期缴纳一定的贡赋，并承担一部分政治、经济、军事等方面的义务。土司为武职，分为宣慰使、宣抚使、安抚使、长官司长官等数个等级，同时拥有当地行政、税收、司法等权力。

　　从元代设云南行省并在滇东南置广南西路宣抚司（宣慰司）、教化三部长官司、王弄山长官司起，历经明、清两代，云南壮族社会发生了翻天覆地的变化，特别是明代在云南设立卫所及大量移民实行屯垦之后，楚、蜀、黔、粤之民，携挈妻孥，风餐露宿而来。他们不仅垦殖旱地，栽种苞谷和洋芋，而且还开矿办厂、经商贸易，促进了当地农业、手工业和商业的发展，改变了当地的民族结构，加速了封建化的进程。明清时期，云南壮族土司中发生的重大历史事件是沙定洲推翻沐家政权、王朝反清和改土归流。在土司统治时期，突出的文化艺术有传统的摩教绘画和雕刻等。

第一节　元代土司制度的确立

一、滇东南、滇南地区壮族土司设置

元朝疆域辽阔，边疆治理成效卓著，中央与地方、内地与边疆之间的联系空前加强，促进了边疆民族地区的开发，也使得统一多民族国家的巩固和发展达到了一个新的高度。位于祖国西南的云南行省，于至元十一年（1274年）设立，治中庆（今昆明），委任"谨厚者"赛典赤·赡思丁为首任行省平章政事进行直接统治。在距离行省治所较远的滇东南、滇南地区，则设立了广南西路宣抚司、教化三部长官司、王弄山长官司、安南道防送军千户所（后改长官司）以及土富州等。

广南西路宣抚司，地在今文山州的广南、富宁一带。《元史·世祖本纪》讲：溪峒诸蛮避阿里海牙之虐，特磨道土官侬士贵于至元十二年（1275年）二月，率知那寡州农天成、阿吉州农昌成、上林州农道贤及其他州县三十有七，户十万，越境纳款于云南行省请降，云南行省遂于特磨道所在地福州设广南西路宣抚司。《新纂云南通志》载：至元十四年（1277年）四月，侬士贵又说服原广南西路知安平州李维屏、知来安州岑从毅等以所属州县溪峒百四十七、户二十五万六千归附云南，因辖区地域及人口进一步扩大和增多，广南西路宣抚司即于当年五月升格为宣慰司。后因湖广行省阿里海牙和广西节度使史格等官员极力"争之"，至元二十二年（1285年）经元世祖忽必烈亲自裁决，云南行省又把安平州、来安州归还湖广行省，并改广南西路宣慰司为宣抚司。另据《广南府志》载："广南，宋时名特磨道，土酋侬姓，智高之裔也。"

教化三部长官司，地在今文山州的文山、砚山、马关、西畴一带，至大元年（1308年）在牙车、强现、教化三部的基础上设立。据《元史·百官志》载："诸蛮夷长官司，西南夷诸溪峒各置长官司，秩如下州，达鲁花赤、长官、副长官，参用其土人为之。"教化三部长官司长官龙氏，据说为宋代寓居教化三部多年的吴人龙海基之后，因向导狄青征侬智高有功而被"命领其地"①，其子孙与当地原住民联姻，从俗而融入当地原住民。该长官司于明洪武年间改置，隶属临安等处宣慰司。

王弄山长官司，地在今文山市的老回龙一带。长官司长官沙氏，其先原居广南，据《元史·忽辛传》载："广南酋沙奴素强悍，宋时尝赐以金印，云南诸部悉平，独此梗化。忽辛遣使诱致，待之以礼，留数月不遣，酋请还，忽辛曰：'汝欲还，可纳印来。'酋不得已，赍印以纳，忽辛置酒宴劳，讽令偕印入觐，帝大悦。"忽辛乃赛典赤·赡思丁之子。《滇志》卷三〇又载："王弄山长官司，所部侬人、罗罗、母鸡、濮剌、沙人、阿成七种。"

安南道防送军千户所，地在今红河州蒙自市老寨至屏边的新现一带，元代设舍资千户所，因其地接近交趾，故改名为安南道防送军千户所，明代改为安南长官司。长官司长官亦为沙氏。

土富州，地在今文山州的富宁县，属广南西路宣抚司管辖。知州沈氏，自称祖先为浙江绍兴府山阴人沈达，宋时跟随狄青征侬智高后留守富宁，其后裔也因与当地的布雅依（沙人）联姻，从俗而变成了

---

① （清）汤大宾、周炳等纂，娄自昌、李君明点注：《开化府志点注》，兰州：兰州大学出版社，2004年版，第10页。

土富州原住民，并当上了土富州的世袭土官。[①]

除上述外，还有维摩州（今丘北至砚山维摩一带）土舍龙氏和牛羊（今西畴老街至麻栗坡一带）土舍侬氏等。土舍的原意是土司子弟及族人，后来演变成一级土司职官。

元代云南的土司，跟内地的州、县官员统一享受国家俸禄的状况不同，他们虽有官品，但并不享受国家俸禄，而是在领地内"依土而食"，故土司的权力运作，具有军、政、司法合一的特征。

第一，由于"纳土归附"，云南土司均受到朝廷册封，并都得以世袭，即"俾得以王官旌节，统摄其部落"[②]。土司对其领地具有高度的自治权，即"世有其土，世长其民"。也就是说，土司对其辖区内从土地到臣民都有自主之权，可以按其意志和传统方式进行统治。而为加强统治，土司则依仗王朝的支持，在其衙署内设立礼、户、吏、兵、刑、工各房，衙门里还有牢狱、兵差，以官族、亲信为各地土官头目，管理收粮、兵差、夫役、生产等项事务。在经济上，土司实行的是封建农奴制，应用劳役地租和强制手段剥削农奴。土司及其官族和土目均无俸禄，所属土目按等级分给田地，供其租佃；担任职务的土司族人，还另外分一些村寨为其私庄，由佃户上交一定的钱粮、畜禽、特产并承担一定的劳务。农奴渔猎所获猎物、水产及其他土特产，也要按例上供土司。土司的权益受国家的保护。

第二，土司在领地内还有相对独立的司法权、用兵权。元王朝对土司境内的刑法和土司如何处分其属下之民，一般都不加过问。对于土司亦相当宽容，据《元史》卷一〇三《刑法志》载："诸内郡官仕云南者，有罪依常律。土官有罪，罚而不废。"土司还有自己的武

①富宁县地方志编纂委员会编：《富宁县志》，昆明：云南民族出版社，1997年版，第523页。

②（清）邵远平撰：《元史类编》卷四二，台北：文海出版社，1984年影印版。

装，谓之"土兵"，安土保境。土兵体制是"兵农合一"，即战时应征为兵，平时耕田为民；土兵无饷，以耕种"兵田"供给所需，兵田之产，即为土兵之饷，故粮草戎械皆取自兵田；兵田为世袭制，若土兵绝嗣，则以其亲属选补。由于土兵具有艰苦耐劳、骁勇悍鸷、训练和战术别具一格的特点，往往能以少胜多，故常常被王朝征调，担负保境卫边的重任。

第三，为表示对朝廷的忠诚，土司必须照例朝贡，朝贡情况按照其品级的高低及距离京师之远近而定，有一年1次、隔年1次、三年1次等几种，而且要事先获得许可。贡品包括金、银、马匹和土特产，还有供观赏的象、虎、豹、猴及供使用的毡、腰刀、药材等。元王朝本着怀柔远人的原则，回赐衣物、驿马、币帛和兵器等物作为酬答。①土司则穿戴或使用这些赐物，显示朝廷给予的荣誉和宠信，以提高其政治权威。此外，土司还必须理顺其领地内的社会秩序并保障生产生活，绥靖地方，处置好与其他土司之间的关系，避免衅边失和乃至攻掠兼并。遇到征战之事，土司必须听从朝廷的调遣，派兵从征，还要负责战时地方后勤供应，提供各种物资和劳力助战，如出战马若干、黄金白银若干、粮食若干、民丁若干等。

第四，中央王朝保护土司子孙的承袭。土司世家必须遵守国家礼法，履行职责，不得违反。元朝刑法规定：诸边隅镇守不严，他盗辄入境杀掠者，军官坐罪，民官不坐。"诸军民官镇抚边陲，三年无啸聚之盗者，民官减一资，军官升散官一阶；五年无者，军民官各升散官一等。"②

---

① 《元史·成宗四》。
② 《元史·刑法志》。

二、滇桂接合部壮族土司治下地域的变迁

　　元朝初期，滇桂接合部壮族土司统治的是一个动态地域。由于蒙古军队早在公元1254年就已进入云南，为加强元王朝对云南的统治，忽必烈于公元1273年决定设云南行省，次年7月，又任命63岁的赛典赤·赡思丁为云南行省平章政事，要求他以"谨厚"为方针，稳定云南的局势。公元1275年，赛典赤率军亲征萝盘甸（今元江），采取"力攻不如德降"的政策，耐心招抚那氏等当地酋长，在云南产生了良好效果。公元1275年，特磨道土官侬士贵率知那寡州农天成、阿吉州农昌成、上林州农道贤等到云南行省请降，云南行省即于特磨道设广南西路宣抚司并建立土司官署。赛典赤·赡思丁还在安定民生和发展生产等方面采取了一系列措施，如均赋税、省徭役、擢廉能、备水旱、建孔庙、修学堂、置学田、黜罢污滥、抚恤孤贫等，使云南的政治经济面貌焕然一新。相比之下，广西左右江地区仍旧处于战乱无秩之中，这引发了当地壮族土酋的惊羡，至元十四年（1277年）四月，经侬士贵说服，广西权融、宜、钦三州总管兼来安州知州岑从毅和沿边巡检使、广西节制军马兼安平州知州李维屏，以所属州县溪峒百四十七、户二十五万六千归附云南。由于所辖地域及人口进一步扩大和增加，广南西路宣抚司就此升格为宣慰司。对于两江壮族土司的归附，赛典赤·赡思丁非常欢迎，并尽力重整两江地区的社会生产秩序。

　　当时广西的情况与云南不同，从公元1258年至1276年，就发生了两次较大规模的战役，即南宋在横山寨至昆仑关地区对元军的阻击战和静江（今桂林）地区保卫战，耗时将近二十年。南宋在广西的守将是马塈（回族），元军进攻广西的将领则是阿里海牙（维吾尔族），结果马塈及其所率宋军战败。静江地区战役后，已任湖广行省平章政事的阿里海牙及其属下的广西节度使史格在南宋原有的基础上重建元代政区，他们均对左江李维屏、右江岑从威（毅）等各执土物纳款于云南十分不满，并极力"争之"。至元二十二年（1285年）忽必烈最终以宜从旧制为名，采纳了史格将两江壮族土司重新纳入广西的主张。另外，忽必烈又从战略角度考虑，将广南等地划归云南行省，以调节云南行省与湖广行省之广西、节制安南等区域。对此，赛典赤·赡思丁与史格都予以贯彻，两江土官最终也服从安排，重回广西政区编制。而又因路城（今广西田林一带）、上林（今广西西林一带）原隶属于来安知州岑从毅统管，此时也划归广西。之后，来安州改为镇安州，时任镇安州镇抚的岑从毅又分别于1281年和1292年率部造反，他写信给特磨道侬士贵说"设有达达军马来起差税，吾与尔皆一家之人，围聚战杀，实不愿作大元百姓"[①]，他还放兵抢劫，杀顺安知州李显祖，掠其妻、财，最后均被元军降服，但都免予追究，这表明元王朝在广西的统治已趋稳定。故《元史·地理志》载："广南西路宣抚司……旧领路城、上林、罗佐（今富宁归朝一带）、安宁（今富宁里达、睦伦一带）、富州（今富宁县城）。"辖地包括福州（今广南县全境及砚山县部分地区）。云南行省把安平州、来安州归还湖广行省后，广南西路宣慰司又改为宣抚司，其辖区的范围也只有福州和所领的安宁、富州。《新纂云南通志》讲："广南侬氏土司的管辖范围东至广西西林县境300里，南至广西镇安土州（今那坡县）300里，西至广西归顺直隶州五槽界（今泸西、师宗一带）270里，北至罗平界300里。"总面积约34万平方华里（8.25万平方公里），这与广南西路宣抚司最后管辖的地域是基本吻合的。

　　至元二十五年（1288年），左右两江因流官畏惧瘴疠，多数不敢赴任，故朝廷准予两江地区可以汉人为达鲁花赤，军官为民职，兼

――――――――――
　　① （元）苏天爵：《元文类》卷四一《招捕条》。

用土人。①又据《元史·百官志八》载：至正二十三年（1363年）三月，"置广西行中书省，以廉访使也儿吉尼为平章政事"②。广西作为中国省一级的行政区划从此开始。广西行省还设有"译史""令译史""断事官译史"等具有地方民族特色的官职，表明元朝对广西的军政统治在不断强化。

三、广南侬氏土司

自公元1275年特磨道土官侬士贵等率部归元后，元朝先后在云南省东南部册封了侬氏、沙氏、龙氏、沈氏为当地土司，其中最具代表性的是以侬氏为首领的广南西路宣抚司（宣慰司）。

广南西路宣抚司，"居于路府之上"③，直属于云南行省管辖。在政治上，依靠中央王朝册封世袭，划疆分治，治所在今广南莲城。首任宣抚使侬士贵，约在至元二十四年（1287年）终职，后由其弟侬士富承袭（其中从公元1277年至1285年，士贵和士富都曾为宣慰使），士富卒后，传子郎恐，郎恐传子不（布）花，不花无子，传弟贞佑，贞佑传子郎金。由于元朝廷准许土司拥有军队、设置监狱、统管当地政务，并有权处理地方民事和刑事案件，故该土司领地犹如一个地方王国。

广南侬氏土司衙署位于广南莲城北街（见图4-1、图4-2），地势高敞，坐北向南，占地面积60多亩（约40000平方米），前后5层，均沿台阶而上。大门前的台阶有20余级，显得十分雄伟。大门前约40米的正街边砌一堵青砖照壁，宽约9米，高4米多，壁下部为红砂条石

①《元史·世祖本纪》。

②《元史·百官志八》。

③杜玉亭：《元代云南的土官制度》，《学术研究》1963年第7期。

图4-1 广南侬氏土司衙署外景

砌筑，上浮雕花卉。大门口置青石狮一对，左侧设有鼓棚，供百姓鸣冤告状敲击。大门后面是接待室和签牙房，上台阶后即为一宽广的操场，西边是卫队宿舍，东边设置监狱。由操场再上台阶，便是土司审理案件的大堂，堂中立有一象征权力的麒麟屏风，故此大堂又名"麒麟堂"。大堂后面的东西两侧为东花厅和西花厅，西头是一建筑宏大的祭祀堂（一说是议事厅），系一幢七开间、歇山屋顶、抬梁式简易木构架，高9米，通面阔14.3米，进深21米，有木柱42棵。其后于府署

图4-2　广南侬氏土司衙署内部

的最高处建有"五凤楼"，为土司居住所在。五凤楼建筑豪华，别致有序，而且以精湛工艺雕刻有"五凤朝阳"等造型，特别引人注目。土司府的右上侧，还有侬土司的家庙（称白马庙）。侬土司衙署是我国壮族土司府中占地面积最宽、建筑规模宏大、功能十分齐全、边郡王府味较浓的古建筑群，各幢房屋均用铆眼和榫头严丝合缝地扣成，工艺极为精湛。

　　为加强对辖区的管理，侬氏土司府内设四大布苏，即农布苏、陆布苏、何布苏、周布苏，由他们分别管理辖区内的军事、行政、赋税及衙署内部事务。侬土司家还有家族制度，立有族长，族长一直由土司祖居的阿用村族人担任。族长最重要的权力是主持由族中要员及"四大布苏"参加的决定土司承袭人选的会议，其次是处理族中（包括土司家）纠纷，主持地方或族中的大型祭祀活动，等等。

土司下属的地方行政机构叫"崴那"（牛田之意），通常叫"牛"，其辖区内共分为48"牛"，"牛"一级的行政长官叫"布斗"。"牛"下辖若干"版"和"弄"（村和寨），"版"和"弄"的头目叫"伙头"，具体负责收粮、收税、调解民事纠纷等工作。地方行政官员及村寨头目由土司按等级分给田地，使其收租自养。土司的武装编制分为36营，每营100人，兵员总数达3600人，日常工作由分管军事的"布苏"（即总兵官）负责，基层军事管理由"团首"落实。军队有任务出征时，由土司本人率领，带兵官员均由朝廷封给官衔。在军队的供养上，各级军官均不发俸禄，由土司按级别分给土地，让其收租自养，士兵分给兵田，自耕自食。兵和田均实行世袭制，有事征调作战，无事居家耕种并进行训练。

土司还用一套不成文的习惯法来巩固其统治，主要内容包括：禁止任何人砍伐竜树（太阳神树、布洛陀神树、社神树）和风景林；对其辖区内的土地不准农户自由抵押、典当和买卖；赋税税额按每村实有地亩分摊，规定三年一"大派"（以银两计），一年四"小派"（以铜钱计）；土司佃户每年还要承担一定的劳役；欠债还钱，父债子还，无法偿还者，可由其父母和亲属将欠债者卖掉抵债；财产继承以父系为主，父母的财产儿子一般都有继承权，抱养的儿子也有财产继承权；入赘女婿可继承女家父母的遗产，但要改用女家姓氏，负责为女家父母养老送终；出嫁的女儿没有财产继承权；不孝顺父母、不抚养子女及不赡养老人者，其家族及村寨集体有剥夺其财产继承权的权力；对小偷的处理则是赔本加罚，并将赃物挂于其胸前，鸣锣游街（村）示众；对偷盗牛马或拦路抢劫者，抓住后捆绑吊打，限期赔偿，不准告官，否则重罚；对奸污妇女者，要责成其从发生地炸爆竹到女方家，向女方家祖先、族老及寨老跪拜认罪，还要用一丈二尺红布挂在女方家大门上，并交银钱给女方父母且要办酒席请寨老宽恕；

对打架斗殴造成伤亡者，则要以命抵命；诉讼裁判权由土司、头人行使；等等。为显示土司威风，其每次出巡，近则乘轿，远则挂红鞍骑马，出门时放三炮，回归时放三炮，还要安排两个低级武官在前翻筋斗开路，文武人员前呼后拥。百姓遇到土司出巡，必须跪于路旁，不许抬头观看，否则将被斩。土司辖区内的一些村社还立有村规民约，作为当地习惯法的补充，如广南旧莫的汤盆村便立有一块封山护林的"告白"碑，碑文写道："仍照古规，将寨中前后左右山场树木尽封，若寨中人砍伐一株者，罚银三两、猪一头、酒一百碗、盐一斤；见砍不报者，与砍树人同例；若有不遵，众人齐集，送官处治。报者助钱五百文，以五百与禁树人……夫山林关系风水，而风水亦关乎人材也。"

广南西路宣抚司管辖的土富州知州沈郎先，相传为沈达十二世孙，郎先传子永秀，永秀传子大忠。其衙署建于皈朝翠岭北麓的石山斜地之中，依山傍河，纵横约3000平方米。从皈朝街砌石为级，直至衙门共360级。衙门前两侧立高大狰狞石狮，气势赫然。门内设正堂、二堂、三堂、乐房、兵房、炮房、祠堂、伙房、食堂、客厅、天狱、地狱、土司卧房等。房屋为高大平房，砖木瓦结构，镶有花砖、花门匾等。其辖境内设九哨十八夕进行统治。[①]

王弄山和安南的土司沙氏、教化三部的土司龙氏，虽受朝廷册封，但在元代尚无显著事迹，突出的事迹均发生在明清时期，故详情在随后两节再叙。

元王朝在云南之所以特别倚重土司，是因为土司一般都是当地世代相承的望族，原有的社会组织根深蒂固，在民族、宗教、语言、习俗等方面具有整合的能力，或为具有较大影响的地方势力，在处理该

①云南省富宁县地方志编纂委员会编：《富宁县志》，昆明：云南民族出版社，1997年版，第532～533页。

地区的民族事务方面具有得天独厚的优势，在维持地方统治秩序和维护社会治安等方面均能起到蒙汉官员所不能起到的作用，因此他们成了元王朝统治云南的基层力量。

元代，云南壮族土司政权确立的经济基础是封建领主制的土地制度。其社会结构主要由领主、农奴和自由民3个阶级构成。在土司统治下，封建农奴主和农奴两大阶级分为5个等级：第一等级为土司及其亲族，享有各种特权；第二等级为布苏、布斗、伙头之类的土目，他们依仗土司势力，对农奴实行剥削和压迫；第三等级为自由民，他们有自己的土地，有人身自由，但社会身份普遍不高，仍是土司的属民，要接受土司的统治；第四等级为农奴，他们对土司有人身依附关系，处于被奴役的地位，不能入学读书和参加科举考试等；第五等级为家奴，是土司家的奴仆，世代为奴。①

在土司制度下，土司既是封建政权下的统治者，又是本土内的封建领主，他们把领地内的"官田"分为名目繁多的役田让农奴耕种，对农奴进行残酷的剥削。据《广南县志》载，广南土司的役田名称如下：

拉狗田：土司打猎时，有的村社专为土司牵猎狗所种的田。

烧烤田：逢年过节时，有的村社专为土司烧烤乳猪所种的田。

汤粑田：担负舂、磨糯米送给土衙做汤圆所种的田。

扫把田：专供土司家使用扫帚的农户所种的田。

粽粑田：专供土司家包粽子用的糯米、棕叶、谷穗草等所种的田。

三牲田：按规定时间、数量给土司家送鸡、鸭、肉的农户所种的田。

---

①广南大百科全书编纂委员会编：《广西大百科全书》第8卷《经济》，北京：中国大百科全书出版社，2008年版，第16～17页。

烤火田：专供土司家取暖及平时所需木灰所种的田。

瓦窑田：专供土司家修建房屋所用砖瓦的农户所种的田。

织布田：专供土司家所需土布的农户所种的田。

哭丧田：土司家死人时专门组织哭丧队伍的农户所种的田。

守坟田：专为土司家守坟的农户所种的田。

吹鼓田：专门负责为土司府衙（家）吹唢呐、吹号、敲锣鼓的农户所种的田。

喂奶田：为土司家小孩喂奶、洗尿片的农户所种的田。

放炮田：专门为土司衙门放炮的农户所种的田。

洗衣田：为土司家洗涤的农户所种的田。

针线田：专门为土司家做针线的农户所种的田。

抹便田：专供土司家排便所用草纸的农户所种的田。

松毛田：专门为土司家采摘松毛的农户所种的田。

此外，还有养牛田、养羊田、养鹅田、养猪田、送鱼田、烧鱼田、烧柴田、献茶田、打酒田等。[①]农奴耕种这些田地，都要缴纳实物地租。除此之外，土司官员上任、过节、婚嫁、庆寿、开印、出巡等，还要农奴挑水、打柴、送钱、送物，进行超经济剥削。

元朝重视对边疆少数民族地区的开发，特别是赛典赤·赡思丁和纳速剌丁父子，相继主政云南行省二十多年，兴修水利，大量垦荒，开采矿产，大力发展手工业，使云南出现"居民辏集，禾麻蔽野""百姓富庶"的景象。[②]

①云南省广南县地方志编纂委员会编：《广南县志》，北京：中华书局，2001年版，第796~797页。

②（元）郭松年著，王叔武辑校：《大理行记校注》，昆明：云南民族出版社，1986年版。

第二节 明代土司制度的变化

明朝建立后，明太祖朱元璋及其继任者采取了一系列措施来加强君主专制统治：改中书省为内阁，其后又建立巡抚及总督制度；改地方的行省为掌民政的承宣布政使司、掌刑名的提刑按察使司和掌军政的都指挥使司，合称"三司"，下辖府、州、县等行政机构。与此同时，又进一步理顺土司职官体系，使土司制度更加完善，并在边疆民族地区建立卫所，大力推行屯垦制度。在社会经济方面，则实行了许多有利于农业、手工业与商业发展的措施，使社会经济结构和阶级结构逐渐发生一些新的变化，商品经济的发展开始孕育着资本主义的萌芽。云南的社会经济和文化亦因此发生了翻天覆地的变化。

一、明代土司制度的完善

明朝建立之初，云南仍处于元朝梁王的控制之下。洪武十四年（1381年），朱元璋亲自部署，调集30万大军，以颍川侯傅友德为统帅，永昌侯蓝玉为左副将军，西平侯沐英为右副将军，率部对云南进行征讨，活捉了元行省丞相达里麻，其后梁王自杀，元朝在云南的势力迅速崩溃瓦解。洪武十五年（1382年），明王朝即在云南设立都指挥司和布政司，公布法律，安定全省秩序。与此同时，"踵元故事"①，全部接收了投明的各地土司，包括广南西路宣抚使侬郎金、富州土知州沈大忠、教化三部长官司长官龙者宁、安南长官司副长官那

---

① 《明史·土司传》。

由等。

明代云南壮族土司的概况如下：

广南西路宣抚使侬郎金，洪武十五年（1382年）归附明朝，仍袭宣抚使职，其后明朝廷改广南宣抚司为广南府，委任王道广和廖铉为广南府知府。但由于土司势力强大且民族问题复杂，知府借口"为避瘴疠"而居昆明和临安（今建水），不敢到广南履职，明朝廷只得于洪武十七年（1384年）增设土同知职，授侬郎金为广南府同知，并允许世袭。此后，广南侬氏土司一脉相承：郎金传贞佑（洪武十九年袭），贞佑传郎举（洪熙元年袭），郎举传胤祖（英宗正统初袭），胤祖传俊（天顺年间袭），俊传寿龄（宪宗成化元年袭），寿龄传良应（宪宗成化三年袭），良应传仕英（宪宗成化十八年袭），仕英传添寿（武宗正德十年袭），添寿传承恩（嘉靖年间袭），承恩传文举（万历七年实授同知），文举传应祖（万历三十一年袭），应祖传绍周（崇祯初袭），绍周死后，由其子侬鹏继任。

富州土知州沈大忠，洪武初年归附。大忠因作战时被射伤右臂，脚又患风疾，令其子沈絃经赴京朝觐告袭，洪武三十一年（1398年）获准。絃经及其子政告袭期间患病，改由沈善袭（正统七年），善传继祖（成化元年）。继祖病故绝后，由堂兄沈宣袭（弘治六年）。此后，宣传贵（弘治十三年），贵传文秀（嘉靖后期），文秀传文斌（嘉靖后期），文斌传锐（万历前期），锐传世禄（万历中期），世禄传得圆（万历中期），得圆传明通（万历后期）。[1] "沈明通孱弱，不振州治，为其部下李天保所据。明通出奔叛朝。"[2]

教化三部，一在教化，一在枯木，一在八寨，合三部为一司。

---

[1] 富宁县地方志编纂委员会编：《富宁县志》，昆明：云南民族出版社，1997年版，第533页。

[2] （清）师范：《滇系·越西路考记》，清光绪十三年（1887年）云南通志局刻本。

洪武十四年（1381年）龙者宁纳款归顺，任长官司长官。者宁后传宜，宜传保，保传蛟，蛟传彻，彻传古，古传凤翔，凤翔传敬，敬传胜安，胜安传上登，上登居阿雅地。明末，上登拒绝王弄山沙定洲相约为乱，被阿迷女土司万氏率兵进攻，"万氏分兵三路攻上登，一出史拱，一出暮底河，一出三板桥。上登不能支，携妻奔交趾，后病死"①，其地为万氏所吞并。另有八寨龙氏于永乐十二年（1414年）归顺，亦立为长官司长官，万历间（1573～1620年）被李应辉、白林两家攻占，后传至李成林。还有龙敬次子胜全居枯（古）木，其后冒姓张，居教化，与沙源联姻。②

安南长官司副长官那由，洪武十五年（1382年）以地归附。正德八年（1513年），土舍那代助蒙自土舍禄祥作乱，被讨平。万历四十八年（1620年），建水刀春琪勾结交趾攻破五邦等地，王弄山土目沙源率兵堵截，斩其伪侯伯3人，因戍边有功，巡抚委之以王弄山长官司副长官，《新纂云南通志》载，沙源"骁勇，有将才，数从征调有功。继以征建水功，复以安南长官司废地界之。后征东川、水西、马龙山等处，全云南会城，称首功，累加至宣抚使"。"蒙自土目何起龙据新现，多不法，源以计灭之，并其地。诸土司尽败之，唯沙氏独强。"沙源戎马一生，为维护边疆稳定做出了重要贡献，同时也给其后世的发展壮大奠定了基础。他死后，由长子定海继位，定海死后，又由次子定洲承袭。

除上述土司外，还有维摩土舍沈启后和牛羊土舍侬金贵。

维摩土舍沈启后，因明成化八年（1472年）交趾入侵，抚司调其

---

① （清）汤大宾、周炳纂，娄自昌、李君明点注：《开化府志点注》，兰州：兰州大学出版社，2004年版，第9～10页。

② （清）汤大宾、周炳纂，娄自昌、李君明点注：《开化府志点注》，兰州：兰州大学出版社，2004年版，第119～120页。

抵御，立功后留守此地，封为土司。启后死，子开先继。嘉靖三十七年（1558年），交趾又进犯弥勒、维摩、师宗等地，开先伏兵斩首千余，授维摩州土官印信。开先传子游龙，游龙传沈札，沈札传沈忠，沈忠传沈孟。①

牛羊土舍侬金贵，于成化八年（1472年）率部前往偬猒（今广西靖西至大兴一带）抗击交趾入侵，所战皆捷，胜利后被"督抚奏准命职牛羊都司"②。金贵传继武，继武传宗武，宗武传得功。③

明代土司职官分文职和武职两类。武职土司隶属于兵部，有宣慰司、宣抚司、安抚司、招讨司、长官司等；文职土司隶属于吏部，有军民府或土府、土州、土县等。明代土司制度较元代更趋完备与规范，包括土司建制及职官，土司承袭及奖惩，土司的兵制、法制及贡赋，等等。

宣慰司主要编制为：宣慰使1人（从三品），同知1人（正四品），副使1人（从四品），金事1人（正五品），经历1人（从七品），都事1人（正八品）。宣抚司主要编制为：宣抚使1人（从四品），同知1人（正五品），副使1人（从五品），金事1人（正六品），经历1人（从八品），知事1人（正九品），照磨1人（从九品）。安抚司主要编制为：安抚使1人（以五品），同知1人（正六品），副使1人（从六品），金事1人（正七品），吏目1人（从九品）。招讨司主要编制为：招讨使1人（从五品），副招讨1人（正六品），吏目1人（从九品）。长官司主要编制为：长官1人（正六品），副长官1人（从七品），吏目1人（未入流）。此外，"又有蛮

---

① （清）汤大宾、周炳纂，娄自昌、李君明点注：《开化府志点注》，兰州：兰州大学出版社，2004年版，第120页。

② 见西畴鸡街岔河村建于清代的侬养仁墓碑碑文。

③ （清）汤大宾、周炳纂，娄自昌、李君明点注：《开化府志点注》，兰州：兰州大学出版社，2004年版，第1121页。

夷官、苗民官及千夫长、副千夫长等官"①。

"军民府、土州、土县，设官如府州县。"②军民府或土府主要编制为：土知府1人（正四品）、同知1人（正五品）、通判1人（正六品）、推官1人（正七品）、经历1人（正八品）、知事1人（正九品）、照磨1人（从九品）。土州主要编制为：土知州1人（从五品）、同知1人（从六品）、判官1人（从七品）、吏目1人（从九品）。土县主要编制为：土知县1人（正七品）、县丞1人（正八品）、主簿1人（正九品）、典史1人（未入流）。

明代为编织地方基层统治秩序网络，还设有正、副土巡检司和土驿丞。土巡检司的巡检、副巡检都是从九品，负责缉捕盗贼、盘诘奸伪等。土驿的驿丞均从九品以下（未入流），负责邮传、迎送，并根据来往使客的品秩、仆夫的多少，提供相应的舟车、夫马及生活用品。

关于土司袭替的规定。据《明史》载："袭替必奉朝命，虽在万里外，皆赴阙受职。"按明制，"土官承袭，务要验封司委官体勘，别无争袭之人，明白取具宗支图本，并官吏人等结状，呈部具奏，照例承袭"③。即是说：土官袭职者必须出具亲供册，载其先世事迹、职任、所领境界、人户及贡赋之数，且有邻近土职具结证明文书，经布政司核夺，给文诣吏部候敕书，再由验封司签发号纸作为凭证。其后又规定：土官无子者，允许兄弟袭职；土官没有子弟，许令其妻或女婿中一人袭替；土官应袭子孙，年五岁以上者，勘定立案，年十五岁以上许令袭替，如年未及，暂令协同流官管事；土官袭职后要"习礼三月",然后才能"回任管事"。对土司的承袭文书,明朝皇帝一般批示"准世袭",并通过区别对待,达到驾驭土司的目的。[①]

又据俞汝楫《礼部志稿》载:明代土官袭替后,由朝廷发给信符金牌,"其制铜铸信符五面,内阴文者一面,上有'文行忠信'四字,与四面合编其字一号至一百号,批文勘合底簿,底簿付云南布政司。其阳文信符四面及批文各一,至布政司比同底簿,方遣人送使者以往,土官比同阴文信符及勘合,即如命奉行。信符之发,一次以文字号,二次行字,移忠、次信,周而复始。又置红牌镂金字敕书谕之。凡有调发及当办诸事,须凭信符乃行,如越次及比字号不同,或有信符而无批文,有批文而无信符者,即是伪诈,许擒之赴京,治以死罪"[②]。

明代对土官相互杀伐的行为管得较严,往往以出兵弹压的方式处置。对土官不履行职责或犯罪、犯错者也要追究,对立功者则奖,对胜任有余者升迁。如,洪武年间,明朝确定改广南宣抚司为广南府,并正式设置广南卫后,引起土同知侬郎金父亲侬贞佑的猜疑,于是在广南卫指挥使命令都指挥同知王俊率云南后卫官兵到广南筑城建卫时,率众布列山头,阻止王俊及其官兵入城。王俊派人说服侬贞佑未果,于是发兵强攻,并堵截侬贞佑出入的各路通道,逐一攻破侬贞佑管辖范围的大小村寨,侬贞佑前无活路,后无救援,最终被王俊部队活捉并押送到京城,侬郎金也因此受牵连而降职为通判。永乐十七年(1419年),富州土知州沈政发动叛乱,朝廷命黔国公沐都督萧缓率湖广、云南兵入富州征讨平定。正统六年(1441年),富州沈土司与广南侬土司因土地纠纷而发生内讧,导致社会混乱,朝廷又命沐昂等

---

① 《土官底簿》,载《文渊阁四库全书·史部三五七》,台北:台湾商务印书馆版,第387~407页。

② 申时行等修:《明会典》,北京:中华书局,1989年版。

进行勘察调处。沐昂通过了解后认为：沈土司和侬土司均没有叛逆的行为，仅因一些小事内讧，相互告状，请求对有意犯事的沈土司进行严惩，其后朝廷惩办了沈土司。又如景泰年间（1450～1457年），广南侬应荣叔侄作乱，总兵官沐琳派遣军队征讨平定。天顺七年（1463年），侬郎举因从征有功，被升任为同知等。宣德六年（1431年），安南长官司那代反明，官军进剿，以其地并入蒙自县，撤长官司。

明代土司武装，是国家机器的一个组成部分，召之成则成，召之征则征，"凡军制内外相维，武官不得辄下符征发……土司，诸番都司卫所，各统其官军及其部落，以听征调、守卫、朝贡、保塞之令"①。土兵"七人为伍，每伍自相为命。四人专主击刺，三人专主割首，所获首级，七人共之。割首之人，虽有护主击刺者之责，但能奋杀上前，不必武艺精绝也"。布署之法：将千人者，得以军令临百人之将；将百人者，得以军令临十人之将。一人赴敌，则左右大呼夹击，一伍争救之。一人战没，左右不夹击者，立斩，一伍之众，皆论罪及截耳。一伍赴敌，则左右伍呼而夹击，一队争救之。一伍战没，左右伍不夹击者，即斩；走者斩；言惑众者斩；敌人冲而乱者斩；敌以金帛遗地，拾者斩。其功赏之法：战没者，临阵跃马前斗，因而破敌，虽不获级，而能夺敌之气者，受上赏。斩级者论首虏，斩级而冠同伍者，辄以其伍属之。②

关于土官朝贡和赏赐。按明制："湖广、广西、四川、云南、贵州腹里土官，遇三年朝觐，差人进贡一次，俱本布政司给文起送，限当年十二月终，到京庆贺，限圣节以前，谢恩无常期，贡物不等。"朝贡既是土司向朝廷表明隶属关系的输诚和效忠，即所谓"贡方物，

---

①《明史·职官志》。
②魏浚：《峤南琐记》卷下，丛书集成初编本。

表诚敬"①，同时又是朝廷对土司进行有效控制的一种方式，即所谓"土地既入版图，当收其贡赋"②。朝贡的方物主要有：马、象、犀角、孔雀尾、象牙、象钩、象鞍、象脚盘、蚺蛇胆、金银器皿、玉石、青红宝石、围帐、金绒索、各色绒绵、各色布手巾、花藤席、降香、黄蜡、槟榔等。③据史料载：土同知侬郎金归顺明朝后，即带锦绮纱锭等赴京向朝廷进贡。"永乐十二年，龙者宁贡马15匹，以其为八寨长官司副长官。""宣德元年（1426年），广南土官侬郎举来朝，贡马。""宣德四年，七月癸亥，教化三部长官司营长阿宗等贡马。越十七日，赐教化三部长官司营长阿宗等纱、绽、纷罗、绢衣等。"嘉靖十四年（1535年），教化三部长官司之八寨长官龙上登入朝进贡，所贡物品有"马、犀角、孔雀尾、象牙、象钩、象鞍、象脚盘、蚺蛇胆、金银器皿、青红宝石、玉石、围账、金戎索、各色戎线、各色手巾、布、花藤席、降香、黄蜡、槟榔"等。④

朝廷对土官赴京朝觐进贡非常重视，洪武七年（1374年），朱元璋曾告谕中书省臣："蛮夷在前代多负险阻，不受朝命。今无间远迩，皆入朝奉贡。顾朕德薄，其何以当之？古之王者，待远人厚往而薄来，其各加赐文绮袭衣以答之。"⑤回赐的数量大抵依职官品级而定："凡三品、四品，回赐钞一百锭，彩段三表里；五品，钞八十锭，彩段三表里；六品、七品，钞六十锭，彩段二表里；八品、九品，钞五十锭，彩段一表里；杂职衙门并头目人等，自进马匹、方物，钞四十锭，彩段一表里；随来土官弟男并把事，钞二十锭，从

①《明太祖实录》卷八八。

②《明史·四川土司二》。

③（明）俞汝楫：《礼部志稿》卷三六《主客司职掌·土官》。

④张自明修，王富臣等纂：《马关县志》卷二《风俗志·夷族琐记·侬人》，民国二十一年（1932年）石印本。

⑤《明太祖实录》卷八七。

人、伴吏钞十锭。"[1]朝贡的具体程序为：土官所差之人到京后，鸿胪寺即与引见，并投进实封奏本，其方物赴礼部验进。嘉靖元年（1522年）又规定：凡"佐贰官以下，及把事头目护印舍人，只许朝觐年入贡，每司量起的当通把三二人，赍执方物，多者给与本册咨批，少者给与咨批，各给关文应付马匹就彼变卖银两贮库，降香、黄蜡、茶叶等物，要实重五十五斤为一扛，每扛赏阔牛绢二疋，照扛递加，其不由本布政司起送，或斤重不足，差人过多，不待朝觐之年，擅自起贡，礼部不与进收，责逾道回，赏赐应付，通行停止。二年议准前数项及过限一月，俱属违例，止减半给赏，若违例多端者不赏；七年，披造：湖广土官袭授宣慰、宣抚、安抚职事者，差人庆贺，每司不许过三天，其三年朝觐，每司止许二人，大约各司共不过百人，起送到京者，不过二十人，余俱存留本布政司听赏，所司办验方物，造册给批，差官伴押到京，礼部验批相同，方与赏赐应付；凡到京过期，减半给赏。弘治三年以后，正月内到者亦全赏，二月到者减半，该赏半表裹者，折与阔生绢二匹。隆庆五年，题准过期半年以上不给赏"[2]。

二、明代卫所与屯垦制度的建立

卫，即明初兵制。洪武二十六年（1393年），全国有27个都指挥使司，3个行都司，1个留守司。都司的划分，一般以省为单位。都司辖各地的卫所，卫设卫指挥使司，有指挥使、指挥同知、指挥佥事等官。每卫又辖前、后、中、左、右五千户所，以五千六百人为一卫，一千一百二十人为一千户所，一百一十二人为一百户所。明代以建立卫所作为封建国家强有力的支柱。据《明史·兵志·卫所》载："天

---

[1]（明）俞汝楫：《礼部志稿》卷三八《主客司职掌·给赐》；《明史·土司传》。
[2] 申时行等修：《明会典》，北京：中华书局，1989年版。

下既定，度要害地，系一郡者设所，建郡者设卫，大率五千六百人为卫，千一百二十人为千户所，百十有二人为百户所。"设正千户1人，正五品；副千户2人，从五品；镇抚2人，从六品。每千户所辖百户所十，百户为正六品，管百十有二人，所设总旗二，小旗十，大小联比以成军。其取兵有从征，有归附，有谪发。从征者诸将所部兵，既定其地，因为留戍，归附则胜国及潜伪诸降卒，谪发，以罪迁隶于军者，其军皆世籍。当时全国共设卫492处，守御所359处。

明初进入云南的军队，大部分就地留守，先后建立了二十卫、三御、十八所，包括云南左卫（六千户所）、云南右卫（六千户所）、云南中卫（六千户所）、云南前卫（五千户所）、云南后卫（五千户所）、广南卫（四千户所），宜良所、安宁所、易门所、杨林所、十寨所，以上37个千户所的屯地，主要在云南府、澄江府、广南府境内。曲靖卫（六千户所）、越州卫（二千户所）、平夷卫（二千户所）、六凉卫（六千户所）、马隆所、定雄所、木密所、凤梧所、武定所，以上21个千户所的屯地，主要在曲靖府、寻甸府、武定府境内。临安卫（五千户所）、通海御（二千户所）、新安所，以上8个千户所的屯地，主要在临安府境内。全云南的千户所多达133个，总共159600人。朱元璋还下令把这些留戍人员的家属全部送到云南，让其落籍定居下来，从而便成了159600军户。东北自乌撒，西南到金齿卫，沿交通线星罗棋布。[①]其中的广南卫指挥使司就设在广南府。

广南卫指挥使司，设指挥使二员、同知四员、金事三员、经历司经历一员、知事一员、镇抚司镇抚一员、千户所四所、正副千户九员、百户三十二员、三分马步旗军六百三十九名、七分屯军九百二十名、舍丁二百七十七名、军余四千六百七十名。广南卫的设置，使广

---

①方国瑜：《云南地方史讲义》（下），云南广播电视大学，1983年内部发行，第40页。

南府得以重兵把守。但由于"其地多瘴疠，中原之人，惮入其地，未至固已怯畏，一入其地，气候不齐，蒸湿特甚，往往不战而死，既不可速战，又不可持久"①。加之"卫所之外，郡县有民壮，边郡有土兵"②。广南卫即在广南府的政局基本稳定后移驻滇池。

明代的军户，世代为军，既入军籍，不准改变，也不得逃亡。《明会典》载："军户不许将弟男子侄过房与人，脱免军籍。"又载："军户子孙畏惧军役，另开籍或于别府州县入赘、寄籍等项，至原卫发册清勾。"逃亡者勾回，勾军之法最严。如正德《云南志·列女传》载："谢氏，孙彬妻，吴人，广南卫军。永乐初，絮谢戍交趾清化卫，生子敬，彬卒，谢守节，久之，有诏复安南国，撤戍，乡同戍者，强敬由海道趣吴下，谢曰：汝父占戍籍，汝私还，勾牒必至。及循故道，徒步间关，临本卫。"可见，若私逃，就要按收军册到原籍勾回，勾捕不到正身，则亲戚都要受累。万历年间，云南巡按周懋相的《条议兵食疏》说："祖军尺籍，即远在万里，人隔数代，勾军一至，甚有丁尽户绝，累及业主与甥婿者。"《明会典》载："凡军、民、医、阴阳诸色户，许各以原抄籍为定，不许妄行变乱，违者治罪，仍从原籍。"又载："军发卫所，民归有司，匠隶工部。"

《明会典》还说："洪武三十五年，令各处卫所，每卫委指挥一员，每所委千户一员，提督屯田。""永乐二年，令各处卫所，凡屯军一百名以上委百户一员，三百名以上委千户一员，五百名以上委指挥一员，提督屯田，不及百名亦委百户一员提督。"另据《明史·职官志》讲："都指挥使司，指挥使及同知、佥事，常以一人掌屯田，卫指挥使司、指挥使、同知、佥事分理屯田。"《明史·食货志·田志》又说："其制……军屯则领之卫所。边地三分守城，七分屯种；

---

① （明）陈子龙等编：《明经世文编》卷七三，北京：中华书局，1962年版。
② 《明史·兵志三》。

内地二分守城，八分屯种。每军受田五十亩为一分，给耕牛农具，教树植。""照屯田事例，每人给田三十亩，纳子粒米六石。三年免征。"①

　　明朝在云南广设卫所后，驻军的给养便成为一大棘手问题，洪武十九年（1386年）西平侯沐英上奏说："云南土地甚广，而荒芜居多，宜置屯令军士开耕，以备储偫。"②沐英的建议深获朱元璋赞赏，他对户部大臣说："屯田之政，可以纾民力，足兵食，边防之计莫善于此……英之是谋可谓尽心，有志古人，宜如所言。然边地久荒，榛莽敝翳，用力实难，宜缓其岁输之粟，使彼乐于耕作，数年之后，征之可也。"其后，明朝即决定在云南实行大规模屯垦。据万历《云南通志·兵食志》载：当时军屯的人数就达到29万人，屯田面积达130万亩。

　　明初除大兴军屯外，还大力组织民屯，"移中土大姓以实云南"，在人口稠密地区实行"移民就宽乡"的政策。洪武二十年（1387年），就曾命令湖广常德、辰州二府民家三丁以上者出一丁往屯云南。洪武二十二年（1389年），又组织"江南江西人民二百五十余万入滇，给予种籽、资金，区别地亩，分布于临安、曲靖……各部县"。公元1392～1398年，"再移南京人民三十余万"入云南。③由此可见，以民屯入云南的内地汉族数量也不少。此外，还有因商屯而移入云南的汉族。

　　商屯一般由商人在边境地区募民耕种，然后将粮食就近缴纳到边境的军储仓，换取食盐运售凭证"盐引"，以从事食盐贸易。《明史·食货志》说："视时缓急，米值高下，中纳者利否，道远地险则

---

① （明）张任：《十寨善后疏》。
② 《明太祖实录》卷二〇一。
③ 吕志伊、李根源：《云南世守黔宁王沐英传附后嗣略》，见《滇粹》，1912年铅印本。

减而轻之，编置勘合及底簿，发各布政司及都司卫所，商纳粮毕，书所纳粮及应支盐引数，赍赴各转运提举司照数支盐；转运诸司亦有底簿，比照勘合相符，则如数给与。"

明代遍行卫所及屯田的目的，既是从军事的要求出发，也是为了恢复农业生产，确保赋税征收。《明史·食货志》说："屯田之制，曰军屯，曰民屯，曰商屯。其制：移民就宽乡，或招募或罪徙者为民屯，有领之有司，而军屯则领之卫所。"又说："天下卫所州县，军民皆事垦辟，民屯皆领之有司，而军屯则领之卫所。""明初，各镇皆有屯田，一军之田，足赡一军之用，卫所官吏俸粮，皆取给焉。"《赋役志序》还讲："国朝养兵之费不出于民，可谓万物易之令典矣！"

为鼓励移民屯垦，明政府还提供耕具、种子，并下令新垦荒地三年免征。《明实录》载："洪武二十六年定，凡屯种合用牛支，设或不敷，即便移文取索，若官厩数多，差人发遣，如果路途遥远……就给官价，民间买用。""计天下屯牛二十五万五千六百十四支。云南都司一万五千二百八十四支：水牛九千七百八十二支，黄牛五千五百二支。弘治中，报册屯牛共八万二千九百四十三支。云南都司所属云南左等二十五卫所，共牛一万五千六百五十支。"

明代为了维持交通，还在山险路僻之处设置哨戍，派兵常驻守哨。正德《云南志》说："云南地方，夷汉杂处，盗贼出没无常，故于各道路每十里或二三十里各设哨戍以守之，大哨五十人，小哨或二三十人，俱以指挥、千户、百户等官守之。各哨兵俱连家小住扎，一年一换。亦有民哨，与军相兼守哨。"由于哨戍多在山路边上，久而久之渐成村落。张仲信说："明初开滇，戍大江南北壮丁数十万家填实之，度其可耕之土，给为世业，三分屯而七分守；兵无更调之

劳，粮无飞鞔之苦；屯法一兴，边徼遂定。"①

明代卫所与屯垦制度的设立，对社会经济发展的作用是很大的，特别是"诸卫错布于州县，千屯遍列于原野"，军屯与民户参错而居，对云南社会产生了重大影响。第一，大量的汉族人口迁入云南，使各个地区都出现了一大批新的居民点，从而改变了云南民族成分的比例，汉族人口开始居第一位。第二，四五十万汉族劳动人民到云南进行开发，他们使用较为先进的生产工具和生产技术，开辟田亩、兴修水利、发展交通，改变了当地落后的生产技术和粗糙的生产工具，大大地促进了边疆地区农业、手工艺和商业的发展，对当地的社会经济发展起了积极作用，特别是地处滇桂通道要冲的广南等地，更是出现了"滇铜粤盐，百货辐辏于其途"的繁荣景象。随着广南府辖区内弥勒湾—上安排—者报—者兔—木帖—董那—高枧槽—蜈蚣—乡水—普厅—平领—者桑—剥隘等驿站的开设，滇桂通道更为畅通，广南府城成了滇东南地区的商业重镇。据章潢《图书编节略》载："广南一郡，便于入粤，而艰于去滇，去泗城（今广西凌云）不二百里，而近普安、安龙，商旅往来自粤者，日夜不绝，今仍为通衢。"第三，迁入云南的大量汉族，还将内地的文化习俗带到边疆。到万历末，谢肇淛的《滇略》载："高皇帝既定滇中，尽徙江左良家河右以实之，及有罪窜戍者，咸尽室以行；故其人土著（民户）者少，寄籍（军户）者多，衣冠、礼法、语言、习尚，大率类建业（南京的古称）；二百年来熏陶渐染，彬彬文献，与中州埒矣。"

不过，据《明史·食货志·田制》载："太祖赐勋丞公侯丞相以下庄田，多者百顷，亲王庄田千顷。又赐公侯及武臣公田，又赐百官公田，以其租入充禄。"说明除军民屯垦的田地外，还有大量的职田

---

① 鄂尔泰、尹继善修，靖道谟纂：雍正《云南通志》"序"，文渊阁四库全书本，台北：商务印书馆，1986年版。

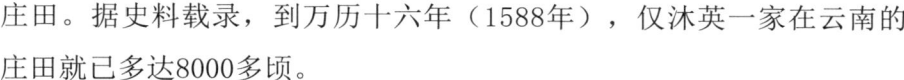

庄田。据史料载录，到万历十六年（1588年），仅沐英一家在云南的庄田就已多达8000多顷。

明王朝在云南的统治，所恃者军队，即屯戍在云南的卫军。但自明中叶以后，卫军制度日趋衰败，到明朝末年，政治黑暗，卫军已不堪用于战阵了。张仲信在康熙《云南通志·序》中说："明季，军非旧籍，田各易主，变军为民，屯政之坏，乃不可复旧也。世袭之官，尽是纨绔，屯守之卒变为耕农，将骄卒惰，政繁赋重，驯至兵食两绌，以底于已。"故遇有征战，明统治者只得招募民兵和调用土司兵。王元翰在《革宁州乡兵碑》中说："夫滇流土并设，汉、夷两兵，夷兵即今各土司奉调兵是也，汉兵即今参（将）、游（击）招募兵是也。"又天启《滇志·兵食志》载："所至效用而奏功者，土司兵耳。"然而，土司兵并不效忠于明统治者，如崇祯三年（1630年），阿迷州土司普名声因疆吏谋害，联结宁州土司反抗，全滇震动，沐氏调元谋土司吾必奎助战。崇祯五年（1632年），普名声阵亡，其妻万氏招沙定洲为赘婿。其后，疆吏又压制吾必奎，弘光元年（1645年），吾必奎起兵连破州郡，沐氏又调沙定洲兵助战，次年（1646年），必奎死，沙定洲驱逐沐氏，据会城。

三、沙定洲之变

整个明代，云南都由沐家世袭镇守。自沐英至沐天波，共有二王、一侯、一伯、九国公、四都督，与明朝相始终。《明史·云南土司传》载："自沐英平云南，在镇十年，恩威著于蛮徼，每下片楮，诸蕃部具威仪出郭叩迎，盥而后启，曰：此令旨也。沐氏亦皆能以功名世其家。每大征伐，辄以征南将军印授之，沐氏未尝不在行间。诸土司进止予夺，皆咨会之。"明在云南设都、布、按三司，并以沐氏在云南"开门节度，闭门天子"。

沙定洲乃王弄、安南长官司长官沙源之次子，自幼受父亲熏陶和教育，"兴邦立业"，习兵善战，甚得民心。他为人性格粗犷，娶原阿迷（今云南省开远市）已故土知州普名声之妻万氏为妻，因非明媒正娶，万氏又犯寡妇改嫁之大忌，因而遭到各方攻击和毁谤。然而，沙定洲却在万氏的支持和帮助下，汇集了普名声的旧部，壮大了自己的力量，并迅速控制了滇南。万氏很重视发展生产，至今丘北还广泛流传着她支持修筑"桥背水"工程的故事，并把她奉为神灵，称之为"万氏祖母"。当时，沙定洲统管了王弄、安南、蒙自、阿迷诸司，其境"西自元江，南接交趾，东接广南，北至广西（今泸西），绵亘数千里。称兵二十万"①。公元1645年，即李自成率农民起义军攻占北京的第二年，他率部进入云南省城昆明，沐天波逃亡。

为肃清沐氏家族在云南各地的残余势力，沙定洲在通盘部署就绪之后，于公元1646年率部西进，追击逃往楚雄的沐天波，迫使他再西走永昌。其后，沙定洲派部将王朔、李日芳攻取大理、蒙化，另派一部攻取宁州，毙禄永命，平定迤东。至此，沙定洲控制了云南东部和西部的几大战略要地。②然而，就在沙定洲镇滇取得重大进展之时，中原的局势，在清军入关之后发生了战略上的根本变化，特别是在一些汉族地主联结清军把矛头对准农民军，捕杀李自成、张献忠之后，农民军改变了斗争的方向，从反明转向了抗清。活动在川黔一带的大西军余部，亦由孙可望、李定国等人率领，打起了"抗清复明"的旗号。

---

① （民国）龙云、卢汉监修，周钟岳等纂，李春龙、王珏等点校：《新纂云南通志》，昆明：云南人民出版社，2007年版。

② （民国）龙云、卢汉监修，周钟岳等纂，李春龙、王珏等点校：《新纂云南通志》，昆明：云南人民出版社，2007年版。

顺治四年（1647年），沙定洲得知沐天波到楚雄金沧道副使杨畏知处，"遂调兵七十二营围攻楚雄，环城掘壕为久困计"①，杨军据守80余日，"几不能支"②。此时，孙可望便由遵义进入云南，在交水（今沾益）、曲靖、陆良、宜良等地向沙定洲的军队发动攻击，"诈称黔国焦夫人之弟来复仇"③。沙军不得已，舍弃攻取楚雄的计划，转至草泥关，与孙可望的农民军激战，失利后退守阿迷（今开远市）。接着李定国又率农民军进攻滇南，兵临临安（今建水县）城下，沙定洲部将李阿楚组织全城军民拒守，与李定国军鏖战，双方损失惨重。最后李定国用"穴地置炮"的办法，终于把城攻破，沙军将士及临安百姓78000余人被杀于城外白场。农民军也因此元气大伤，无力再进攻阿迷。④顺治六年（1649年），农民军复由李定国率领，再次进攻沙定洲所控制的滇东南地区，围困沙定洲于汤嘉宾营地达3月之久。沙军终不能支，定洲与万氏辗转退守佴革龙（今丘北县腻脚乡），后被俘，被押送至昆明，剥皮于市。⑤

四、南明皇妹病逝广南对壮族的影响

崇祯十七年（1644年）三月十九日，李自成率领农民军攻入北京，推翻了明王朝的统治。此时，雄踞山海关外的清统治者趁机招降明朝守关的总兵吴三桂，四月十三日后，农民军在清军与吴三桂军队

---

①（民国）龙云、卢汉监修，周钟岳等纂，李春龙、王珏等点校：《新纂云南通志》，昆明：云南人民出版社，2007年版。

②（民国）龙云、卢汉监修，周钟岳等纂，李春龙、王珏等点校：《新纂云南通志》，昆明：云南人民出版社，2007年版。

③冯甦著，徐文德、李孝友校注：《滇考》（下），昆明：云南民族出版社，2002年版。

④（民国）龙云、卢汉监修，周钟岳等纂，李春龙、王珏等点校：《新纂云南通志》，昆明：云南人民出版社，2007年版。

⑤（清）倪蜕辑，李埏校点：《滇云历年传》，昆明：云南大学出版社，1992年版。

的合击之下迅速败退。1645年，李自成率部退走湖广，不幸在湖北通山县被当地地主武装杀害。1646年，不愿降服清政府的明将瞿式耜、何腾蛟等人在广东肇庆拥立朱由榔为帝，改年号永历，史称南明。

朱由榔，公元1628年生，受封为桂王，其宣布继承皇位后，辗转于全州、武冈、靖州、象州、柳州、梧州、南宁等地，公元1649年初，何腾蛟、瞿式耜分别在湘潭、桂林被清军所执，不屈而死。顺治八年（1651年），清兵攻入南宁，朱由榔逃奔，后入云南广南的太平寨。①

当时，永历帝要到广南的情况被打着"反清复明"旗号的原大西军将领孙可望得知后，即派副将王爱秀呈奏疏道："正月初三日接外后营总兵狄三品等塘报，云皇上驾抵皈朝，欲移幸广南，臣不胜欣喜。臣前预虑圣驾必有移幸之日，所以先遣各营兵马肃清夷氛，道路无碍。广南虽云内地，界邻交趾，尚恐敌情叵测。臣再思维，惟安隆所乃滇黔粤三省会区，城廓完坚，行宫修葺，巩固无虞。且以皇上屡历艰危，当思长策，岂可再触惊忧。今若竟抵安隆，暂劳永逸，一切御用粮储朝发夕至，较广南逼近交夷，安危又大不同矣。特遣副总臣王爱秀前来奉迎。若异日中原大拓，东南移都，亦无艰难纡折之苦。临奏不胜激切。"永历朝廷在走投无路的情况下，勉强接受孙可望的安排，在王爱秀护送下搬到了安隆千户所，为了使名字好听一些，遂将安隆千户所改为安龙府。据《南明野史》载，永历五年（清顺治八年，1651年）十一月十一日，"帝由土司入黔境。至罗江界，已三十余里。清帅线国安以清兵追蹑于后……次日，乡民以闻，云清兵已回，上下稍安。及过罗江；猝遇可望所遣总兵高文贵、陈国能、狄三品等讨皈朝叛逆，方还师，乃相率嵩踄。可望致书从官曰：'南宁不

---

① （明）王夫之《永历实录》载："六月，清兵攻南宁，上奔太平。"

守，当走安隆。'从之⋯⋯永历六年壬辰，正月癸酉朔，帝野次。三日，至皈朝。十一日，发皈朝。十二日，次富州。十三日，次沙斗。十四日，次西洋江。十六日，至广南⋯⋯二十五日，发广南，次童卜。二十六日，次晒和。二十七日，次鼎贵。二十八日，次加浦。二十九日，次那年。三十日，次侄堂。二月癸卯朔，次呼马。二日，次扁牙。三日，次板屯。四日，次板桥。五日，次峒沙。六日，至安隆所。可望遣总兵张胜屯兵安隆城外来谒，请易安隆所为安龙府"。

《残明纪事》还载："时廷臣扈随者，文武止五十余人，加上少数兵丁、随从人员和家属眷口也不过二千九百余人。"永历六年（1652年）壬辰正月癸酉朔，帝野次，"三日至皈朝。十一日，发皈朝。十二日，次富州。十三日，次沙斗。十四日，次西洋江。十五日，次宝月关。十六日，至广南⋯⋯二十五日，发广南，次童卜⋯⋯二月⋯⋯六日，至安隆所"。就是说，永历帝和他寥寥可数的廷臣、家眷（包括其妹安化郡主）在万般无奈之下，于公元1652年正月初一从广西进入时属广南府下辖的皈朝，在那里度过了传统的春节，十六日又至广南府城，在此驻扎了9天，安化郡主因病留在了当地，永历帝等则在云南辗转一个多月后又迁入原大西军余部控制的贵州安隆千户所。"王自入黔，无尺土一民"，被迫把自己和小朝廷的命运完全托付给原大西军。

公元1655年（永历九年，顺治十二年）正月，永历帝由李定国迎入云南，在昆明五华山建立皇宫，过上了几年苟安的日子。但到1659年（永历十三年，顺治十六年）正月，清军吴三桂部、卓布泰部、多尼部分三路从遵义经七星关、平浪（今都匀），过安隆和平越再经关岭铁索桥，同时向云南发起进攻，继而进占昆明。次年八月，清廷以内大臣爱星阿为定西将军，率部往云南会剿。1661年八月，永历帝在李定国的护送下从滇西进入缅甸。九月，清军又分两路追击南明永历

帝，爱星阿、吴三桂率右路5万兵出陇川、勐卯（今瑞丽），马宁、王辅臣率左路2万兵出姚关。十二月，吴三桂部进入缅境，迫使缅甸政府交出永历帝。公元1662年初，永历帝被吴三桂从缅甸押至昆明，"四月二十五日，三桂杀永历于滇城篦子坡"，永历政权最终灭亡。李定国在勐腊闻永历讣，于六月二十七日哀愤而死。

原本随永历帝朱由榔到广南的安化郡主因病留在当地的具体情况，史书没有记载，但笔者通过田野调查得知，她被安置在分水岭附近寨子的壮族农户家治疗，壮家老妇见安化郡主为人亲和善良，便如同亲生女儿一般对待，请来最好的壮医为她精心治病。安化郡主在得知临近的革农村（今太平寨）不幸遭遇火灾，村民因住房衣食俱焚而苦不堪言时，毅然将随身所带银两捐给灾民重建家园，从而获得壮族民众的信赖，乡亲们都亲切地称她为皇姑。皇姑对国家民族深陷残酷的战乱非常担忧，祈盼天下太平，国泰民安，但却事与愿违，她最后

图4-3　安化郡主之墓

还是在过度忧伤及病重中闭上了眼睛。安化郡主死后安葬于马蹄井边，因当时马蹄井是荒坡野地，豺狼虎豹出没不断，革农村的乡亲于心不忍，便将她的遗体移至寨中安葬，在碑上刻写"明桂恭王府安化郡主之墓"（见图4-3），并举行隆重的接魂仪式，还在墓前建皇姑庙（见图4-4），供民众每年祭祀。

壮族祭祀皇姑的活动非常隆重，每年农历四月第一个虎日（寅日）即皇姑祭日，太平寨的全体村民都要身着鲜艳的民族服装，抬着一乘彩轿，会同周边群众（包括汉族和其他民族），就像过节一般，于早晨8点左右，扛着彩旗，敲锣打鼓，燃点鞭炮，吹着唢呐，到1公

图4-4　皇姑庙

里外的马蹄井去迎接皇姑的灵魂到太平寨的皇姑庙内。迎接皇姑的队伍到达马蹄井时，要由主持人上香祭奠，并摆出水果、糕点、红糯米饭等供品，待观察到有蝴蝶、蚂蚱或青蛙等动物入花轿后，即由数十名壮家妇女排成两行，手扯天桥（用白布）缓慢地从马蹄井接皇姑回皇姑庙，许多中老年人则手捧清香和纸钱加入迎皇姑的队伍，一同到皇姑坟前及皇姑庙内焚香化纸，虔诚地向皇姑表示悼念之情，并祈求平安。至如今，"接皇姑"已流传了360多年，成为广南独具特色的一项民俗文化活动。

第三节　清代云南壮族土司辖区的改土归流与关哨汛塘设置

清朝建立后，仍设吏、户、礼、兵、刑、工六部，六部的尚书和侍郎都是复职，即一满族一汉族，还设有一个与六部同等地位的理藩院，专管边疆民族事务。而总督、巡抚是省级的最高长官，总督一般辖两省，巡抚则只辖一省。督抚之下，省级官员又有布政使、按察使和提督学政。府、州、县（厅）是清代地方行政单位，由知府、知州、知县或县令掌管。清初，云南省的土司官制大抵沿袭明制，但其弊端和危害日益明显，故随后即进行"改土归流"，逐步废除土司制度。云南壮族土司辖区的改土归流的情况总体如下：

一、云南壮族土司辖区的改土归流

清初，云南土司官制大抵沿袭明制。但经过王朔反清与清平吴三桂两次战争之后，清政府当即将教化三部长官司（今属云南省文山州境）、王弄山长官司（今云南省文山州老回龙等地）、牛羊都司（今云南省西畴、麻栗坡两县地）、维摩土州（今属云南砚山、丘北两县地）的土司制度废除，另设府、厅、州、县等行政机构，委派流官进行统治。具体情况如下：

康熙四年（1665年），以教化、王弄、安南三长官司的土司龙升宵、张长寿、龙元庆、李成林和牛羊的依得功及维摩的沈应麟、沈兆麟等附王朔、禄昌贤叛，被诛。康熙六年（1667年），清政府对教化三部、王弄山、安南三长官司地实行改土设流，以其地设开化府，清丈民田共75395.62亩，每亩科粮1.15斗，实征秋粮8349.386石。次年即在开化（今云南省文山市开化镇）筑土城。开化府隶云南布政司，下辖开化里（以教化司改）、王弄里（以王弄司改）、安南里（以安南司改）、永平里（以八寨司改）、东安里（以牛羊司改）、乐农里（在陆竜、新现境设）、江那里（以维摩州改）、逢春里（以古木司改），皆以土司苗裔催征该里钱粮，赴府完纳。雍正八年（1730年），云贵总督鄂尔泰奏准在开化府下添设文山县和马白（今马关县）同知。嘉庆二十五年（1820年），总督伯麟奏准，又改马白同知为安平抚彝同知，分管东安（今西畴、麻栗坡两县部分地区）、永平（今马关县八寨镇及红河州河口县部分地区）、逢春（今文山市古木乡、柳井乡一带）三里，其余开化（今文山市开化镇、追栗街乡、平坝镇及喜古乡一部）、王弄（今文山市簿竹镇、小街乡及红河州屏边县、金平县部分地区）、安南（今文山市簿竹镇一部和红河州蒙自县老寨乡一带）、乐农（今文山市德厚镇、红甸乡、秉烈乡、马塘镇及喜古乡、坝心乡一部）、江那（今砚山县一带）五里，仍属文山县管辖。道光三年（1823年），又在江那里的基础上设江那县丞。[①]

---

① （清）汤大宾、周炳等纂，娄自昌、李君明点注：《开化府志点注》，兰州：兰州大学出版社，2004年版，第19页。

除上述土司辖区被改为流官统治外，尚有广南府土同知和土富州知州仍然保留。此外，由于交趾军队常沿畴阳河进犯东安里一带，清政府又命牛羊寨土舍侬得爵之子宗武"抵御交趾，授都司职"，世守边境。为加强对他们的控制，清政府对土司的承袭、分授等均做了严格规定。

据史籍记载：原广南土同知侬鹏于顺治十六年（1659年）到七省经略洪承畴处投顺，将印信、号纸呈缴。康熙二十年（1681年），侬鹏率部配合清兵分路搜讨吴三桂潜聚于广南的大将夏国相、高起隆、廖进忠、王永清等，并擒夏国相等于西板（松）桥。康熙二十一年（1682年），清廷命侬鹏袭土同知职（正五品），基本上是因袭明制。又据广南土同知《报历代顶辈相传亲供图居址疆界清册》《新纂云南通志》和道光《云南志钞》等史籍载，清广南土同知的任职顺序依次是：侬鹏（康熙二年袭）、侬绳英（康熙四十七年袭）、侬振裔（雍正七年管事，乾隆二年袭）、侬毓荣（乾隆二十五年袭）、侬世昌（乾隆四十七年袭）、侬世熙（嘉庆九年袭）、侬兆桂（道光七年袭）、侬兴道（道光二十六年袭）、侬茂先（同治二年袭）、侬鼎勋（光绪十三年袭）、侬鼎铭（光绪二十四年袭）。[①]

广南府管辖的土富州知州沈明通长子昆常也于顺治十六年投诚缴印，清廷仍授土知州职（从五品），后被革职，由弟昆成袭，昆成传肇乾（康熙二十九年袭），肇乾传灿（乾隆二年袭），灿传毓栋（乾隆三十九年袭），毓栋传佩玙（嘉庆十七年袭），佩玙传岑氏（因子绍裘未及岁，由母代执政），岑氏传绍裘（咸丰五年袭），绍裘传定

---

① （清）李熙龄著，杨磊等点校：《广南府志点校》，兰州：兰州大学出版社，2004年版，第122页。

坤（光绪七年袭）。^①

清代的广南府辖区（包括土富州），在"云南省东南八百五十里，东西距七百二十里，南北距四百三十里。东至广西思恩府土田州（驻今田阳）界四百二十里；西至开化府（驻今文山）及广西州（驻今泸西）界三百里；南至交趾（今越南北方）界二百九十里；北至广西泗城府（驻今凌云）西林县界一百四十里；东南至广西镇安府（驻今德保）界二百九十里；西南至临安府阿迷州（驻今开远）界四百里；东北至广西泗城府西隆州（驻今隆林）界二百一十里；西北至广西（今泸西）弥勒县界三百里。自府治（今广南莲城）至京师九千五十里"。此外，广南侬氏土司为扩大自己的势力范围，还分封一些族人到开化府东安里、广西府（今泸西）维摩州等地的重要村寨去控制地盘。康熙八年（1669年），清廷又决定"裁广西府的维摩州，以其地归广南府"。

在清朝中期之前，广南侬氏土司仍然是广南府的最高统治者，掌握着政治、军事、民刑、钱粮大权。土司衙署大门上竖有"广南世袭清军府"直匾，"土同知辖三十六营……土富州辖四哨十八夕"，土司武装头目则设置为千总、把总、游击等。清代侬氏土司还有15旗常务兵，每旗50名，共750名，这些旗兵也叫清兵。知府（流官）仅能控制城镇，广大农村仍是土司管辖。土司衙门的人下乡，还"借称府名，派收点卯，承袭该管花红，以及外针线等"。侬氏土司仅向朝廷"每岁贡百石（八宝米）"^②。广南者太乡登卡村后山立有一块《永远古例牌》，上面便记录了广南土司批准者太营修塘房、烟墩、牌

　　①（清）李熙龄著，杨磊等点校：《广南府志点校》，兰州：兰州大学出版社，2004年版，第122～123页；富宁县地方志编纂委员会编：《富宁县志》，昆明：云南民族出版社，1997年版，第533～534页。

　　②（清）李熙龄著，杨磊等点校：《广南府志点校》，兰州：兰州大学出版社，2004年版。

坊、大围墙，并按旧规收取大派年例的情况："计开广南清军府本主侬为者太营大派年例旧规：者太营古例大派共合钱六十千文……洒水钱三千……那龙曹出钱三千文，乎拉下寨出钱二千文，乎拉上寨出银二两……马安山出钱一千文。"据了解，广南县那洒镇岜皓河中游两岸有"那赛"（土司官田）近千亩，由土司嫡系侬鼎儒家世代管理，他家又安排任团练的李如忠家管理祭竜田的陆茂林家，而负责收取"烧山吃水钱"的陆绍先、陆正邦、陆玉山家则到各村收钱。不过，自雍正六年（1728年）清政府开始在云南推行"江内宜流不宜土"[①]的政策，并在云南内地废除土司制度之后，广南侬氏土司在这一政策的威慑之下，为保全自己的统治地位，不得不向朝廷岁增粮二三千石，并"自愿"捐款修建府州城垣，且接受流官的多方遏制，以此来取得朝廷的宽宥。为进一步加强对土司辖区的控制，清廷于乾隆二年（1737年）决定在广南府"添设宝宁县，县治与府同城"。第二年，云南巡抚张允随奏称"广南府所设之宝宁县既与同知同住府城，共管地方，凡命盗案件，请令宝宁县移令土同知一体查辑。限满无获，将知县与同土知一并揭参……"乾隆三十五年（1770年）二月，清廷又认为"广南府址有同城之宝宁县，不成郡"，因而"改府为省辖直隶厅，裁宝宁县，及典史裁汰，设照磨"。之后又认为不妥，复于乾隆三十六年（1771年）恢复府治和宝宁县。当时宝宁县的辖区很宽，包括今广南全县及砚山县之维摩、阿基、者腊、阿猛、蚌峨，以及丘北县之天星、平寨和富宁县之田蓬、木央、郎恒、睦伦、里达等乡镇。广南废府设县的工作，几经周折，直至民国二年（1913年）才完成。

为了进一步控制土司武装，使之服从征调，"抵掌疆场、奔走御侮"。清廷亦做了许多具体规定，如每名土兵"各给兵田二十亩，各

---

① 《清史稿·鄂尔泰传》。

自耕种，不输差饷，仍循旧例，免其升科"[1]。土兵随征，军粮、军火运输，陆路每百里为一站，用车、马运送；山路险陡，军粮、军火百斤雇夫2名背负；水路船运，百斤百里给运费银一分；沿途供应，由经过的州县负责备办米面，安排住宿，雇集人夫、马匹、车船等。对于土官、土兵的抚恤，清廷的规定亦日益具体，如乾隆三十七年（1772年）兵部将原定按绿营兵丁数额减半发放给打仗阵亡、受伤的土兵土练的"赏恤"明确为：三品土官赏银250两，四品土官赏银200两，五品土官赏银150两，六品土官赏银100两，七品、八品土官赏银50两，并都加衔1次，其子承袭1次，照八品奖赏，但不给加衔。乾隆三十九年（1774年）兵部又规定：土兵打仗受伤，列为头等给银15两，以下递减，五等给银5两，无亲属领受给2两，总督、巡抚、提督、总兵委员致祭，出征亡故土官亦发赏银。乾隆四十九年（1784年）兵部还规定：作战受伤的土司、土兵，给一定期限，在期限内亡故，仍按阵亡例议恤[2]；打仗阵亡的土司可入祀昭忠祠，并给世职；等等。

清廷还要求严正地方司法，指出土司对所属土民科派太多，"生杀任情，土民受其鱼肉"，"汉奸为之主文办事，助虐逞强"，因此，务必"严饬所属土官，爱恤土民，毋得肆为残暴，毋得滥行苛派，倘申饬之后不改前非，一经发觉，土司参革从重究拟，汉奸立置重典"。[3]对土官家族内部的诉讼，不再任由边臣解决，可以上诉中央王朝决断。据了解，广南府宝宁县还以立石碑刻的方式来约束土司土目，如清乾隆六年（1741年）立的《宝宁县古太老爷示》碑载："照得马合寨……每年额完秋差改米仅可五十石足用以外……近查得该寨

---

①《清世宗实录》卷一二〇。

②（清）昆岗等修，刘启端等纂：《钦定大清会典事例》，《续修四库全书》卷八〇七，上海：上海古籍出版社，2002年版，第229页。

③《清世宗实录》卷二〇。

老人、目老每年每里收米二十四五筒不等，较之完数过多。"又如小广南于乾隆六年（1741年）七月立的石碑载："示谕者马（小广南的壮语名称）合寨老幼百姓悉：照得者马一寨原有粮田三百六十里……每年额完秋差改米仅可五十足用，以外并无多费。近查得该寨老人目老每人每里收米二十四、五筒不等，较之完成过多。今本县逐加酌定，每里只收二十筒，倘老人目老等仍敢照前收取，许寨民赴县禀报，以凭重究……"再如乾隆十一年（1746年）知府宋成绥出示的禁令讲："示仰各营布斗、伙斗等以及土承本家属下乡，不许滥用派寨民夫马，供应钱文及指称府署差役。"富州沈氏第十七代土知州沈肇乾则于雍正八年（1730年）因罪被朝廷革职。

二、清朝设关哨汛塘

随着清朝政权的不断巩固及流官统治的进一步加强，滇东南、滇南均有清兵进驻。清朝行绿营兵制，与明朝只在主要的交通线上设哨不同的是，清兵所有镇、协、营都在一个固定地区分防驻守，称为"汛地"，委千总、把总领兵驻扎。特别突出的是，其防卫网的设置已经遍布高寒山区及国境线上。据道光《云南通志》载："关、哨、汛、塘之制，诘奸究而戒不虞。"又载："设立哨塘，分置兵役，星罗棋布，立法至为周详。"志书还载：康熙六年（1667年），清廷在教化三部、王弄、安南三长官司地实行改流并设开化府的同时，便建开化镇，辖中、左、右三营，设总兵官1员，游击3员，守备3员，千总6员，把总12员，马战兵240名，步战兵960名，守兵1200名；康熙二十一年（1682年），又建广南营，设游击1名，守备1名，千总2名，把总4名；康熙四十年（1701年），再置中军守备署，设守备1名，守备署下设广南军械局，归守备署司理；雍正二年（1724年），改守备署为参将署，设参将1名；雍正七年（1729年），开化镇又添设三营各外委千总2员，外委把总12员；乾隆元年（1736年），以开化镇兼辖广罗协、广南营镇标兵；乾隆十九年（1754年），又改左、右营游击为都司，统辖兵2340名，内防兵1115名，驻扎各汛；乾隆三十六年（1771年），又在富州添设广南府分防普厅塘经历；光绪二十九年（1903年），参将署下还设有广南火药局，火药局设督造委1名，委任地方绅士2名，督办加工火药事宜，由道关请领药本，按月认解6000斤火药。

清廷在滇东南、滇南各府州县设置的关、哨、汛、塘如下：

开化府所辖的文山县：杨柳河关；新现、坝洒、老寨、麻栗坡、乐竜、石榴第、江那、者腊、六诏、河口、石头寨等11汛；石洞、红坎、禾木坎、冲莫、者安、新者白、那木果、红石崖、洒卡、百户、水卡、新现、竜古、所里城、王弄山、小水田、老寨、闸门、杨柳河、鸣旧、舍所坝、呀拉冲、法古、天生桥、侬人河、路梯、汤坝、缅甸、石榴红、脚侧、乐竜、滴水、二塘、三塘、一字桥、江那、铳卡、芹菜、石硐、乾河、阿鸡、者腊、六诏、阿香、南平、上拱、树奈、漫来卡、黄果卡、下田房卡、大湾子卡、自石头卡、南渣卡、南并卡、翁正千卡、大石头卡、清水河卡、大多衣卡、蛮耗卡、上田房卡、补支卡、石头寨卡、萨乌迭卡、地洗白卡等64塘卡。

开化府所辖的安平厅：大窝、马白2关；牛羊、马达、箐日、天生桥、扣览、马街、山车、八寨、交趾等9汛；马鞍山、锡板、保路、西洒、蝴蝶、漫竜、普元、牛羊、马达、老崖、天生桥、威龙、牛羊坪、沟绞、枯木、杨柳井、斗嘴、大汛、山车、克夕、马街、底泥、八寨、老八、箐口、大树、三岔河、画眉、新寨、漫老等30塘；马桑、关稿、者囊、普竜、洒扫、扣览、竜困、扣满、达干、奎布、偏保、样色桥头、瑶人寨、下藤桥、上藤桥、老虎跳、天生桥、韭菜坪、牛羊坪、火烧地房，湾子箐口、箐口、番山、城子、木兔底、新卡、冷卡、法支革大卡、法支革小卡、多罗、龌龊、竜那、小天生桥、戛鸡、猛蟒、腊兔、大坝、南西、马式克、山腰、漫昏、漫期、扎爪、漫峨等44卡。[①]

广南府所辖的宝宁县：宝月关；板蚌、者宾、富州、剥隘、普梅、阿记得、弥勒湾、命帖、者洪等9汛；乃安、坝下水、威泌水、里贡、上野、那达、麻莞、郎海卡、麻篓卡、皈朝、董那孟、高枧槽、西洋江、安兴灰、蜈蚣箐、木郎沟、过流坡、响水、安环甲、沙斗、者郎、安戈部、波淋、瓦窑、四亭、三亭、老鬼坟、平岭、匾令、岩哈、洞耶、戈革、那尾、宝月关、杨柳井、罗贡、普厅、者桑、剥隘汛、者岭、剥峨、剥濑水、威竜卡、铁厂卡、维摩卡、黑达卡、那撒卡、皂马卡、革鲊卡、平寨卡、狗街卡、猴街卡、羊街卡、坝旧卡、木梳卡、阿妹卡、董布街卡、板江卡、董布卡、木英卡、达妥卡、里黑卡、美汤卡、美得卡、董昂卡、孟梅卡、南利卡、木瓯卡、蔑那卡、革掌、红石岩、阿卡黑、猓哆驿、界牌卡、克林、拖白泥、母猪黑卡、者况、宜乐、高山流水、者豹、六郎、下安排、上安排、法车、杨伍、新塘、维摩、三眼井卡、糯古八达卡、木帖、者兔、者钟、马别河、法白、董播、分水岭、打戛、阿科、者歪、八选、罗里等102塘卡。[②]

临安府建水县：大关、箐口2关；沙坝、乾沟、沙扎、南庄、定凝、乾龙井、马料河、麦冲、娑罗庄、相见坡、黄草坝、个旧、大坡丫口、七科树、白水河、马鞍山、将台、马坊、谢家湾、三转湾、黄土坡、阿卜关、石子坡、野马川、青花堡、双山、香木桥、曲江等28

---

①方国瑜：《云南地方史讲义》（下），云南广播电视大学，1983年内部发行，第71～72页。

②方国瑜：《云南地方史讲义》（下），云南广播电视大学，1983年内部发行，第61页。

哨；建水县、曲江、大石硐、簸岩等4汛；迎恩、赛公桥、南庄、茶庵、三转湾、石子坡、野马川、香木桥、虎街、蛇街子、侯家箐、栏头波、马坊、谢家湾、杨家庄、沙札哨、挝甸、梭罗庄、扳枝花、土地庙、狗街子、清水池、花椒寨、禾木冲等24塘。阿迷州：东山、阿宝2关；木棲黑、东山、马者、乱石、木朵黑、攀枝花、佐纳山、镇蛮、铁驴坡、大庄寨、波黑、红果、阿豆马、中坡、太平、新兴、长坡、多衣、安边、羊饸、沙札、丫口、观音洞、深沟等24哨；阿迷汛；样田、安边哨、山头铺、土地庙、石榴村、盘江、镇蛮哨、布沼哨、双水、打铁寨等10塘。蒙自县：箐口、大窝2关；法果、松林、一碗水、乌谷、个旧、水龙井、倘甸军、倘甸民、镇远、水浆、芭蕉、雷公等12哨；蒙自、斗母阁2汛；浆水池、倘甸关、十里、长桥、芭蕉哨、白谦河等6塘；席家渡、北山等9塘。①

广西直隶州：法徒、阿矣、大明、竜客、邱矣、木革、永安、阿达、镇南、烟光、黄泥、赤喜、山怒、沙土、撒普、圭罗、纳你则、麻子、威（宁）、阿鲁里、脚册、宗览、平沙、方摆等24哨；必块、柴村、曲矣哨、飞土、山林哨、午街铺、龙潭河、脚册、黄泥口、乌泥白、槟榔洞等11塘。师宗县：兴隆、额勒、普得、板桥、木古革、捏龙、阿古、鸭子塘、竜阔、长坡、矣维、矣马、阿勒卡、归德、三乡城、矣堵、八达、大勒、腻那革、布红、蛇街子、黄泥、荞地湾、怀远等24哨；师宗、丘北、架哈、阿盈里等4汛；顶塘、设桥、米车、阿保塞、马厂卡、阿盈里汛、竜庆里、豆温乡、得冲哨、歹鲁哨、沙马、顶塘、阿勒卡、阿得卡、阿额、树皮、龙喜、石盆、白色古、沙子、架哈汛、腻革竜、戛勒、小江口、普者黑、白马寨、官寨、革

---

①方国瑜：《云南地方史讲义》（下），云南广播电视大学，1983年内部发行，第55～57页。

勒、马者竜等29塘。[①]

弥勒县：捏沼、革泥2关；弥东、白马桥、那革、（宁）吾、乾沟、红山、番客、龙潭、弥南、菜子、横水塘、清水塘、乱石坡、新哨、习干、中哨、小龙潭、普冲、杉松、降璞、三界、摆头目、大（宁）、拖果、法果、言者竜、黑山石、补足、清水塘、平鼓、额白冲、弥西、黑桥、阿鸡、普安、勇烈、永（宁）、阿当、弥北、蛇跨、布完、设都、法矣、马蚁等44哨；弥勒、竹园村、弥勒湾等3汛；蛇花塘、牛背村、明午哨、弥东哨、清水塘、新哨、石冈哨、竹园村汛、石牛坡、（宁）旧、二台坡、杨泗庙、大江边等13塘。[②]

布置关哨汛塘，多在清初，这一制度曾为稳定边疆、巩固国防起到了很大的作用。但自清中叶以后，绿营兵制逐渐衰颓，尤其是咸同年间云南农民起义以后，绿营窳败更甚，所设关、哨、汛、塘兵丁名额逐渐被裁撤，改为民户，成了定居在山区的汉人。这些汉人大都是穷苦的劳动人民，他们分散在山林偏僻之区，聚成村落，由线发展成面，对开发山区客观上起到了重要的作用。江溶沅《稽查所属夷地事宜》说："历年内地人民贸易往来纷如梭织，而楚、粤、蜀、黔之携眷世居其地租垦营生者，几十之三四。"又说："客民经商，投向夷地，挈家而往者，渐次已繁，更有本属单子之身，挟资潜入，至于联为婚姻，因凭藉夷妇，往来村寨。"汉人中有"艺业生理"的工匠，有"挟资贸易"的商人，有"垦种以资生""佃种佣工"的农民，他们或"依村筑室，自成聚落"，或"斫树烧山，散在僻远"，与当地人民和睦相处，共同发展了山区的经济文化，也将民族关系推向前

---

①方国瑜：《云南地方史讲义》（下），云南广播电视大学，1983年内部发行，第77页。

②方国瑜：《云南地方史讲义》（下），云南广播电视大学，1983年内部发行，第77～78页。

进。如广南、开化二府，雍正间原本"俱系夷户，并未编丁"[1]，但后来《威远厅志》卷三载《云南督抚稽查流民奏》则讲："兹据开化府知府魏襄、广南府知府施道生禀称：'开化所辖安平、文山、广南所辖宝宁等属，因多旭地，川、楚、黔、粤男妇流民迁居垦种，以资窑计，其来已久，自道光三年清查，除客户艺业生历狭资主人由客长约束，其余耕种流民多有家室，即归各里乡约附入保甲。'……开化所属安平、文山等处，现计客户流民共二万四千余户，广南所属宝宁、土富州等处，现计客户流民二万二千余户。"《云南督抚稽查流民奏》还说："云南地方辽阔，深山密箐未经开辟之区，多有湖南、湖北、四川、贵州穷民往搭寮棚居住，砍树烧山，艺种苞谷之类，此等流民于开化、广南、普洱三府为最多。"这次清查的结果，全省客户流民竟然多达20余万。[2]

第四节　经　济

历经元、明、清三代推行土司制度，云南壮族不仅社会发生了巨变，而且经济发展亦突飞猛进。首先是元代赛典赤·赡思丁和纳速剌丁父子相继在云南主政的二十余年间，兴修水利，开垦荒地，发展生产，使境内出现"居民辏集，禾麻蔽野""百姓富庶"的景象。[3]《马可·波罗行纪》也说："阿木（今玉溪通海至元江一带）是东向日出处之一州，其民是偶象教徒，臣属大汗，以畜牧耕种为活，自有

---

①（清）鄂尔泰、尹继善修，靖道谟纂：雍正《云南通志·赋役志》，文渊阁四库全书本，台北：商务印书馆，1986年。

②（清）谢体仁：道光《威远厅志》卷三。

③（元）郭松年著，王叔武辑校：《大理行记校注》，昆明：云南民族出版社，1986年版。

其语言。妇女腿臂带金银圈，价甚贵，男子亦然，其价较女子所戴者更贵。产马不少，多售之印度人，而为一种极盛之贸易。其地有良土地，好牧场，故牛及水牛亦甚多，凡生活必须之物，悉皆丰饶。"这说明云南通海及滇东南一带壮族的生产力水平都已得到提高。继而是明朝设立卫所及大量移民进行屯垦之后，大量汉族移民与当地壮族和其他兄弟民族同胞团结奋斗、共同开发，又使云南壮族的社会经济发展到了前所未有的地步，尤其是玉米和马铃薯的传入、垦荒面积的扩大与耕作技术的提高，采矿、冶炼、铸造、纺织与交通运输业的兴盛，商品经济的繁荣与市民阶层的崛起，不仅使封建领主制更加完善，而且随着封建化进程的加速，封建地主经济随之产生，并有了资本主义的萌芽。

一、玉米和马铃薯的传入对云南壮族农业的促进

云南地处山岭盘错的高原，山间盆地和河谷仅占5%，明中叶以前，民众大都居住在盆地和河谷地区，亦有"居深山者，虽高岗硗垅，亦力垦之，以种甜、苦二荞自赡"①，但荞的产量低，广种薄收，提供的粮食有限，故人烟稀少。自明中叶之后，玉米和马铃薯传入云南，成了云南重要的粮食作物之一，随即促成内地流民大量入迁，至清道光十六年（1836年），迁入云南的客户流民竟多达20余万人，云南壮族人口也因此激增。另据各府统计，道光七年（1827年），云南全省共有耕地（民田）83744顷41亩6分，其中地39348顷2亩，田44223顷16亩9分。这与明万历六年（1578年）的17993顷58亩8分相比较，则在一个半世纪中，增加了6万多顷，增长近80%。所增长的6万多顷耕地绝大多数是新开垦出来种植玉米、马铃薯的旱地。在这些民田中，尚

①（明）陈文等纂修：景泰《云南图经志书》卷二《陆凉州风俗》。

不包括壮族等少数民族的田土，从道光年间的统计数字来看，有"夷地二十五段""夷田二百七十三段"，因为"免丈"而没有计在此列。

玉米和马铃薯传至云南后迅速成为山区的主要农作物，既扩大了耕地面积，又提高了粮食产量，从而使云南农业经济提高到一个前所未有的水平，这是云南农业经济史上的一次大飞跃。

农业的发展还反映在棉花、蚕桑、甘蔗、烟草、花生等经济作物种植面积的增加上。土司统治时期，云南壮族已经普遍种植棉花，还种桑养蚕并种植一种名为蓝靛的染料作物，种蔗榨糖业也很发达。烟草、花生原产于南美洲的巴西等地，也是在明朝后期由吕宋（今菲律宾）、安南（今越南）传入的。

除玉米、马铃薯、烟草、花生等旱地作物的大量种植而使云南农业经济提高到一个前所未有的水平外，明、清两代也非常重视水利建设、垦荒和提高稻田耕作技术，使水稻面积得以进一步扩大，并获得了增产增收。据《明史·沐英传》载："沐英在滇百业俱举……垦田至百万亩，滇池溢，漫而广之，无复水患……民以便安。"而当时的广南卫就已开荒垦田40578亩。清嘉庆二十年（1815年），宋湘调任广南府知府，见城内地势较高，用水困难，又捐款并亲自勘测水源，率士民凿拓了催耕塘、洗马塘，引水至府城，同时还筑南外八大河堰以障泛水，疏通西北官井二口，使水源不绝，解决了民众生产生活用水的困难。而开化府也在康熙七年（1668年）引黑龙潭水灌田，又在康熙十年（1671年）开沟，并在城西门筑孔公堤蓄水，以防水患。《滇南志略》还载："恩安有分济沟在城西，引利济河水灌西南田；天梯沟，分利济河水灌凤凰门前田；天梯二道沟，分利济河水灌天梯田；天梯三道沟，分利济河水导入小天梯五六里，分灌田地，俱入擦拉河；八仙海渠在城东，源出龙洞山后，凤凰绕山阴入擦拉河，雍正五年，疏渠开垦。西南濠，雍正十一年，发帑开修，自西门起至南门达淄泥沟，汇入凤凰山前，顺流而下，灌溉西南二门及戛铺寨下元村一带田亩，又从利济河引水入城，于西门二函洞出水，有蓄泄之利。又有象鼻岭、元宝山等七闸，水塘，新泽等六坝。"[1]康熙皇帝也曾经自豪地讲："前云南、贵州、广西、四川等省，遭叛逆之变，地方残坏，田亩抛荒，不堪见闻。自平定以来，人民渐增，开垦无遗，或沙石堆积难于耕种者，亦间有之，而山谷崎岖之地，已无弃土，尽皆耕种矣。"[2]

随着改土归流政策的实施及农业生产的不断发展，清政府已经开始在云南征粮收税，其中开化府征收"秋粮本色并折色改征本色米八千四百二十二石一斗三升，条丁银三百八十一两九钱，公件耗羡银六千二百五十三两六钱二分四厘"；广南府"征夏税麦子、秋粮米共一千四百五十八石二斗，地亩银一百六十六两三钱五分，公件耗羡银一千二百六两一钱七厘，征差发折色米七百一十一石一斗九升"。[3]此外，广南八宝米仍被列为皇宫御膳之用，由侬氏土司"每岁贡百石"[4]。

二、矿冶、铸造、纺织与交通运输业的发展

（一）矿冶业

明清时期，云南矿冶业也有了很大发展，据《大清会典》载："广西、云南、贵州产黄金、白金、赤金、锡、铝、铁、水银、丹

---

① （清）李廷辉纂：《滇南志略》。
② 《清圣祖实录》卷二四九。
③ 刘慰三：《滇南识略》。
④ 道光《广南府志》。

砂、雄黄，皆招商试采。"各处采矿和冶炼的收入颇为丰厚。而滇东南、滇南的矿产开采和冶炼，主要是银、金、锑、铜、锡和硝、硫磺等。

银矿主要在云南八寨长官司辖区内。明正统年间（1436～1449年）便有"云南左、临安卫官军家人，不时挟带兵器，聚众到八寨长官司所属地（今老君山、腰店一带）私采银矿，上命总兵等官揭榜禁约，都、按二司各委堂高法抚谕，令各复业。胡恃玩者即擒治之"。《明实录》和《明会典》均载：景泰二年（1451年）八月甲戌，云南右参议甘进修反映"云南军民及诸处逃来军匠常啸聚，千百为群，盗矿于诸银场，张旗持刃，杀伤甚众，其军官多纵子弟与通，不之擒捕"。由于银矿采冶乃惟利之所在，官僚眼红，致使矿税成为当时云南一大祸害，"杨荣为云南税监，肆行威虐，诬劾知府熊铎等，皆下狱。百姓恨荣入骨，焚税厂，杀委官张安民，荣益怒，杖毙数千人，又惩指挥樊高明，榜掠绝劻？以示众，于是，指挥贺世勋等率冤民万人，焚荣第杀之，投火中，并杀其党二百余人"[1]。对此，神宗感叹说："（杨）荣不足惜，何纲纪顿至此！"[2]至清代，银矿开采仍然具有相当规模，且为当时课银的重要来源，如黄龙山龙岩银矿，仅康熙四十六年（1707年）即按年产白银10620两定课银708两。

金矿主要在今云南省马关县东南65公里处的麻姑一带。据乾隆《开化府志》载："麻姑金厂，自雍正八年详请开采，旋即封闭，至雍正十年复开。""乾隆十五年开采，每年额征课金十两一分，遇闰加增九钱一分，后定例，每金麻一张，月纳课金一钱三分，年倒课金尽收尽解。"

锑矿的采冶主要集中在广南。清代即有云南宝华锑矿有限公司

---

[1]（明）王元翰：《凑民不堪苛政疏》；赵翼：《二十二史札记》。
[2]（清）谷应泰：《明史纪事本末》卷六五《矿税之弊》。

在革夺村投资开采锑矿并在县城冶炼粗锑，昆明李奕照开办的"宝元公司"则在九克村投资开采锑矿，还有广南八宝蒙氏族长集资在木利村开采锑矿就地冶炼，年产粗锑20余吨等。尤其值得一提的是，时任广南知府的茹仪凤深知发展地方经济的重要性，懂得外省籍人员背井离乡到广南开矿冶炼和经商实属不易，要"怜恤商民闯关险阻之疾苦"，提出了"减课以裕课，恤商以招商"来发展地方经济，培养财源税源，而不顾朝廷"凡纳税历有的规定"，实行"凡有铜、锡、杂货各项概入折征收"的政策，使来者得益，从而吸引了许多客商络绎不绝地到广南经商。

另据《滇南志略》载：土司统治时期，滇东南、滇南地区还办有硝厂和磺厂，如开化羊皮寨硝厂，年办硝三千五百斤，该工本、桶费、脚价银九十四两四钱一分四厘，拨交开化镇一千六百四十四斤一两四钱八分，省局一千八百五十五斤十四两五钱二分，节省运脚银十三两四钱一分六厘。又东安逢春里硝厂，年办硝三千五百斤，该工本、桶费、脚价银九十四两四钱一分四厘，拨交开化镇一千六百四十四斤一两四钱八分，省局一千八百五十五斤十四两五钱二分，节省运脚银十四两七钱五分七厘。丘北戛勒葫卢孔半边寺硝厂，年产硝八千斤，该工本、桶费、脚价银三百四两。科麻寨磺厂在文山，年办磺一千斤，该工本、桶费、脚价银五十两六钱八分六厘，拨交开化镇四百一十一斤，交省局五百八十九斤，节省运脚银三两三钱五分四厘。[1]

（二）铸造业

土司统治时期，云南的铸造业也有很大的发展，包括官办的铸钱

---

① （清）李廷辉纂：《滇南志略》。

和民间铸造铜鼓及其他日常生产生活用具。据《明史》卷八一《食货志五》载：明初洪武年间，"各行省皆设宝泉局与宝源局并铸，而严私铸之禁"。清代自顺治十七年（1660年），"云南设局开铸，次第设东川、顺宁、永昌、曲靖、临安、沾益、大理、楚雄、广南、广西（今泸西）各处炉座，以后或添或减，或开或撤，皆视搭放多寡，流布通塞，价值低廉，而斟酌损益于其间，以期上裕国用，下便民生，法至善也"。清代，广南府又于康熙四十一年（1702年）开始设炉铸钱，历时达23年之久，之后虽然暂停了一段时间，其后又于雍正十年（1732年）恢复铸钱，有炉子49座，钱币上铸有"宝云"二字，从广南府运往粤西转运汉口。至乾隆十六年（1751年），广南府铸钱局仍设有炉子15座，年产量30卯，生产钱币98640000枚。《清史稿·食货志》还载，清初广西未开炉鼓铸，所需兵饷，由云南"拨钱六万二千串"。此外，自乾隆元年（1736年）起，清廷还指令云南广西府（治今泸西）设高炉冶铸铜钱，每年办理运京铜钱34万余串，由广西府陆路运至广南府板蚌下船，再经广西至江南附搭漕船北运至北京交收。

　　铜鼓是壮族民众的礼器、重器和乐器，云南壮族民众至今仍在广泛使用铜鼓。据景泰《云南图经志书》载：班惟志有诗曰："奋臂挝铜鼓，吹唇舞战刀。"袁桷的《龙尾歌》也说："诸葛丞相韦郡王，村村列祠堂；瓢笙铜鼓群巫舞，牛肴狼藉羞琼浆。"[①]李思聪的《百夷传》同样提到铜鼓："铜铙、铜鼓、大小长皮鼓，以手拊之，与僧道乐等者，车里乐也。"车里，即今西双版纳景洪一带。清道光五年（1825年）的《广南府志》载知府董国华的《广南杂咏》道："蛮村重铜鼓，犹袭伏波名。埋没经尘劫，铿鍧发巨声。遗文添郡志，古色镇山城。不是郁林石，难胜归舫轻。"另一知府李熙龄的《铜鼓遗

---

① （元）袁桷撰：《清容居士集》。

珍》亦吟："伏波遗鼓制弥工，斑剥何曾蚀雨风。异代珍为夷俗乐，当年铸就汉家铜。摩挲遥想销兵气，歌唱常思立柱功。不朽勋名谁继美，千秋寄迹武侯同。"还有一佚名者的诗《铜鼓遗珍》道："征南人去已千秋，铜鼓还教绝壤留。细巧花纹侔骆越，太平歌唱集蛮酋。摩挲尚有神灵气，剥蚀都无风雨忧。见说边城不平静，频将遗制溯鸿獻。"当年在河南巩县任知县的广南人陈龙章，回乡养病时也写有"冬冬铜鼓响曾休，祭赛六郎信有求。夜静人家声寂寂，恐惊车马待神游"的诗句。由于壮族民众大量使用铜鼓，故文山州仍至今有人专门铸造此物，但其铸造的铜鼓体型比以前的矮小，类型主要有遵义型和麻江型两种。据统计，文山州现存的遵义型铜鼓有40面，麻江型铜鼓有74面，是云南这两类铜鼓最多的地方。[1]这两类铜鼓，鼓面都无立体蛙、兽饰物，花纹和图案也有衰退简化的趋势，但依然十分精美。

云南壮族厚爱银饰，以稀奇纯真为贵、精细别致为美。壮族工匠制作的银饰主要包括银泡、银锁、银铃、纽扣、耳环、耳坠、银牌、项圈、项链、领坠、手镯、手箍以及各种挂饰，还辅以金、铜、锡、锑、珍珠、宝石、玉器等，总计在百种以上。故而，壮族银饰加工在当地及周边久负盛名。最具代表性的是八宝坡现村，该村100多户人家就有70多户制作银器。

（三）壮锦生产等手工业

在土司统治时期，云南壮族在食品加工时已经普遍使用石磨、砻、碓、水碾了，说明其石材和竹木器皿的加工技术已经有了很大提升，而其纺织、酿酒、榨糖、榨油、制陶和造纸等手工业也呈现出蓬勃发展的景象，尤以壮锦和棉纸生产最具特色。

---

①黄德荣：《文山铜鼓》，昆明：云南人民出版社，2004年版。

　　壮锦是体现壮族纺织工艺最高水平的代表作，明朝即已作为贡品进贡朝廷，贵官富商也莫不争购，到了清代又有了新的发展。明邝露《赤雅》载：壮锦"用杂色丝绒织成，五彩烂然，与刻丝无异，可为茵褥，凡贵官富商，莫不争购之"。清张祥河《粤西笔述》也讲："壮人爱彩，凡衣裙巾被之属，莫不取五色绒以织布，为花鸟状，远观颇工巧炫丽。"沈日霖《粤西琐记》又说："壮妇手艺颇工，染丝织锦五彩灿然，与缂丝无异，可为褥，凡贵官富商，莫不争购之。"《广南府志》云："侬人……惯桃棉锦。"《开化府志》亦载：侬人"女勤耕织，惯挑棉锦"。壮锦多由数十种色彩斑斓的经纬线按不同构思织成纹样图案，如水、云、花、草、虫、鱼、鸟、兽及雷纹、回纹、斜纹、方格纹、网状纹、犬牙纹、脉叶纹、花草纹、铜钱纹等，也有在织锦上再刺绣出别具特色的图案的，如连柄石榴、群龙舞云、凤蝶通宝、鸳鸯戏水、马鹿穿山、五福捧寿、乾坤孕蛙等。壮族民众向来把壮锦作为美好生活的象征，妇女的头巾、围裙，小孩的背带以及嫁奁中的被面均不能少了壮锦，它体现了壮族人民高超的技艺、淳朴健康的审美情趣及风俗礼仪。此外，制锦水平的高低还是衡量一个姑娘是否聪明能干的重要标志之一，因此各地的壮族姑娘都把学习制锦手艺作为人生的一件大事来对待，她们从小就跟母亲和祖母学习制锦，并利用工余饭后和农闲时间，精心织制一幅幅壮锦，镶绣在头巾、衣襟、裙边、腰带和围巾之上，每逢赶街、过节或走亲访友时，也会携带用壮锦制作的锦袋、绣球、香包等各种生活用品，以示心灵手巧，并引人关注。

　　除此之外，壮族用"扎染纹颉"的方式在靛缸中套染多彩纹样的技术也有所提高。《开化府志》和《广南府志》中均有"花土僚，服尚青蓝，妇女衣花绣短褐"的记叙。《师宗州志》又讲："蚌别去鲁克四十里，去州城二百里，在八达江之南……多种稻棉为衣食，兼种

靛染衣。"①

滇东南、滇南地区水源丰富，植物繁多，为手工造纸提供了良好的条件。壮族传统的造纸多以竹子和构树皮为原料，共有十道工序：伐竹、破竹或取构树皮，浸泡，洗涤，再浸泡，捣碎，搅拌并按比例配滑根汤，抄纸，压纸，晒纸，合纸成刀。以广南者卡村生产的土纸（类似宣纸）最具盛名。该村有造纸作坊20余个，每一个作坊分别为几户或十几户村民轮流使用。者卡村人造纸选料十分讲究，上等原料多为嫩竹和构树皮。平时，人们采伐竹子，剔除枝叶，破为1米长、2厘米宽的竹片，捆好放在屋檐下阴干，或者砍伐构树剥皮备用，加工使用时再放入泡塘中浸泡，泡时每百片竹子或构树皮配15公斤石灰。浸泡分为两个阶段：第一阶段的时间为3个月，结束时放水将石灰冲洗掉；第二阶段再泡45天，当中每半月换水一次。经过两次浸泡的竹片或构树皮变得又白又软，随后便可捞出，放入石碓窝里舂碎，使其成为纸浆，再将纸浆放入纸浆槽里。纸浆槽是三面用石块砌成，一面用木板封口的专用设施，长1.9米、宽1米、深1.4米。在纸浆放入槽里以后，要配一种用杉松根加工成的滑根汤，再将其搅拌均匀。随后，用抄纸架抄纸，抄纸架用细竹丝组合而成，长0.8米、宽0.3米、高0.3米。抄起的纸放在压纸架的垫片上，垫片用细篾编成，抄纸满1000张后，要用木榨将水压出，随后再把纸一张一张地揭开晾干，最后把干纸叠成刀数（100张），整个的造纸工序才算结束。

者卡土纸以洁白柔韧、吸水透气、经久耐用著称，被布摩和歌手视为抄录经文、绘制神图、剪贴宗教用品和传抄民间歌本的必备之物，并被当地书法爱好者和绘画的艺人所看中，因而供不应求。

---

①（清）管棆纂修：《师宗州志》卷之上《上七嶂》，康熙五十六年修，雍正七年增刊本，台北：成文出版社，1974年影印本，第69页。

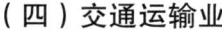

（四）交通运输业

　　土司统治时期滇东南、滇南的水陆交通运输业亦有长足发展。陆上的交通通道主要有广南路、罗平路、蒙自通道、南利卡通道；水上的通道主要有右江航道、红河航道等。明代章潢《图书编节略》载："广南一郡，便于入粤，而艰于去滇，去泗城（今广西凌云）不二百里，而近普安、安龙，商旅往来自粤者，日夜不绝，今仍为通衢。"康熙《云南通志》亦载：广南地处"两粤冲途，交夷要障……""东抵粤西，南临交趾，西通阿迷（今开远），北走弥勒，地当水陆之冲，川原最为险固"。道光《广南府志》也讲："郡属省之迤东，内接粤西，外控交趾，蛮僚错居，号称夷疆要地。"这说明在中国古代的地理版图上，广南府占据着十分重要的地理交通位置。

　　广南路是在特磨古道的基础上发展形成的，为连接昆明与南宁之间的大道之一，有的史籍亦称"粤西路"。其主道途经情况是：由云南治城金马之南，历狗街至大渔村，为呈贡境。循滇池东岸梁王山麓至马金铺，为归化境。又二亭达晋宁州，可九亭而夷。晋宁东南……逾石关达江川县，九亭。江川循星云湖上行，有海门桥，抚仙、星云之通津也……又循杞麓湖上行至通海县，号七亭，实六亭而已。通海南至曲江驿，路号八亭，实九亭而已。曲江南至临安府，气渐炎，夷险皆半，可九亭。临安东南……至阿迷州，通十二亭。阿迷东逾桥至东山关，有崇山，跻山必穷日力乃至。山巅为马者哨，土酋普氏据其地，重栅守之。居者百余家，夷多于汉，可四亭而已。马者东历矣马驿，至多褴铺，六亭。多褴铺东南至罗台驿，四亭。罗台驿逾山而南……至陇希寨，共四亭。陇希南至新哨……共六亭至弥勒湾。弥勒湾至俺排寨，共计八亭而遥。俺排寨东至者豹，号八亭，实六亭。者豹东南……共六亭至速为寨。速为东南历母忙寨，至木铁。

下有公署，上有侬夷寨数十余家。路坦夷，可四亭。木铁……四亭至广南府。广南南至宝月关，连山皆峭壁，不可通，唯此凿石通道，侬氏设关其上，严启闭。逾关至公署，可五亭。宝月关公署南经可王寨至西洋江，五亭。渡西洋江，至罗贡寨，共四亭。罗贡至布戛寨，共四亭。布戛南五亭至富州。富州东南三亭至板仑。板仑东三亭至纳桑寨。纳桑南入纳桑箐，地隶广西镇安州……出箐至镇安州，四亭。镇安东行川原中，原穷登岭，南入苟把箐，其长三十里，林莽倍密，实交粤弃地。夷寇之来，莫知其踪，行者以土兵夹卫。出箐为箐口寨，共六亭。箐口东至安得寨，共四亭。自安得至细村，六亭。细村东历六硐、那驮至归顺州，六亭。归顺……历花硐至霸笼墟，六亭而遥。自霸笼至小雷州，六亭。下雷州六亭，有高山公署，行旅止宿苦无水。逾石隘有三脚村，茅屋数家，皆凶狠，不能华言。三脚村……六亭而达龙英州。龙英东有关，为太平州界，其地去交趾仅二亭。渐上高岗，下至耸硐，六亭。耸硐东过养利州……四亭而遥，至七村。七村至左州三亭，州枕左江，舟行十日而达南宁。左州东达驮芦，四亭。驮芦东乱左江，至新宁州，四亭。新宁东至牛冈，六亭。牛冈至南宁府，再乱左江，五亭而遥。由云南临安弥勒湾、广南、富州、归顺至南宁府二千一百二十里。

上述为广南路的主干道，另外还有几条分路。其一，云南治城昆明经汤池至路南州，至发矣哨，至弥勒州，至竹园村，至江边，至阿小寨，至三乡城，至弥勒湾后会于广南路，共七百二十七里；其二，经弥勒州入广西府，至竜得哨，至弥勒，至三乡，再会弥勒湾入广南路，共一百九十五里；其三，经宝月关至阿用寨，至老太庄，至耿牙寨，至东坡，至归朝，至架村，至镇安州，共七百一十里；其四，经归朝东至四亭，至者散，至者冷，至博隘行舟四日达田州，又八日达南宁府。从广西府（今泸西）至广西南宁的驿道，在清代前期曾因运输滇铜而一度兴盛。

罗平路也是连接昆明与南宁之间的大道之一。其主道途经情况是：自云南治城东至宜良，至天生关，至赵夸，至师宗州，至罗平州，至三板桥，至江头，至黄草坝，至郑屯，至棸革，至安龙州，至板屯，至坝楼，至安隆司，至芭蕉关，至潞程，至王店，至归乐，至荣庄，至田州舟行八日至南宁。罗平路也有几条分路。其一，田州东至旧州，至上林，至果化，至隆安县，至大滩驿，至南宁；其二，自安笼所北至羊场军屯，至水桥军屯，至罗运，至打罕，至罗架，至火烘，至扁担关，至乎坝，至南宁。

蒙自通道和南利卡通道指自云南的蒙自县经莲花滩入安南石陇的交通要道，以及由普梅汛（今富宁县普阳）至孟梅卡（今富宁县茂梅）往西过普梅河进入麻栗坡县境，南行至南利卡，再进入安南的龙古寨（即龙姑）的通道。

清代以前，滇东南的教化、王弄山、安南三长官司地隶属于临安府，主要对外通道一是从开化（今文山市）至蒙自、临安（今云南建水）再至省城；二是经马白（今马关）抵安南的通道。康熙六年（1667年）改土归流而设开化府后，中央王朝势力逐渐深入，交通亦有所发展，形成了以开化府城（今文山市）为中心的几条对外通道。其一是文山经乐竜出蒙自达临安道；其二是文山经侬人河、石榴红出开远达省城道；其三是文山经江那汛（今云南砚山）达广南府道，即"由开化七十里至江那（今砚山）汛，七十里至阿鸡，六十里至阿鸡得，七十里至安排，五十里至广南府。由广南四站至剥隘"[①]；其四是文山经古木出马白（今云南马关县城）达交趾界道，进而形成了较大规模的马帮运输队伍。随着交通运输业的发展，开化府内形成了开化

---

①（清）汤大宾、周炳等纂，娄自昌、李君明点注：《开化府志点注》，兰州：兰州大学出版社，2004年版，第48页。

和马白两大集镇。[1]

右江航道是滇东南、滇南连接两广及内地的黄金水道，上自广南板蚌和富宁剥隘，下至广西百色，再经过田州、思恩至邕州，乃至梧州、广州。明清时期滇东南、滇南大宗货物运输必选此道水运，两广及内地的商旅及中原先进的生产工具和文化也是随各种商品溯这条航道传入滇东南、滇南的，故在土司统治时期此道同样为人流、信息流提供了得天独厚的条件。

据《云南通志》载：清雍正年间，云南、贵州、广西三省总督鄂尔泰向朝廷上奏《兴修水利疏》，雍正皇帝敦促"滇粤两省，领币以修河道"。河道经过修理疏通，水路航运从剥隘延伸到了西洋江下游的板蚌村，并建立了板蚌码头。道光《广南府志》载："在剥隘，西洋江、板蚌河二水汇此。东流出粤西右江，羊城贾客贸易于此。每晨兴货艇络绎溯流而上，黄昏始歇……篙声帆影，渔歌互唱，无异东南繁富之区。"另据《张允随奏稿》讲："通粤河道：一自罗平州之土黄河以抵粤西之百色；一自广南府之板蚌以抵粤西之西洋江，系升任督臣鄂尔泰及今督臣尹继善与臣节次开浚，现在舟运兵、米、京钱无阻。"又据《新纂云南通志》第57卷《交通考二·航道》载："剥隘属富州县（今富宁县），居滇桂孔道，为迤南门户，有小河可行小船，直达广西之百色。""该水发源于广西北路以及富属附近大山，会聚成河，夏季水涨，行船尚称便利。由百色来往船只，载货重量约可一千五百斤，水道由剥隘至百色约二百里。"

右江航道还是滇铜交换粤盐及其他诸物品的水上重要运输航道。乾隆《开化府志》载："乾隆二十一年，现在开化府每年行销粤盐四十万斤，领运脚银九千二百两，自百色接收，雇备船脚，运至各地

---

①杨永福：《中国西南边疆古代交通格局变迁研究》，昆明：云南教育出版社，2014年版，第191页。

行销。""乾隆二十三年，奏请以滇铜互易粤盐，委员行抵百色，饬开、文府县赴百色接运分销。"即是说：乾隆时期滇铜互易粤盐已经非常盛行，这些物品交易后，雇船运抵剥隘，然后再从剥隘雇马帮或人力脚夫运往开化各地，故剥隘有"万舸铜盐齐系缆，黄昏灯火满篷窗"之繁盛景象。《广南县志》亦载："雍正十一年，县境西洋江下游板蚌村至广西百色的水运开通。"这条水道开通后，成为当时运送滇铜到广西百色的主要航运线。清福建举人、浙江知县郭文志写有一首《运铜过富州》诗："板蚌江流疾，麻龙卡岩坚。界离交趾近，壤与武笼连。贾舶来从粤，邮程达自滇。三花驱老马，独木泛轻船。"[①]

有关剥隘水上的运输情况，《广东同乡会广珠堂建立会馆宝鉴》载："剥隘于元末明初立埠，有水陆两途码头，乃滇桂商品之集散地。"民国《富宁县志》卷一《交通》上也有记载："富州河道狭窄，舟楫不通，商务大形减色。惟剥隘河量稍大，船通两粤，各种货物均由粤西百色输入，堆集剥隘。本属商人及广南属商人并马帮云集于此，运取货物络绎不绝，可为富州一大商埠。""剥隘百川会聚，遂成大河，河面稍宽，流量亦广，无论四季均用舟楫对岸往来以及下达广西百色。"明末清初，滇、桂、川、黔、粤、湘、楚、赣等省籍的客商，均到剥隘经商贸易，更使其商贾云集，商业鼎盛，江面上货物运输繁忙，舟楫往返如穿梭，呈现出一派繁盛的景象。

红河航道是滇东南、滇南通过安南而下直达海防的又一重要水道，上自时属开化府的蛮耗、河口，经安南首府河内而后下至海防。另有一条则上自麻栗坡船头（天保口岸），经安南河江、河内而后下至海防。在土司统治时期，云南壮族正是借助这些水道，进一步加强了与周边地区的联系。

---

① 道光《广南府志》卷四《艺文》。

三、商品经济的繁荣与市民阶层的崛起

云南壮族原本"惟知农耕""不事商贾",故其商品经济发展十分缓慢。但到明清时期,随着内地大量汉族移入,尤其是湖、广、浙、赣、川、黔等地商家的涌入,促使云南的商业有了较大发展,并形成了许多固定的、半固定的集市场所,而对内对外的贸易,又刺激了手工业的发展繁荣。集市,壮语称为"圩(he)"或"黑",如广南的底圩、文山的黑抹等,当地汉族则叫"街子",谢肇淛《滇略》载:"滇谓之街子,以其日支名之,如辰日则曰龙街,戌日则曰狗街之类,至期则四远之物毕至,日午则聚,日仄而罢。"《滇南志略》亦言:蒙自"集曰街子,犹齐、鲁谓之集,岭南谓之墟也,而街子则以日支名之,遇子曰鼠,遇午曰马。邑中之市,在西关者有子、午二街,在鸡街者有辰、酉二街,至期,则远近毕至。百货成集,日出而聚,日入而散"。土司统治时期圩市的空前发展,使街子形成各地货物交换中心,不仅内地商人深入滇东南、滇南进行贸易往来,而且壮族商人也到内地从事贸易活动,把壮族的土特产输往内地,这带动了壮族社会经济的巨大发展与变化。集镇的发展为商品经济的繁荣与市民阶层的崛起提供了重要条件,也给以封建领主制为基础的土司制度敲响了丧钟。

以封建领主制为基础的土司制度,经明代全面发展,至清初便开始没落,这与清廷废除明代的庄田制密切相关。据史籍记载:清廷于康熙三十一年(1692年)决定,将屯田并入民田,军田转为私田;雍正以后,又允许土司将部分私田卖给汉族地主,村社共同占有的"公田"也可由"伙头"分给个体家庭耕种,土司不再直接干涉这部分土地的分配和利用。庄田制废除后,即重新划定属于土司家的田地,从而大大削弱了土司统治的经济基础,并改变着土司统治区域的经济与阶级关系，产生了地主阶级，形成了地主占有的土地所有制，土司势力从此逐渐没落。

又由于大量汉族移民的涌入，导致土地买卖和相互兼并，而土地买卖的盛行，催生了新兴地主与商人的批量出现，特别是卫所和关哨汛塘瓦解后，屯卒"军非旧籍……变军为民"，军队拥有的屯田不复存在，"田各易主"①，变为民田。这些屯卒落籍滇东南、滇南，军户变成民户，军官变成地主，士卒成为农民，军匠则更籍为民间手工业者，加之当地少数民族"山地不自殖，租与川、楚、黔、粤贫民垦种，故近年民物繁滋"②。这种变化，也直接影响着云南壮族社会经济的发展。

对云南壮族社会经济发展影响最大的，还有市民阶层的崛起与商品经济的繁荣。明清以后，随着滇桂、滇越等内外交通的畅通，两广、两湖、江浙、闽赣、川黔等地的商人进一步深入云南，他们开铺经商，收购土特产品，经销日常生活用品，从事商业、服务行业。为了互相联络聚会，各省移民又都集资建立会馆，仅广南府城在康乾时期就先后建有相当规模的"广东会馆""湖南会馆""江西会馆""川黔会馆""三楚会馆"等，开化府城也建有"江西会馆"（又称萧公馆或萧公庙）、"湖南会馆"（又称为寿佛寺）、"武侯祠"和"万寿宫"等作为联络互助、共求发展的接待和议事场所。剥隘也不例外，早在明弘治年间即始建"岭南会馆"。③清代中叶，广东、广西、江西等省籍客商，又在剥隘兴建了"粤东会馆""粤西会馆""江西会馆"3个会馆，他们还在剥隘开办了"信和昌""车发

---

① （清）范承勋、王继文修，吴自肃、丁炜纂：康熙《云南通志·序》，《中国地方志集成》本，南京：凤凰出版社，2009年版。

② 道光《广南府志》卷一《图说》。

③ 富宁县地方志编纂委员会编：《富宁县志》，昆明：云南民族出版社，1997年版，第256页。

昌""英和昌""广安号""永昌号""泰昌号""悦安号"等20余家商号。这些客商又向皈朝、普厅、里达、田蓬、谷拉等地拓展，带动了周边农村集市贸易的发展。商品经济的繁荣，使广南府城、开化府城及剥隘、板蚌等古镇成为滇东南地区的商业重镇。

尤其值得一提的是，在广南任知府的汉族官员如茹仪凤等人，能"怜恤商民闯关险阻之疾苦"，提出了"减课以裕课，恤商以招商"，并制定了"凡有铜、锡、杂货各项概入折征收"的地方税收政策，使外地商人"沾恩不浅"，从而纷纷在广南定居，并将赚得的钱又投入广南的城市和其他开发事业，还为广南引入大量的资金、信息、人才和技术，使广南出现民盛物丰、人人赞颂的繁荣局面。温如春在《莲郡宵灯》中写道："使君即景嘱抽毫，如衢长街览一遭；酒肆声繁莲府近，书灯光远桂楼高。两行蜡炬摊瓜果，几处松棚售枣糕……"胡庆元在《莲郡宵灯》中也说："山城何处话良宵，十字街前景最饶。瓜甒青红光闪闪，酒帘赤白影飘飘。"[1]足见广南夜市的盛况。滇桂通道上的板蚌、剥隘等商业小镇也热闹非凡。商品经济的发展，还促进了牲畜市场、土特产品市场、木材和药材市场的形成，使壮族萌现了新的生产方式，推动了当地工商业及社会的进步。

四、对外贸易的发展与资本主义萌芽

元代，意大利旅行家马可·波罗沿亚欧丝绸之路到达大都，留居中国长达17年，游遍全国各地，回意大利后向人们讲述了他的东方见闻，引起欧洲人对中国的浓厚兴趣，促使中外经济文化交流空前活跃。随后，我国与东南亚、南亚乃至非洲的许多国家和地区均有贸易

---

① （清）李熙龄著，杨磊等点校：《广南府志点校》，兰州：兰州大学出版社，2004年版，第234页。

往来，主要出口丝棉织品、瓷器和金银器，进口象牙、珍宝和香料。明代，成祖朱棣又采取了更为积极主动的对外政策，派郑和七下西洋，宣扬国威，招徕各国来朝，发展朝贡贸易，从而催生了中国资本主义的萌芽。

明代是封建社会转型、资本主义萌芽的历史时代。当时的农民和匠户对封建国家的依附关系已经有所松弛，他们可到市场上去出卖劳动力，与此同时，赋役不均和土地兼并又使大批自耕农破产，失去土地，沦为雇佣劳动力，这就为资本主义萌芽创造了条件。明中叶以后，特别是清代大规模的改土归流，削弱了土司势力，打破了原来的领主割据状态，消除了土司互相攻伐的混战局面，稳定了社会秩序和生产秩序，使各族人民有了一个比较安定的社会环境，经济文化交流更加顺畅。随着矿冶、纺织、榨油、造纸等行业的发展，云南壮族的社会生产力有了较大的提高，商品交换的发展也对领主经济造成越来越大的冲击，出现了土司大量变卖或典当官田的现象，据民国《广南县志》载："雍正年间，土司将部分私田卖给汉族中的官僚地主。"民国《广南县志稿本》载："道光年间，土司家族中人又将部分地区的大派转典给汉族地主。"地主经济在滇东南、滇南逐步发展起来。土司属下的布苏、布斗、团练等封建领主，也将其掌握的"公田"据为己有，摇身变为了当地的中小地主，而民间土地私有、土地买卖、土地租佃等现象的频繁发生，又使大批土民失去原本赖以生存的土地，沦为可以自由雇佣的劳动力，这更为资本主义的萌芽提供了条件。滇东南、滇南率先出现资本主义萌芽的是矿冶、食品加工等行业，如黄龙山龙岩银矿（在马关）、麻姑金厂（在马关）、云南宝华锑矿有限公司（在广南）、宝元公司（昆明李奕照在广南九克开办）、木利村锑矿（广南八宝蒙氏族长集资开办），以及云南泸西曹文彩在广南开设的酱油厂、广西宾阳蒙树清在广南开设的"美源号"

糕点铺等。

第五节　文化、教育与科学技术

土司制度时期，云南壮族的文化、教育与科学技术，突出反映在方块壮字的流行与广泛应用、壮族歌舞与戏剧的发展、摩教绘画和雕刻艺术独树一帜、儒学的普及与提高以及壮医体系的形成与壮药应用的进一步发展等方面，呈现出了壮、汉民族文化兼容并茂，儒学不断普及提高，民族医药技术长足发展的繁荣景象。这为边疆社会稳定、民族和睦相处、经济繁荣昌盛奠定了坚实的基础，亦为强化国家观念、维护祖国统一做出了积极的贡献。

一、方块壮字的流行与广泛应用

方块壮字是隋唐之后壮族知识分子效仿汉字六书的构字方法创制的古壮字加部分汉借字（含借音和借义两种）组合而成的一种民族文字，此种文字壮语称为"司丢"，"司"意为字（亦作书解），"丢"意为生，故也有人将它叫作"生僻字"或"土俗字"。到土司制度时期，由于受汉文化教育的壮族文人（也包括巫师）大增，方块壮字即被民间广泛应用在记录账务、家谱，书写契约、药方、楹联、碑刻，传抄经书、神话、故事、歌谣、谚语、剧本等各个方面。至今保存得最多的是经文、歌书和剧本。

用方块壮字写成的壮族经文，壮语叫作"司摩（麽）"，主要是有其民族共用的《麽布洛陀》、侬人专用的《摩荷泰》和沙人专用的《麻仙》三大类。各类经文的内容与唐宋时期的基本一致，也有新补充的，如《育儿经》等。

用方块壮字写成的壮族歌书，有的地方多至以箱计。清代屈大均的《广东新语》卷八"刘三姐"条中就讲："凡作歌者……歌成，必先供一本祝者藏之。求歌者就而录焉，不得携出，渐积遂至数箧。"广西有长达2万行的《嘹歌》，被誉为壮族民间文学瑰宝。而云南则有侬人山歌、沙人山歌、土僚山歌等三大类数千首，仅沙人山歌又分为"底圩山歌""洛里山歌""阿科山歌""郎恒山歌""八宝山歌""天保山歌""剥隘山歌""皈朝山歌"等若干种，更可谓是浩如烟海。吴淇的《粤风续九》中还讲壮族有"扇歌""担歌"和"巾歌"，即壮族男女把情歌写在扇面、刻在扁担和绣在花巾上的，以此为信物，相赠定情，并称其"文如鼎彝，歌与花鸟相间，字亦如蝇头"。

需要说明的是，云南壮族用方块壮字写成的经书和歌书，其内容虽然与唐宋时期的基本一致，也都是用五言诗体写成，但由于都是师徒传承的手抄本而非统一印制的，因此其自创的生僻字和汉借字有很大一部分均不相同，有的一个字就有20余种写法，且有同字同音不同义的，有不同字同音而同义的，也有同字不同音也不同义的，加之云南壮族不同支系的方言不尽相同，故手抄本的经书、歌书虽然很多，但用字却很不规范，远未达到"书同文"的地步。

在明清时期，云南壮族受粤剧的启示，在本民族歌舞和说唱艺术的基础上创造了自己的戏剧，用汉借字和古壮字写成的剧本也非常多，据不完全统计有400余部，其中仅富宁土戏就有302部。其内容有取材于壮族神话传说、历史英雄和民间故事的，也有根据汉族戏剧剧本改编的，如《韩温与叔温》《弄娅汪》《侬智高》《大战大南山》《侬阿妮》《柳荫记》《白蛇传》《玉其宫（尉迟恭）》《二下南唐》《桃园结义》等。

其中，《弄娅汪》讲述的是本地壮族妇女娅汪的故事。故事说：宋时，统治阶级残酷剥削压迫人民，苛捐杂税多如牛毛，人民生活困苦不堪。壮族妇女娅汪在剥隘附近的村寨中组织群众，举兵反宋。后遭到朝廷派兵镇压，起义失败，娅汪被害。其中几段唱词如下：

男唱：哎，侬呀（哎，姐妹们呀）！

当利倍巴利（大家请听好），

娄豆弄娅汪（我来唱娅汪）。

栏娅汪费扬（娅汪家姓杨），

地是娄布衣（她是我们布瑞人），

劳地是守呀（她是个妇女），

需昏赖反宋（带领大家反宋朝）。

女唱：哎，毕呀（哎，兄弟们呀）！

娅汪送卜姆（娅汪两夫妇），

需昏赖反宋（带领大家反宋朝）。

俄令的色府（出力打官府），

娅汪赖办法（娅汪办法多），

后娄恶主益（为我们出主意），

当利呢双杠（众人听她的话），

劳劳拥护她（个个拥护她）。

众唱：哎，勒浮呀（哎，大家呀）！

念当娄娅汪（想起我们的娅汪），

念当娄娅拜（想起我们女头人），

布衣娄英雄（她是我布瑞英雄），

英雄娄布衣（英雄是我布瑞），

地代为雄娄（她死为了我们），

地代为昏赖（她死为了大家）。

娅汪地代月（娅汪她死了），

当利咪聋地（我们不忘记她）。

《弄娅汪》用第三人称塑造出了一个反抗压迫的壮族女英雄形象，是一个典型的壮剧说唱戏阶段的节目。①

富宁那旦黄炳魁、黄明奎两位老艺人收藏的《侬智高》手抄本，写的是宋仁宗年间钦差大臣到南天国时："诏令侬智高交税银百万，罚钱粮五年，珠宝十担。"侬智高则回答："那有几多珠宝进贡？！"在无奈之下他只得起义。当中有一段戏描写贫苦农民陈澄被宋兵杀死后，其子义勇悲痛欲绝，要去报仇。

义勇白：到家了（进门见父躺在地上，放声痛哭。狄青上。义勇闻声，拿起扁担往外冲，但敌众多，将义勇捆了起来，绑在树上。此时后面一阵追杀声，敌兵慌乱逃下。侬智高的大将段龙上）。

段龙白：这帮贼子又在此处行凶（上前给义勇解绑），小弟弟你家还有何人？

义勇道：有父子二人，父亲被杀害。我前去报仇，力单被捆住。

段龙白：唉！可恨。兄弟们追呀！（义勇拉住段龙）

义勇白：哥哥，我要一同前去，为我父报仇。

段龙白：那也好，跟随我来。

剧中侬智高部将段洪唱道：

齐国鲁贫国（如果我们是一个国），

四伏林使凶（这国是完整的四方桌）。

谋眉昏侣牙（不怕哪个来压迫），

也谋害普房（我们不害老百姓）。

---

① 黎方、何朴清编著：《云南壮剧史》，北京：文化艺术出版社，2008年版，第240～241页。

其女段凤玉接着唱：

  那贼尼扭凶（那些贼很凶恶），

  军皇笼加万（军兵来几万），

  寒斗反房娄（来毁我们地方），

  许房娄拆散（要把我们地方拆散）。

  ………

  谋劳的军皇（不怕皇帝的军队），

  保房娄如离（要保护我们地方）。

  谋劳的军赖（不怕他们军队多），

  力开逢捉欧（白手就可以抓住他）。

  ………

  声号哄十甚（军号锣鼓响），

  军兵娄闭坤（我的兵要走在前），

  逢擒菜勒旗（手抬起旗杆），

  同的里军郝（同宋兵打仗），

  同扶里军皇（同宋兵血战），

  谋贫房故夜（要杀到最后）……

侬方女将王兰英唱：

  军贼郝纽练（宋军又来打），

  的浪瓶谋卦（他们打不过我），

  的受呀谋刑（打女人打不过），

  军兵代加万（宋兵死成万）……

宋方狄青接着唱：

  昙尼娄屋兵（今天我出兵），

  那令贫血鸡（脸红像鸡血），

  那梅贫血怀（红得像牛血发紫），

各弄赖浪旧（自己好害羞）。

的受呀谋刑（打女人打不过），

军兵娄落败（我的兵马败阵）……

先是宋王唱：

如者罗者群（我被围困中），

谋眉昏侣救（没有人来救），

谋眉甫侣练（无人来救我），

浪瓶皇奴温（我堂堂大宋皇帝）。

温贫烈后微（怎么到这种地方）？

悲侣礼到殿（我怎么回宫殿）？

狄青接着唱：

昙尼昙乞马（今天是什么日子）？

匿牙法浪旧（使我狼狈不堪）。

谋列命娄除（怪我命不好），

谋府心府通（心中难想开）。

在壮剧艺人的笔下，宋朝皇帝、将军变成了一对向隅而泣的可怜虫。①

根据汉族戏剧《梁山伯与祝英台》改编成的壮剧《柳荫记》，不仅具有鲜明的壮族特点，其唱词也是用方块字壮字写成的。如戏中有祝英台女扮男装与梁山伯一道去尼山读书，在过河时祝英台怕暴露出女人脚便不脱鞋袜过河，因此好奇的梁山伯唱道：

过涟厶脱鞋（过河不脱鞋），

咪来介马样（害羞做什么）？

---

①黎方、何朴清编著：《云南壮剧史》，北京：文化艺术出版社，2008年版，第268～269页。

祝英台则巧妙地答道：

群罗眉上夳（上下有天地），

达（灻）眉龙王（大河有龙王）。①

·········

云南壮族"按照戏曲舞台演出的要求"写出的一本本"书面戏剧样式"的壮剧剧本，丰富了戏曲文学，故《广南府志·艺文志》称："从此星罗棋布，处处有弦诵之声；耳濡目染，人人亲诗书之泽……圣朝乐育之深仁，宪台训行之至教，必将永无极矣。"

二、壮族歌舞与戏剧的发展

元明清时期，云南壮族的歌舞、戏剧均有长足的发展，尤以铜鼓乐舞和壮剧最具特色。

铜鼓乐舞是壮族使用铜鼓时相配套的音乐和舞蹈，其铜鼓乐壮语称"调宁董"，演奏时一般以铜鼓为主，配以锣、铓、钹、牛角号、马骨胡、葫芦胡、月琴、三弦、竹笛、撒喇等进行伴奏。著名的曲目有"开坛曲——化钱炉"（大乐曲牌）、"八卦腔"（经腔）、"小马摇铃"（民间乐曲）、"五言折桂令"（经腔）、"小鹧鸪"（细乐曲牌）、"锁道龛"（经腔）、"山坡羊"（曲牌）、"赞十号"（经腔）、"忏悔"（经腔）、"南清宫"（曲牌）、"清河颂"（大乐经腔）和"祝寿仙家乐"（大乐经腔）等12支，代表一年十二个月。乐曲中除壮族的本土音乐外，还吸收了传入的洞经音乐，由于鼓锣之声豪放激昂，曲调悠扬清雅，节奏平和舒缓，重奏多而变奏少，因此在多数壮族村寨都有流传。壮语称铜鼓舞为"拢宁董"，

---

①黎方、何朴清编著：《云南壮剧史》，北京：文化艺术出版社，2008年版，第307～308页。

图4-5　铜鼓舞

整部舞蹈也分为12个部分，即站立行走、祭刀开路、撒谷种、插秧、薅秧、种棉、过七月节、收稻谷、收棉织布、酿造米酒、摆设酒宴、搞好卫生过大年，生动地再现了壮族传统的稻作生产生活场景（见图4-5）。除铜鼓舞外，壮族以铜鼓乐伴奏表演的传统舞蹈还有"拢牙歪"（春牛舞）、"拢马啥"（纸马舞）、"拢阿曰"（手巾舞）、"拢阿拉"（兵器舞）、"拢梅段"（双棍舞）等。

关于铜鼓乐舞，元代班惟志有诗曰："奋臂挝铜鼓，吹唇舞战刀。"[1]元代袁桷写的《龙尾歌》又吟："诸葛丞相韦郡王，村村列祠堂。瓢笙铜鼓群巫舞，牛肴狼藉羞琼浆。"[2]明朝李思聪的《百夷

---

① （明）陈文等纂修：景泰《云南图经志书》，昆明图书馆藏本。
② （元）袁桷撰：《清容居士集》。

传》提到铜鼓乐舞也说："间以铜铙、铜鼓、拍板，与中国僧道之乐无异。其乡村饮宴，则击大鼓，吹芦笙，舞牌为乐。"[1]清乾隆二十三年（1758年）修的《开化府志》载："花土僚……自正月至二月，击铜鼓跳舞为乐，谓之过小年。"《广南府志》也有许多咏铜鼓的诗，如前述知府董国华的《广南杂咏》中提及的"蛮村重铜鼓，犹袭伏波名。埋没经尘劫，铿鍧发巨声……"李熙龄的《铜鼓遗珍》中提及的"伏波遗鼓制弥工，斑剥何曾蚀雨风。异代珍为夷俗乐，当年铸就汉家铜……"另一首《铜鼓遗珍》中提及的"征南人去已千秋，铜鼓还教绝壤留。细巧花纹侔骆越，太平歌唱集蛮酋……"《广南府志》还有一段文字这样叙述："铜鼓遗珍，在城隍庙。铜鼓为马伏波所遗，今夷寨沿有其器，夷民珍之。道光庚寅，有寨民相争互控于府，董太守断存城隍庙，其制甚古。"[2]

　　土司制度时期，由于受元曲、杂剧及南戏的影响以及明清小说和戏剧的熏陶，特别是受粤剧演唱技法的启示，我国壮族在本民族歌舞和说唱艺术的基础上创造出了自己的壮剧，其中云南壮剧又分为富宁土戏、广南沙戏、文山乐西土戏3种，每种均用壮语演唱，有自己独特的服装、道具和基本曲调，具有独特的表演风格及民族特色，深受当地各族民众的喜爱。[3]壮剧多由业余班社演唱，农闲期间或歌会时节便是壮剧演出活跃的时刻，届时村村相邀、寨寨演唱，具有广泛的群众基础。清光绪三十年（1904年）仲春，剥隘、阿用的壮戏班还应岑毓琦（清盐运使、云贵总督岑毓英四弟）之邀请，到广西西林演出而大受欢迎，观者人山人海，盛况空前。[4]

---

①（明）陈文等纂修：景泰《云南图经志书》，昆明图书馆藏本。

②（清）李熙龄著，杨磊等点校：《广南府志点校》，兰州：兰州大学出版社，2004年版，第156页。

③黎方、何朴清编著：《云南壮剧史》，北京：文化艺术出版社，2008年版，第340页。

④韦苇、向凡：《壮剧艺术研究》，南宁：广西人民出版社，1990年版，第11页。

　　云南壮剧的传统剧目共1000多个，有取材于本民族的神话传说、历史英雄和民间故事的，如《韩温与叔温》（也叫《罕王与素王》）及《龙牙歪》《弄娅汪》《侬智高》《大战大南山》《侬阿妮》等，但更多的是根据汉族戏剧剧本改编的，如《周公卖卦》《孟母教子》《（荆轲）刺秦王》《双尽忠》《打潼关》《吕布与貂蝉》《初出茅庐》《桃园结义》《三气周瑜》《七擒孟获》《木兰从军》《玉其宫（尉迟恭）》《二下南唐》《三驸马》《天门阵》《薛仁贵征东》《薛丁山领兵救父》《单刀会》《杨家将》《穆桂英挂帅》《孟良盗马》《景阳岗（打虎）》《牛郎织女》《柳荫记》《白蛇传》《百花绢》《火焰山》《沙弥国》《大闹海索（棠）寺》《画人皮》《妇贤贵》《怒沉百宝箱》《佛祖寻母》《双结缘》《浪子回心》《酒醉联姻》《绣鞋记（红绣鞋）》《梅花扇》《观音得道》《仙狐（狐仙）报德》《骗财神》《宝莲灯》《闹严府》《西厢记》《莺歌记》《牙牌记》《丝带记》《八仙图》《花打朝》《香山记》《蟒蛇记》《大孝记》《董永卖身》《梁山伯与祝英台》等。壮剧唱腔各不相同：富宁土戏有"哎依呀""哎的呶""乖嗨咧""侬嗬嗨"4种腔调；广南沙戏中的北路戏以"侬阿妮""乖哥来"为主，而东路戏又以"哎依呀"为主，杂以"乖嗨咧"和广戏的"西隆""枝板"等曲调；乐西土戏则有"悲调""喜调""催场调""阿西调"和"大过板"5个调子。壮剧乐队俗称"棚面"，主奏乐器有木鱼、板鼓、蜂鼓（花腰鼓）、马骨胡、葫芦胡、月琴、三弦、竹笛、唢呐、铜铃、铜锣、铜钹、铜鼓等。壮剧角色叫丑、旦、生、官，以丑为首，人物造型则是小姐庄重、书生文雅、大王鲁莽、小丑放荡不羁，故有"小丑出场，笑断肚肠"之说。壮剧表演讲究手、眼、身、步、扇法，表演以唱、念、舞相结合，有"武不离刀、文不离扇、侧身出场、台上亮相、先礼后唱、拜鞠入场"的艺术风格。壮剧脸谱源自古代的面具，谱式分眉、眼、嘴、鼻、脑5个部分，一个角色，画上脸谱，挂上胡须，戴上盔头，穿上戏衣，着上靴鞋，即可看出其造型扮相。

云南壮剧《龙（拢）牙歪》，源自壮族经诗《摩荷泰·故推》（广西的叫《麽布洛陀·童灵》），《故推》和《童灵》意即"推（童）的故事"。《故推》是布摩在进行重大法事活动时必须吟诵的经文，意在让孝敬父母的社会道德永世传承。而《龙牙歪》则是壮族在祭祀或重要节庆活动时必须表演的一场舞蹈，人们以此舞蹈来宣传孝敬母亲、勿忘母恩的道理。《龙牙歪》，意为"牛婆舞"，其后《龙牙歪》舞蹈发展衍化成了戏剧。广南县八宝镇河野村壮族老人黄定朝就收藏有一本名叫《分娅歪》的壮剧本，唱词、道白全都是壮语，用方块壮字抄写。剧本中有妈、生、旦3个角色行当。舞蹈里的"牛王"变成妈，另外2个角色变成金童玉女，分别为生和旦。剧情内容说，牛终生劳苦，人们要善待它，要保护它，不要吃它的肉，剥它的皮，熬它的骨。老人家说，过去演出这个戏时，要先在牛厩门口焚香化纸，叩拜"牛王菩萨"，说明这个戏也同样具有很浓重的宗教色彩。[1]

云南壮剧《侬智高》，剧本为清光绪三十三年（1907年）的手抄本，原本收藏在富宁那旦黄炳魁、黄明奎两位老艺人手上。据刘钺先生在其《看土戏"侬智高"》一文中介绍："据传说，在宋仁宗时候，封建统治，兵荒马乱，年年闹着水旱灾害。居住在滇桂边境高寒山区的各族人民，受不过这种残酷的压迫与剥削，在忍无可忍的情况下，侬智高便率领军民起义，抵抗宋皇朝。侬智高、军师达麻窝、女将段凤玉、王兰英等，与宋朝的狄青、李义、石玉、张忠、刘镇等所谓'五虎平南'的兵将，进行了坚决的斗争，从侬本人到他的儿子侬

---

[1] 黎方、何朴清编著：《云南壮剧史》，北京：文化艺术出版社，2008年版，第41页。

宗、侬仁，与狄青和其儿子狄龙、狄虎两三辈人，打了几十年的仗，有过'九困西洋（今广南县东部西洋坡），十打幽州（今广南县一带）'的激烈战斗，把狄青打的大败。但是因为势力单薄，寡不敌众，到底还是失败了。但这个反抗封建统治压迫的英勇故事，直到今天，还广泛地流传在广西和云南的壮族人民中间。从这段源自传说演绎出来的剧情看，侬智高是一位受人民爱戴的起义英雄。"[1]

云南壮剧《娜阿妮》，塑造的是一个聪明、智慧、乐于助人、见义勇为的壮家女儿的形象。其剧情为："肖府小姐水月与戏班小生乖哥相恋，派女仆娜阿妮约乖哥到绣楼幽会。不料事泄，二更时分用'布梯'从楼下拉上来的却是惯偷布拉。布拉见财起意，杀死水月，掠走财物，又是祸及迟到一步的乖哥……戏发展到肖老爷要将乖哥送官时，忽然异峰突起：娜阿妮挺身而出，为了不冤枉好人，自愿前去访查真凶，以替小姐报仇。肖老爷留下乖哥作人质，并限定期限后，娜阿妮开始了她艰苦的办案工作。狡猾的布拉乔装改扮，西设迷网，向东潜逃。娜阿妮就东查西访，顺藤摸瓜，几经周旋，终于在众人的协助下，将凶手布拉拿获归案。"[2]

壮族根据越剧《梁山伯与祝英台》改编的壮剧《柳荫记》，剧中的梁山伯与祝英台不是一对才子佳人，而是一对普通的壮家儿女：身着壮家姑娘衣裙的祝英台，是个地道的放鸭女，她肩挎竹篮，手舞手绢，口唱山歌，迈着轻盈的步伐，行走在去河边洗衣的路上。梁、祝的邂逅，也不是因共议求学，而是因为共唱山歌，即远处传来梁山伯的歌声，打动了河边洗衣的祝英台……随后，正苦于无船过渡的梁山

①黎方、何朴清编著：《云南壮剧史》，北京：文化艺术出版社，2008年版，第269～270页。

②黎方、何朴清编著：《云南壮剧史》，北京：文化艺术出版社，2008年版，第273～274页。

伯主仆来到河边，忽发现洗衣的祝英台，于是上前打听。他们之间相互的一问一答，不是道白，而是对歌。通过对歌，祝英台芳心荡漾，也欲随同梁前去上学，于是祝急忙回家女扮男装。这段戏把梁山伯的忠厚、诚朴，祝英台的勤劳、直率都表现出来了，而这些正是壮家儿女可爱的性格。在求学过程中，逢假日梁山伯欲约祝英台出去游玩。祝英台假意推托老师（与其他剧种不同，老师是个女的）找她有事，实际等梁山伯一走，便恢复成女装从另一条路去相遇（她怕梁认出，便在脸上点了一颗黑痣）。他们在美丽的山野碰在了一起，立即对起歌来。梁唱："正月哥来到，篾帽可做好？"祝唱："正月要玩耍，男女丢花色，大家踢毽子，不得做篾帽。"梁唱："二月哥来到，篾帽可做好？"祝唱："二月挖水沟，不得做篾帽。"分明是一对热恋中的壮家儿女，以索要篾帽为由试探爱情。而丢花包、踢毽子等，都是壮家青年男女在正月时进行的社交活动。其中，做篾帽、挖水沟……又触及壮家的生产劳动活动。这种壮家儿女式的爱情，被《中国戏曲通论》认为是"充满少数民族风格情趣。他们第一次见面就对起了山歌。后来外出游玩时，祝英台改回女装又对起歌来。他们以对歌萌生、表露着爱情，完全是采取了壮族男女青年恋爱方式"。祝英台与梁山伯死后不是化蝶，而是化成壮族心目中象征吉祥和幸福的彩虹。这充分说明由汉剧《梁山伯与祝英台》改编的壮剧《柳荫记》，已经具有很鲜明的民族特点了。[①]

三、绘画和雕塑艺术

土司制度时期，云南壮族民间的绘画与雕塑艺术也有了很大发展。

---

①黎方：《云南壮剧浅识》，载《少数民族戏剧研究》，北京：中国戏剧出版社，1963年版，第275～276页。

　　云南壮族有一种摩教绘画，其中以布摩绘制的《三元图》（见图4-6）及其系列神谱、图经长卷和鸡卜师绘制的《图解鸡卦》系列最具特色。《三元图》及其系列神谱有简有繁，简者描绘的是抽象的天、地、水三元，繁者描绘的则是上界（天上）、中界（地上）和下界（水中）的各路神仙，如天神玉皇、地神咪丁、水神都额、始祖神布洛陀、生育神雅瓦、稻谷神款糇等。用色多为重彩，以红、黄、蓝、绿、紫为基本色，使之艳丽动人，形象栩栩如生，惟妙惟肖。这些《三元图》及其系列神谱，凝聚着布摩聪慧的艺术才干和顽强的精神毅力，反映了壮族宗教人士对自然力的敬畏及对祖先神虔诚的信仰之情。图经长卷一般都用重彩绘制在洁白的土布上，描绘的图像既有神仙鬼怪，也有日月鸟兽，写意夸张，内涵深奥，显示了人们对神灵的

图4-6　三元图

虔诚崇敬之情，使用时要从
屋顶的梁上一直延展到布摩
做法事的神龛边，有着强烈
的社会功利目的。

　　《图解鸡卦》系列则
用彩绘人物形象与鸡卦图像
相结合的方式来解释鸡卜预
测的结果，其绘制的人物有
男有女，男皆包头帕、穿衣
裤、系腰带，女皆锥髻、穿
短衣、着长裙，衣服颜色各
异。每幅的人数各不相等，
少则二至三人，多则九至十
人。其绘制的鸡卦图像上都
插有签，其插签的角度、数
量均不相同。此种摩教绘画

图4-7　图解鸡卦

为壮族所独有，显得十分神秘（见图4-7）。

　　壮族民间还有一些绘画、剪纸和雕刻技艺，其绘画多为老人厅
及村头巷尾里的墙壁画、纸贴画或布贴画，这些绘画大多数为文、武
财神和龙、凤、鹤、鹿、松、竹等物，造型夸张，线条流畅，色彩
深沉，反映的是民众祈福求财的愿望和安居乐业、万事如意的精神需
求。剪纸则多被民众买去用于刺绣或装饰，其纹样图案也是龙、凤、
鹤、鹿、鱼等物象，栩栩如生，千姿百态。壮族民间的雕刻技艺水平
较高，有平面的浮雕或浅刻，有半立体的动物形雕像，也有立体的雕
像与塑像。浮雕或浅刻多半是器物上的花纹，最常见的有云雷纹、鸟
纹、牛头纹、鹿头纹、虎头纹等，半立体的动物形雕像一般为小巧玲

珑的佩饰。此外，广南者太的传统陶器制作工艺亦很有民族特色。

四、儒学的普及与提高

元明清时期，特别是明代以后，中央王朝都非常重视儒学教育在边疆民族地区的教化作用，强调"治国以教化为先，教育以学校为本"。明太祖朱元璋就在洪武十七年（1384年）诏命云南增设学校、县设书院、乡设私塾。洪武二十八年（1395年）又诏谕礼部说："边夷土官皆世袭其职，鲜知礼义，治之礼义，治之则激，纵之则玩，不预教之，何由能化？其云南、四川边夷土官，皆设儒学，选其子孙弟侄之俊秀者以教之，使之知君臣父子之义，而无悖礼争斗之事。"①把兴教办学列在检查下属工作的首位。为了使少数民族"知君臣父子之道，礼乐教化之事"，"变其土俗，同于中国"②，明朝廷在地方专门设立府、州、县学，分别由教授、学正、教谕管理，从此云南逐渐兴私塾、设学校。明万历四十三年（1615年），教化三部长官司长官龙上登进京朝贡，沿途目睹祖国内地教育发达、文化繁荣的情况，深受启发，回来即兴建学堂。清代大力推行改土归流，更把扫盲规定为土官承袭的首要条件，据《清史稿·赵廷臣传》载，顺治十五年（1658年），贵州巡抚赵廷臣疏言："请自后应袭土官年十三以上者，令入学习礼，由儒学起送承袭。其族属子弟愿入学读书者，亦许其仕进。"顺治帝朱批"下部议行"。③从此，土官承袭者均必须入学习礼两年。清雍正十二年（1734年），广南知府吕大成、陈克复捐设了里波、暮雨龙（今珠琳中寨）、八播（今八宝）、阿科、者钟、剥

---

① 《明太祖实录》卷二三九。
② 《明太祖实录》卷一五〇。
③ （清）昆冈等纂：《钦定大清会典事例》，《续修四库全书》卷八〇七，上海：上海古籍出版社，2002年版，第224页。

隘等义学；富州（今富宁）知州沈灿捐设了普厅（今富宁县城）、归朝义学；开化府在所属八里设的义学；丘北州同王纬倡设了官寨、西革勒、马白槽、夕马槽、蚌郎槽等义学，至雍正十三年（1735年），已在开化府、广南府和丘北县等地开办义学30所，同时还办有莲峰、开阳等10所书院。道光二十三年（1843年）又在广南建立考舍，光绪三十年（1904年）还在富宁、马关、麻栗坡等地开办初等小学堂。官学和义学的设置，进一步促进了教育事业的发展，并使壮族子弟经过学校文化教育，转变文化观念，扩展知识视野，从而有力地推动了壮族社会跟内地一体化发展。

特别值得一提的是，广南历任知府都特别重视教育，尤其是康熙年间的知府茹仪凤（自1704年至1716年任职）和道光年间的知府宋湘（自1819年至1821年任职）。茹仪凤从康熙四十四年（1705年）起即"捐养廉金及客民王善捐款置产建义学"，"次年督学院岁试照中学例取文童十五名，武童十五名；高额拔廪生三十名，增生三十名；三年出岁贡二人，选拔之年，选拔二人"。接着又创建广南学宫，设府学，并建学宫正殿三楹（即孔庙，见图4-8），他还主持完成第一部《初辑广南郡志》的撰写。宋湘是清朝乾隆、嘉庆、道光年间的一位名儒，曾经当过道光皇帝的老师，并在云南为官十三年，曾任曲靖、广南、永昌诸府知府和迤西、迤南道尹，为官清廉，关爱民众。他任广南知府时，见城内地高，饮用水困难，便捐款并亲自勘测水源，凿东、西二塘，引水至城，供百姓饮用。他关心教育，曾在广南府内增设学田以稳定教师队伍，并不时到莲峰书院讲学，每半月还召集夷汉居民宣讲政教。广南兴办教育不仅特别重视质量，而且不准歧视少数民族，明文规定："书院山长应请进士、举人、且品学兼优，素孚众望者担任。"学校"不得以夷倮而忽之，更不得以夷倮而拒之，如有土目头人阻挠不许向学者，立即究处"。为鼓励读书，广南府还制定

图4-8　广南学宫

了一些奖励读书进取的条文，如到省城考试奖白银20两，到京城考试奖白银100两等。此外，广南还以学校资产经营生息来支持教育事业的发展，如道光四年（1824年），学田、房产的租金和息银增值至787两，用以支付书院经费，由书院设管事4人负责收支，年终造册送府署稽核，管事自存各一本。书院支项用于山长、教授、训导年俸、乡试、会试卷金，生童膏火，进京赶考盘费，房舍修理等。云南壮族也非常重视文化教育，视文化程度高低为本民族人口素质的标准，很多壮族村寨在清康熙年间知府茹仪凤创办府学后，即效仿着开学馆，办私塾，置学田，建藏书楼。如广南府革假村的陆氏、那伦赛京村的王氏，清朝康熙、乾隆年间就设学馆、办私塾。族内自筹学费，选举正直能干之人管理经费，支持鼓励读书。赛京村在办学碑文中写道："我寨人户稀少，贫乏苦多，子弟终于坐废，是以倡行此举，倘有仁人君子愿入，则十年以后送子弟到馆攻书者，将有出学修数同相助；不送到馆者不给。""至于考费一切，悉如所议帮给。"规定："文童应府县考者，每人每考准帮二千文；应院考者，不论文武，每人帮银四千文；优拔贡，文武举进京者，每人帮银50两。"清光绪乙巳年（1905年），县知事廖鸿宾还亲临赛京村视察并在学馆内提赠"蒙养学堂"匾额。

由于从中央王朝到地方都重视教育，广南开始涌现出许多优秀人才。据道光《广南府志》载：明嘉靖年间广南产生了第一位进士施昱（官至刑部郎中，后任大名府知府，曾被调任湖广佥事，晋升为光禄寺少卿官职）；万历年间又产生了第二位进士施尧化（官至湘潭知县，后为吏部郎中）。清代更是人才辈出，仅广南府就产生了进士王朝举、郑登墀、胡庆元、陈秉钧、王学诗、王安邦、黄中华、杨凤朝、陆兴贵、陆毓云、陆毓贤、肖景清、陆象乾、李玉衡、张肇基、杨应枚、陆贵元17人（其中王朝举、黄中华、陆毓云、陆毓贤、李玉衡、陆象乾6人为壮族），还有赵绳其、陈泰来、董作锦、董源、陈龙章、喻照临、将安世、王元禹、赵宗献、戴清、王在公、王佩玮、胡庆元、李茹珠（改名李宝森）、雷万钦、陈秉钧、龚思醇、许昌言、王佩钰、赵庆龄（解元）、李锴、陈毓桂、杨应运、张人镜、杨应枚、杨应聘、唐毓华、陆浩然、杨凤朝、周联云、李去衡、赵伦、陆桂清、李思明、黎思伟、黄明经、张肇基37位为文举人；杨景清、李仙、王元辅、刘淮、杨廷辅、张瑞、纳宽、包何清、杨玉庭、李源、王毓贤、武允聪、郭从候、周汉、王通、赵朝栋、龙在朝、农德荣、王齐功、陈道杨、康国泰、方富、王宪臣、贺玉成、侬世能、王朝兴、农世照、王国梁、宁学溥、马呈祥、马万清、王学诗、刘光照、陈永和、王学易、潘宗淮、马金元、周受成、马经邦、马亮图40位为武举人；另有贡生106人（其中副贡1人，拨贡23人，岁贡70人）。在这些优秀人才中，就包括著名的文学家、书法家方玉闰。

五、壮族医药体系的形成

云南壮族世代生活在炎热潮湿的河谷和盆地之中，过去恶性疟疾等传染病的发病率很高，加之其周围多是高山悬崖，跌伤骨折等外科病症也较多。他们在这样的环境中同各种疾病做斗争，逐步积累了一套医治地方病、多发病的方法，并形成了具有鲜明的地方性、民族性和传统性的医药体系。唐宋时期壮族先民就已经能够通过望诊、询诊、按诊、目诊、舌诊、脉诊、腹诊、甲诊、指诊、耳诊、药物试诊及拔罐看血斑等诊断方法检查病因，并将疾病分为痧、瘴、蛊、毒、风、湿等症。其治病方法有草药疗法、刮痧疗法、针灸疗法、拔罐疗法、滚蛋疗法、药浴疗法、药枕疗法、热熨疗法、药捶疗法、熏蒸疗法、按摩疗法、点穴疗法等10余种。总的来说，壮医以内服中草药为主、外治方法为辅。经过不断总结，壮医初步形成了有别于中原岭北地区汉族医学的理论，即在阴阳为本的原则下分出天、地、人三气同步；将脏腑气血、经络体系分出龙路和火路；提出毒虚致百病的病因说；在望、闻、问、切体系中又分出目、舌、甲、耳等等诊断方法；在辨证施治中分出疏通调气和解毒补虚治疗的原则；将病症名谱分为痧、瘴、蛊、毒、风、温六大类；在针灸与药物施治体系中分出药线点灸、刺血、火罐、刮痧等外治法和解蛊消瘴、解毒补虚调气等药物治法等。到元明清时期，壮医技术又有许多新的突破，并形成一套较为完整的体系：对痧病、气管炎、肺炎、哮喘、肺结核、高血压、心脏病、打摆子、胃病、红白痢、上吐下泻、蛔虫病、便秘、中风、癫痫、失眠症、肾炎、头痛、阳萎及各种出血病症等内科疾病，原则以"热者凉之，寒者温之，实者泻之，虚者补之"的方法治疗，内服药物或汤剂，如治疗各种痧症，一般的即服用金银花、山芝麻、青蒿、黄果叶制成的汤剂；重症痧麻则根据病情对症下药，常用的有两背针、古羊藤、马鞭草、凤尾草等；而绞肠痧则用古羊藤、金袋、黄皮叶、甘草等，水煎服用。外治则采用捏痧、挑痧、刮痧、划痧、拖汤痧法及拔火罐法等数种简便实用的方法，把病邪拔出或使之发散出体外，从而起到"自血疗法"的作用，以增强患者抵抗疾病的能力。在治疗疮疡、虫咬、蛇伤、狗咬伤、烧伤、烫伤、关节炎、腰肌劳损、各种皮肤病、五官科、妇科疾病和用草药接骨、止痛、消肿等方面，云南壮医也有许多独特的办法，且疗效迅速，深受伤痛患者及其家人的推崇。

云南壮医验方用药多达3000余种，因病施治常用的药物也有600余种。其中，用量大的有半夏、茯苓、金银花等，而最名贵的则是三七。

三七，壮语称为"清秀"或"维"，原产地在滇东南的广南、文山一带。三七又称"南参"，属五加科人参属多年生草本药用植物。元朝杨清叟编著《仙传外科秘方》（成书于1387年）中的"飞龙夺命丹"一方中就有"三七"这味药。明代著名医药学家李时珍在其所著的《本草纲目》中，则将三七称之为"金不换"，说三七"主治止血、散血、定痛、金刃箭伤、跌扑杖伤。血出不止者嚼烂涂，或为末掺之，其血即止"，并讲它是"南人军中用为金疮要药，云有奇功"，又说"凡杖扑伤损，瘀血淋漓者，随即嚼烂罨之即止，青肿者即消散，若受杖时先服一二钱则血不冲心，杖后尤宜服之。产后服亦良，大抵此药气温，味甘微苦，乃阳明、厥阴血分之药，故能治一切血症"。

第六节　云南壮族与周边民族的关系

元明清时期，滇东南、滇南地区不仅有蒙古族、回族、满族的官员、军队及其亲属进入，而且随着屯垦制度的推行及卫所和关哨汛塘的建立，又有大批的内地汉族移民涌进。这些外来居民有的随意砍伐森林、开荒种地，有的则到处开矿经商、占领市场，从事各种经贸活动，因而使民族关系日益复杂。但由于壮族民众宽容厚道的态度及入居各族友好相处的意愿，致使彼此之间的关系相对融洽，大家虽然错地而居，仍能相互交流，团结互助，共同促进了当地经济文化的发展繁荣和社会进步。

一、多个民族的融汇与人口的迅速增长

从明代开始，随着卫所与屯垦制度的建立，到云南各个卫所就地留守的军人及随军家属，以及到云南进行军屯、民屯和商屯的大量汉族移民，改变了沿袭上千年"变服从其俗"的状况，他们在滇东南、滇南建立起了大批新的居住点，并以汉语命名，诸如大百户、小百户、蚂蟥堡、张官营、李家屯、林家铺等，不仅能够自由地使用汉语进行交流，而且还能保持和传承汉族传统的生活习俗，穿戴的也是汉族服饰。谢肇淛曾言："高皇帝既定滇中，尽迁江左良家、闾右以实之，及有罪窜戍者，咸尽室以行。故其人土著者少，寄籍者多，衣冠

礼法，语言习尚，大率类建业，二百年来，熏陶渐染，彬彬文献与中州埒矣。"[1]至清代咸同年间，其所设关哨汛塘逐渐裁撤之后，驻守在山区的汉族士兵改为民户，又定居当地，于是马白关、马者哨、马塘、塘房垭口、程家坡、杨家冲、赵家沟、聂家湾、骆家塘之类的地名到处出现，云南的民族人口比例也随之逐步改变，许多集镇和交通沿线地带都成了汉族居住兴业的场所。

据了解，进入云南的汉族移民，绝大多数讲自己的祖籍是"南京应天府柳树湾"。从其家谱、族谱和祖坟的碑刻墓志看，也都有"南京应天府柳树湾""柳树湾大石坎""高石坎"的载录。经查证：应天府即明朝建立时的都城，永乐后定为南京；柳树湾大石坎（高石坎），则是洪武年间明中央王朝多数机构的驻地，即南京后来的蓝旗街（因曾为清八旗军驻防营地而得名）、御道街一带。明洪武十四年（1381年），朱元璋派遣傅友德、蓝玉、沐英率30万大军征云南，部队集中出发的地点就在柳树湾。或因此故，云南大多数汉族便都讲自己的祖先是从南京应天府柳树湾大石坎（高石坎）迁来的，包括从江苏、江西、安徽、湖北、湖南抽调到云南进行屯垦的大批汉族移民。由于诸多深刻的历史记忆，南京应天府柳树湾大石坎便成了云南汉族人心里的牵挂或寻根的情结。不过进入滇东南、滇南的汉族，其语言依然受到壮族的影响，如他们同当地壮族一样叫狼为"犸彪"，叫柿子为"骂敏果"，甚至连说话的语气也与壮族类似。

云南的回族，多是元代随赛典赤·赡思丁而来的，明洪武十四年（1381年）朱元璋任命傅友德、蓝玉、沐英率30万大军征云南，也有大量江南的回族士兵落籍滇南，清代推行"改土归流"的过程中又有许多回族士兵随回族将领哈元生等人进入滇东北，历经这三次大的移

---

[1]（明）谢肇淛：《滇略》卷四《俗略》。

民活动，云南形成了仅次于西北的第二大回族聚居区，许多回族就与壮族毗邻而居。

在杜文秀起义失败后，有不少回族逃入壮族村寨，受到了壮族人民的保护。据清《开化府志》载，今居住在文山茂克等地的回族便是由大理、建水、昭通等地迁移来的。

清代，云贵总督鄂尔泰将彝族势力最强的乌蒙禄氏土司和芒布（镇雄）等地的陇氏土司作为改土归流的重点。雍正四年（1726年）夏天，他首先革掉东川六营土目，接着就对乌蒙土司进行改流，清军屯兵东川，招降禄鼎坤，击败土司禄万钟及镇雄土司援兵，直捣乌蒙。随后乘胜招降芒布陇联星，与乌蒙兵会合后又再攻芒布土司陇庆侯，迫使禄万钟、陇庆侯二人逃入凉山。同年十二月，两家土司皆被平定，设立乌蒙府、镇雄州流官政权，完成了改土归流的进程。清朝在上述地区的改土归流，对云南省内外的彝族影响极大："于是自小金沙江外，沙马、雷波、吞都、黄郎诸土司地直抵建昌，袤千余里，皆置营汛，形联势控，并擒雷波土司杨明义。"[①]

经过此次改土归流，云南彝族土司势力基本崩溃，这对促进国家的统一和边疆地区的社会进步无疑是有好处的，但在改土归流过程中，清政府对彝族土司大都采用武力征服，使彝族人民饱受战争之苦。对于因受苦受难而迁移的彝族民众，壮族人民十分同情，他们有的甚至将村社集体的山地、森林和草场让给彝族使用，尽可能帮助彝族民众渡过难关。据了解，自称"罗武""鲁屋""聂苏"的彝族花倮支系，就是从乌蒙等地迁到广南篆角、西畴鸡街和富宁板仑山区的。道光《广南府志》也载："白倮倮，散居四乡。"居住在滇东南、滇南的彝族均使用本民族的语言，传承本民族的节日，其节庆除

---

① （清）魏源撰：《圣武记》卷七《雍正西南夷改流记》，北京：中华书局，1984年版，第286页。

传统的火把节外，还有荞菜节、花脸节和跳宫节。其中，富宁板仑彝族的跳宫节较为特别，据说是为纪念反抗官府驱赶杀戮得胜而举行的，一年一小庆（3天），十年一大庆（5天），届时要由寨主、宫头、宫娘和腰系大刀的七大将军率领村民聚集宫坪场欢歌跳舞数天，并进行送祖归宗的活动。

云南的瑶族，多从广西、广东、贵州迁入，明清时期才定居于广南、开化二府的山区或半山区，包括富宁的峒波、麻栗坡的猛峒以及河口瑶族自治县、金平苗族瑶族傣族自治县（清代均属广南、开化二府管辖）。据民国《丘北县志》载："瑶人，明初由邕黔交界迁入。"瑶族的《盘皇卷牒》也讲：多数是明清时期先后从广东、广西交界的西江流域镇龙山瑶区辗转迁入广南府、开化府定居的。《文山壮族苗族自治州民族志》说："广南县八宝缜革朗村是文山州最大的瑶族村落，全村220多户1100多人，以罗、邓两姓人口最多。祖传，罗家从广东辗转迁来最早，至今已有7代；邓家从广西西林迁来，至今已有5代。"[1]今文山州的瑶族又分为蓝靛瑶、盘瑶、大板瑶、山瑶等数种，自称"勉""金门""尤勉""亚"等，他们不仅会说本民族的语言，还兼操壮语和汉语。

二、乾隆末年湘黔两省起义苗族的大量迁入

云南苗族，多是清朝乾隆末年从湘、黔两省迁入的，主要分布在今文山壮族苗族自治州和屏边、金平等县。

据史书记载：元代以前，苗族曾生活在洞庭湖、鄱阳湖之间，元代招抚苗疆，在湖广设永顺、保靖、施南、散毛、忠建、容美等土

---

①李开军主编：《文山壮族苗族自治州民族志》，昆明：云南民族出版社，2005年版，第126页。

司；在贵州设思南、思州、播州、石阡、铜仁等土司。明永乐十一年（1413年），思州、思南内争，帝谕户部尚书夏原吉曰："其思州、思南三十九长官地，可更郡县，设贵州布政使司总辖之。"[1]清雍正年间大力推行改土归流政策，即把矛头指向湘、黔两省的苗族土司：雍正五年（1727年），改永顺土司为永顺府，设永顺、龙山二县；雍正六年（1728年），又废桑植、保靖二土司，设桑植、保靖二县，归永顺府管辖；雍正八年（1730年），又废湖北施南土司，设施南府和鹤峰州。[2]在黔东南，雍正六年（1728年）清军出兵以武力进剿以古州为中心的地区，次年又入九股河，势力达到清水江；雍正八年（1730年），清军镇压了黔东南铜仁府境内松桃苗族的反抗后，设置松桃厅，"移正大营同知驻其地，隶同仁府"[3]；雍正十年（1732年），清军进入台拱，陆续在这一带设置了八寨、丹江、古州、清江、都江、台拱六厅，称为"新设六厅"或"新疆六厅"，以之分属镇远、黎平、都匀三府；[4]雍正十三年（1735年），黔东南所置流官以征收粮赋为名，向苗族进行苛重的勒索，使苗族人民倾家荡产。古州九股河八妹、高表、寨蒿等寨苗族相约起事，迅速控制了整个黔东南地区。贵州全省苗族也纷纷起而响应，使贵州清军"征调殆尽，奔救不遑，驿路四隔，省域戒严"，清政府只得调集湖南、湖北、广东、广西、四川、云南等省数万之兵，分数路前往镇压。

江应樑先生在其《中国民族史》中讲："清在改土归流时，常常通过武力征剿，给苗族人民带来了极大的灾难，尤其在黔东南地区的改土归流过程中，清军更实行了残酷的屠杀政策。改土归流以后，大

①《明史·贵州土司传》。

②《清史稿·湖广土司传》。

③谢圣纶：《滇黔志略》卷一七。

④（清）魏源：《圣武记》卷七《雍正西南夷改流记》，北京：中华书局，1984年版，第292页。

批流官代替了土司，继续对苗族实行剥削和压迫，任意掠夺苗族的土地，大量征粮征税，激起了苗族人民的强烈反抗。""乾隆元年，清重新调整部署，命张广泗前往镇压。张广泗采取各个击破的战略，利用苗族起义军分别据守各处寨子，难于互相支援的弱点，集中兵力，逐一攻破了分散的苗寨。最后，苗族义军退入了雷公山。张广泗将雷公山围困起来，又收买苗族中的地主上层，分化起义队伍。直到年底，才将苗族起义镇压了下去。这次起义，苗族有数十万人参加，规模巨大，并完全占领了黔东南地区，清以七省兵力，才镇压了起义。"[①]

乾隆五十二年（1787年），凤凰厅流官诬蔑苗民偷牛，借机向苗族进行敲诈勒索，并杀害了一些苗族。另外，改土归流后汉族地主大量涌入，将苗族土地"不数十年尽占为民地"[②]，于是又引起了另一次苗族大起义。苗族民众在石柳邓、石三保、吴半生、吴八月等人的领导下，经过长期的准备，于乾隆六十年（1795年）展开了大规模的反清起义，以"逐客民（指满、汉地主、官吏）、复故地"为号召，并提出"穷苦兄弟跟我走，大户官吏我不饶"等口号。起义军声势浩大，所到之处，对民愤极大的贪官污吏和满族、汉族、苗族地主恶霸都给予严惩。起义军很快攻下了乾州厅城，包围了永绥厅、松桃厅、凤凰厅，消灭了1400多名清军，声势大振，湘、黔、川三省苗族，亦都起兵响应。清廷急忙派云贵总督福康安率领数万军队前往镇压。福康安主力6000多人，在乾州厅被苗族起义军全部歼灭，福康安"仅以身免"。

嘉庆元年（1796年），坪垅苗族又举行第三次起义，清廷慌忙调集云贵、两广、两湖和四川7个省10余万人的兵力，由云贵总督福康安

---

①江应樑：《中国民族史》（下），北京：民族出版社，1990年版，第341～342页。

②（清）魏源撰：《圣武记》卷七《乾隆湖贵征苗记》，北京：中华书局，1984年版，第314页。

率领，前往镇压。清军分五路进攻坪垅，虽然起义军据险抵抗，给清军造成了重大伤亡，但由于力量过于悬殊，坚持了两年多的苗族大起义最终被清军所镇压。后来起义军余部又与白莲教起义军相呼应，使清军顾此失彼，起义一直坚持到嘉庆十二年（1807年），前后达12年之久。①此次清廷为了镇压起义，前后共出动18万人，耗资巨大，仅湖南一省就耗资700多万两，造成了严重的财政损失。

鸦片战争以后，咸同年间，黔东南等地还暴发了以张秀眉为首的苗民大起义。各路起义军在短短的几个月内，几乎攻占了整个黔东南地区，他们与各地以汉族为主的"教军""号军"相互配合，和侗族、水族、布依族、瑶族等农民起义军密切联系，协同作战，后来还与太平天国石达开的部队取得了联系，直接或间接地打击了清王朝的统治。起义先后坚持了18年（1855～1873年）之久，是苗族历史上时间最长、影响范围最广的一次斗争。

乾隆末年及其以后湘、黔两省苗族的数次起义失败后，官府常常滥施杀戮，迫使苗民四处迁逃，其中有许多就离乡背井逃往云南，最后落籍在开化府、广南等地的山区。据此，《文山壮族苗族自治州民族志》讲："清代，朝廷在西南地区继续推行改土归流政策，客观上加强了民族之间的联系，促进了社会经济的发展，但流官和大批满、汉等民族的涌入，加剧了苗族地区的土地兼并和阶级分化，民族矛盾和阶级矛盾不断激化，导致雍（正）乾（隆）、嘉庆、咸（丰）同（治）三次苗民大起义。起义失败后，滇、黔、川三省接合部的苗族大批流入文山州。从调查的情况看，今天文山州苗族大多是清朝时期迁入的。"②

①《钦定平定贵州苗匪方略》卷四〇。
②李开军主编：《文山壮族苗族自治州民族志》，昆明：云南民族出版社，2005年版，第74页。

三、云南壮族与傣族等民族的关系

在土司统治时期，云南壮族与傣族的关系尤为密切。

宋时侬智高起义失败后，率领其部众（包括侬人和沙人）落籍元江，为免遭杀身之祸而改为"那"姓，在元江建立起了存续达73年的"后南天国政权"，直到公元1279年，经赛典赤·赡思丁再三晓以大义后才归附元朝。在元明时期，那氏改任元江土司，并管理罗盘、马龙、步日、思摩、罗丑、罗驼、步腾、步竭、台威、台阳、设栖、思陀12部。据史书记载：明洪武十四年（1381年），那直率众投诚纳款，输赋于西平侯沐英，英为奏请，赐玺书褒之……洪武十七年（1384年），那直备象马方物，亲身赴京朝贡……永乐二年（1404年），直子荣赴京朝贡。明末清初，那嵩随李定国反清，成为忠于南明的一股重要力量，平西王吴三桂即于顺治十六年（1659年）率部全力攻打元江，那嵩护明反清失败后全家自焚，族人逃散，那氏又改成刀、封、白、罗四姓，并改族称为"傣仲"。

据江应樑先生考证：当时的情况是李定国坚持反清斗争，广泛地团结西南各族人民，"元江傣族土司那嵩响应号召，决心与李定国共同抗击清兵。顺治十六年（1659年），那嵩率元江军民首揭反清义旗，举行武装起义。那嵩抗清失败，自焚身亡，参加抗清的元江一带傣、汉人民多不降清，大量南逃到西双版纳等地，与那里的傣族人民共同生活在一起"[1]。另据云南省政协原副主席刀世勋先生讲："傣仲"即具有壮族血统的傣人，或者傣化了的壮人；"仲"应当就是"壮"。"傣仲"又细分为"傣腊"和"傣雅"两种。"腊"，壮、傣语中的意思是"掉队"和"落伍"；"雅"，壮、傣语中的意思是

---

①江应樑：《中国民族史》（下），昆明：民族出版社，1990年版，第323页。

"停歇"和"休止"。"傣腊"意即没有跟上大军行进而掉队的人；"傣雅"意即停止战争后留居下来的人，其说法皆与宋代侬智高部众退聚滇南相关。"傣腊"多居江边，因而也称"水傣"；"傣雅"则由于妇女喜欢用一丈多长的彩带绕腰系裙而被称为"花腰傣"。由此可知，壮族、傣族本是同根生的民族，是在特殊的历史发展进程中变成两个民族的，元江侬人、沙人变为傣族的过程就是最好的例证，可以说，元江是壮、傣民族融通过渡的地方。①

　　清廷镇压那嵩后，即革元江土司而改置流官，并将西双版纳北部（即今普洱）划归元江府流官管辖。不过，清代普洱地区的志书仍然有关于侬人、沙人的记载，光绪《普洱府志》卷四六引《伯麟图说》言："龙（侬）人……普洱府近郊有之。"道光《普洱府志》又载："沙人，思茅有之，习俗多类广西侬人……语言服色与摆衣相同……以耕种渔猎为业。"道光《他郎厅志》也载："沙人，性强悍，居多近水，以渔猎为业。"而他郎即今墨江。《清高宗实录》亦载："乾隆三十一年六月丙午，大学士管云贵总督杨应琚的奏章说：外域猛勇头目召斋、召汉喃投诚内附，并贡训象二只，猛勇向系召斋父管辖……乾隆二十八年……又有勐龙沙人头目叭护猛呈称：我所管地方约二千余里，并所管沙人墅作高七十余寨，计一千余户，概请内附……叭护猛等，原籍内地广南夷民，流落外夷居住，现闻大兵攻克整欠，慕化来归。边外夷人种类甚多，一种之中，又有数种，唯沙人止系一种，幅员广阔，若准归附，可与整欠，孟艮犄角相倚，直与南掌、老挝接境。且沙人武勇，边方得此，尤资防范，似应准各头目投顺，请赏给召斋、召汉喃土千总职衔，归普洱镇、府管辖。沙人向系雄长一方，今来效顺，请赏给四品衔。现在临沅镇每年派拨弁兵，巡

---

①何正廷：《侬智高率部落籍元江行踪考》，《广西民族研究》2003年第2期。

查慢丢地方，该处与猛龙路径相通，应将猛龙拨归临沅镇、元江府管辖。得旨：'军机大臣会同该部议奏。'寻议：'猛勇头目召斋、伊弟召汉哺、猛龙沙人头目叭护猛等率众来归，实可收沿边控制之效。应准其投诚，将猛勇头目召斋、召汉喃赏给土千总职衔，由该督发给委牌，归普洱镇、普洱府管辖。猛龙沙人叭护猛，赏给指挥同知职衔，另行题请颁给号纸，归临沅镇、元江府管辖。仍照土司之例，缺出准其承袭。并猛勇所进象只，准令入贡'。从之。"①

笔者曾到景洪、勐腊及中老边境两侧进行过考察，得知勐龙地区230多年前号称有70余寨1000余户的沙人后来都改成了傣族。不过，当地的老人都清楚地记得，其祖先叫"布勐"，与广南壮族对祖先的称呼完全一样。勐腊县原有曼列、曼庄、曼迈等十二寨沙人，现在除曼迈的沙人坚持其为壮族外，其余的也都改成了傣族。

另据了解：南掌在今老挝北部的琅勃拉邦，勐艮即缅甸南掸邦的景栋，勐勇在勐艮东部，整欠在西双版纳的勐龙、勐捧外至老挝芒能一带。勐龙、勐勇、南奔至泰国北部的清迈一带，居民皆属同类，明清时代属老挝宣慰司和八百等处宣慰使司管辖。②

云南壮族除与傣族，以及泰国的泰族、老挝的老龙族、缅甸的掸族等保持非常密切的关系外，还与安南的侬族、热依和岱族有着不解之缘。虽然元、明、清三代战争不断，但他们之间，特别是云南壮族侬人支系与安南的侬族、云南壮族沙人支系与安南的岱族之间的关系依然情同手足，不仅继续相互通婚、走亲串戚，而且连过节、祭祀英雄侬智高，乃至请摩公做法事活动及请鸡卜师看鸡卦也都要互相沟

---

① 云南省历史研究所编：《〈清实录〉有关云南史料汇编》卷三，昆明：云南人民出版社，1984年版，第597～598页。

② 云南省历史研究所编：《〈清实录〉有关云南史料汇编》卷三，昆明：云南人民出版社，1984年版，第597～598页。

通、彼此关照。

土司制度时期，云南壮族除与苗族、汉族、回族、彝族、瑶族等民族共同生活在开化府、广南府及其周边地区外，还在临安、元江、普洱、大理、丽江等府与哈尼族、白族、纳西族、布朗族等民族交错杂居。其中，与哈尼族生活在一起的壮族属思陀、溪处、落恐、因远罗必甸、马龙他郎甸、钮兀、纳更等土司管辖；与白族生活在一起的壮族主要居住在大理鹤庆的朵美；与纳西族生活在一起的壮族主要居住在华坪、宁蒗、丽江、永胜四县沿金沙江河谷一带的乡镇。此外，还有一部分壮族与布朗族共同生活在普洱府及其所辖的西双版纳地区。布朗族在明清时期被称为"蒲蛮"或"岔满人"，据《清职贡图》及道光《云南通志》载：明末曾有一部分布朗族流徙到阿迷州等地，清初尚"形质妆束各殊"，其后不复见于记录。此部分布朗族被壮族称为"濮岔"，意即"岔满人"，他称"拉基"，因为人数很少，已经融入了壮族中。云南壮族与其他民族在一起共同生活，他们之间的关系也非常融洽。

第七节　推行土司制度的历史作用

土司制度是我国边疆民族地区历史发展的产物，在云南推行了600余年，与当地的社会生产力发展基本适应，促进了壮族社会经济的发展，保护了壮族优秀的传统文化，并对维护国家的统一和安全做出过贡献，因而具有其历史的合理性，也曾起过积极的作用，但也存在许多弊端。兹分述如下：

一、推行土司制度的积极作用

从本质上说，元、明、清三代推行土司制度的目的，是要强化其封建统治。封建中央王朝建立以后，其对边疆民族地区的治理总得因地制宜，即所谓"惟蛮夷土官不改其旧，所以顺俗施化，因人授政，欲其上下相安也"[①]。通过推行土司制度，对边疆地区的少数民族上层授以官职，让其因故俗而统其民，这种以土司控制地方而又以中央王朝控制土司的管理办法，既使广大的地区成为封建王朝的稳固版图，并与内地形成不可分割的密切关系，又在很大程度上缓和了各土司同封建王朝之间的矛盾，保持了该地区社会秩序的安定。而土司制度在云南的推行，则在促进当地社会经济的发展、保护壮族优秀的传统文化、加深民族间的交流与融合、维护国家的统一和安全等方面，都产生了十分良好的效果。

其一，促进了当地社会经济的发展。土司制度既是政治制度又是经济制度。从政治的角度看，元、明、清三代，都非常重视运用中国封建社会传统的治国之道，即儒家关于"为政以德""忠君爱国"和"大一统"的思想来教育土司及其承袭者，土司为提高跟汉官打交道和加强自己统治的能力，提高其在本民族和地方上的威望，也努力学习和积极倡导并践行儒家思想，这样的结果，便使云南壮族的土司政权一直和中央王朝之间保持紧密联系，即使在改朝换代、中原地区动荡的年代里，也从未出现过脱离中央王朝控制的独立政权。也因此故，在相当长的历史时期内，云南壮族社会都维持着相对稳定的政治局面。这对维护国家的统一，方便各民族之间的交往，促进壮族社会经济的持续发展是非常有利的。

---

① （明）王世贞：《弇山堂别集》卷八七《诏令杂考三》。

在土司制度下，中央王朝和各土司为了巩固自身统治利益的需要，均采取了一系列有利于社会经济发展的政策和措施，特别是明朝在云南广泛开展军屯、民屯和商屯，将大量的汉族军民派到云南进行屯垦，并积极组织开矿、筑路和兴修水利等，同时汉族移民还带来了内地先进的生产工具和生产技术，从而加快了当地社会经济发展的步伐。而云南壮族又在与内地汉族频繁的经济交往中，深受来自中原地区封建经济因素的影响，加之土司纳贡和中央王朝的回赐制度又加深了边疆与内地的经济联系，从而使相对落后的云南壮族社会快速进入了发展的轨道上，从而大大促进了土司统治区域商业经济的发展，这不仅使边疆与内地社会经济发展不平衡的问题得以逐步解决，而且还加强了双方之间的经济联系，对推动整个中华民族大家庭的共同发展具有十分积极的意义。

其二，保护了壮族优秀的传统文化。社会制度的长期稳定和发展，有利于文化的传承。云南壮族土司是原住民，对本地、本民族的自然环境和风俗习惯均有深刻了解和深厚感情，因此在保护本民族特有的传统文化方面发挥了重要的作用，使许多极具社会科研价值的社会风俗、民间信仰等文化事象得以完好地保存与继续传承，着实难能可贵。如《文献通考》载："僚妇生子即出，夫惫卧如乳妇，不谨则病，其妻乃无苦。"此乃古越人"产翁"习俗的遗风。壮族小孩满月或双月时要举行命名礼，俗称"满月酒"；在小孩满周岁时还兴搞"抓周"活动。又如景泰《云南图经志书》载：广南府侬人"男子束发于顶，多服青衣，下裙曳地，贱者掩胫而已。妇人散绾丝髻，跣足，裙带垂后。皆戴尖顶大笠"。天启《滇志》亦载："侬人，其种在广南……楼居无几凳，席地而坐，脱履梯下而后登。妇人衣短衣长裙，男子前裹青花帨，衣粗布如绨。"《滇南志略》载：沙人"其人好楼居，男子缠头，短衣跣足，妇女以青布为额箍，如僧帽然，饰以海贝，可缀大环，衣花布缘边衣裙，富者或以珠缀之，白布束胫"。
《云南志略》载：（土僚蛮）"妇人跣足，高髻，桦皮高冠，耳坠大
双环，衣黑布，项带锁牌以为饰"。《开化府志》又说：土僚"妇女
衣花绣短褐"，"用五色碎布簇成四方锦于前后，系桶裙"。[1]而马关
的土僚服饰则是"大领短衣，裙而不裤，皆青色，裙幅左镶以宽二寸
白布一条，右褪腿边迹镶白布一条，将右裙角提向左腰束之，则正面
成白色人字形。发挽髻于顶，裹青布帕，覆以青布一幅摺成条，宽约
二寸，一端由髻上拖于背，长尺余，一端绕额而束之"。人们说服饰
是一个民族的"身份证"，从上述记载不难看出，明清时期，云南壮
族的服饰是何等的丰富多彩。

道光《广南府志》还载有壮族的婚丧礼俗："官之家，婚嫁以
粗豪汰侈相高聘，送礼仪皆千担，少亦半之。婿来就亲。两家各以鼓
乐相迎，盛陈兵马。""亲始死，披发持瓮，恸哭水滨，掷铜钱纸
钱于水，汲归浴尸，谓之买水，否则邻里以为不孝"，"丧葬祭祀用
牛"。传统习俗的延续，是一个民族在文化特质上有别于其他民族的
重要方面。

云南壮族的传统节日很多，大致一月两次：正月"欢景龙"（过
大年）、跑马开春；二月"欢景囡"（过小年）、"陇端"；三月祭
"竜"、赶花街；四月牛王节、开秧门；五月端阳节、祭虫；六月
"景欻"（六月节）、垌陇祭；七月"景吉"（七月节）、斗牛；八
月伴月节、"景糇茂"（扁米节）；九月祭大王岩画、接谷魂；十月
"景傣"（儿童节）、祭粮仓；十一月汤圆节、扫寨；十二月送灶
王、送冥钱。道光《广南府志》载：当地壮族"正月抛绣球戏扑"。
顾炎武《天下郡国利病书》则说："春则秋千会，邻峒男女装束来

---

① （清）汤大宾、周炳纂：《开化府志·种人》，乾隆二十四年（1759年）刻本。

游，携手并肩，互歌互答，曰作剧。"壮族的秋千乃"竖一直木于地，以一横木凿其中，合于直木头上，二人一左一右，扑于横木两梢头为戏。此落彼起，此起彼落，腾于半空名曰磨秋"，还有一种是上下旋转的，叫"水车秋"。民间认为打秋可以消灾免难，四季平安。

《广南府志》又载："花土僚……自正月至二月击铜鼓跳舞为乐，谓之过小年。"铜鼓乐舞是壮族内部不同区域或聚落间相互联系的纽带，也是壮族区别于其他民族的一种文化事象，并对族群认同和族群凝聚都具有特殊的作用。《广南府志》还载：壮族各寨三月"宰牛祭龙祈年"，"每岁清明前后数日，村人订期会于博濑，丽人成群结队分行排立，各张雨盖。好事者执其盖以去，丽人亦寻而至，沽酒市脯，围坐劝酬。不通姓氏，饮竟而散"。该书中的《博濑春游》诗还盛赞道："清明前后足欢娱，博濑滩头记早趋。翠盖云鬟来丽者，青衫雾谷走狂奴。未知东道谁为主，不信罗敷自有夫？翻笑江南逞游冶，杏花春雨太模糊。"每年五月端午前后，还有各个商会会馆筹款，在驮娘江上组织龙舟竞渡活动。

六月节、七月节是云南壮族祭祀侬智高的节日，各地祭祀的时间不尽相同，从六月一直延续到七月，据说这与侬军抗击狄青部队经过当地的时间相关。祭祀时要杀牛，以表隆重之意，牛血要按户分配，以显血盟之约，还要用红糯米饭祭祀在战争中壮烈牺牲的将士。《广南府志》则说："六月初五、初九二日，各村寨宰牛作小年……红糯米祭神，土司家亦然。"又说："数日城外少壮各结一队掷石为戏，谓之打丰年。虽死毙也不控官，亦不抵命。"还说："七月各家祭祖，自祖父以上每一祖一妣必有肉一鸭一鸡一。如十位则十分，二十位则二十分。皆有麦秋一盘，数寸长。如祭外祖母、舅、岳父母之类，则在门外按名按分祭之，谓之外鬼不得入门也。十八日，妇女为巫者男女聚欢唱，名曰娅亡。"

以上所述云南壮族的传统节日及其风俗习惯，均显示了较强的民族文化特色，但也招惹了一些非议，如清光绪年间在广南任知府的冯誉骢和道光年间任知府的李熙龄曾讲："博濑春游，殊非雅俗，永宜禁止。"①

其三，加深了民族间的交流与融合。元、明、清三代，云南壮族土司在承袭、进贡、维持地方治安、勤王等方面，要按汉文化方式处理，而为了取得职位，提高统治能力，增加威望，土司们也要努力学习并积极倡导在当地设置学府，让汉文化得以在其辖区内迅速传播。但土司们为了密切与本民族群众的关系，加深民族感情，又不得不切实保护和传承本民族的传统文化及风俗习惯。在这两者之间，倘若得不到中央王朝的支持，土司的官职即有可能不保，而如果没有本地区本民族群众的拥护，他们也就失去了生存的基础。而且为了其辖区社会经济的发展，又必须加强与内地汉族的经济、文化交往，基于这样的情况，壮族土司采取了既接受汉文化又保持本民族文化，努力促进壮、汉文化的交流与融合，从而开辟出了一条壮、汉文化交汇融合的新路子。从此，在相对稳定的政治格局下，壮族土司上层主动融入汉文化圈，而汉族知识分子也有意识地培养掌握壮、汉文化知识的人才。

自古以来，壮族就不存在对外来民族进行排斥的情况，在壮语里没有"敌人"一词，但使用"强盗"这一词汇，这说明壮族坚决否定侵略，且具有容纳其他民族和坚持社会正义的特质。云南壮族具有的这一特质，为壮族与其他民族之间能够顺利地进行交汇融合提供了重要的社会基础。加之在土司制度之下，各个民族村寨均已置于封建王朝的政治统治之下，纳入了中华民族大一统的国家之中，因而从宏观的角度来说，土司地区各民族间的经济文化交流，都被纳入整个国家

---

① （清）李熙龄纂：《广南府志》，道光戊申续刻，光绪乙巳补刻。

"多元一体"的交往圈内，表现为你中有我、我中有你的互动模式。

列宁在《论"民族文化"自治》一文中曾说："只要各个民族住在一个国家里，它们在经济上、法律上和生活习惯上便有千丝万缕的联系。"①土司制度在云南的推行证实了这一论断。

其四，维护了国家的统一和安全。云南壮族土司地区，因其特殊的地理位置，历来被视为守土安邦的藩篱和重要屏障，在保境卫国中居于举足轻重的地位。而壮族土司武装，由于人地相宜，训练有素，可以较好地协助中央王朝加强对滇、越交界复杂地区的控制，因此在元明清时期，中央王朝基本上派他们驻守在边境的一些重要关隘上，为保卫祖国西南边疆做出贡献。明代的《土司志》载："西南土司，与交州为邻，交人所以俛首顿颡不敢窥内地者，以土酋兵力之强，足制其死命也。"②《清史稿·兵志》也讲：清朝推行绿营兵汛塘分防制度，在边疆地区又在八旗、绿营之外招募防军，别自成营，兵数不定，分布郡县，遇寇警则隶于专征将帅。当时云南防军有15033人，其中就有许多壮族子弟。绿营兵被裁汰后，卫戍之责遂专属于防练军，"或隶土司，或属土弁，或归营汛"③。

明清时期，云南边境累遭安南京人政权和缅甸贡榜王朝的侵犯。前已述及，明永乐三年（1415年）安南侵夺云南宁远州七寨，万历五年（1577年）交兵犯法土竜，其后交兵又入犯弥勒、维摩、师宗等处。明末清初，安南黎氏政权更是乘中国内乱，强占我都龙、南丹地区，并向北推进到开化府逢春里的马都戛六寨及芹菜塘、南狼（今南温河、瓦渣）等地区。清乾隆年间，缅甸贡榜王朝又连续四次对清朝发动大规模的战争。在对付安南京人政权的侵犯中，明代即有"土司

———————

①列宁著：《列宁全集》卷一九，北京：人民出版社，1959年版，第504页。

②（明）苏浚：《土司志》，载《粤西文载》卷一二。

③《清史稿·兵志》。

沈忠驰击交兵，退守安边"，后又有"土司沈启后敌挡交南，屡著军功，遂令驻维摩、师宗州、六诏、法土竜地方防守"，启后死，子沈开先继，"交兵入犯弥勒、维摩、师宗等处，大肆劫掠，开先堵截伏战，出奇取胜，斩获一千余级"。"万历四十八年，建水刀春琪勾结交趾兵入犯，沙源率众堵截得胜，斩其侯、伯3人。""天启二年十月，交趾兵数万犯边，边结八营于竜古。沙源命其弟率部破其中坚，擒敌帅；俘斩二千有余，获甲仗无数。""天启七年，明朝廷以滇用兵五年，大小数百战，安南土司沙源效力为多，升为宣抚司职。"清雍正年间，政府在滇越沿边一线的者斌、普梅、牛羊等地设汛；乾隆四至六年，在东安、马达、磨山设汛；道光年间，在马林设汛（后移驻董干）。对被安南黎氏政权强占的都龙、南丹和马都戛、南狼等地，则于光绪十一年（1885年）中法战争结束后才得以收回，当时参战的就有广南第24代土司侬茂先率领的3000土兵和李应珍（壮族）率领的3000多"开化民族军"等，因为侬茂先和李应珍所率的部队在战斗中英勇抗争，屡建奇功，清政府给侬茂先晋级为四品官衔，赏戴花翎，穿黄马褂，同时加封李应珍为"昭勇将军"，使其镇守麻栗坡。

总之，云南壮族土司在"抵掌疆场、奔走御侮"、维护国家统一和安全中的表现是十分突出的，他们在保卫祖国的战斗中所做出的贡献，我们应该充分加以肯定。

二、壮族土司政权的消极作用

土司制度在云南的推行，虽然在历史上曾经发挥过诸多方面的积极作用，产生了良好的效果，但由于土司政权远离行省治所，拥有高度的自治权，加之各个土司均不享受国家俸禄，而是在其领地内世代承袭且"依土而食"，他们又都有自己的军队和监狱，其政权实为军政司法合一的一种权力体制，因此存在许多弊端，突出地表现在其具有浓厚的封建割据性、残酷性和愚民性等方面。

其一，土司政权的割据性。世代承袭、拥有军队和监狱，且"依土而食"的土司政权，具有明显的割据性，随着其私欲的极度膨胀，他们还会不断地进行扩张，互相兼并、仇杀和战争，而置民众的生命财产于不顾。在壮族土司中，问题较为严重的是云南广南侬氏土司与广西泗城岑氏土司之间多次进行的战争。

如嘉靖四十五年（1566年），云南广南侬氏土司以协助姻亲收复失地为由，兴兵侵占广西上林长官司的部分地方。

又如万历四十三年（1615年），广南知府廖铉避瘴临安（今云南建水），将府印交土府同知侬仕英之子侬添寿，添寿死时，家奴窃印交给其族叔侬仕祥。因叔侄争位，仕祥子侬琳将印送给泗城岑接。后来，云南巡抚王懋中调兵前往泗城索回府印。此后，双方又为争夺地盘，经常在今广西西林、云南广南一带进行械斗。

再如崇祯末年，广南侬土司和泗城岑土司兼并上林长官司地，其中侬土司占11甲，岑土司仅瓜分到1甲。双方又继续争斗不休，直至清康熙四年（1665年），广西才将广南侬绍周所占11甲收回，次年清政府将上林长官司改土归流，设立西林县（治所在今田林定安）后才算了事。

不仅云南与广西的壮族土司互相兼并械斗，云南广南府内的侬土司和沈土司也有纠纷。据道光《广南府志》载："英宗正统六年，广南贼阿罗、阿思等劫掠，俞总兵官沐昂等招抚之。时富州沈政与郎举互讦，纠众侵地，帝命昂等勘处。"总兵官沐昂经过认真勘查，向皇帝上奏了勘处的结果。"七年，沐昂奏：沈政、郎举二人叛逆无实迹，因有隙，相妄奏。兵部请治政等罪，帝以蛮人宥之。未几，郎举以从征功升同知。"

广南土司侬世熙还置国土观念于不顾，在清嘉庆年间（1796～1820年）将其女儿嫁给交趾保乐州土官时，竟然把广南府属宝宁县的田蓬、龙膊、龙谭（今老厂）、苗塘子（今龙楼）、大弄、大石板、茅草坪、沙人寨等8个村寨（后来已划入富宁县）作为"嫁妆"划给保乐州土官。此事直到光绪十二年（1886年）中法划界时，才又将这8个村寨收回中国。[①]

其二，土司政权的残酷性。土司制度的经济基础是封建领主制，对其辖区内的民众以劳役地租、实物地租等方式残酷剥削。据赵翼《苍曝杂记》等文献记载：土司对部民剥削和奴役之事，名目繁多。部民除每年交纳粮食、牲畜外，战时出征及平时应役，须随叫随到；土司有婚、丧、建房等事宜，须送礼品和服无偿劳役；部民诉讼，须纳断理费；部民因事被土司所杀，还得向土司交"砧刀钱"；等等。敢有不遵者，即"籍没其家产，将其人并家属分卖各部为奴"。至于因土司淫暴而残害部民之事，各地亦屡见不鲜，"生女有姿色，本官辄唤入，不听嫁，不敢字人也"[②]。

还须指出的是，从明代开始云南便开始实行"土流兼治"，明中叶以后，土地买卖时有发生，许多移居到广南等地的汉族、回族开始置田买地、开矿办厂，动摇了土司统治的社会基础，致使土司辖区内部的阶级矛盾日趋尖锐突出，土司的统治也愈来愈不得人心。

其三，土司政权的愚民性。土司政权的愚民性表现在很多方面，如不准百姓上学读书、学习科学技术等，但最突出的，莫过于将本土的祖宗改为由中原所出。

云南壮族本是原住民，受汉文化的影响，先民们自魏晋以后才开

①云南省广南县地方志编纂委员会编：《广南县志》，北京：中华书局，2001年版，第802页。
②赵翼：《苍曝杂记》，《小方壶斋舆地丛钞》本。

始立姓氏，有的以祖先崇拜的图腾为姓，如侬或龙（森林）、兰或郎（竹子或竹笋）、罗或骆（鸟）以及韦（水牛）、莫（黄牛）等；有的则直接借用汉姓，如赵、钱、孙、李、周、吴、郑、王等，其中又以侬氏为大宗。但到土司统治时期，特别是明朝皇帝诏谕在边疆大兴儒学，规定土司承袭必须先学汉族礼仪，"变其土俗，同于中国"之后，土司们为了提高身价，便杜撰其姓氏族谱，将自己的家世跟"百家姓"里同姓的郡望挂钩，有的甚至说"始祖侬智高，祖籍山西雁门"，"出身极为高贵"。其后，许多不同姓氏的壮族民众也把自己的始祖说成是中原的汉族，致使攀缘汉裔在云南壮族中日渐成风。

　　《壮族通史》总主编张声震先生曾说："土官及其裔孙族人，把其祖先说成是外来的汉人，并以族谱或碑刻的形式予以记载，这与历代封建王朝推行的民族歧视和压迫政策有关。封建王朝把处于边远地区、经济文化较落后的少数民族视为'非我族类'，比如'禽兽'而加以歧视和压迫，稍有反抗就痛加征讨，许多首领死于这种歧视和压迫政策之下。这对土官在心理上、政治上是极大的不幸与屈辱。正是这个原因，促使土官产生攀缘汉裔之念，把自己的祖宗说成是外来的汉族，并与朝廷的名人大吏相联系，撰写族谱加以夸耀，企图以此促成与汉族同族同宗，去掉'土'字，换成汉裔，以改变政治上的地位和取得心理上的平衡。"其说是有道理的。笔者曾就此问题在云南做过许多田野调查，访问过数百户较大的壮族姓氏家庭，并看过其祖坟碑刻或家谱，结果是：绝大多数按辈分定字派的人家都只能祖述至10余代，即250～500年，再往上则皆称"布某"或"老某"，根本无法与中原的汉姓有机衔接，反倒应了"侬人不离老、土僚不离布"的那句古话。我们并不否认在云南壮族中确有部分汉人赘婿的后裔，但可以肯定地说：这些赘婿的后裔并不是云南壮族的主体。

第五章
半殖民地半封建社会时期

1800年前后，英、法等国因为工业革命的成功已率先进入资本主义社会，而具有悠久文明的中国，却由于清王朝后期的腐败统治而远远落于时代的后面。资本主义国家强盛起来后，即以对外侵略和扩张的方式来"为自己创造出一个世界"[①]。自1840年鸦片战争开始，西方列强便不断入侵中国，使中国逐步沦为半殖民地半封建社会，从而拉开了我国近代史的序幕，云南也因此不断受到英、法等帝国主义国家的威胁。从此，云南的历史与祖国以及世界历史也就更加紧密地融合起来。这一时期云南壮族发生的重大历史事件有：1884～1885年，砚山壮族李应珍率领的3000多名"开化民族军"、驻防河口记名总兵覃修纲（壮族）率领的3000名滇军、广南土司侬茂先率领的3000名土兵奉命入越南参加抗法战争并在战斗中屡建奇功。1908年4月，孙中山委任黄明堂（壮族）为中华国民军南军都督，负责领导云南河口起义。民国时期，云南壮族儿女积极参加抗日战争及红军在滇黔桂边区建立革命根据地开展的武装斗争，为彻底改变国家半殖民地半封建社会的地位，结束这段苦难深重而屈辱的历史，谱写了一曲曲反帝反封建的英雄篇章。

---

①马克思、恩格斯：《共产党宣言》，载《马克思恩格斯选集》第一卷，北京：人民出版社，1975年版，第255页。

第一节　帝国主义入侵后的云南壮族社会

一、资本主义列强冲击下云南壮族政治、经济、文化的变化

　　云南是祖国不可分割的一个组成部分，但在资本主义列强各方面的冲击之下，云南也毫无例外地同全国各地一样，一步一步地变成了半殖民地半封建社会，政治、经济、文化等方面都发生了变化。

　　政治上，由于列强侵略，阶级矛盾激化，因此产生更多的社会问题。如光绪三年（1877年），广南府侬氏土司的大派、小派及沉重的赋税，激起了民众的不满，底圩、坝斗的群众联名到云南巡抚、广南府署状告侬土司。为此，广南府署还在底圩街立了一块沙石镌刻的"减税碑"。县境南部的罗攀德及附近村寨的百姓也曾凑钱公推16名代表到广南府状告侬土司，要求减大派、小派，广南府署同样立一块"减税碑"存照。《永免碑记》载："通饬晓谕事，照得滇省夫马口口为民害……此外，提镇司道以及地方文武各衙门向来派用夫马……土豪劣绅借端设局苛派。"《自愿裁减谷粮凭据》载："兹因地方逆乱，屡被兵戈，上下蹂躏，而罔寨贫穷之户甚多，逃出境外之人亦不少；则田地荒芜，五谷不登。"又如富州各族人民不堪土官的剥削，先后于光绪十二年（1886年）和光绪二十年（1894年）在韦明才、温大林等人的带领下，发动了大南山起义和老王山起义，沉重地打击了沈氏土官的统治，终于使云南巡抚丁振铎在光绪二十六年（1900年）三月向朝廷上奏说："广南府属土富州地方迭出劫案，民不聊生，请改流，添设通判、知事，并将普厅塘裁去，以资治理。"次年，沈定坤即被裁撤，另任王正雅为富州通判，从而结束了富州长达600余年的土官统治。①

经济上，由于鸦片输入，进而开放口岸，致使洋货充斥，土产矿产被掠夺，农业和手工业相结合的自然经济逐步解体，封建领主制逐步被封建地主制所取代。广大下层壮族民众从农奴变成封建地主的佃户，不仅要向官府缴纳税赋，受官吏、豪绅、土目、布斗苛派赋税、夫马杂役等多重盘剥，还要给地主交租，许多农户家无寸田，到了靠帮工度日或挖野菜糊口的地步，生活苦不堪言。尤其是鸦片的大量输入，损坏了成千上万人的健康和意志，"槁人形骸，蛊人心志，丧人身家，实生民以来未有之大患，其祸烈于洪水猛兽"②。

还需特别指出的是，随着"门户开放"，1866年6月5日，法国海军军官弗朗西斯·加尼尔率探险队对红河探险成功，获得了连接云南与东京（今河内）红河水路的资料。1868年5月，加尼尔在从云南回越南的途中，遇见法国商人让·堵布益，加尼尔对红河航道的发现，引起了堵布益对取道红河进入云南的兴趣。1871年2月，堵布益离开云南南行至个旧红河边蛮耗，随后顺红河而下至河内。1873年，堵布益将一船军需品沿红河而上运至蛮耗卖给云南当局，然后从云南购买一船锡和铜运往河内出售。从此，向来只通木船的红河增加了轮船行驶，云南输出的商品皆由蛮耗顺红河转运出海，这为法国侵越并将云南划为其势力范围提供了条件。

文化上，由于列强取得传教的特权，天主教即于道光二十四年（1844年）开始传入开化府文山县所树革壮族村（今文山市马塘镇）。当年，法国传教士金梦旦便在该村建盖了一所天主教堂作为传教点，并先后在文山县五色冲、文山城书院街、砚山县的鲁都克等地

---

①张邦兴：《当代云南壮族简史》，昆明：云南人民出版社，2012年版，第17页。
②（清）魏源：《道光洋舰征抚记》。

建盖教堂传教，信教群众约3000人，其教徒"半系侬人"，"汉、仆、苗、僚之类又半之"①。光绪二十八年（1902年）又有传教士到安平厅（今马关县）倮暮中寨传教。其中有些传教士充当了殖民当局搜集各地地理形势和军事情态的工具，这不仅损害了我们国家和民族的利益，也是列强文化势力入侵的重要反映。

二、从援越抗法到《中法越南新约》的签订

19世纪中叶以来，法国不断侵略越南，并企图以越南为跳板进一步侵略中国。清咸丰年间，法国出兵强占越南南部，并于同治元年（1862年）强迫越南签订了《西贡条约》。同治十二年（1873年），法军又侵略北部河内地区。光绪八年（1882年），法军攻陷越南首都顺化（今河内），逼签《顺化条约》，取得了对越南的"保护权"。《顺化条约》订立后，法国立即要清廷承认法国对越南的殖民统治，撤出在越南北部的清军，开放中国云南边界。光绪九年十一月（1883年12月），法军悍然发动对驻越南北部清军的进攻，同时武装侵入云南的麻栗坡、马关二县，强迫猛洞、保良街、那董等地人民缴纳粮赋，当地壮族、苗族等各族民众在项崇周（苗族）的领导下，开展了反对法国侵占我国领土及在我国境内征粮征税的武装斗争。次年三月，法军先后攻占了山西、北宁、太原、兴化，完成了占领红河三角洲的计划，直逼中越边界，并在马关县石丫口建碉堡。时任云贵总督的岑毓英（壮族）为保卫疆土，援越抗法，即向朝廷"奏请带勇出关，亲赴界敌"，并于同年十二月率1万多清军奔赴越南，抗法卫国。广南第24代土司侬茂先也奉调率士兵3000名和砚山壮族李应珍率领的3000多名"开化民族军"、驻防河口记名总兵覃修纲（壮族）率领的

①李郁高编修：民国《文山县志》。

3000名滇军一起，投入了此次的抗法战争。清军力扼红河上游，与法军在越北相持1个月，使法军不能逼近滇境半步。

针对严峻的西南边疆危机问题，当时清廷总的要求是：镇南、白马二关，为滇桂入越边要处所，现当合议甫成，越南游匪为患，关内亦多伏莽，此后分界通商，中外人民往来尤夥，必须大枝重兵，添札要隘，以戢奸宄而靖人心。着岑毓英、张之洞、张凯嵩、李秉衡悉心会商，将如期设提镇专官，确核兵勇营数，留现在得力胜兵以充新额，汰腹地无用常卒以省空粮，何处总扎，何处分防，一切通盘筹划，绘图贴说，缕晰复陈，候旨定夺。其新设各营，尤须选练精实，能战能守，一兵得一兵之用，勿以疲弱应汰之兵，滥竽充额，用副朝廷慎固边防，消弭隐患之意。[①]但当时法国由茹费理（J. Ferry）任内阁总理，他极力推行殖民扩张政策，又增兵越南，于光绪十年（1884年）扩大侵略战争：六月进犯越北谅山，八月突袭台湾省基隆，又挑起马尼海战，清政府被迫于1884年8月26日下诏正式对法宣战。岑毓英奉命又再次督师3万余人，从河口、马关两路入越，指挥西线诸军沿红河流域抗击法军，依茂先率领的3000名土兵、李应珍率领的3000多名“开化民族军”和覃修纲率领的3000名滇军也再次奉调参战。广西巡抚潘鼎新亦督率所部星夜进军，阻止了法国侵略军北犯。十月，滇军夺回被法军占领的馆司关，并会同从龙州赶来的唐嵩军将驻扎在宣光城的3000名法军团团围住，截断了法军的增援，用“滚草法”逼近城墙，用地雷轰破城垣，发挥中国军队近战肉搏的特长，与法军拼杀了36个昼夜。正当艰苦作战时，东线失利，法军增调5000兵力，由侵越总司令波里亲自率领，增援宣光。岑毓英指挥西线联军阻击，刘永福率黑旗军在离宣光30里的左旭进行截击，法军援兵死伤惨重。随后，

①《清德宗实录》卷二一一。

法军又派出第二批5000名士兵增援，刘永福黑旗军主阵地被攻破，弹尽无援，被迫撤退。法军1万余人朝岑毓英所率清军涌来。光绪十一年（1885年）三月，岑毓英只好撤军于宣光。随后，朝廷调老将冯子材稳住了东线战场，岑毓英指挥西线三军又由临洮向柯岭、山围社、义辅进行反攻。东西两个战场密切配合，冯子才指挥东线获得镇南关大捷，歼灭法军千余人。岑毓英指挥西线清军，包括覃修纲率领的3000名滇军、李应珍率领的3000多名"开化民族军"和侬茂先率领的3000名土兵，也赴临洮、柯岭一线与法军决战，先是岑毓英遣李应珍部出临洮，后令王永山率师出其不意收复缅旺。法军集中兵力复由兴化进攻临洮，企图扭转战争败局。三月二十三日，一路法军4000余人包围驻军临洮附近山围社的李应珍、韦云青部。李应珍指挥所部在营地前埋设许多地雷火炮，待敌人靠近时拉动钉子火地雷，炸死炸伤许多法军。二十三日，李应珍部坚守阵地接连打退敌人的多次进攻。二十四日晨，总兵覃修纲率"钢字营"精锐3000人火速增援，猛击法军后背。李应珍见援军已到，便率众冲出地营，他虽然受了枪伤，但仍然身先士卒、奋不顾身，重伤法国陆军主将，阵斩法军军官数十人。二十四日深夜，法军经不住三路云南军队的勇猛合击，全军覆灭。山围社一战，云南军队共歼灭法军近2000名，其中法国白帽兵200余名、红衣军400余名、越南伪军1000余名；缴获洋枪、器械、食物、红白衣帽1400余件，地图、书籍等数百件。临洮大捷后，云南军队乘势全线反攻。时任督带李应珍虽在临洮之战中受伤，但仍指挥所部进攻盘踞在鹤江、越池的法军。法军被迫夺舟逃命，落水者不计其数。于是李应珍部顺势又收复了鹤江和越池，覃修纲部也收复了缅旺清水、清山及广威、不拔等府县，从而取得了中法战争的胜利。由于李应珍、覃修纲和侬茂先所率的部队在战斗中英勇顽强，屡建奇功，清朝政府加封李应珍为"昭勇将军"，令其镇守麻栗坡；封覃修纲为"建威将军"，记名简放提督，任开化镇总兵，驻防文山；给广南土司侬茂先晋级为四品官衔，赏顶戴花翎、穿黄马褂。

法军惨败的消息传到巴黎，导致茹费理内阁倒台，法国在政治上、军事上都陷于混乱，形势对抗法斗争十分有利。但是，清廷的本意是求和，"时时为和计"，最终在胜利声中屈辱议和。光绪十一年四月二十一日（1885年6月6日），清廷即命令前线停战，关外驻军分别撤回，并授权李鸿章在天津与法国驻华公使巴德诺于四月二十七日（6月9日）缔结不平等的《中法越南新约》。该条约不仅承认法国对越南的占领，而且规定凡中国在广西、云南开通商埠、修筑铁路，应向法人"商办相助"。法国如愿打开了中国西南地区的大门。

光绪十二年（1886年）正月，清廷以国内学士周德润到云南与法国办理中越勘界事宜，岑毓英又令广南知府陈之梅调查广南与越南的边界状况。九月二十日，陈之梅向岑毓英禀报，并提出了划界意见。十月，云贵总督岑毓英向清廷上奏：都龙（竜）系云南旧境，请于勘界时并议收回，并收回被雍正帝"赏赐"安南国王的大片土地，"仍以大赌咒河为界"。这成为清政府与法国使者狄隆谈判的重要依据。

根据《中法越南新约》规定，双方随即进行中越勘界工作，自光绪十二年（1886年）开始，由周德润、唐景崧与狄隆等共同勘探保胜（今越南老街）上游地段。披图共阅，德润与景崧等指出大赌咒河、都竜各地系滇省旧界，应归改正，而狄隆等坚持不允，且指猛梭土司为越南之地……计滇越沿边一带约2000里，经过反复辩论商酌，勘界至光绪二十三年（1897年）才告结束，历时12年之久。此次勘界共分5段：第一段自龙膊河入红河处起，至云南新店与北圻狗头寨交界处止，陆路之界较少，凡红河、南溪河、坝结河两岸之地，均以河中为界，易于辨认，故按图指画；第二段自牛羊河（畴阳河）将入大河之处起，至陆路老隘坎止，边道互长，与洋图每有歧异，彼此所见不合，虽为地无多……中外界线出入错杂，未易清厘，屡据通志以争……该使理屈词穷，先将小赌咒河等处界线议定，狄塞尔复亲笔将漫冲、董钮画还滇界，计收复失地纵横30余里；第三段自云南三文冲、北圻、高马白相对处起，至云南烂泥沟，北圻、竜古寨之间止，其界线纡迴曲折，云南绿水河卡在河之西，地势平坦，无险可扼，设法婉为开异。踰月后，该使等始允定线于绿水河东岸外，计收复失地纵横约40里；第四段普梅河，滇图河流偏东，洋图河流偏南，争论至九月十三日，狄塞尔亲笔将北圻之苗塘子、龙潭、龙膊、田蓬街、沙人寨五处画入滇界，计收复失地纵横约30里；第五段，自龙膊河西南沿黑辽至木戛，彼此之图无大异，而界线悬殊，狄隆谓猛梭即丰收总，猛赖即莱州署，并拦马渡等处均应划入北圻，经周德润等屡引通志与会典辩驳，法人坚称猛梭、猛赖等处为越地，故留待以后补勘。[1]中方又由总理各国事务衙门王大臣与法使恭思当查照办理。经总理衙门与周德润按图面商：据称猛梭、猛赖一段荒远瘴疬，弃之不足惜，岑毓英所见相同。至我所必争者南丹山以北、马白关以南，其中山川险峻，田畴沃美，如能划归中国，即可固我疆圉，亦可兼收地利，当经总理各国事务王大臣与法使恭思当反复辩论，将猛梭、猛赖一段（包括聚仁社、有朋社、漫美社、丰乐社、大泻社、南天门各地）准归越界。其南丹山以北，西至狗头寨，东至清水河一带地方（包括聚义社、聚和社、都龙、猛峒、奋武及东安里各地）均归中国管辖，约计收回各地段不下400余里。[2]光绪二十年（1894年）勘界工作结束，次年（1895年）九月十九日，中法在保胜（今越南老街）签订了《滇越界约》。其后，各该处界址照约按图由地方官会同驻越之法员申画清楚，设立界牌。

---

① （清）王文韶编修：《续云南通志稿》卷八五。
② 《清季外交年鉴》卷一一四；《续云南通志稿》卷八六。

为维护边境治安和办理中越边民过境及各种交涉事务，法国驻北京公使施阿兰于光绪二十三年（1897年）五月二十一日照会清政府，要求在越南河阳与中国麻栗坡互设督办。光绪二十四年（1898年）二月十二日，经总理各国事务衙门批准，云贵总督崧蕃任命临安开广道尹邹馨兰为交涉正督办，驻蒙自；任命游击补用都司张贵祚为麻栗坡交涉副督办，驻麻栗坡岜亮村，麻栗坡副督办对越南河阳，将茅坪、天保、攀枝花、董干、田蓬五哨官改为五对汛。宣统元年（1909年），又增设玉皇阁对汛为六对汛。此外，还在河口设副督办，对越南老街，下设坝洒、那发、新店、老卡四对汛。为接办商务，清政府还准许法国在蒙自设立领事，在蛮耗设分领事，并安设税司。[①]

三、清代后期云南壮族的社会状况

清代后期是指从道光二十年到宣统三年之间的这72年（1840～1911年），这一时期，有道光、咸丰、同治、光绪、宣统5位皇帝在位。在此期间，由于资本主义列强的势力波及云南，还有许多散兵游勇和逃难民众也在当地落户，致使壮族原有的自然经济格局悄然发生变化，激化了当地的各种社会矛盾，以至出现了"群盗如毛，地方日益糜烂……商贾歇业"[②]的局面。面对社会政治环境、经济局面日趋严峻，清政府一方面与西方列强相勾结，另一方面又加强在云南的统治，以图苟延残喘。特别是咸丰年间中法战争后，云南逐渐成了法国殖民势力辐射的范围，随着法国对云南修路权、通商权、传教权的获得以及蒙自、河口、麻栗坡等口岸的相继开放，为法国等西方列

---

① （清）王文韶编修：《续云南通志稿》卷八六。
②彭泽益编：《中国近代手工业史资料》第一卷，北京：生活·读书·新知三联书店，1957年版，第598页。

强的经济、文化势力输入打开了更多渠道，云南直接成为法国等西方殖民主义者输入鸦片、倾销洋货及掠夺矿产土产等自然资源的场所，社会状况不断恶化，地区安全亦大受影响。

1885年签订的《中法越南新约》第五款规定："中国与北圻（越南北方）陆路交界，允准法国商人及法国保护之商人并中国商人运货进出，其贸易应限定若干处……一在保胜以上，一在谅山以北，法国商人均可在此地居住……中国应在此设点收税。法国亦得在此设立领事馆。"两国还议定："法越与中国通商处所，广西则开龙州，云南则开蒙自。自蒙自至保胜之水道，允许通商之一处，现议非在蛮耗，而改在河口。"法国在河口驻副领事官一员。1895年6月20日，法国又强迫清政府订立《中法商务专条附章》九条，辟河口为商埠。1897年7月1日建立河口海关。19世纪末20世纪初，红河航道运输达到了高峰，每日"大船三百，小船千艘，来往如蚁，盛况空前"。

在法国等帝国主义的侵略下，云南成了帝国主义倾销商品和掠夺原料的场所，且按通商海关税则的规定，凡由越南进口的"洋货"和由中国出口的"土货"，均"减少十分之四收纳正税"，这为洋货的倾销打开了闸门，使洋货充斥云南的各个角落。帝国主义倾销的商品以棉花、棉纱、意大利布、小呢、哔叽、洋火、煤油为大宗，余如洋铁货、磁货、石碱、洋伞、燕窝、海菜、干鱼等类销数亦巨，乃至充斥泛滥。方国瑜讲："从马市口到德胜桥，见了两旁的商店塞满的宝货，无非是洋纱、洋布、洋油、洋纸、洋钉头、纸烟、洋火、罐头、洋杂货、洋铜铁器具、玩具等件，应有尽有，无一不备，我们吃的、穿的、用的无一不照顾外人。"而出口的则是大锡、铜、锑、铅、染料、药材、粉丝、黄丝、石黄、牛皮、牛角、马匹、火腿、蓖麻、鸡鸭蛋、棕盖之类。帝国主义倾销的商品与云南的原料、矿产资源和农产品之间的不平等交换，"输出品常不敌输入品十二分之一，皆天然物也，至于制造品已属全无"①。郑观应在《盛世危言》中亦说：帝国主义输入的商品"大宗有二：一则曰鸦片……一则曰棉纱、棉布……鸦片之外又有杂货……如：洋药水、药丸、药粉、洋烟丝、吕宋烟、夏湾拿烟、俄国美国纸卷烟、鼻烟、洋酒、火腿、洋肉铺、洋饼饵、洋糖、洋盐、洋果干、洋水果、咖啡，其零星莫可指名者尤夥。此食物之凡为我害者也。洋布之外，又有洋绸、洋缎、洋呢、洋羽毛、洋漳绒、洋羽纱、洋被、洋毯、洋毡、洋手巾、洋花边、洋钮扣、洋针、洋线、洋伞、洋灯、洋纸、洋钉、洋画、洋笔、洋墨水、洋颜料、洋皮箱箧、洋磁、洋牙刷、洋牙粉、洋胰、洋火、洋油，其零星莫可指名者亦夥。此用物之凡为我害者也。外此更有电气灯、自来水、照相玻璃、大小镜片、铅、铜、铁、锡、煤斤、马口铁、洋木器、洋钟表、日规、寒暑表，一切玩好奇淫之具，种类殊繁，指不胜屈。此又杂物之凡为我害者也。以上各种类皆畅行各口，销入内地，人置家备，弃旧翻新，耗我资财，何可悉数"②。帝国主义倾销的商品沉重地打击了云南壮族原有的手工业，原本自给自足的自然经济日渐瓦解。

由于洋货像潮水一般涌入云南市场，造成了云南地方对外贸易中的巨额逆差，每年在200万两白银以上。云南地方政府在巨大的贸易逆差压力下，竟采取了扩大鸦片种植和外输来弥补逆差的手段，清政府在鸦片战争失败后，也想借鸦片税厘来救穷，于是开放陕、甘、川、湘、云、贵诸省鸦片种植。因云南土质好，可获厚利，所以种植面积和产量不断增加。根据1982年蒙自海关税务司的调查报告，云南鸦片每年由陆路外销的数量达5万担，其中迤南占3.1万余担，迤东占8000

---

① 方国瑜：《云南地方史讲义》（下），云南广播电视大学，1983年内部发行，第395页。
② 郑观应：《盛世危言》，见夏东元《郑观应集》上册，北京：中华书局，2013年版，第586～587页。

余担，迤西占1.1万余担，共值白银1000万两左右，其后数量还不断增加。云南鸦片种植面积和外销量日增，也反映了全国鸦片消耗量的不断增大。这样一方面加速了自给自足的自然经济的瓦解，加深了云南各民族对市场的依赖性；另一方面，"鸦片繁植，减少农地"，形成"滇川等省阿片多于菽粟"的局面，使原来的产粮区变成缺粮区，造成社会生产力的严重衰退，使云南经济畸形发展，各种矛盾都尖锐了起来。①

在帝国主义掠夺原料和商品输入的刺激下，云南壮族开始形成商人阶层，他们将部分商业利润投向矿山，与官府争夺开矿，使已经尖锐的社会矛盾更加激烈和复杂化。据《他郎南安争矿记》载：商人首先活动于诸矿区、交通沿线，其商业利润一部分转移到矿山。如"南安之石羊马龙，开化之白牛各银厂，东川之矿山，巧家之老厂、汤丹、茂绿、落雪，易门之万宝各铜厂及蒙自之麻姑，开化之老摸多，他郎之金厂各金矿皆大旺。利之所在，趋者若鹜"②。又因为争矿起衅，许多地方激起民变，如咸丰五年（1855年），广西直隶州（今泸西、师宗等县）的壮族、汉族、回族、彝族等联合起义，次年围攻开化府城，控制了云南与广西的交界地区。1857年，起义军由八达河越过南盘江进入师宗、罗平境内，促成了蒙自沙甸回族与邻近彝族人民的联合起义。1870年，弥勒县属竹园的马世德义军被清兵围攻时，丘北县红花山苗族义军渡过南盘江来接应，开化属的江那（砚山）等地和广南县的各族义军也给予声援。1872年，当马世德分兵攻击开化府黑末地方时，周围各族人民主动堵截清兵粮道，援助马世德等，整个

①方国瑜：《云南地方史讲义》（下），云南广播电视大学，1983年内部发行，第398～399页。
②方国瑜：《云南地方史讲义》（下），云南广播电视大学，1983年内部发行，第359页。

地区均被卷入"红旗"与"白旗"的争斗之中。[1]李玉振《滇事述问》也载："称官兵曰红旗，自称曰白旗。""汉民之降附者，谓之汉练，凡得汉地，皆征汉民兵，三户出具一名，互调驻防……谓掳掠曰打捞，劫子女财物曰打财喜，互斗曰斗龙、曰抬龙栱，暗地劫杀曰摸椿，报密信曰打转帖……攻陷城市纵火肆焚掠曰大赏，汉民不能为兵者，岁出兵费四五千文不等，读书为儒之家，免应门户，凡克一城，三日后封刀，免祸者即可授伪职。"可见当时阶级矛盾和民族矛盾交织在一起，并已经到了十分严重的地步。

当时不仅内忧严重，外患也一桩接着一桩。法国在攫取铁路的修筑权后，为了将商品从红河三角洲倾销到云南省会昆明，并掠夺铁路沿线的矿产、土产资源，即于光绪二十九年（1903年）九月动工兴建安平厅所属之自河口经蒙自直至省城的滇越铁路，与越南海防至保胜（今老街）的铁路相衔接，全长854公里（其中河口至昆明469公里），轨距1米。筑路民工多来自云南，亦有来自广西、广东、四川等省的，他们不仅遭受残酷压榨、监工行骗、苛虐鞭挞，同时米粮高贵，工不足食。而且由于气候炎热、瘴疠流行，工人搭棚居住、席地而卧，加之山岩难凿，艰难险阻，因而有5万余人相继病饿、惨死路旁，被踢下深渊，无人埋葬。此路实为国人血肉所筑成，这是法帝国主义侵略和掠夺中国的产物。云南等地的人民为此付出了人、财、物和精神上的巨大代价。滇越铁路于1910年4月1日建成通车，这为帝国主义势力从滇东南向云南内地扩张提供了更大的便利。各种生产生活物资逐渐被洋货所取代，不少地方还出现了天主教堂和基督教堂。由于旧中国修建铁路的资金、技术和设备都要依赖进口，依赖外国，致使我国铁路不仅修路权受外国人控制，而且铁路的经营权也直接受他

---

[1]白寿彝编：《回民起义》，上海：神州国光出版社，1952年版，第251页。

们控制，就连路政和沿铁路线两边的开矿权、税收权、森林开采权也为他们所占有，他们甚至还驻有军警，控制司法治安权。这种政治、经济和文化上的全面深入，迫使清政府更加地妥协，也在无形中促发壮族社会内部结构的日趋变化。一方面，清政府当局在云南加强其统治，维持统治秩序；另一方面，帝国主义势力又在云南大肆掠夺，不断扩充自己的势力范围。此两大因素的共同存在，对后来壮族社会的最终巨变产生了极为重要的影响。

第二节　辛亥革命爆发与民国时期的云南壮族社会

1911年10月，辛亥革命爆发，革命党人发动的武昌起义打响了推翻清王朝封建统治的第一枪。1912年1月1日，孙中山在南京宣布中华民国正式成立，并宣誓就任中华民国临时大总统。2月12日，宣统皇帝溥仪下诏退位，接受中华民国临时政府提出的优待条件，从而结束了封建专制主义在中国历史上持续两千多年的统治。辛亥革命开创了中国较为完全意义上的近代民族民主革命，促进了人们的思想解放，但革命果实很快就落入了军阀手中，日本帝国主义则乘中国军阀混战之机，趁火打劫，侵占中国的大片领土，帝国主义和封建主义两座大山依然沉重地压在中国人民身上。"反对帝国主义和封建主义，争取民族独立和人民解放，为实现整个国家和社会的现代化创造必要的政治前提，仍然是这个时期中国社会发展的主要任务。"[1]

从严格意义上说，中国反对帝国主义、封建主义的资产阶级民主革命是从孙中山先生于1894年创立兴中会并筹备武装起义开始的。其

---

[1] 王桧林、郭大钧、鲁振祥主编：《中国通史》第十二卷《近代后编（1919～1949）》，上海：上海人民出版社，1999年版，第125页。

后，蔡元培先生又在上海成立光复会，并与孙中山先生的兴中会等革命团体合组为中国同盟会，推举孙中山先生为总理，以民族、民权、民生三大主义（三民主义）为纲领。同盟会先后领导和发动了在钦廉、镇南关和河口的多次反清武装起义，其中的河口起义便是孙中山先生委任黄明堂（壮族）领导进行的。[①]

一、黄明堂领导的河口起义与辛亥革命

1907年，孙中山和黄兴领导广州起义、廉州起义及广西镇南关起义相继失败后，孙中山并没有气馁，他委任黄明堂为"中华国民军南军都督"，又拟定于1908年在云南河口发动起义，以图攻取蒙自，建立以云南和两广联接的南方根据地。

1908年初，黄明堂与王和顺、关仁甫等率领从镇南关退出的300名武装中坚，潜入越南老街新坡隐蔽待命，并不断派出人员乔装商人、路工、游客等潜入河口进行侦察和策反工作。关仁甫曾在滇南反清多年，在河口军警中有不少故旧，他暗中在巡防营、警察队活动，并许诺只要带枪参加革命军，每人就可得银元一枚。这对清兵、警察是很有吸引力的，因为他们粮饷很少，又总是被克扣，常常吃不饱，有时甚至得靠为法国人修铁路、打柴填肚子，那时的一枚银元，在河口一带可买半头耕牛。经反复接触，晓以大义，努力争取，督办署守备熊通（苗族）[②]及巡防营管带黄元良愿意带队作为内应参加革命。

当时河口的最高长官为对汛督办公署督办王玉藩。驻河口的军事

---

①黄明堂（1866～1939年），壮族，广西钦州大寺村人，出身贫寒，从小习武，光绪年间成为当地农民起义队伍的首领之一，后率部接受孙中山领导，为同盟会会员。

②熊通，苗族，云南文山人，时为河口督办署巡防汛军守备，因对清朝的腐败不满，经黄明堂争取，坚决投向国民革命，全心全意配合革命军光复河口，后在随王和顺部挺进蒙自的战斗中不幸牺牲。

力量有巡防营四营及铁路警察一营，皆由王玉藩节制，其中正师两个营由王玉藩自统，守备熊通、李美为督队官；右师1个营（炮营）的四哨人马由管带黄元贞率领，分驻南溪河岸边的四连山及位于该山半山腰的4个炮台；左师1个营亦辖四哨，由管带岑得贵率领驻扎在河口城区左侧山头，与右师成掎角之势；新扩编的一营铁路警察的指挥官是管带蔡景均。由于大量人员调动，王玉藩得知河口"山雨欲来"，仓皇上报，并谎称身患瘴疾（疟疾），请求辞职回省城昆明治病。云贵总督锡良接到报告后大惊，电令将黄元贞、熊通、岑得贵调至昆明换防，同时向法越当局提出越境缉拿革命党人的请求。据此，黄明堂等人决定提前举事。

1908年4月30日凌晨两点，黄明堂、王和顺、关仁甫等率100多名会党、游勇，从越南老街悄悄渡过南溪河牛角湾进入国境，在河口与潜伏在铁路工人中的约200名革命者会合，发动起义。革命军包围路警营，警兵深恨其管带蔡景均平日克扣粮饷、行为暴虐，遂杀蔡以迎革命军。之后革命军与反正部队配合围攻巡防营，驻四连山黄元良率先反正，派2个哨配合革命军围攻巡防营，其余2个哨在四连山鸣枪遥应。接着，分驻那排、山腰2个哨的清兵亦相继反戈，与革命军合力围攻岑德贵的巡防营，管带岑德贵惊慌失措，直奔督办公署报告，与副督办王玉藩组织营兵负隅顽抗，准备死守督办公署。黄明堂率部占领岑德贵巡防营，四连山营房及炮台亦为黄元良控制。革命军稍事休息后重整队伍三面围攻督办公署。从晨至午，双方酣战甚为惨烈。熊通原与革命军有约，伪装亲自督战，暗命营兵虚以应付。黄元良复率所部从后山进攻督办公署，王玉藩腹背受敌，派人向革命军假意投降，约请黄明堂于当日下午派人到督办公署洽谈。黄明堂派王槐廷为革命军代表，带随从2人赴督办公署谈判。其时，一法国商人曾目睹革命军英勇奋战和保护外国人生命财产安全的行为，颇为感动，愿随王槐廷前往督办公署劝降，不料王玉藩随即抽刀杀了王槐廷，并拔枪将随从士兵当场打死，法国商人逃回。紧急关头，督办署守备熊通立即开枪击毙王玉藩，并下令清军放下武器缴械投降，岑得贵慌忙逃入民宅躲避，而清军的另一名管带张印堂在此前就被击毙，革命军遂占领督办公署。

5月1日，革命军完全占领河口，在炮台悬挂革命军旗帜。黄明堂以"中华国民军南军都督"名义出示安民，声称"本军政府因义讨暴，为民请命"，宣布军纪若干条，号召商贾民众各安生计。男子剪辫子、妇女放缠足。同时发表宣言，声称："本军政府今起革命军，拟推倒现今之清政府，建造社会主义之民主国家，同时对于友邦各国，益敦睦谊。"并制定"军政府占领地内之外国人民财产一体保护"等条文。此时，起义军管带黄元良又修书说服驻铁路沿线的李兰亭、黄茂兰两营相继来降。革命军部队骤增至3000余人，收缴枪械4000余支，子弹7万余发，粮食百余担。越南华侨捐款4000多元（两），就地征收义捐3500元，于是军威大振。

5月2日，革命军祭旗出师，兵分东西两路挺进蒙自。东路由黄明堂、王和顺等率领，沿铁路北上进攻，先有清军李兰亭部一营归降，接着又招降了黄茂兰部两哨，占领了南溪、老范寨等地，后与清军管带柯树勋所率200余人相遇，清军不战而走，数十人主动投降；西路则由关仁甫率领沿红河而上，一路连克巴河、田防、安定、新街、万河等地，接着进取蛮耗、个旧，驻坝洒的清军管带李开美亦率众反正，拟与临安周云祥部合攻蒙自。

孙中山接到河口起义胜利的消息，即电委黄兴为"云南省国民军总司令"。5月5日至7日，黄兴赴前线督师，节制各军，见到革命军粮饷枪械缺乏，内部意见不统一，起义清军不听从调遣，难以指挥，即于9日返回河内筹措饷械并另组骨干队伍，但当其取道老街重返河口时，被阻止并押送返回河内。法国殖民当局还封锁中越边关，禁阻起义人员及粮械入滇，使革命军陷入孤立无援的困境。

就在此时，清廷急电云贵总督锡良调兵镇压，又电催湘、桂、黔、川等省迅速调兵支持。锡良移辕通海遥控，开化镇总兵白金柱率所部10营（号称40营）从马关古林箐从东路逼进，临安知府王正雅和贺宗章率7个营从西路沿红河而下，中路由蒙自道方宏纶后援。王和顺听闻，分兵袭取古林箐，牵制白金柱的军队。面对4万余人的清军，两路革命军各自为战，勇敢抗争，在新街、蛮耗、老范寨和大树塘一带奋力拼杀，但由于河口光复时仅获粮百余石、子弹7万余发，经过几天的消耗已告罄尽，只得驻扎在原地停止进攻。锡良则乘机调清军围攻，关仁甫在由新街进至蛮耗时，被清军击败，退守河口。此时，王和顺部在老范寨、泥巴黑一带与清军苦战20余日，击毙清军数十人。但由于没有后援，弹尽粮绝，不能胜敌，也退守河口。5月26日，河口失守，黄明堂等为保存革命种子，不得不将600余人的队伍化作小股部队经卡房、王布田、河口和新店一线退入越南，但入越后又被法国殖民当局勒令缴械，遣送至新加坡。历时1个月的河口起义最终宣告失败。

河口起义虽然失败了，但它比革命军此前在两广采取的多次军事行动更鼓舞人心，孙中山曾称赞说："河口之师，足掩前者。"其意义深远重大，为1911年辛亥革命成功、推翻清王朝打下了坚实的基础。[①]

二、蔡锷发起的护国运动与滇桂军阀在云南的战争

1911年，孙中山领导辛亥革命成功后，成立了中华民国。其后云

---

①参阅邓玮：《河口起义简介》（2001年5月30日）；黄日雄：《河口起义始末》（2001年5月26日）。转引自《滇南风云》，纪念辛亥革命90周年暨河口起义93周年资料文集。

南省在蔡锷、李根源等领导下举行起义响应革命，随即在昆明成立军政府，以唐继尧为都督。但是中华民国成立不满百天，辛亥革命的胜利果实就被以袁世凯为首的北洋军阀窃取。袁世凯倒行逆施，对外卖国，对内独裁，甚至于1915年12月12日公然宣布复辟封建帝制。在孙中山的支持下，蔡锷首义开展护国运动，与李烈钧、唐继尧等在云南昆明组织护国军兴兵讨袁。

1916年初，护国军向四川、贵州、广西进军，全国各地纷纷响应。蔡锷率护国军第一军进攻四川，李烈钧统领护国军第二军经桂攻粤。袁世凯除派兵入川应战外，又命龙济光派龙觐光率军由粤经桂攻滇。同年2月，李烈钧率部在广南与袁世凯派来进袭的龙觐光部发生激战。广南人民为护国军筹措14000银元，并备办粮秣军饷，还扩充兵员1000余人。护国军将龙军追击至富宁县的皈朝、剥隘，又挺进广西泗城（今凌云县），进占百色。时逢广西将军陆荣廷宣布独立，3月11日，陆荣廷从柳州电令百色黄自新、马济、陆裕光率军10余营从龙觐光背后进击，并将龙觐光部就地缴械，缴获山炮10余尊、机关枪30余挺、步枪7000余支，陆荣廷以所收龙军组编武卫军10个营，龙觐光则被扣于南宁。护国军凯旋回滇，在广南驻防休整。6月6日，袁世凯在全国人民的唾骂声中和护国军的打击之下暴亡，黎元洪接任总统，宣告护国成功。但在护国讨袁的战争中，却又形成了滇系、桂系等割据一方的军阀。滇系军阀以唐继尧为首，占有云南、贵州两省；桂系军阀先以陆荣廷为首，后又被李宗仁、白崇禧和黄绍闳所掌控，占据广东、广西两省。双方互相争夺地盘，形成了军阀混战的局面。

1922年3月，唐继尧因顾品珍率驻川滇军回滇而出走广州，后又应云南父老之请回师"戡定内乱"，自桂入滇进驻广南县城，动用县内积谷3000余挑（每挑40公斤），并向市场投放军用储蓄券5000余元做军饷。1922年8月，唐继尧恐滇桂黔边境受扰，遂在广南设立东南边防

督办署，任命黎天才为督办署督办。

1924年6月，时任桂系部队旅长的农国芳（广南壮族）率兵千余人攻打广南县城，未破之后败退。1925年3月12日，孙中山在北京逝世，但滇桂双方的战争并未因此中断。时任云南督军的唐继尧以讨伐贿选总统的曹锟为由，组织建国军并令其第二、第五两军入桂作战，第五军军长龙云率兵两万进驻广南，继而入桂围攻南宁。8月，困于南宁的龙云、胡若愚部从龙州退回云南。滇军将领范石生则与桂系将领李宗仁、黄绍闳联合组成定滇军，由范石生任军长，率数万定滇军尾追建国军第二、第五两军至广南境，建国军退到砚山与尾追的范军激战，范军进逼文山，与滇军交战于二塘一带，后范军被击败，退至砚山后又退回广南，建国军又追击范军到广南，范军被迫退回广西。建国军撤回昆明后，范石生任命开化张国治为师长，搜罗各军溃散人员及地方零散武装千余人，自阿猛经那洒、马街、八播（今八宝）前去与范军会合，沿途大肆勒索银、米，拉夫役，与滇军王国宾部对峙于杨柳井至马街一线。9月，建国军旅长徐为光向富滇银行广南支行提取银元数千元后去往昆明，县长李宗毕也携印随军回省城，广南出现无政府状态，士绅议定，由广富守备司令王春山（壮族，广南旧莫村人）维持治安。正当广南县城人心惶惶之际，被龙云委任为滇边游击司令（驻剥隘）的陆朝珍（广南壮族，又名陆相）则投向范军，被范委任为广富警备司令。他以关心家乡为名，寄信广南："各军官已于剥隘议决，先取广南，后攻开化，余以桑梓情深，不忍坐视，请各父老派能言代表二人，至乐共、西洋欢迎总指挥官。不然大军所过，不无烧杀。"1926年2月20日，广南县城一方派出刘书麟、蒋起贤到杨柳井与之交涉，未果。3月3日，范军万余人包围并攻打广南县城，当天下午3时，城右翼八大河守军不支，退守八大河北岸，攻城者进八大河寨纵火烧房，引起左翼干塘子（今菜园）军慌乱撤退，攻城者又入干塘子纵火烧房，中路见左右翼皆退，恐被包围而退。至此，各路出城防卫部队全部退入城内。下午4时，围城者逼近城墙，猛攻五门，并放火焚烧城墙附近民房。4日，又砍竹子绑扎楼梯数十架冒雨攻城，双方猛烈激战，城内民众恐张国治破城，一些缠足妇女（主要是汉族）准备投井或吞食鸦片自尽；大脚妇女（主要是壮族）则携儿带物准备逃亡。经数日鏖战，张国治、陆朝珍等攻城均未得逞，攻守双方又相持一个多月，均有大量伤亡。4月14日，开广善后督办李选廷率滇军三个团驰援广南，张国治等则派3000余人到地势险要的白马关构筑工事阻击，李选廷得知后避实击虚，从旧莫经夕板向张部猛烈攻击，张部不敌，纷纷溃退，县城守军知援兵已至，出城配合，共击毙张部数百人，生擒百余人，夺获机枪一挺、步枪数百支，张国治等向富宁溃逃，其弟张国恩被击毙于县城南郊红坡，广南城至此方得解围。以上滇军与桂军在滇东南的拉锯战中，日耗粮草数万公斤，花费15余万银元。双方为扫清障碍，还烧毁了大量民房，让灾难深重的各族人民更加苦不堪言。1927年7月，胡若愚率云南靖国联军二路军从桂回滇，路过广南时又令交出银元2万元供其部作军饷。1927年9月，张国智又从桂西窜回滇东南，在丘北招兵买马，扩充实力，搜罗到500余人后，组成一个"师"，自称师长，又组成若干小分队到农村抢劫，敲诈勒索。1928年6月，张国治率部占领丘北县城，后被云南广富军王春山部数千人围困，张国智强迫城内青壮年乃至孩童轮流站岗守夜，使广富军久攻不克。后王春山出重金招募勇士攻城，破城后偿金则由广南县各保分摊。广富军驻扎在丘北城里1个多月，又大肆搜刮民财，滥杀无辜。1930年10月，广西省当局反抗民国中央，国民政府令云南出师讨伐，龙云率第十路军取道广南入桂，县境设兵站10余处，又筹集军粮10余万公斤、军马220匹。上述滇桂军阀在滇东南的战争，将各族民众置于水深火热之中。

在滇桂两地军阀混战于滇东南时，又逢当地连年大旱，并发生严重虫灾，各地粮食减收过半，导致物价飞涨，到处饥荒。饥民以橡子、草根、树皮度日，饿死者无以计数。1927年，大坪村（今广南篆角）又有"鸡窝病"（伤寒）流行。1933年兴修蒙自至剥隘公路时，当局又从群众中摊派银元13万元，调集民工5万多人上阵，却又言而无信，在一年多的时间里，把资金侵吞耗尽，不了了之。1935年2月，广南县新任县长杨杼在兼理司法案件中，又贪污、敲诈大量钱物，从而激起众怒，各界组织罢市、罢课，上千人上街游行，并要求县政府交出杨杼，迫使其于4月18日夜化装逃回昆明。自20世纪20年代起，云南人民不仅深受滇桂两省军阀蹂躏之苦，还要遭受接连不断的天灾人祸，已经到了民不聊生的境地。

三、邓小平领导的百色起义与云南滇黔桂边区革命政权的创立

1917年11月7日（俄历10月25日），俄国十月革命取得成功。毛泽东主席说："十月革命一声炮响，给中国送来了马克思列宁主义。"[1]1919年五四运动之后，以马列主义思想武装的中国共产党于1921年正式建立。1923年，孙中山先生确定"联俄、联共、扶助农工"三大政策，促成国共合作，使革命形势一度高涨。但孙中山先生逝世后，蒋介石却于1927年在上海发动震惊中外的"四一二"反革命政变，在南京成立了国民政府，实行专制独裁统治，大肆屠杀共产党人。为挽救革命，中国共产党领导发动了著名的南昌起义、秋收起义和广州起义。在这几次起义的影响和鼓舞下，邓小平、张云逸、韦拔群等同志遂于1929年12月11日在广西百色组织领导了武装起义，并创建了中国工农红军第七军和左右江革命根据地，有力地配合了江西中

---

[1]毛泽东：《论人民民主专政》。

央苏区红军的反围剿斗争。

1932年冬和1933年夏，遵照组织安排，红七军二十一师副师长黄松坚（原名黄明春，当时化名何尚之）先后派滕静夫、韦纪、黄庆金、李家祺、韦天恒、朱国英、岑日新、赵润兰、李修学（均为壮族）等到云南省富宁县的畈朝、谷拉等乡镇进行革命活动，初步组成了一支农民武装。7月，黄松坚又率小股红军武装到富宁畈朝等地的七村九弄地区与先期到这里开展工作的滕静夫等同志会合，成立了中共滇黔桂边区临时委员会，建立了革命武装——滇黔桂边劳农游击队第三联队和七村九弄革命根据地。劳农游击队以梁振标（又名梁超武，壮族）为司令，黄松坚为政委，黄德胜为参谋。

七村九弄地区是云南省东南部富宁县和广南县交界的山区，与广西的那坡、靖西、德保、百色、隆林和贵州望漠等县接壤。80%的居民为壮族，原是绿林武装梁超武的势力范围，梁部有50～60人枪，国民党奈何不了他。20世纪20年代后期，中国共产党就在这里领导农民运动。1934年7月，党中央派黄德胜同梁超武打交道，两人结拜为兄弟，黄对梁及其部属做了大量思想工作，使梁超武等人逐步提高了革命觉悟，愿意接受改编参加革命，积极协助共产党开辟游击根据地。1934年10月，黄松坚带领红军游击队进驻七村九弄后，同收编的梁超武部合并，共有200多人枪，增强了革命武装力量，同时清除了游击根据地周围的土匪和反动民团势力。在游击区，黄松坚等还十分注意做好当地少数民族上层人士的工作。谷留寨有50～60户壮族和汉族农民，分成两派，经常发生械斗。经过游击队的教育，他们逐渐团结起来，投入到反"围剿"的斗争中。对各乡长、保甲长和上层士绅，采取打击反动头子、争取中间分子的斗争策略，从而团结了多数，孤立了少数反动分子。对于商人，则坚持交易自愿、买卖公平的政策，使他们放心照常营业，主动组织货源供应红军的需要。

当时，中央红军主力在第五次反围剿中失利，为摆脱国民党军队的包围追击，被迫实行战略性转移，退出瑞金中央革命根据地，进行长征，向陕甘宁苏区进发。为牵制敌人，支援中央红军从贵州、云南过境，黄松坚等将劳农游击队和赤卫队开进皈朝街，建立皈朝区"苏维埃政府"和"青年会"，并整编赤卫队为红军4个大队。不久，又率红军向富宁挺进，佯攻富宁县城。

滇黔桂边区革命政权和群众组织的成立和七村九弄革命根据地的日益发展，引起了滇桂两省地方实力派的恐慌。1934年11月底，云南省省长龙云派广南县警备军何彩部的副司令农志猛率警兵一营（400多人）向七村九弄根据地进行第一次"围剿"，劳农游击队随即上山隐蔽设伏。12月5日，农部进到谷留寨后，被引入伏击圈，遂被第三联队冲杀得溃不成军，退到谷留寨时只剩下120多人。1935年1月中旬，敌人又派出滇桂军2个团，以及富州、广南、靖西、那坡、天保、百色等县民团4000余人，分三路包围七村九弄革命根据地。为保存实力，劳农游击队把主力撤到弄甲一带隐蔽，另由黄德胜率一部分队员杀回谷留寨，以作扰乱和迷惑。滇桂军和民团找不到游击队，便严密封锁谷留寨，杀人放火，抢劫财物，并造谣"七村九弄共匪已消灭"。中共滇黔桂边区临时工委以政治和军事两手来反击敌人。政治上，让游击队员和地方交通员利用亲友关系，在同一时间里把红军进行战略转移，并将党的抗日救国传单寄发给国民党的军、政、警机关和头目，进行宣传战。军事上，于1935年1月30日出其不意地攻打岩凡，一举歼灭守军，当场镇压了反动联保主任兼民团头子莫生宠，使得第二次"围剿"又告破产。经过与滇桂国民党军队转战3个多月，游击队从300多人增加到800多人。1935年5月，黄松坚前往上海向党组织汇报工作。1936年，滇黔桂边区临时党委决定，把劳农游击队改为边区革命游击队，政委由滕静夫接任。1936年6月21日国民党的《云南日报》以

《富州共匪蠢动，县府调团追剿》为题，披露了该游击区的斗争情况。

继梁振标、黄德胜率领的滇黔桂边劳农游击队第三联队和七村九弄革命根据地建立之后，广南苗族王开洪、王咪章和壮族韦振高等受革命的影响，又于1934年在广南黑支果、八宝等地组织武装起义，围攻马街区政府，开仓济贫，很快控制了广南、富宁和麻栗坡督办署交界的"五棚""六羊"地区（今广南黑支果及麻栗坡新寨一带）的40余个村寨，建立五棚六羊革命根据地，并与滇黔桂边区劳农游击队第三联队政委黄松坚取得联系。劳农游击队第三联队派黄树功前往协助开展工作，并将王开洪部编为该联队的独立大队。独立大队下辖8个中队，共1000余人。1935年6月下旬，劳农游击队独立大队在边区临时党委的指导下，首先打击周围地霸、占领木杠、转战马街，继而攻打下甲坝、凉水井等地，所到之处都按共产党的做法，打开地霸土恶仓库，将粮食物资分给贫苦农民，深得群众拥护。随后又攻打八宝坝劳（今百乐），进而再攻打中越边境的木央、田蓬附近村寨，接着又攻下水田堡、黄梅树、马家湾、蔡家湾等村寨，一路打击陈有才、李廷良、陈占彪等土恶地霸，攻占田蓬大部分地区。国民党地方当局极为恐慌，麻栗坡督办署督办命董干对汛副汛长龙云中、常备队队长张占魁率部"围剿"红军游击队。王咪章、韦振高各率所部红军游击队边打边撤，途中王咪章部与对方战于大石板，并将龙云中击毙。王开洪、王咪章撤回根据地，继续打击国民党地方当局和地霸武装。国民党广富独立营、富宁守备队及地方民团多次"围剿"，悬赏捉拿王开洪、王咪章均未奏效。1936年1月，广南县府获悉王开洪、王咪章率游击队进攻田蓬的消息后，县长宋光焘向云南省府告急，省府随即命令广富独立营及麻栗坡督办曾竹虚部对王开洪游击根据地进行围剿和扫荡。独立大队利用地形、碉堡进行顽强抵抗，却因力量悬殊，弹药有

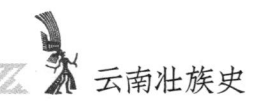

限，最后被打散，指挥部被焚烧。国民党地方当局为消除隐患，悬赏缉拿王开洪、王咪章。1936年1月，王咪章被诱杀于八宝上甲坝。为了躲避敌人的缉捕，王开洪暂时离开根据地，到越南茶坪筹备武器，留下秘书王廷英（壮族）继续进行隐蔽斗争。

除上述情况外，早期中国共产党在滇东南建立的组织还有：1927年12月根据中共云南省特委的指示成立的以严英武为书记的中国共产党文山县洒戛竜（壮族寨名，在今德厚）支部，1929年5月云南省临委派李国定、吴少默到马关八寨成立的党支部等，他们都在壮族村寨及其周边群众中积极开展革命工作，并组织农民斗争。

在土地革命时期，云南壮族为推翻国民党反动统治而做出贡献或牺牲的中共党员和优秀儿女还有：1923年在北平就读农业大学时参加"新滇社"，1924年加入中国共产党的侬瑟若（侬淑玉）；1924在北平就读工业大学时参加"新滇社"，1927年加入中国共产党并由中共派往苏联莫斯科东方大学留学，毕业后经第三共产国际委派到昆明工作的陆丕臣；1929年参加红七军，1930年入党，被誉为"云南籍第一个女红军"的李杏锦及其战友刘家华、傅少华、陈里生、李再等同志。

四、云南壮族儿女积极参加抗日战争

穷凶极恶的日本帝国主义，早在辛亥革命后不久便趁中国南北军阀混战之机侵占胶州湾，1915年又提出"二十一条"，1931年更是明目张胆地发动"九一八事变"，武装占领我国东北。对此，蒋介石却以"攘外必先安内"作为国民政府的基本政策，激起了全国人民的反对。1936年12月，张学良、杨虎城发动西安事变，囚禁蒋介石。在中国共产党的正确引导下，西安事变得以和平解决，为国共合作的重新建立提供了必要前提，并促成了全国性抗日统一战线的建立与全国性抗日战争的发动。1937年，日本帝国主义发动"七七事变"，妄图吞并整个中国，全面抗战从此开始。毛泽东同志说："中日战争不是任何别的战争，乃是半殖民地半封建的中国和帝国主义的日本之间在二十世纪三十年代进行的一个决死的战争。"又说："中国降了，任何人都要做亡国奴。""在太阳旗下，每个中国人只能当顺民，做牛马。"①整个中华民族到了最危险的时候，可谓是灾难深重，民不聊生。在中国面临的各种矛盾中，中日矛盾上升为主要矛盾，中国的政治形势发生了重大变化。在此期间，云南壮族儿女与全国人民一道，毅然投身到抗击日本侵略者的战斗行列之中。

抗日战争爆发后，国民党原云南省参议员、丘北县县长龙开甲捐献国币1万元支持抗战。文山的云南省立第四中学宣告成立"抗日义勇军"，被省教育厅编组为"云南省义勇军独立第一大队"。1937年，国民党第一集团军司令（后为新整编的陆军第六十军军长）卢汉奉命率部赴徐州参加著名的台儿庄战役，驻文山的滇军第九旅第十八团亦前往参战。1938年7月7日，文山抗敌后援会举办追悼大会，悼念在台儿庄战役中阵亡的文山籍周希尧、夏蒉等33位烈士。因滇军伤亡过半，急需补充兵源，卢汉即以抗日救国为由，于1939年秋委任王佩伦（广南旧莫乡人，壮族）为第一集团军志愿兵团团长，在广南、富宁、砚山、西畴等地召集以壮族青年为主体的志愿兵3500余名，经过组织训练后，于1940年春开赴湖南、江西等地参加抗战，并直接投入衡阳保卫战。后因志愿兵团不属于正式编制，士兵留下补充他部，军官遣散回家。王佩伦则被卢汉保送进国民党中央陆军军官学校高级班学习，结业后被委任为第六十军副官处处长、广南县县长、云南省保

---

①毛泽东：《毛泽东选集》第二卷，北京：人民出版社，1991年版，第447、455页。

安十二团团长、广富保安司令等职。

1941年12月8日，日本偷袭美国在太平洋的海军基地珍珠港，同时轰炸威克岛、关岛、马尼拉、新加坡等地，太平洋战争爆发。中国西南各省重要城市及滇东南、滇南各个县城均相继被日本军机狂轰滥炸，人民的生命财产造成了巨大损伤。据相关资料记载：1940年2月13日，即有27架日机空袭文山县，其后又两次轰炸县城，致使军民死伤多人；1941年6月16日，又有日机9架对广南县城进行狂轰滥炸，投炸弹12枚，炸死48人，重伤36人，轻伤40人，毁房275间；7月14日、15日，6架日机又轰炸富宁县城，焚毁房屋70余间，炸死12人……

为抗击日本侵略，中、美、英、荷、澳等国决定联合作战。根据美英参谋长联席会议的建议，同盟国要在中国、泰国、越南和缅甸北部地区组建中国战区统帅部，由蒋介石就任中国战区盟军最高统帅，美国陆军中将史迪威任参谋长兼中缅印战区美军指挥官。又应英国方面请求，中方派遣第五军、第六军、第六十六军约10万人组成中国远征军，入缅参加对日作战。1944年10月，国民政府发动"十万知识青年从军"运动，号召广大青年积极投身于抗日救国，其中就有广南的30余名青年学生投笔从戎，被编入远征军等部队，到滇西、缅甸、印度抗击日本侵略者。当时广南侬氏土司族长侬霸先之子侬鼎升，尚在昆明中山高工学习，也参加了中国远征军第十四师学生队到印度抗日，后转入伞兵部队空降广西柳州，参加收复南平丹竹机场的战斗。据《广南县志》和民政部门统计，抗战期间，仅广南籍参加抗日武装的人员就有10000余人，其中有名可查的阵亡将士就达132人，原志愿兵团存活的也仅有十之一二。

五、云南壮族人民投入解放战争的洪流

抗日战争胜利后，国共两党于1946年1月10日正式签订了停战协定，但蒋介石却置国家民族的利益于不顾，公然撕毁停战协定，于1946年6月26日以30万国民党军队围攻中原解放区，全国解放战争由此正式拉开序幕。解放战争前4个月，解放军胜利地完成了中原突围战。1947年7月，解放军转入战略进攻，接着连续进行了辽沈、淮海、平津三大战役，基本上消灭了国民党军主力。蒋介石集团不甘心其失败，妄图以胡宗南集团、白崇禧集团的几十万兵力，据西南与解放军对峙，仅云南境内，当时就进驻国民党的6万重兵。此时的云南壮族人民即与全国人民一道，在中共党组织的领导下，投入了解放战争的洪流。

1946年底至1947年初，滇东南地区的壮族人民，便在原滇黔桂边区党委书记滕静夫的领导下，利用壮族传统节日召开会议，号召购买枪支，组织地下游击队开展武装斗争。与此同时，云南工委按照中央指示，开始在全省发动大规模游击战争。1947年7月，省工委书记郑伯克派陆琼辉（又名陆毅，壮族）到广南工作，并担任广南地下党负责人。8月，成立以岳世华为书记、陆毅等4人为委员的中共开广工委，为开展大规模的革命武装斗争做准备。1948年2月，中共云南省工委领导弥勒西山等地起义，建立以朱家璧、张子斋为首的革命武装。5月，朱家璧率部南渡盘江，围攻丘北，随后与庄田、周楠等率领的桂滇边区部队共同建立滇东南中心根据地。6月，在广南地下党已争取到县防卫队的武装配合下，朱家璧率领的游击部队首克广南县城。广南县城被共产党游击队攻克的消息传出后，顿时震惊了国民党云南省当局，省政府主席卢汉立即派曹星辉接替王佩仑，担任广南县县长职务。

为再次攻克广南县城，消灭国民党反动派，经研究决定，争取

策动广南土司家族成员侬鼎丰长子侬天祥（广南城防大队长，壮族）起义，并制定了"依靠上层发动下层，依靠下层团结上层"的工作方针。此时朱家璧率领的游击部队已定名为"云南人民讨蒋自救军"，并于6月19日派杨宇屏前往珠琳接应开广工委书记岳世华等一行6人和桂滇边工委领导郑敦，随后向黑支果方向前行。同时由孙太甲率防卫队二分队前往黑支果竹林湾，智擒南屏乡乡长和当地恶霸陈宁君，清除云南人民讨蒋自救军向南路前进的障碍，由邓德邦率防卫队一分队到五珠捉拿车骑骝（因王佩仑提前将车骑骝召集在旧莫，故车骑骝未被擒获）。6月20日，以党员段哲斌出城与游击队联络，并担任攻城部队的向导。6月21日凌晨2时，由朱家璧、何现龙率讨蒋自救军主力一、二支队和三支队第七大队与广南地下党组织的武装力量密切配合，向广南县城发起进攻，经约2小时的战斗，敌人弃城而逃，讨蒋自救军顺利占领县城。当日，讨蒋自救军在县城召开群众大会，将地霸、劣绅囤积的粮食、棉纱、布匹等分给贫苦群众，从监狱解救被监禁的无辜受害者，并适时开展政治宣传，使不少进步青年和防卫队起义人员踊跃参军。讨蒋自救军吸收起义部队和在广南参军的200余人，编为独立大队，并遵从纵队司令部的指令迅速离开广南，向黑支果方向转移。讨蒋自救军再次攻下广南县城后，国民党当局更加震惊。《中央日报》当即以《匪乱与开广区》为题发表社论，宣扬广南县城的解放；上海一家外商所办的《弥勒氏评论报》也以《红星照耀下的云南》为题发表文章，报道共产党领导的游击队攻克广南县城的消息，在国内外造成巨大影响。

1948年10月，原远征军返乡战士侬鼎升（后任边纵四支队警卫营营长）经与地下党领导李石秀联系，又在阿用、板蚌、八宝组织200多人的武装参加独立大队，经过整训，于11月7日投入拉狗塘伏击战。

拉狗塘位于广南县城西部珠琳镇吊井村委会石盆村小组境内，是阿基到珠琳的必经之路，距珠琳街约11公里，两面高山，中间为宽约100米的谷地。谷底地形险要，两侧是山冈丛林，利于部队埋伏。1948年10月初，国民党保安第一团第三营在车骑骝反动武装百余人配合下，由文山出发，经砚山向广南推进，并纠集国民党广南县刚卸任县长王佩伦的500余名武装力量，于11月7日到达阿基，准备在珠琳一带堵截讨蒋自救军。独立大队获悉后即于当日夜向拉狗塘开进，在拂晓前到达后埋伏待敌。国民党保安第一团第三营在阿基休息一天后于11月9日清晨从阿基街出发，下午2时许进入伏击圈。霎时，整个山谷响起了密集的枪声，混杂着喊杀声，国军纷纷中弹倒地，营长安康也被击中。此战，计击毙对方50余人，俘虏营长以下135名，缴获轻机枪13挺、步枪100余支、电台1部及大批弹药，独立大队牺牲2人（朱定生、陆小福），负伤3人（王鼎辉、朱绍华、刘克泰），有力地策应了"前委"及主力部队的行动，鼓舞了全体军民的斗争士气。

1948年12月28日拂晓，边纵司令员庄田和支队长孙太甲等率大部队第三次攻打广南县城，侬天祥率县城城防大队起义做内应，配合了部队的攻城行动。此次攻克广南县城后，侬天祥起义部队被改编为广南县独立大队，以侬天祥任大队长，侬纯一、付兴荣任副大队长，李浩为教导员。县工委又按上级党委关于"消灭国民党残余势力、建立人民民主新政权"的指示，决定建立广南县人民民主政权。1949年2月17日，广南县人民民主政府正式建立，由县工委书记陆毅兼任县人民民主政府县长。[①]

在三次攻克广南县城的同时，中共云南省工委领导的云南人民讨蒋自救军第一纵队和中共桂滇边工委领导的桂滇边第一支队的主力，在壮族人民的有力支援配合下，还在1948年6月攻打了丘北县城。11月

---

① 《广南简史》编纂委员会编：《广南简史》，昆明：云南人民出版社，2013年版。

又在高枧槽伏击国民党军，缴获军装700余套及其他物资，并先后解放了马关、西畴、麻栗坡、砚山、富宁等5座县城。

正当全国解放战争取得节节胜利之时，中共云南省工委和桂滇边工委于1949年元旦接到中央军委关于在云南人民讨蒋自救军的基础上组建中国人民解放军滇桂黔边区纵队的命令。为贯彻中央指示精神，中共云南省工委和桂滇边工委统一在砚山阿猛开会，正式确定将滇桂黔边纵队滇南思普、滇东北、滇中、滇西北、滇西、滇北的游击部队，统一编为中国人民解放军滇桂黔边纵队，由庄田任司令员，林李明任政委，朱家璧任副司令员，郑伯克任副政委，黄景文任参谋长，张子斋任政治部主任。会议还根据革命形势发展的情况，确定部队向北转移：由朱家璧、黄景文率立功大队第一连到丘北一带会合那里打游击的武装部队，打通弥（勒）泸（西）西部与南盘江两岸的通道，扩大游击活动；由庄田、郑敦率立功大队第二连、第三连渡南盘江东上，到罗平建立中心根据地；由孙太甲率七支队大部转入西畴、麻栗坡一带活动；由杨宇屏率七支队四大队一中队离开主力，在砚（山）广（南）边区开展群众运动；由陆毅、李石秀率三大队及侬天祥改编的独立大队在庄田、郑敦的领导下向北推进。各路游击部队统一在边委的领导下，为巩固和发展滇东南革命根据地进行新的斗争。当时，在云南的"边纵"部队共有3万多人，另外还组建了22个护乡团和3个游击团共1万多人，发展了游击队、民兵9万多人，先后解放了61座县城，歼敌61000多人，有力地配合了人民解放军在正面战场的战略进攻。同年4月中旬，受"边纵"部队的影响，广南县北路的壮族头人王朝忠（原籍丘北县大矣堵村），亲自到清水江边迎接边纵部队，给部队送大米、牛、猪等物资，并率300多人枪的地方武装参加革命队伍，其武装被整编为"边纵"司令部直属游击大队，王朝忠任大队长。之后，广南北路苍翠乡蚌古村的壮族上层人士肖玉琨也拿出钱物支持革命，把300多人枪的地方武装带来参加革命，其部队后来被编为广南护乡大队，肖玉琨被任命为大队长。文山县的龙开甲也暗中支持边纵部队，先后两次提交轻机枪2挺、长短枪400余支、子弹1万余发。[①]

1949年4月21日，毛泽东主席、朱德总司令发布向全国进军的命令，中国人民解放军第二、第三野战军即于当日全线发起渡江战役，并于24日解放了作为国民党统治中心的南京，5月26日又解放了上海。1949年6月1日，在西畴县城正式成立了滇东南行政专员公署。但国民党反动派不甘心其失败，1949年7月，国民党第二十六军一六一师的3个团向滇东南地区进行大规模扫荡，原曾积极支持抗日的王佩仑（壮族）当上了国民党广富"剿匪"指挥官，伙同广西惯匪钟日山匪部盘踞广南县城，与国民党部队遥相呼应。为消灭这几股顽匪，保卫地方政权，中共广富田联委和边纵三十五团党委决定，相机进攻钟日山匪部。8月27日，三十五团一营、二营、警卫连和广南护乡团共1000余人，在陆毅、杨宇屏、陈国万、杨增亮等人的率领下，从八宝奔袭广南县城，迅速解除钟日山匪部一个中队的武装，并与王佩仑指挥的部队激战，毙伤18人，俘虏43人，缴获轻机枪1挺、大卡宾枪1支、步枪50余支，边纵部队亦伤亡10余人，三十五团一营教导员段潜在这次战斗中牺牲。

1949年10月1日，毛泽东主席在北京天安门上庄严宣布中华人民共和国中央人民政府成立。12月9日，云南省主席卢汉起义，宣告云南和平解放。但国民党反动派仍不甘心失败，企图把滇南作为负隅顽抗的基地，让国民党陆军副总司令兼参谋长汤尧、第八军军长李弥、第二十六军军长余程万率部撤到滇南的开远、蒙自一带，由汤尧兼任司令官，计划在建水成立云南临时省政府，准备重整军队，在滇南建

[①] 李开军主编：《文山壮族苗族自治州民族志》，昆明：云南民族出版社，2005年版，第272页。

立"反共基地"。为粉碎国民党反动派的痴心妄想，人民解放军第二野战军第四兵团在司令员兼政治委员陈赓率领下，会同第四野战军第三十八军两个师，于12月中旬奉命进军云南，追歼汤尧集团。与此同时，中共滇桂黔边区党委即发出"从反扫荡中加强迎接野战军工作"的指示。为了使解放大军顺利过境，夺取滇南战役的胜利，"边纵"四支队政委饶华还亲率一个加强排做壮族上层人士（包括广南土司侬鼎和及其族人侬鼎丰，原丘北县县长龙开甲等）的统战工作，重申党的政策，宣传解放战争形势，使他们靠拢人民，不仅不要制造摩擦，而且还要帮助过境部队做好各方面的工作，让解放大军顺利通过文山。

1949年12月29日，中国人民解放军第二野战军所部第十三军三十七师在周学义师长率领下从广西百色进入云南剥隘，吹响了解放大军进入云南的冲锋号。

其后，滇东南的各族群众在滇东南地委、专署和迎军工作团、各县迎军机构的领导下，积极行动起来，筹集粮草，准备食品，修桥补路，做军鞋，并在野战军可能路过的交通要道上设茶水站、医疗站、物资供应站、宣传服务站等，接待和慰劳部队。据不完全统计，短时间内仅滇东南专区就筹集粮食800多万斤，豆类2.6万斤，肉类7万多斤，肥猪500多头，肉牛50条，禽蛋7000多斤，蔬菜19万斤，水果600多斤，布鞋17893双，草鞋8716双，柴草1260万斤。其中，包括龙开甲自愿献出的上万斤粮食、马料和肥猪、柴薪。野战部队路过富宁、广南、砚山、文山等县时，沿途村寨的壮族群众扶老携幼，争相给解放军送花糯饭、红鸡蛋，献米酒和热茶。野战部队首长深有感触地说："到了文山，就像当年在大别山一样温暖！"1950年1月7日，四野第三十八军先头部队一一四师、"边纵"一支队十六团、"边纵"四支队三十一团列队进入文山县城，标志着云南文山从此解放，滇东南行政专员公署也随之迁入文山县城。13日，成立了以饶华为主任、廖华为副主任的文山临时军事管制委员会，随后又将中共滇东南地委改称中国共产党文山地方委员会，以饶华为书记。将滇东南行政专员公署改称文山区专员公署，以宋启华为专员。

　　就在解放文山的同时，四野第三十八军一一四师、一五一师由副军长刘贤权率领，沿国境线经文山抢占中越边界重镇——河口。1月11日占领河口后，又在"边纵"三十三团的配合下于16日一举攻占曼耗、屏边等地，堵住了敌人南逃的道路。二野第十三军三十七师、三十八师由副军长陈康率领连续行军14个昼夜，于1月15日晚赶赴蒙自并首先攻占蒙自机场，切断敌人从空中外逃的道路，随后又在个旧歼灭国民党第二十六军大部，从而打响了聚歼国民党中央军在中国大陆最后残余的滇南战役。接着，二野第十三军三十七师由东西进，于20日攻占建水、石屏，迫使国民党第八军一部投降，22日封锁元江大桥，堵住国民党军南逃的通道。四野第三十八军则逆元江西进，将从蒙自逃窜的第二十六军残部全歼于元江蛮板、宜得地区。由"边纵"副司令员朱家璧率领的一支队和六支队亦南下思普地区，三路大军将国民党军队合围于元江。经连日追击作战，25日于元江城东全歼国民党军队第八兵团及第八军大部，活捉国民党陆军副总司令员汤尧、兵团副司令官兼第八军军长曹天戈及第八军参谋长杨也可。随后，第十三军又组织轻装部队在"边纵"部队配合下继续追击，至2月25日，攻占镇沅、思茅（今普洱市）、车里（今景洪市）、南峤（今勐海）及边镇打洛等地，并于1950年大年初一歼灭准备外逃的国民党第二十六军二七八团800多人，李弥指挥的第八军以及第二十六军除少部分逃到缅甸外，大部分都被歼于境内。滇南战役最后胜利结束。

第三节　近代滇东南的政区设置变更与风俗
改良政策的推行

据史料记载：在近代，作为云南壮族主体的侬人支系主要聚居在清代所设的"临安、广西、广南、开化等四府"。沙人支系主要聚居在"曲靖、临安、广西、广南、开化等五府"。土僚支系则是"临安、澄江、广西、广南、开化、昭通等府所属俱有此种"[1]。但自1840年后，由于帝国主义的入侵及中国中央政府的变更，特别是地主经济强势取代领主制经济造成的社会发展变化，使云南的政区设置和民间组织也都随之不断演变，壮族民众的传统风俗习惯也几度被"改良"。主要表现在以下三个方面。

一、滇东南政区设置的变更

清朝末年，地主阶级已经将大量土地占为私有，尤其是军阀大地主、商人、高利贷者争购土地，并深刻影响手工业、商业、金融业和城镇的发展，使"男耕女织"的自然经济逐步瓦解，家庭纺织等手工业迅速衰落并与农业分离，封建自给自足经济的架构和格局被打破，再加上西学的传播使思想文化方面发生了新的变化，这一切都促使滇东南政区设置也频繁变更。从1840年开始，滇东南政区设置变更的整体情况如下：

1840年（道光二十年），将原广西府改为广西直隶州后，又将其

---

[1]（清）傅恒、董诰：《皇清职贡图》第七卷。

所属的丘北县丞升为正县。

1887年（光绪十三年），将原来设置的临安、开化、广南三府合并为临开广道。

1895年（光绪二十一年），裁撤广南府，改称广南县，并在丘北县增设五槽县佐。

1897年（光绪二十三年），将麻栗坡交涉副督办署及河口（当时属安平厅）交涉副督办署，改为麻栗坡对汛督办区和河口对汛督办区。

1900年（光绪二十六年），朝廷令富州土司沈定坤退位，任命王正雅为流官通判。次年土富州改为富州厅。

1906年（光绪三十二年），将安平厅署由开化城（今文山市）移衙至马白关（今马关县城）。

1909年（宣统元年），开化府废里、甲，改设八区。

1912年（民国元年），将临开广道改为蒙自道。废开化府和安平厅，设文山县和安平县。又废广南府和富州厅，设宝宁县和富州县。

1913年（民国二年），改文山县为开化县，划外南区（包括大窝子、新现、龙古、蛇街、纪嵋等地），设靖边行政区。改宝宁县为广南县，并将广南县所辖木央、郎恒一带划归麻栗坡交办副督办公署管辖。

1914年（民国三年），将开化县恢复为文山县，将安平县改为马关县，并辖西洒、畴阳两地域。将麻栗坡交涉副督办公署改为麻栗坡对汛特别区督办公署，将河口交涉副督办公署改为河口对汛特别区督办公署。

1915年（民国四年），在广南县所属的维摩地区（今砚山县境）设县佐。将麻栗坡划为省辖特别区，督办兼理司法权。

1917年（民国六年）6月，督军兼省长唐继尧派马子骥为划界分区委员，到麻栗坡将原属东安里的南油半个甲、磨山半个甲、马达半个甲编为麻栗坡特别第一区，茅坪对汛（原归仁里聚义甲）编为第二区，玉皇阁对汛（原归仁里聚隆甲）编为第三区，天保对汛（原归仁里奋武甲）编为第四区，攀枝花对汛及原东安里的南油半个甲、蝴蝶半个甲编为第五区，董干对汛（原东安里马桑甲、普元甲）编为第六区，田蓬对汛（原广南府宝宁县的普梅营、郎恒营、木央营）编为第七区，督办署则改为云南省麻栗坡对汛特别区督办公署。同年还改广西直隶州为泸西县。

1920年（民国九年），将西洒、畴阳两地由马关析出，设置西畴县。

1929年（民国十八年），设云南省开广区行政督察专员公署。

1932年（民国二十一年），撤销广南县辖维摩县佐，将所辖地划归砚山，成立设治局。同年又将文山县属的江那、小维摩两县佐辖地合并入该设治局。

1933年（民国二十二年），改文山县靖边行政区为屏边县。

1935年（民国二十四年），将砚山设治局改为砚山县。

1937年（民国二十六年），改富州县为富宁县。

1938年（民国二十七年），将天保对汛署迁至猛硐，副汛署留在船头，撤销天保第四特别区，改建猛茨乡。

1942年（民国三十一年），将文山、砚山、西畴、马关、屏边、丘北、广南、富宁8县统一设置云南省第二行政督察区，专员公署设在文山城。

1946年（民国三十五年），第二行政督察区改为第四行政督察区，除麻栗坡对汛督办属省辖外，隶属不变。

不仅如此，县以下的政区设置也在随时改变，如广南县在1932年时划为7个区，即中区（县城内外）、东区（八播）、大南区（马街）、小南区（那洒）、小西区（珠琳）、大西区（者中）、北区

（中洛）。1940年又废区扩乡，将原7个区改设启明镇（县城）、莲花乡（平山）、维新乡（旧莫）、西洋乡、八播乡、马街乡、南屏乡（黑支果）、里达乡、怀德乡（那洒）、绥靖乡（珠街）、珠琳乡、苍翠乡（者中）、中原乡（中洛）、北藩乡（底圩）14个乡（镇），乡（镇）下又设333个保3463个甲。1942年11月，又按地理方位改建城区、莲峰区、维新区、西洋区、八宝区、里达、马街区、南屏区、怀德区、绥靖区、珠琳区、苍翠区、北藩区、中原区14个区，下辖89个乡。又如西畴县1921年从马关析置后设西洒、畴阳2个区，下设马桑、普元、胡迭、蚌谷、西洒、锡板者保、威龙马达、董寡安乐、老街东油、南油磨山10甲，1931年改设5个区即一区（西洒）、二区（董马）、三区（老街）、四区（兴街）、五区（三元井），区下设53个乡镇，1937年又将53个乡镇合并为西洒、鱼不那、摩洒、蚌谷、董有、戛邦、法斗、新寨、董马、老街、安乐、董寡（东瓜）、东油、兴街、锡板、威龙、鸡街、三元、龙太、古鱼、纸厂21个乡镇。1939年再将21个乡镇合并为西洒、兴义（兴街）、畴阳（老街）、嘉谷（蚌谷）、法有、真武（鸡街）、三元、松泉（今麻栗坡盘龙）等13个乡镇，下设125保1200甲。再如文山县在1921年未划出砚山时尚设有中区、东区、南乡、西乡、北乡、外西乡、外北乡7个乡镇。1930年划出砚山后改设为4个区，即一区（县城）、二区（新平坝）、三区（平坝）、四区（攀枝花），区下又设云集、威远、福寿、大兴、升平、古柏、玉树7镇和松栗、平安、里仁、金石、上集贤、下集贤、太平、合掌、又新9乡。乡下再设若干保、甲。滇东南、滇南的其他县以及县以下设置区、乡、保、甲的情况，也都在不断发生变化，变化情况与广南、西畴和文山相类似。

在近代，云南广南还存在流官与土官并存的特殊格局。1936年（民国二十五年），云南省政府主席龙云就以"全省土职尚未一律改流之际，广南土司似不必急于此时取消……准予仍袭原职，以示羁縻，而维边围"为由，批准侬鼎和承袭病故土同知侬鼎铭之职。[①]这是由于侬氏土司对当地壮族仍具有很大影响力，当时的云南省政府出于统治阶级自身的需要，为避免民族地区的社会发生混乱，依然采取保留侬氏土司的做法，让其对上级行政机构承担一定义务，并一直延续到中华人民共和国成立前。

二、壮族传统社会组织与新式社团并存

壮族传统社会组织，是指一直沿袭下来的自我管理、自我约束、内部整合的社会组织或机构，以土司制和寨老制为主。

壮族土司制从元、明、清三代一直沿袭到民国，虽然多已式微，但由于广南侬氏土司衙署及其下设的一些机构仍然存在，且在其控制下的许多乡村地区依旧发挥着很大作用：在社会经济领域，他们仍然按照传统方式收取钱粮、禽畜、特产和安排徭役；在军事领域，他们还能组织民族武装、保管武器、训练士兵；在司法领域，调解本民族村寨或民众之间的各种民事纠纷，仍然以他们为主。土司族长还可主持族中要员及各地头人参加决定土司承袭人选的会议，并主持祭祀侬智高及本民族重大的节庆活动。

特别值得一提的是，不少土司后裔及村寨头人，由于有着盘根错节的社会关系并熟悉当地的风土人情，所以他们又都被执政当局起用来担任地方的行政职务，有在政府部门负责收粮、收税的，有在警务部门负责维持地方治安和社会秩序的，也有的在乡村当起了乡镇长或保甲长，在当地依然起着举足轻重的作用。

寨老制，是云南壮族沿袭时间最长的民间传统自治制度，长老会

---

① 龙云批文的原件现存于云南省档案馆。见《民族工作》1997年第8期。

议是其唯一的社会组织形式，由村寨各个不同姓氏家族的长老组成，其进行聚会的场所壮语叫"厅索""厅祊"或"厅浪"，当地俗称"老人厅"。长老会议的任务是主持全村男性家长参会商定管理村寨的重大事项，一般在小年节和六月节、七月节期间进行。会议内容包括制定村规民约、保护森林水源、修筑道路桥梁和水沟、调解村民纠纷、组织防火防盗、确定与周边村寨的土地界限及全村祭祀活动等。在近代，云南壮族民间的寨老制及长老会议这一社会组织形式，因其根深蒂固，且与半殖民地半封建的社会制度没有多大矛盾冲突，所以仍然被完整地保存了下来。

概而言之，近代的云南壮族社会虽然已经出现新式社团与壮族传统社会组织并存的状况，但土司衙署及其下设机构仍在发挥作用。在广大农村，寨老制及长老会议这一社会组织亦扮演着极其重要的角色。

三、风俗改良政策的推行

在步入近代以后，曾在云南大力推行过风俗改良的政策，其中一部分深受汉族民众的积极拥护，起到了较好的社会效果。但另一部分则违背了壮族民众的意愿，出现了不少负面情况，也造成了许多消极后果。

在近代，特别是辛亥革命推翻清朝并建立民国政府以后，从官府到民间都在努力进行易服剃发、废止妇女缠足的活动。无须赘言，这对于广大民众来说，既是一种精神上的解脱，也是一种生理上（特别是妇女）的解放，因而受到积极拥护，也起到了良好的社会效果。

但在民国时期，由于民族歧视思想作祟，政府总要使云南原住民与汉族同化，并把此项工作作为"开化"的一项要务来抓。他们以壮族为重点，大力推行风俗"改良"政策，把云南壮族三大支系的语言通通叫作"黑话"，不准在官场乃至公开场所使用，只许使用当地汉语方言。他们还认为壮族的传统服饰鄙陋怪异，应该加以改良。认为歌圩、娶妇不落夫家更是一种"陋俗、恶习"，必须坚决取缔，甚至连婚嫁、丧祭等风俗习惯，也都要进行"改革"，使之与汉族一样。据文山州及其所属各县的志书记载，为了达到这一目的，当地政府就曾动员和支持壮族侬人支系中接受汉族文化教育颇深的人成立"蛮装改革太阳会""风俗改良会""西麻侬族风俗改良会"等组织（以下简称"风改会"），制定"改良条例"。从1921年开始在马关、西畴、麻栗坡等县鼓动宣传"风俗改良"，又动员和支持壮族沙人支系中颇有威信的人在丘北县组织成立"沙族风俗改良会"，各乡还成立了分会，并制定"丘北沙族风俗改良规约"，竭力推行"风俗改良"。

其实，云南壮族的语言、服饰及其歌圩乃至婚丧、嫁娶等方面的习俗，都是中华民族的一种极具特色的优秀传统文化。

云南壮语源自古越语，属汉藏语系壮侗语族壮傣语支，其中的侬话、土僚话属壮语南部方言，沙话属壮语北部方言，这些方言与越南的岱侬语言和东南亚、南亚的老族、泰族、掸族等民族的语言相同或相近，具有极高的学术研究和实际应用价值。

云南壮族各个支系的服饰依性别、年龄不同而不同，男装朴素端庄，女装艳丽华贵，其中又有便装、盛装和孝服之分。侬人妇女头戴青色锦帕，着盛装时头帕里层置镶金嵌玉的绣花额箍，帕端缀彩色缨穗。上衣多为青蓝色或紫色，立领、左衽、细袖、窄腰、紧身短衣，领襟、袖口、下摆通常都要镶花边，因为衣短，腰部一般还要系一块镶边绣花的红色或蓝色的长幅围腰。下身穿黑色筒裤，外罩百褶长裙，因长裙不便于在外行走而往往将裙摆收束扣于臀部，状如鸟尾一般。脚穿半高筒绣花钩鼻鞋，着盛装时还要佩戴饰品，计有发簪、耳环、项圈、项链、胸牌、手镯、手箍、各种挂坠等等，琳琅满目。

故民国《马关县志·风俗志》载：依人服饰，"男子略似汉人。女不缠足，挽螺髻于顶，以青布帕裹头，帕两头梳成细穗，缀以彩绒。服色青黑，有裙无裤，止对襟密钮，窄腰小袖，衣长及尻，袖长及肘，袖口镶以三寸宽之杂色边，裙数百褶，需布甚多，行路时裙幅扭结于臀，翘摇如尾。饰有簪、有环、有镯、有戒，皆以银制，富者缀银泡于领襟，几满及项圈，锁链之类重量有至数十两者"[①]。沙人女性服饰则与依人不同，特别是丘北黑沙妇女在椎髻发式上戴各种银饰女帽，帽后还垂一钉有金银牌的绣花锦带。上衣也钉满银牌、银坠等饰品，与肩上披挂的银牌披肩相对应，衣袖、领襟、下摆等处都直接以锦条镶边，腰系一条做工精美的锦带于右侧。下装穿筒裤并外套深紫色的细褶筒裙，脚穿半高筒尖头绣花鞋，显得极为华丽。白沙妇女则头戴勒子、包锦帕，内衣衣袖较小，外衣衣袖宽大，袖筒绣有繁缛的花边，下着青色筒裤，服饰色彩丰富鲜艳，有极强的层次感。土僚妇女服饰又与依人和沙人的不同，仅其头帕包裹样式就有搭头、尖头、平

图5-1　尖头土僚服饰

图5-2　黑沙妇女服饰

图5-3　白沙妇女服饰

图5-4　泐沙妇女服饰

[①]（民国）张自民修，王富臣等纂：《马关县志·风俗志》，民国二十一年（1932年）石印本。

图5-5　道侬妇女服饰　　图5-6　督侬妇女服饰　　图5-7　平头土僚服饰　　图5-8　搭土土僚服饰

头、偏头之分，着矮领左衽且前胸后背以各色碎布拼镶而成的方锦上衣，下身里裤外裙，还用长两米的布条系裙子腰部。其服装侧重颜色搭配，饰以三角形犬牙状银泡图案，下端还缀有银铃、串珠穗等，小腿带镶有各种颜色的脚套，显得别具一格，亦华丽漂亮。应该说，这些精美的服饰代表了壮族民间工艺的最高水平。云南壮族还有一种专门在丧葬祭祀时必须穿戴的服装——孝服，其样式和日常便装样式相同，但全为白色，虽然不加绣、饰，但也很有民族特点（见图5-1、图5-2、图5-3、图5-4、图5-5、图5-6、图5-7、图5-8）。

壮族歌圩也是该民族文化的一大特色，云南壮语称作"斡圩芳"，即"赶欢乐街"的意思，因"每场聚集人众不下千人"，"唱合竞日"，犹如唱歌的集市，后来人们便把它称之为"歌圩"，并写诗赞道："岁岁歌圩四月中，欢聚白叟与黄童。"[1]壮族"自幼习歌"，许多优秀民歌便是通过歌圩世代承传的，云南壮族的歌圩很多，著名的有富宁的珑端街、广南的花街、麻栗坡的风流街、丘北和

---

[1]潘其旭：《壮族歌圩研究》，南宁：广西人民出版社，1991年版，第2页。

师宗的三月三歌会等。壮族通过对歌传承诗歌文化，增进相互了解，交流各种知识，比试聪明才智，乃至通过对歌谈情说爱或"倚歌择偶"。这是壮族特有的一种习俗，带有深刻的历史性和社会性，无可厚非！

云南壮族的婚丧礼俗非常隆重，其结婚礼仪比较独特，婚前须"传槟榔"。娶亲时新郎要有四位英俊的伴郎，新娘则须有四位美貌的"伴娘"相随。在前往新郎家途中，若遇到桥时，新娘必须由新郎背着通过。拜堂后新娘暂不与新郎同房，而是由伴娘陪同过夜，婚后多数"不落夫家"，只在农忙时节才去与丈夫团聚。婚后之所以暂时"不落夫家"，据说主要是需集中时间和精力纺纱织布以备养育子女和孝敬父母之用。壮族丧葬礼仪不像汉族那样必须披麻戴孝，但在老人去世时要举行"接气"、"买水沐浴"、停棺祭奠、布摩超度、出殡搭桥、路祭隔魂等仪式。从始至终子女和亲戚都要穿戴白色孝服，以示对死者虔诚哀悼。出殡时，要由布摩诵《开路经》，长子抱灵牌在前，大女婿捧衣禄罐在后，其余按年龄大小依次跪列匍匐，让棺木从背上反复掠过三次，意在搭桥让逝者的灵魂顺利前往天堂仙界与祖先团聚。云南壮族这样的婚丧礼俗，纯粹是一种以人缘亲和为根本的民俗文化，亦当无可厚非。

然而，对于民国政府的当地政府官员及其建立的"风改会"来说，上述这些习俗和礼仪都是必须封杀、取缔或强行改造的。他们首先拿壮族服饰开刀，讥讽污蔑穿着本民族服饰的壮族妇女为："头上两只角，屁股一包药，衣裳一点点，裙子够马驮。"在马关大马洒村和马关县后寨，要求"将侬人的服装坚决彻底改为汉装"，特别是结婚时着盛装的人家及其亲友，"对经劝告仍不改装者，强行剪断头帕和裙子，以罚款方式处罚违反改良规定的婚姻当事者双方"。当地政府官员还组织人员，于1930年在西畴县者保村（兴街镇旁）、麻栗坡县南油村（临近中越边境）等地，强行剪裁赶街妇女的裙装、干涉他人婚姻、冲击丧葬仪程等，把当地搞得乌烟瘴气，从而引起群众的强烈不满，并遭到大家公开抵制。虽然马关县大马洒村将侬人服装改为汉装取得了一些效果，其他壮族村寨中嫁给汉族男子的女孩也都改穿汉服，但绝大多数壮族民众对这样的"风俗改良"仍然不予接受。

在丘北县，当地政府官员及其建立的"风改会"，也拿壮族的服饰和歌圩等方面的礼俗开刀，他们按照"丘北沙族风俗改良规约"的规定，从1938年开始便在县城东、西、北门设卡，强行剪裁妇女裙子，对各个乡镇聚会酬唱者处以罚金。毫无疑问，这样的粗暴行为，必然遭到壮族民众的强烈反对。但当时的县长徐亚雄仍然一意孤行，甚至公然动用警察、乡丁来参与这一行动，致使当地的民族隔阂越来越深，社会矛盾更加严重。由于得不到民众支持且后果事与愿违，这一"风俗改良"政策的推行才草草收场，不了了之。

第四节　经　济

鸦片战争后，随着西方列强国家纷纷取得各种特权，其势力范围不仅大大扩张，对中国社会经济的影响也更加深入。在此大趋势下，云南也同样遭受其害，一步步走向半殖民地半封建社会。特别是中法战争后，云南被法国划作势力范围，壮族社会经济因鸦片大量输入、原材料被掠夺和政治经济权益的丧失而备受影响。社会经济的主要成分，除封建地主经济、农民和手工业者的个体经济继续存在外，还出现了新兴的资本主义经济。虽然封建经济仍旧占有显著的优势地位，但农业生产和农民的经济生活却越来越陷入世界资本主义市场的漩涡之中，尤其是各种洋货的大量输入，列强通过口岸和控制海关，倾销商品和掠夺原料，使得云南自给自足的自然经济遭到了严重破坏，尽管资本主义经济有了一定的发展，但广大劳动人民的生产生活却更加困难。

一、地主经济取代领主经济

从清末到民国年间，云南的大部分区域已经处于流官的统治之下。经过长期的发展，流官统治制度已日臻完善，地方行政机构已经能够在政治、经济和司法上对所属地域严加管辖，并完全确立了以内地的统治模式取代壮族土司制度下的行政组织，加之民众的不满与斗争，亦促成了土司的没落。在此情况下，作为土司制度经济基础的领主制经济迅速被地主经济取代了。

土司维持统治的核心资源是土地，广大民众生活的根本是传统的农业生产方式。在农业生产方式中，耕作用的是牛或人力，肥料是单一的人畜粪和草木灰。田里种水稻，山地种粟米、薯芋、棉花、蔬果或蓝靛，农作物品种比较单一。滇东南、滇南虽然也有打铁、竹木器具加工、裁缝、纺织、造纸、制陶等手工业，但以自给自足为主，大多数都不销往外地，且许多手工行业的生产资料直接来源于农业生产，手工业与商业的结合度不高，交易双方多是为了维持正常的生产生活而非扩大再生产。当地也有不少街子或圩场，但街场上售卖的农产品和手工业产品销量有限，产量不多，商品的区域流量甚小，壮族专门从事商业活动的人更是寥寥无几，一些偏僻地区甚至还处于"士民惟知务农开山种畬""鲜知贸易"的境况，商业极不发达。

嘉道年间，土司及其属官曾因生计困绌而将田地典当给外来耕种的汉族移民，导致土民因此受苦，引起朝廷关注。[①]而民众的不满

---

① 《清仁宗实录》卷四七。

与斗争，又促成了土司的没落及领主制经济的解体。光绪三年（1877年），广南府侬氏土司就曾因大派、小派及沉重的赋税，激起了底圩、坝斗的民众联名到云南巡抚处告状。县境南部的罗攀德及附近村寨的百姓也曾凑钱公推16名代表到广南府状告侬土司，要求减大派、小派。与此同时，富州民众还因不堪土官的剥削，先后于光绪十二年（1886年）和光绪二十年（1894年）在韦明才、温大林等人的带领下，发动了大南山起义和老王山起义，迫使土官沈定坤退位。

孙中山创立的中国同盟会曾提出"平均地权"，作为民生主义的核心来解决土地问题，以求实现"地尽其利，地利共享"。但辛亥革命并没有触动封建地主土地所有制，反而使一些人伙同当地豪绅巧取豪夺，暴发致富，又产生了一批军阀和官僚地主阶层。同时，各地的商人、高利贷者积聚大量货币之后，也热衷于将利润统统投向购买土地，进行土地投机转移，而不是用于农业生产工具的更新改进，以及扩大经营规模，再加上"帝国主义到处致力于保持资本主义前期的一切剥削形式（特别是在农村），并使之永久化，而这些形式是它的反动的同盟者生存的基础"[1]。这些地方豪强、官僚地主和富商联袂，多数都成了商人兼地主。

据《文山壮族苗族自治州民族志》载："到了清末，壮族中也出现了一些豪强地主。广南县旧莫的王春山（王佩伦之父），田畴沃野横跨板茂等村寨，沿河两岸皆是，并且拥有强大的地方武装，为当时'开广八属司令'。"文山县的龙开甲，其占有的"汤坝、秉烈、矣那戛，田庄绵延海子边。上倚龙云、卢汉，中联地方官吏豪绅，下体恤穷人，获取民心。产业冠全县，并有一个常备武装大队，与广南王佩伦遥相呼应"，"俨然开广地区双雄"。王世珍则是马关县的壮族

---

①毛泽东：《中国革命和中国共产党》，载《毛泽东选集》第二卷，北京：人民出版社，1991年版，第629页。

豪强，1915年时曾参加蔡锷率领的护国军讨袁，任营长，回乡后又当过马关县的剿匪大队长，办过学校，在当地颇有影响。

又据《麻栗坡县志》载："道光年间，蒙自客商王世和以3000两银子和6公斤大烟（鸦片）购得董干街侬土司的大片土地，迁居董干街，后来变成董干地区的大地主。汉族刘秉霸占了铁厂、马街等部分地区，后来变成为铁厂、马街恶霸地主。汉族周少和用武力霸占了南温河瓦渣地区，变为南温河的地霸武装头目。到了民国时期，少数民族建立的土司制已基本土崩瓦解，土地大部分集中在汉族地主手里。"[①]宋伯郊则是中法战争时的开化"八里"乡团统领宋锦之后、西畴县最大的汉族地主，与广南侬氏土司联姻，也有一支常备武装，其佃户多为蚌谷一带壮族，也属当地豪强之一。

封建地主制取代封建领主制，无疑是社会的进步，但对于下层的广大民众来说，这仅仅只是一种剥削制度代替了另一种剥削制度而已。在云南，地主占有大量土地后，迫使大批中小土地占有者失去生产资料，从而出现了自耕农减少、佃农增加的趋势。佃农比重增大，但其经营规模小，租佃依旧以分成租、定额租或货币地租、劳役地租的落后方式进行，又使农民日益贫困破产，可以说这是封建半封建土地关系的一种延续。

民国时期，这种土地所有制不仅左右着农业生产中的各种经济关系，而且还影响到手工副业、商业、金融业和城镇的面貌，原来"男耕女织"的自然经济已逐步瓦解，家庭纺织业也与农业分离，商品生产开始有所发展。不过，从事商业的多是外来的汉族客商，他们深入滇东南、滇南进行各种商贸活动，又使得长期"视商贾为贱业"的壮族民众生计更加艰辛，生活陷入更加苦难的窘境，再加上外国资本主

---

①麻栗坡县地方志编纂委员会编：《麻栗坡县志》，昆明：云南民族出版社，2000年版，第172页。

义的掠夺和剥削，阶级矛盾、社会矛盾更趋激化。

二、传统经济惨遭洋货倾销的沉重打击

两次鸦片战争后，西方列强仗着他们从不平等条约中所攫取的种种特权，争相对中国进行经济侵略，特别是1885年中法战争结束且缔结《中法越南新约》之后，法帝国主义从中国攫取了在云南开通商埠和控制海关税务的权利，这一切都为洋货的倾销打开了闸门。在法国等帝国主义的侵略下，云南成了帝国主义倾销商品和掠夺原料的场所。

据《麻栗坡县志》载："民国二十八年（1939年），贵州马帮每日百驮桐油经麻栗坡、天保进入越南河阳（今河江市），每驮（约60公斤）换回洋纱18捆，桐油稍补洋纱差价，后期桐油价格上涨，洋纱反补桐油差价，在一般情况下，运到麻栗坡街销售价洋纱每捆法币7元。这段时期主要出口商品为粮食、蔬菜、禽蛋、日用生活品及土特产品，以桐油为大宗。进口商品为洋纱、洋布、洋油（汽油）、食盐、中药材等，逐渐发展到鸦片、枪支、弹药等违禁物品。"[1]而在此前，帝国主义者倾销的商品不仅有鸦片、洋纱、洋布、洋油、食盐，还有洋药（西药）、洋烟（香烟）、洋酒、洋糖、洋绸、洋缎、洋呢、洋被、洋毯、洋毡、洋针、洋伞、洋灯、洋纸、洋钉、洋刀、洋碱（香皂）、洋笔（钢笔）、洋火（火柴）、气灯、钟表、玻璃、镜片、牙刷、洋手巾、洋纽扣、洋铁皮（马口铁）、洋瓷碗、洋墨水、洋颜料等。品种之多，难以胜数。这些倾销的洋货一直充斥着云南的各个角落。在倾销各种洋货的同时，他们还掠夺金、银、铜、锡、铅、锌、锑等贵金属和有色金属及其矿产，砍伐木材，搜集药材、山

---

①麻栗坡县地方志编纂委员会编：《麻栗坡县志》，昆明：云南民族出版社，2000年版，第447页。

货、皮革、桐油、油茶、棕皮、麻丝、茶叶、草果、八角、三七、花生、蔗糖等农副土特产品，把云南作为其廉价索取原材料的基地。

随着各种洋货在市面上的流通以及各种农副土特产品被廉价掠夺，壮族原有的手工业，特别是家庭手工纺织业遭到了沉重打击，各种"土货"均受到了排挤，原本自给自足的自然经济亦因此日渐瓦解。

英法帝国主义者为了获得更大更多的权益，还控制中国海关税务，海关总税务司成立后，总税务司一职便长期由英国人赫德等人担任，行政、用人大权均由其掌握，各口税务司和海关的高级职员也都由外国人充任，海关则由法国人掌控和操纵。法国还在蒙自设立东方汇理银行，控制滇东南地区的关税和金融市场，以便交纳税捐。通过法银、法币等货币的流通，排挤中国及云南省的货币，为帝国主义倾销商品和掠夺原料服务。关税自主权被剥夺，更使本国的市场、民族经济的发展完全失去了抵抗外国竞争和商品侵略的能力。

1896～1914年，法帝国主义从清政府和北洋军阀政府处取得从河口至昆明铁路的承办权和贷款优先权。通过修建和直接经营滇越铁路，法国又控制了路权、路政及沿铁路线两边的开矿权、税收权、森林开采权，他们甚至在铁路沿线驻扎军警，当地的司法治安权亦被其控制，导致滇东南、滇南地区的经济权益已丧失殆尽，各种洋货不仅从河口、马关、河阳、麻栗坡、文山倾入滇东南各地，而且还用火车运输深入到昆明等云南腹地，进一步冲击整个的云南经济。

三、农业生产下降

鸦片战争后，鸦片大量输入，就已经对中国社会经济产生了严重冲击，而清政府却鼓励农民种植罂粟以增加税收，因此罂粟种植日益扩大，很快普及全国各省，尤以西南为甚。北京师范大学历史学教授龚书铎先生还指出："咸丰六年（1856年）时，罂粟在云、贵、川三省已经'连畦接畛'了；当时'川东无处不种罂粟，自楚入蜀，沿江市集卖鸦片烟者，十室中不啻六七'；苏皖浙省，年产烟达7万担，烟田230万亩；山西几乎'无县无之'；东三省'种罂粟者不下十之六七'。罂粟的种植完全是外国资本主义对中国贩毒的直接结果，对中国社会经济发展带来极其严重的危害。首先，占去了大量农田，排挤了粮食和其他经济作物的生产，许多产粮区成了缺粮区……同时罂粟最耗地力，种了罂粟之后的良田，即令改种粮食和经济作物，收获也要锐减。其次是摧残了社会生产力。全国种植的罂粟所制烟土，绝大部分是内销，随着种植面积的扩大，人民吸食者日益增多，农民染上吸毒嗜好，严重损害了身体健康，变得'黄稿奄奄，不任操作'，不少劳动人民因吸食鸦片倾家荡产。"[1]

据广南县1934年编纂的《广南县志》记载：在当时仅广南一县就种植罂粟12000亩。而《丘北县志》又说：民国三十四年（1945年）"丘北县王承忠，贪污大烟1616两，国币380万，大小枪3支，被省政府撤职"，说明直到中华人民共和国成立前当地都还在种植罂粟和生产大烟。可见，在滇东南、滇南一带，罂粟的种植从清末一直延续到民国年间，其造成的流毒和危害时间更长、影响更广，不仅农民因种植和吸食鸦片而破产，并且还使得地主富商趁机勒索强买众多土地，土地的高度集中又对当地的社会产生了极为消极的影响，使得农林牧业生产不断下降，再加上战争和自然灾害的频繁发生，更使实力本来就薄弱的农村经济雪上加霜，出现衰落萧条自然难免，广大农民亦因此陷入了极端贫穷的境地。《文山县志》还载：1925年"因兵灾战乱，旱、洪、霜、风等灾相继，全县受灾17824户，死6210人，流寓

---

① 龚书铎主编：《中国通史》第十一卷《近代前编（1840～1919）》，上海：上海人民出版社，1995年版，第353页。

17361人"。《丘北县志》亦载：当年"发生大饥……全县7.6万余人，饿死2000余人"。

为了增加收入，养家糊口，壮族不得不选择到山地林间种植名贵药材三七和特种香料草果及八角等高附加值的经济作物。据有关资料记载：清末至民国年间，广南县的那伦、旧莫、那洒，砚山的者腊、阿猛等地壮族种植三七都较普遍。仅广南一县，各乡山地栽种三七年产量就达数万斤，其中在1923年前，年贸易出境的就达2.5万～3.5万公斤。广南县那洒竜腮村（今坝庄）的壮族陆占敖家就种了约18亩，陆占奎、陆占先、陆占鹄、陆有贵、陆占乾、陆占东等6户就各有10～15亩。相邻的岜皓村李开龙、李正扬、李正宽、李正番、李开荣等户亦种植三七，其中李开龙家种得较多，后来还成了地主。除广南外，砚山、文山、西畴的壮族种植三七的也不少，《新纂云南通志》等书说："开化、广南新产三七，每年约数千斤。这些三七行销云南、四川、上海和香港。"另据《砚山县志》载："民国十年（1921年）九月，开化三七曾在昆明展览，不仅展出传统的三七生药，还有用三七生药加工后近乎于工艺品的人参三七，以及副产品三七花。由于对三七药用价值的宣传，扩大了影响，一时三七身价倍增，且行销于上海、四川、台湾、香港，还远销泰国、缅甸、新加坡等国。"马关、西畴、麻栗坡等县则种植草果出售，而富宁县自从者桑谷楼村韦甲江于乾隆年间从广西引种八角成功后，即在全县推广种植，成为全县最大的种植产业。

四、资本主义企业的缓慢发展

在帝国主义商品输入和掠夺原料的刺激下，滇东南、滇南的交通运输业、资本工商业、金属矿冶业、邮政电信业、经济作物种植业等均出现缓慢发展的趋势。特别是在第一次世界大战期间，由于各帝国主义国家忙于战争，暂时放松了对中国的压迫，这给中国资本主义的发展创造了一个有利的机会。其后，为支持全国人民的抗日战争，当地的资本主义企业又有了一定的发展。

交通运输业方面：继1903年动工兴建、1910年建成通车的滇越铁路之后，云南还于1932年勘修文山至剥隘的公路。1939年又修筑开远至剥隘的公路，并于1940年修成通车。与此同时，为了抗日战争的需要，还在文山、广南修建了飞机场，在丘北石缸坝建小型飞机跑道。由富宁剥隘经百色至广西南宁的内河航道也一直保持畅通，每条来往的船只载货重量可达1500斤。①

资本工商业方面：多以服务、金融、陶瓷、棉纺、锯木、面粉、火柴、卷烟等业为主，如广南在1863年，便有泸西人曹文彩在当地办酱油厂。1912年7月广南籍人陆怀德、李君厚等在昆明成立"广南同乡会"，集资购房设立"广南会馆"，为旅昆经商的广南同乡筹集资金、搜集信息、提供住宿，并为到昆明寻找工作和求学的广南人士提供帮助。1923年夏，云南富滇银行在当地设立支行，使广南开始有了金融行业。1926年，县城王奎新、曹天申到昆明学习照相技术后，回城开办了广南第一家照相馆。同年，县城东街李保莩到江西景德镇学习瓷器制作新工艺，回县后，在县城东郊创办陶瓷厂，改变了广南只能烧制土碗、土罐工艺的历史。1943年，县城颜伊人、曹俊出资与广东、湖南、四川、江西等在广南的会馆合资200万元兴建县民生针织厂，购置织机4台，招收职工10余人，生产布匹、毛巾、袜子等。据民国三十三年（1944年）的统计，广南全县当时从事专职手工业的人员已达1304人。除广南外，文山当时也有人开始兴办锯木、面粉加工、

①龙云、卢汉监修，周钟岳总纂：《新纂云南通志》第五七卷《交通考二·航道》，民国三十七年（1948年）铅印本。

火柴生产等类工厂，其火柴叫"南桥牌"。此外，还有剥隘壮族商民关云增与部分商号于1932年合股创办的万安烟厂，初办时以手工生产烟丝，其后于1937年改为机械生产香烟，产品销往文山（开化）、广南各县，还销往广西镇边（今那坡）乃至越南等地。万安烟厂设有经理、司账、出纳（技术监制员）各1人，生产工人18人。[①]

此外，交通的改善和地方工商业的发展，又促进了市场的发展。在滇东南，如河口、开化（今文山市）、广南莲城、马关马白、富宁普厅、砚山江那和麻栗坡、西畴、丘北等地都已经有了相当规模的街道和商铺。特别显著的是河口，自从滇越铁路通车和形成通商口岸后，城区人口与日俱增，为了适应发展的需要，督办许德芬、王广龄先后发动群众修建德芬街（今人民路）和广龄街，逐渐开发建设成纵横交错的16条街道，房屋建设皆为法式、广式，电报、电话、电灯、邮政俱备，西方国家商人纷纷到河口开设洋行、公司，如法国的差利玛洋行分店、亚细亚水火油公司等。各种洋货也通过河口入境销往内地。河口成了云南省对外最大的商品集散地和边境地区的一座新兴商业城市，商贾云集、店号林立、热闹非凡，被人们誉为"小香港"。

滇越铁路的建成通车，还催生了我国的第一座水电站——石龙坝水电站。该水电站于1908年酝酿筹建。当时滇越铁路自越南修至云南，法国以铁路沿途用电为由，要求在滇池出口处的螳螂川建设水电站，云南恐利权外溢，决定集官商股份自办，定名为商办跃龙电灯股份有限公司，电站即由跃龙公司主持兴建。电站设计者是德国人，电机也是从德国进口的，于1912年建成发电。

金属矿冶业方面：随着云南资本主义工商业的发展，云南的民族工业也有了一些起色。如1902年，湖南省湘潭人陈克昌在安平厅旧址

---

①李开军主编：《文山壮族苗族自治州民族志》，载富宁县地方志编纂委员会编：《富宁县志》，昆明：云南民族出版社，1997年版，第42页。

设炉炼锑。1904年成立云南"蒙自官商公司"。1909年成立云南"宝华锑矿公司"和云南"东川矿业股份有限公司"。1916年，昆明商人李奕照、郑开贤等出资在广南成立了"云南宝元公司"等。这些公司除在蒙自、东川办厂采矿冶炼锡、铜等有色金属外，还在广南木利和九克、马关都竜、西畴小锡板、丘北山林果树等地办厂采矿，冶炼锡、铜、锑、铅、锌及金、银等有色金属和贵金属。

冶炼技术方面：这一时期除采用土法冶炼技术外，还出现了较多采用西方近代冶炼技术的厂矿。如炼锡技术，1910年即开始采用水箱鼓风炉和煤气反射炉炼锡，后由于效率低而继续使用土炉冶炼。1933年，改造煤气反射炉，同时增建熔析反射炉提纯，从此开始新式炼锡。1943年，调温结晶法炼锡成功，该法先结晶出较纯的锡，再经几层阶梯式的锅，可获得纯高度达99.5%的纯锡。

邮政电信业方面：云南亦完全改变了传统的信息传输方式，故进步较为明显。鸦片战争以前的旧式邮递主要是官办的驿站传递和民营的民信局。驿站历代均属官办，清代隶属兵部，由车驾司综理驿务，各省则归按察使司管理。驿递依各地路程远近及冲僻，分设驿、站、塘、台、所、铺等机构[①]，负责预备人、马、车、船，办理递送政令公文及官员书信，不收民间信件。民间经营的民信局约始于明初的沿海、沿江地区商业活动集中的城镇，办理商民通信、汇款乃至货运业务。[②]以上这种邮递，主要靠人、马、车、船的方式，行动迟缓，非常落后，故在鸦片战争后逐步被电报、新式邮政和电话所取代。1885年由官府筹款承办的云南蒙自至四川成都段的电话线全线接通，并与由电报总局招商承办的成都至汉口段的长江线相衔接，全线长5000余里。1887年又架成两湖地区从长沙经湘阴、岳州到蒲圻的湘鄂线，从

---

① 《大清会典》卷五一。
② 孙君毅编：《清代邮戳志》，北京：中国集邮出版社，1985年版，第4页。

而使滇、川、湘、鄂全线接通，成为连接中南和西南的干线。1888年设广南电报局，至1899年电报便几乎遍及云南各府州县。1903年又修成桂林至柳州线。1908年开化经安平至河口的电报线路也已架设完成。在此期间，还于1897年建设了蒙自大清邮政总局，邮运网络线路从蒙自经文山、广南、剥隘、百色、南宁、桂林至梧州。1922年，又开通文山至丘北的电话，并设丘北电报局，1942年又架设了丘北至曲靖的电话线，初步解决了滇东南、滇南与全省的信息沟通问题。

经济作物种植业方面：文山、砚山、广南、马关、西畴、麻栗坡、富宁等县自近代均已开始规模种植名贵药材三七、特种香料草果和八角等高附加值的经济作物。原任护国军第二军第五支队长的林开武，辞职后即回西畴香坪山垦种杉木、茶、竹、八角、油桐等林果40余亩。1931年，云南省政府参事、丘北县县长龙开甲，则以36万滇币购买矣那戛一带田地，并组织当地农民在荒山荒坡上种植油桐，之后，他任开文垦殖局长、文砚丘护路大队长，又于1943年投资修通了海子边至秉烈30多公里的公路，开当地修建乡村公路的先河。后来，他又购置两辆炭燃汽车往返开远经商。与此同时，广南县还于1932年兴办了2个林场。

以上这一切，都对壮族社会商品经济的发展起到了积极的促进作用。正如毛泽东主席所指出的："外国资本主义对于中国的社会经济起了很大的分解作用，一方面，破坏了中国自给自足的自然经济的基础，破坏了城市的手工业和农民的家庭手工业；又一方面，则促进了中国城乡商品经济的发展。"[1]

---

①毛泽东：《中国革命和中国共产党》，载《毛泽东选集》第二卷，北京：人民出版社，1991年版，第626页。

第五节　教育事业与文化传承

　　过去，云南壮族的教育和文化传承基本上是家庭教育和师徒传承两种。教育传习的方式多是祖教孙、师教徒、父传子、母传女。教育传习的内容大多是历史传说、宗教祭祀、诗歌绘画、传统习俗以及稻作技术、纺织技术、金属冶炼、铁木农具制造、建筑工艺、民间医药等，教材则主要是用方块壮字书写的摩教经书、歌书、医药处方和壮戏剧本等手抄本，还有许多是口头传授的。教育传习的地点多与宗教活动、节庆聚会及生产生活场所紧密联系在一起，没有专门的学校。摩公、道公、鸡卜师、歌师、医药师及金属加工、陶瓷生产、刺绣、石雕、木刻等类工匠是教育传习的师傅。明清时期才开始有私塾和学堂，而真正意义的学校教育则是从近代才兴起的。

一、新学的兴起

　　明清时期，滇东南开始设立府学和义学。当时的广南府在广南莲城建府学，在里波、暮雨龙（今珠琳中寨）、八播（今八宝）、阿科、者钟、剥隘、普厅（今富宁县城）、归朝建义学。开化府则于清康熙六年（1667年）才在开化（今文山市）设府学，在所属八里设立义学。广西府在丘北的官寨、西革勒、马白槽、夕马槽、蚌郎槽等壮族聚居的村寨设立义学。从雍正八年至十三年（1730～1735年），又在广南府、开化府设立了莲峰、开阳等10所书院，并在广南、开化两府和丘北县等地开办义学30所。道光二十三年（1843年）还在广南建立考舍，培养科举人才。官学和义学的设置，促进了教育事业的发展，使壮族子弟经过学习汉族文化，扩大视野，从而推动壮族社会跟内地同步发展。但自鸦片战争以后，西学的传播使思想文化方面发生了新的变化，进化论、民权、自由、平等、博爱的思想开始传播，客观上促进了中国早期民族资本主义的发展。1860年后，曾国藩、李鸿章、左宗棠等一些具有近代性的官僚和军阀希望通过引进西方资本主义国家的近代科学技术来达到"求强""求富"的目的，他们翻译了一批西学的书籍，介绍西方近代的科学文化知识。为培养新式外交、军事、科技人才，他们还开办了一批新式学堂，派学生出国留学，开启了中国的近代教育，继而发起了一场"师夷制夷""中体西用"的洋务运动，企图用学习西方技术、引进西方军事装备和机器生产来抵御西方的侵略，以维护清朝的统治。但在1894年9月，清军在中日甲午战争中一败涂地，洋务派苦心经营十余载的新式陆军和北洋舰队被击溃，次年4月，清政府被迫签订了丧权辱国的《马关条约》，洋务运动宣告破产。为进一步寻找挽救危亡的道路，促进教育的发展和思想的解放，以康有为、梁启超为代表的维新派人士又发起了倡导学习西方，提倡科学文化，改革政治、教育制度，发展农、工、商业等的资产阶级改良运动，他们于1898年6月到9月通过光绪帝进行维新变法，促使废科举、办学堂形成高潮。

1901年，光绪帝诏谕各省督抚将本省所存书院于省城改为大学堂，各省及直隶州改设中学堂，并多设蒙养学堂，除教读"四书""五经"外，主要学习中外政治、历史、艺学。但因各地开办新式学堂的课程设置和学习年限差别甚大，弊端不少，故次年由京师大学堂管学大臣张百熙拟订了一个系统的学制——"壬寅学制"，该学制分蒙学、寻常小学、高等小学、中学、大学预科、大学和大学院七级，后由于学制不够完备等原因而没有实行。1903年，光绪帝又诏谕："派张之洞会同张百熙、荣庆将现办大学堂章程一切事宜，再行切实商订，并将各省学堂章程，一律厘定，详悉具奏。"张之洞等人以日本学堂管理规章为模式，第一段为初等教育：分为蒙养院4年，初等小学5年（7岁入小学），高等小学4年，共三级13年。第二段为中等教育：设中学堂一级共5年。第三段为高等教育：分为高等学堂或大学预备科3年，分科大学堂3～4年，通儒院5年，共三级11～12年。还设有师范教育和实业教育：师范教育分初级师范学堂（中等教育）及优级师范教育（高等教育）两等，修学年限共8年；实业教育分初等实业学堂（高等小学）、中等实业学堂（中等教育）、高等实业学堂（高等教育）三等，修业年限合计15年。学制规定：通儒院或分科大学的毕业生被授予进士功名，高等学堂毕业生被授予举人功名，中学堂和高等小学堂的毕业生则取得生员（秀才）的功名，保证了新式学堂的毕业生取得正规官员候补者的资格。此学制随后即在全国推行。

1904年，广南府奉令成立"广南府中学堂"，同时，富宁、文山、马关、麻栗坡、西畴、丘北等地即开办初等小学堂。1905年9月2日，清帝又诏谕"立停科举，以广学校"。至此，在中国延续了1300年之久的科举制度终于被近代教育制度彻底取代了。

清政府颁布"立停科举，以广学校"的诏谕后，广南又先后成立初等小学堂和高等小学堂（俗称官学）。在兴办官学的同时，仍然普遍保留私塾，由私人延聘塾师教育自家子弟或兼容亲友子弟，也有由村中集体出资聘请塾师，公推专人管理事务的村塾。还有学生白天上官学，晚上上私塾的。当时私塾常用的教材有《三字经》《百家姓》《千字文》《幼学琼林》《幼学诗》《增广贤文》《千家诗》《古文观止》和"四书""五经"等，私塾还收教女生。1906年，宝宁县在莲峰书院（今广南一中东部）设第一小学堂，在西街三楚会馆（原址在今莲城派出所）设第二小学堂，并开办师范、设传习所培育小学师资，为乡村开设新学提供师资条件。1909年，又在东街关帝庙创办高等小学，将学堂改称学校，学制设置为初级4年、高级3年。开设国文、诗经、算术、论语、博物、历史、地理、图画、军操及修身、公民等课程。1911年广南府设立劝学所（后改为教育局）后，又在原来开设义学的地方改设小学，其中包括壮族聚居的龙蚌、阿用、岜皓、板茂等大村寨。1918年，又从侬土司占有的耕地中划出学田，年收租谷3000余挑（每挑40公斤）作教育经费。为使妇女也能够获得受教育的机会，广南县还于1930年成立了县立女子小学校。为提高教育水平，广南县又于1933年3月成立县立初级中学。1934年3月，又在中学附设乡村师范班培养师资。

除广南外，文山、马关、麻栗坡、西畴、砚山、富宁、丘北等县也都将劝学所正式改为教育局，将学堂改称学校。其中，设在西畴县畴阳老街的两等学校（原兴文书院）改为畴阳中学。又在砚山、马关、丘北等县先后设立县立初级中学，还在文山建云南省立第四中学（后改名开广中学）。民国四年（1915年），又在西畴者保、龙坪、者崩、革机、古鱼、岜基、纸厂等壮族聚居的地方设立小学。民国三十五年（1946年），云南省教育厅还在富宁、丘北两县各开办一所省立民族小学，并在文山建"开化简易师范"和"国立西南师范"等。国民教育的开展，其影响十分深远，它使得壮族中的一些先进分子和上层人物如陆丕臣、侬瑟若、李杏锦、陆毅、王世珍、龙开甲、何季华、王佩伦等获得高等、中等教育的机会，成为近代云南壮族中叱咤风云的人物。

二、壮、汉文化与西方文化的交汇融通

云南壮族子弟大量进入新式学校学习以后，受到了许多汉族优秀

文化和西方先进思想的教育，开阔了眼界，并用以促进本民族文化的发展，使壮、汉文化与西方文化在祖国的西南边疆得到了交汇融通。其中，显现得最为突出的是：大部分云南壮族家庭堂屋中的神龛上，从清代开始便已经跟汉族一样立有"天地君亲师位"，而不止是立有自家的祖宗牌位，民国年间又将"天地君亲师位"改为"天地国亲师位"，大家都把"天地国亲师"作为祭祀的对象，充分表现对天地的感恩、对家国的热爱、对亲人的怀念和对师长的尊重之情，并把"敬畏天地""热爱祖国""孝顺父母""尊师重教"作为一种优良传统世代传承。此外，还接受了"进化论"和"民主、自由、平等、博爱"的思想。

在近代，特别是孙中山领导辛亥革命和中华民国成立以后，西方文化中的"进化论"及"自由、平等、博爱、民主"的思想也在云南壮族中广为传播，富宁的剥隘大码头即改称"博爱"。西方人的世界观、人生观、价值观以及他们的科学技术知识，对云南壮族的影响也非常大，不但使云南壮族改变了许多保守落后的观念，而且掌握了不少生存和发展的新本领。

广南还于1929年1月在孔庙内成立了县通俗图书馆，藏书千余册。次年又成立县风俗改良会，提倡放足、剪发，废除童养媳、买卖婚姻，婚丧嫁娶从简操办等改良措施。1936年又成立了新生活促进会。这些措施，对促进当地文化的发展与民众的思想进步也都发挥了积极的作用。

三、传统文化的传承与保护

云南壮族民众的自尊心很强，他们虽然在近代学到了许多汉文化和西方文化知识，当时的地方政府也提出"移风易俗"的要求，甚至组建风俗改良会来推行，但广大民众依然对本民族的传统文化充满着自信和自爱，并一如既往地进行传承和保护，突出表现在以下方面：

第一是庄重神圣的铜鼓文化。铜鼓，壮语称为"宁董"。1919年，考古工作者就在广南黑支果阿章营发现著名的"阿章铜鼓"，随后作为云南省博物馆的"镇馆之宝"，被列为国家一级文物。壮族全民崇鼓，是我国使用铜鼓最普遍的一个民族，该民族文化的重要标志当首推铜鼓文化。近代，云南壮族仍在节日、婚育、丧葬、建新居中使用铜鼓，许多村寨仍然保持大年初一祭铜鼓，并由长老击鼓开年的习俗，每逢节庆活动，都要敲击铜鼓，以示神圣和庄重。云南壮族认为：铜鼓鼓面正圆，鼓面中心有太阳纹，鼓身通常绘有人物、鸟兽、建筑及几何图案，鼓足还绘有波浪及水生物图案，这是构成天、地、水三元宇宙观念的体现。铜鼓曾是"国之重器"，也是祖宗基业的标志及后代命脉所出、精神所在的心灵圣殿，是壮族的制胜法宝。铜鼓又是重大社会活动中必备的礼器和乐器，广南壮族中就流行铜鼓乐舞。云南壮族还把铜鼓视为族群寻根和民族认同的凭证或信物，对传承和使用铜鼓的民族，大家都感到特别亲近。

第二是保护山林的"竜"文化。"竜"，壮语为山林或森林的意思。云南壮族自古崇拜山林，他们依山傍水建寨，即以靠山作为"竜山"，"竜山"上的森林称为"竜林"，并将林中的三棵古树作为村社的保护神树，俗称"竜树"（包括"太阳神树""寨神树"和"始祖神树"）。每年农历二月初二或三月初三，每个村寨都由长老、布摩和"竜头"率领全村男性家长，携带香纸、花糯米饭、酒、盐及碗筷等祭祀用品和加工工具，并抱上大红公鸡（鸡冠必须完好）、抬着大肥猪，上"竜山"隆重举行祭"竜"活动。祭祀时，由布摩念经为全村民众祈祷祝福，杀鸡看卦，祈求神灵保佑风调雨顺、五谷丰登、六畜兴旺、国泰民安。祭毕，大家在神树下共进晚餐，用餐时兴食血生（俗称活旺），以示精诚团结、有福同享、有难同当。壮族祭"竜"时为劳动禁忌日，全村禁做农活3天，以示严肃庄重，壮族祭"竜"时，还严禁外地人参加，特别忌讳外地人骑马或戴雨帽通过他们的村寨，旁观者亦不得打闹喧哗。云南壮族世世代代对"竜山"实行严格保护，不许任何人砍伐，禁止扔污物或置葬。他们认为："竜"的圣洁能免除疾病、瘟疫，预防自然灾害。有"竜"环抱的村寨，人能健康长寿，百姓衣食无忧。"竜"中长年流淌的清泉，是他们从事稻作生产的首要条件。他们还把"竜"的萌、发、荣、枯视为春、夏、秋、冬的信息，并按照"竜"的物候变化进行播种、薅锄、收割、贮藏等农事活动。壮族虔诚的祭"竜"活动及其保护森林的认真程度，体现了该民族爱护森林、保护生态、美化生活环境、与自然和谐相处的良好风尚，应是古已有之的"天人合一"的生态文化观的具体体现。

第三是历史悠久的稻作文化。壮族是农耕民族，也是世界上最早人工栽培水稻的民族之一。在其生产生活及相关的文化习俗中一直保留着许多与稻作文明相关的历史印记，诸如云南壮族过节首先喂狗，说是狗给人类带来了稻谷种。四月初八要祭牛王，说水牛原本是天上的神仙，它奉天帝的圣旨到人间帮助人们耕田，为了感激水牛的辛勤贡献，人们特把它下凡的日子定为"牛王节"。又如每年插秧之前要祭田坝神，目的是祈求神灵保佑稻谷免遭病虫灾害。每年六月的第一个亥日都要"叫谷魂"，为的是要保障稻谷颗粒饱满，年年丰收。壮族开年还要跳草人舞，说是跳得越起劲，稻谷才长得越茁壮。秋收要跳春堂舞，说是跳得越热闹，稻谷越增产。十月稻谷完全收入仓后，还要"祭谷仓"，企求鼠不吃、虫不咬、不霉坏等等。清道光年间在马关县马洒大寨新建的老人厅里立有一块"先农亭碑"，其碑记说："农何名先也，谓其始开农也；亭何以名，先农也，谓其为农祈报之所也。盖闻神农氏生三岁知稼穑之宜。"广南县的八宝镇盛产优质大米，历史上被列为"贡米"，封为"皇粮"，"每岁贡百担"，专门送到京师供皇帝及皇亲国戚享用。谷熟时节，当地壮族还有做扁米的风俗习惯，即谷熟到七成左右，谷壳呈青黄色时，各家主妇就要背着谷箩到田里去取谷穗上的谷子，谷子取回后立即放进锅里用微火焙干，再用碓子或碓除掉谷壳，于是就形成了略带浅绿色的扁米。扁米，壮语称作"考茂"，味道鲜甜可口，专门用于祭祀神灵、招待或馈赠亲朋好友，因此备受青睐，道光《广南府志》载："芳畴七八稻先黄，木叶新包扁米香。比拟清新仙饭好，桃花源口饷刘郎。"

第四是独具特色的饮食文化。由于云南壮族居住在热带、亚热带的河谷或平坝地区，受环境的影响，故喜欢糯食，认为有黏性的糯食象征团结、亲和、情深意切，故在节日和婚丧嫁娶等重要的社会活动中，不仅作为主食食用，而且还作为祭祀神灵的祭品及馈赠亲友的礼品，尤以红、黄、蓝、紫、绿、黑等天然植物色素加工制作的七彩花糯米饭以及香粽、糍粑、饵块、扁米最受欢迎。其菜肴喜欢用酸汤加工制作，壮语称作"岜夯"，如岜夯鸡、岜夯鱼、岜夯里脊等。他们利用当地盛产的名贵药材三七与鸡肉、排骨、里脊等加工制成的系列药膳亦远近闻名，还有菊花鸭、烤香猪、腊猪脚、酸猪肝、烧肠、口袋豆腐、油炸蜂蛹、香酥蝉蛹、炒鲜笋、油鸡枞、香菇山药等数十种味美香甜的菜肴。云南壮族用腌酸加工制作的名菜还有酸笋泥鳅、豆豉黄鳝和焖田螺等。云南壮族还擅长酿酒和制茶，将其特有的那榔酒、姑娘茶与上述主副食品相结合，再配以氽肉米线、烧烤、甜酒汤圆、凉粉、八宝大油团、米糕、麻脆和米花糖等风味小吃，便构成了独具特色的壮族传统饮食文化。且令壮族十分骄傲的是，这些美食都是绿色食品，客人吃了可以一百个放心。

第五是奇巧壮丽的干栏文化。道光年间编纂的《开化府志》载：

"侬人喜楼而居,上楼须脱履梯下而后登。""楼距地面五尺,牛羊各畜于下,楼上住人。"这种建筑被称为"干栏"。"干栏"在壮语中意为楼房。壮族人民自古以建干栏居住而著称,干栏式多为三层木质框架结构,用16根柱子支撑,四垂檐瓦,以三开间或五开间为一幢,家家都有望楼和晒排,具有通风良好、干爽凉快的特点。房屋的坐向因地而异,多数都是背靠青山、面向田坝,正面视野开阔。干栏式民居的顶层用于储粮,中层是屋主起居、住宿、会客、用餐、做饭和祭祀祖先神灵的地方,底层则用来放置农具和饲养牲畜。壮族的村寨,一般都建有老人厅、寨门,河道上则建有风雨桥,城镇周围还建有祠、庙、亭、塔,蔚为壮观。

广南县旧莫乡王佩伦的官邸,则是以干栏连环布局为若干相通的走马转阁楼,楼层全用厚实木板铺设,86根木柱全是上等杉木,下为鼓式、瓶式石柱礅,走廊木栏和门窗雕龙画凤,所有板壁均以胶黏合缝为整块,并予彩绘,更显舒适、安全且气派。其大门前立有石狮,大门顶为二层炮楼,四周布有枪眼,炮楼与前院有拱门连接,前院天井用石条铺就,四角建有花坛,院东建有照壁,院南为厢房,院西为过厅。穿过过厅又是深楼壁垒的后院,同样建有天井、花坛、正厅和东西厢房,并设有四间绣花耳房和两个小天井,雅致清幽,正厅左右两端的耳房内设有暗堡,并与楼上相通,这是另一种风格的干栏式建筑,堪称近代壮族官宦豪宅的代表作。[①]壮族干栏式建筑结构的主要特征是全部使用卯眼和榫头严丝合缝地扣成,工艺极为精湛,反映了壮族人民的聪明才智及其对自然环境的适应能力,是我国传统建筑文化的重要组成部分。

第六是绚丽多彩的服饰文化。装束风格迥异的民族服饰,被认

---

①阳福清、胡兴义等:《文山风物》,昆明:云南美术出版社,1997年版,第117~118页。

为是民族传统文化内涵的外在表现。壮族服饰以自产自制自用为主，有一套独特的制造工艺，主要由妇女传承，且多与五颜六色的壮锦刺绣相关。云南壮族又因支系不同而服饰各异，其中又分为便装、盛装和专门用装，尤以饰绣繁复、图案精致华贵的盛装著称，体现了壮族服饰工艺的最高水平。据清朝至民国时期的文献记载：侬人"男衣彩布"，"女衣对襟密钮，窄腰小袖……裙数百褶，需布甚多，行路时裙幅扭结于臀，翘摇如鸟尾"。[1]"沙人……服尚黑，女紧衣，以挑花黑布包头，腰围筒裙。"[2]土僚"妇女衣花绣短褐"，"用五色碎布簇成四方锦于前后，系筒裙"。[3]田野调查资料显示，侬人妇女传统的盛装为：头戴镶金嵌玉的绣花额箍，外裹两端缀有彩色缨穗的锦帕。上衣为青蓝或紫色立领、左衽、细袖、窄腰、紧身短衣，领襟、袖口、下摆通常都要镶花边，腰部系一块镶边、绣花的红布或蓝布围腰，下身穿黑色筒裤，外罩百褶长裙，裙摆往往被收束扣于臀部，状如鸟尾一般。脚穿圆口或半高筒绣花钩鼻鞋。其饰品有发簪、耳环、项圈、项链、胸牌、手镯、手箍、各种挂坠等，琳琅满目。侬人又有道侬、锦侬、仰侬、督侬之别，其服饰也不尽相同。沙人妇女盛装为：在椎髻发式上戴各种银饰女帽，帽后垂一绣花锦带，上钉金银饰牌。上衣为左衽、斜领、束腰短衣，腰部至下摆缝上一圈宽锦条，上绣花，并钉满银牌、佛串和银坠等饰品，与肩上披挂的银牌披肩相对应，极为华丽。衣袖、领襟、下摆等处都直接以锦条镶边或绣花镶边为饰。下装里穿筒裤，外套百褶筒裙，还系一条做工精美的锦带于右侧。脚穿半高筒尖头绣花鞋。而沙人又有黑沙、白沙、涴沙和布俚之分，其服饰也大都不同。土僚妇女盛装为：头裹两块不同颜色的锦帕，有的在

---

①张自民修，王富臣等纂：《马关县志·风俗志》，民国二十一年（1932年）石印本。
②徐旭平：《民国〈邱北县志〉点注》，天津：天津古籍出版社，2015年版，第53页。
③（清）汤大宾：《开化府志·种人》，乾隆二十四年（1759年）刻本。

其边沿部分还绣有吉祥字样，包裹样式有搭头、尖头、平头、偏头之分。其上衣多为纯青色或青紫色，矮领、左衽，前胸后背缝以由各色碎布拼镶而成的方锦，在衣领、胸前、背后、袖口皆有红、青、蓝、紫等颜色组成的纹饰镶边，衣短仅齐脐部。下身里裤外裙，长及踝，另用一条长两米的布条系于裙子腰部。脚穿船形尖头钩鼻半高筒绣花鞋，皆着两端镶有各种颜色的脚套。此外，土僚喜欢将银泡直接缝钉于衣物上，也戴耳环、项链、项圈和手镯。土僚又分为平头土僚、搭头土僚、尖头土僚和红花土僚，其服饰也多有区别。值得一提的是，云南壮族各个支系都非常重视后代的繁衍，对小孩关爱有加，因而十分重视制作儿童背带、花帽及裤袜，其纹饰图案有水、云、花、草、虫、鱼、鸟、兽及回纹、斜纹、方格纹、铜钱纹等，还有大小五彩花、连柄石榴、群龙舞云、凤蝶通宝、鸳鸯戏水、马鹿穿山、五福捧寿、乾坤孕蛙等传统花样。此种工艺作为文化形态，可以提到生命哲学的高度，充分反映了壮族人民淳朴健康的审美情趣，其寓意深广而又丰富。从以上情况不难看出，壮族服饰可谓是千姿百态，其文化也因此而绚丽多彩。

第七是神人共娱的节日文化。云南壮族的传统节日很多，每月大致有两次，其中最隆重的是过大年、小年和六月节、七月节。最欢乐的节日是"珑端"、"三月三"、赶花街。过大年壮语称为"欢景龙"或"景乜"（过母亲节），大年初一鸡唱岁晓，头等大事是抢先挑新水回家敬神，以求阖家幸福，国泰民安，正月的第一个属鸡日还举行"跑马开春"（见图5-9）和开年盛会。过小年壮语称为"欢景囡"或"景博"（过父亲节），时间在正月最后一天至二月初二，原本是为反抗侵略而殊死奋战最后凯旋的父老兄弟补过的年节，其后变成了激励本族男子团结拼搏的节日。六月节、七月节壮语称为"景欻""景吉"，也称"红饭节"，是祭祀英雄侬智高的节日。云南壮

图5-9　"跑马开春"

族祭祀侬智高的日子各村不一，几乎从六月初一到七月初一天天都有，据说这是以侬军经过该村寨的时间而定的，祭时必备红饭敬献浴血奋战牺牲的义军将士，还要杀牛以表隆重之意，牛血要按户分配，以显血盟之约。"陇端"、"三月三"、赶花街，则是春耕大忙前在田坝中进行的盛大交易会和青年男女对歌的日子。"陇端"，壮语的意思是"下到广阔的田坝中去赶街"，"陇"意为"下"，"端"

（峒）意为"田坝"，赶陇端街多为富宁县城和归朝、板仑、谷拉、者桑、剥隘、那能、郎恒、洞波等乡镇分别举行，节期为5～7天，时间一般选择在每年农历的二月至三月。"三月三"则以丘北最为隆重热烈。而赶花街是广南一带壮族青年男女对歌的盛大节日，从农历三月的第二个寅日开始于那伦，辰日会集于者兔，午日结束于甲板，历时5天，每隔一天换一个街场。云南壮族过节时，一般都要演壮戏、对山歌，还要进行武术表演、摔跤、跑马、斗牛、竞渡、打竹球、抛绣球、跳竹竿舞、打磨秋和水车秋等传统的文娱体育活动，其时人山人海，热闹非凡。云南壮族的传统节日大多与自然崇拜、祖先崇拜和稻作生产密切相关，过节时，既娱神又娱人，体现了整个民族在文化上的全民性和认同性，此乃该民族物质文化、行为文化和观念文化融为一体的集中表现。

第八是音韵溢彩的歌圩文化。壮族"自幼习歌"，以好歌善唱著称，是一个歌伴人生的民族。歌圩则是壮族在特定时间、地点相聚对歌的活动形式，其中又以街头对歌、聚会对歌和节日对歌最具特色。一般都是男女各站一边，集体对唱，互相取悦，若对不上就自行告退，另外选择唱歌对象；若对得上，双方便会用歌盘问和对答，考查对方的聪明才智（见图5-10）。盘问对答的内容包括天文地理、神话传说、岁时农事、社会生活、伦理道德、恋爱婚姻等各个领域。天文地理主要反映自然现象的产生和变化；神话传说则主要歌唱与本民族有关的故事、人物；岁时农事反映的是生产场景、作物栽培；社会生活的内容更加丰富，大多反映人们日常生活中的现象；伦理道德方面的内容是民歌的重要方面，既有歌颂人们遵守社会公德、尊老爱幼、勤劳勇敢、团结守信的，也有谴责怨天尤人、好吃懒做等违反道德常规乃至鞭挞偷盗抢劫、杀人放火等丑恶现象的；而恋爱婚姻永远是民歌不朽的主题，也是青年男女最喜欢传唱的内容。壮歌又可细分为古

图5-10　歌圩场景

歌、世道歌、礼俗歌、农事歌、待客歌、情歌、儿歌等。壮歌韵律严密，以首尾韵、尾腰韵和尾韵最具特色。人们通过对歌传播文化、交流经验、比试才智、倾诉心声、依歌择偶、交谊结缘，通过诗歌传唱抒发内心的喜怒哀乐，表达美好的理想和愿望，获得各种知识，不断提高智慧和为人处世的本领，这一文化表现形式，还使壮族人民发达的诗性思维得以充分发挥，使许多优秀的民歌得以世代传承，并随着时代的发展而不断充实完善，最终成为该民族诗歌文化的主流。由此可见，歌圩是带有深刻历史性和社会性的民俗活动，其作为壮族民间文学艺术的载体，是构成该民族文化共同体的重要标志之一。

第九是以人为本的礼俗文化。云南壮族的礼仪和习俗，以人一生中的出生、周岁、结婚、寿辰、丧葬等方面来规范，其各种礼俗皆以人缘亲和为根本，其中又以结婚礼仪和丧葬礼仪最为隆重。壮族结婚礼仪比较独特，婚前须"传槟榔"，婚礼则要进行3天，有迎亲、过门、拜堂、回门4个程序。新娘出门前，要举行"哭嫁"仪式，随后拜别父母、叔伯、哥嫂，再由亲哥或堂哥背出自家大门。在前往新郎家的途中若遇到桥梁，则必须由新郎背着通过。新娘进新郎家前要换鞋、跨弓箭、过火堆，并由布摩画符念咒点洒"法水"。拜堂时要拜天地、祖先、父母、家族长辈、高寿客人，最后夫妻互拜，有的地方还拜花王圣母，或进行撒花催喜。婚宴中，伴娘和伴郎要唱"迎亲歌"和"送亲歌"以示互敬互谢。女子婚后先不坐家，农忙或过节时才回去与丈夫团聚，俗称"不落夫家"。

壮族丧葬礼仪十分肃穆，老人去世要举行"接气""买水沐浴""停棺祭奠""布摩超度""出殡搭桥""路祭隔魂"等仪式。"接气"即于老人弥留之际，其儿孙都要用手袖接其呼出的最后几口气；"买水沐浴"则是逝者的女儿或孙女在老人断气后要及时到泉口或河边烧纸"买水"，挑回后用柚子叶煮热为逝者"沐浴"，随后装棺放在堂屋中央让亲友祭奠，并请布摩念经超度，云南壮族还有"一家办丧事、举村来帮忙"的传统风俗；"出殡搭桥"则是在出殡时，逝者的亲属随其长子、女婿依年龄大小顺序跪列匍匐，让棺木从其背上抬过三次，意在"搭桥"让死者平安通往天堂仙界与祖先团聚；"路祭隔魂"即安埋逝者之后，布摩还要给送葬的人在归途中念经，将"生魂"和"死魂"隔开，不许其相互打扰。云南壮族十分重视出生和祝寿方面的礼仪，孩子满周岁兴搞"抓周"仪式，意在预测小孩将来的爱好及其命运。为报答父母的养育之恩，故把为其祝寿作为子女孝顺的天职。云南壮族盛行祖先崇拜，家家的堂屋都设有祖宗神坛，上立祖宗牌位，供全家老幼逢年过节时进行祭祀。

第十是精美的"莱瓦"艺术文化。"莱瓦"，壮语为"描绘"

和"刻画"的意思。壮族酷爱绘画和雕刻艺术，是一个充满艺术灵性的民族。其历史可追溯到古代的崖画和铜鼓纹饰，近代则以壮锦、刺绣、石雕和木刻的制作工艺著称。清代《开化府志》和《广南府志》均载：壮族"惯挑棉锦"。壮锦分为用小型提花机织造的挑花锦和在平纹经组织上彩纬挑花构成的整幅大型花纹壮锦两种，其图案多用重彩，以红、黄、绿、蓝、紫为基本色，其余作补色，对比鲜明强烈。用红色为背景，具有热烈、活跃、欢腾的气氛。用黄、绿色作烘托，则充满开朗的情调，艳丽而动人。纹样结构主要有三种形式：一是几何骨格内以自然形，属四方连续的结构。二是底纹上织自由花，属二方连续的结构。三是平纹（布纹）上织地纹结构。由于壮锦图案及其纹样常用几种甚至是十几种颜色搭配组成，一般不凭借直觉的色彩去机械地模仿自然，而是从丰富复杂的自然色彩中加以提炼、夸张、强化或换色，使自然形象的特征更集中，更鲜明突出、富于变化，其色相的浓淡对比、明暗对比、冷暖对比及大小色块的对比，都运用得非常纯熟自如，古艳深厚而又和谐、粗犷有力，因而华而不俗，显示了壮族人民热情、爽朗、勇敢、朴实的性格。壮族刺绣（包括挑花）有平绣、络绣、辫绣、包筋绣、错针绣、贴布绣、镂空内贴布绣、连物绣、泡花绣、挑边加绣等若干种，挑花则以单面挑、双面挑、素面挑、彩色挑为主，以绣、扣、缀相结合。其加工工艺也十分复杂，计有走针、走边、走筋、针绣、刺绣、挑绣、穿绣、扣绣、穿花、贴花、包花、贴布、贴金、镂空等数十种。刺绣花纹图案精美，内容丰富浑厚，色彩对比强烈，风格独特明快，被广泛地应用于服装、围腰、腰带、头巾、围巾、背带、花鞋、童帽、袜裤及被面、窗帘、锦屏、挂包等生活用品及镶有花边的各种工艺品，具有广泛的实用价值。

　　云南壮族生活在森林密布和群山环抱的坝子里，石雕和木刻的资源得天独厚，其雕刻的象、马、狮、鹿、龙、凤、鹤、鹭等物象及布洛陀、布召竜的神像，均具有浓烈的民族韵味，尤其是风格独特的石狮，深受广大民众青睐，多用于门墩、柱脚、走廊、台阶、牌坊和陵墓。用乌木、榉木等名木雕刻加工的斗拱、门窗、神龛、桌椅等也别具一格。其纹饰多为比较抽象的几何图形式样，如弦纹、绳纹、席纹、云纹、雷纹、双旋纹、菱形纹、网状纹、犬牙纹、脉叶纹、花草纹、羽人纹、翔鹭纹、划船纹等。其图画则是通过创造性的视觉形象去反映自然物象或社会生活的画面，如以马鹿和丹顶鹤表示"洪福齐天，兴旺发达"，马鹿刻于柱脚，丹顶鹤则常刻在斗拱上。此外，还以猴子表示机敏，以兔子表示和顺，以喜鹊表示吉庆，以鱼、莲表示丰收，以花卉、石榴、芭蕉等表示儿孙满堂，等等。壮族的雕刻中也有龙、凤，但其龙多由云纹组成，虚幻缥缈，不像汉族的龙那样具体；其凤则多为对称的图案装饰，没有慈祥的含义。壮族雕刻的石狮则笑面可亲，尾巴蓬松可爱，没有威严的感觉。这些雕刻表明，壮、汉艺术文化存在长期的交流和融汇过程，壮族艺人在吸取汉族艺术文化精华的过程中仍保持了本民族艺术文化的特质。云南壮族还有蜡染、绣球、香囊和扎染纹颜等独具特色的工艺品，均可让人们从中感受壮族传统艺术文化的魅力。

第十一是济世救民的"掌雅"文化。"掌雅"，壮语意为"医生"或"药师"。由于壮族生活在炎热潮湿的河谷和盆地之中，过去恶性疟疾等传染病的发病率很高，被称为"瘴疠之区"，加之其周围多是高山悬崖，跌伤骨折等外科病症也较多。壮族先民们在这样的环境中同各种疾病做斗争，逐步积累了一套医治地方病、多发病的方法，包括草药疗法、刮痧疗法、针灸疗法、拔罐疗法、滚蛋疗法、药浴疗法、熏蒸疗法、按摩疗法、点穴疗法等，治疗痧、瘴、蛊、毒、风、湿等疾病，其治病以内服中草药为主，外治方法为辅。"掌雅"

还在治疗疮疡、虫咬、蛇咬、烧伤、烫伤、狗咬伤和接骨等疾病方面有许多高明之处。其用药达3000余种，多取自天然，其中以三七最为名贵，近代名医编纂的《本草新编》《本草求真》《本草纲目拾遗》《医学衷中参西录》等书均有关于三七功效的载录，说三七为中药之最珍贵者，"人参补气第一，三七补血第一，味同而功亦等"，又说三七"能于血分化其血淤"，还说"三七……善止血妄行，为血衄要药，病愈后不至淤血留于经络，证变虚劳（凡用药强止其血者，恒至血淤经络成血痹虚劳）。兼治：便下血，女子血崩，痢病下血鲜红久不愈（宜与鸦胆子并用），肠中腐烂，浸成溃疡。所下之痢色紫腥臭，杂以脂膜，此乃膜烂欲穿（三七能腐化生新，是以治之）。为其善化瘀血，故又善治女子症瘕，月事不通，化瘀血而不伤新血，允为理血妙品。外用善治金疮，以其末敷伤口，立能血止痛愈。若跌打损伤，内连脏腑经络作疼痛者，敷之可消（当与大黄末等分，醋调敷）"。又云："凡疮之毒在于骨者，皆可用三七托之外出也。"《中国医药大辞典》亦载："三七功用补血，去淤损，止血衄，能通能补，功效最良，是方药中之最珍贵者。三七生吃，去淤生新，消肿止痛，并有止血不留瘀血，行血不伤新的优点，熟服可补益健体。"云南名医曲焕章便是在游历滇南名山并求教当地的民族医生后，应用三七等药物配制成"百宝丹"的，"曲焕章百宝丹"（今称"云南白药"）曾在抗日战争中发挥了重大作用，被誉为伤科圣药。"掌雅"十分讲究医德，他们既是医生又是护士，既看病又配药，把行医作为助弱济世的善事，看病、配药、炒药、护理、敷药都由其本人和徒弟一包到底，但其医疗配方一般都秘不外传，其治疗原则为"热者凉之，寒者温之，实者泻之，虚者补之"。他们使用的药物一般都是自采自制自用，特别讲究新鲜，方法自成一体。"掌雅"看病不分亲疏贵贱，也不分民族，对病者一视同仁。治病收费也很低，如果没有现

金，还可以用自产的物品（如大米、腊肉、花生、茶叶等）代替，遇有经济困难的病人时甚至不取分文。在医疗卫生条件十分缺乏的壮族村寨，"掌雅"便是利用当地出产的各种草药和制作简便实用的医疗工具治疗病人的，并在这样的基础上创造了壮族传统的医药文化。

第十二是古老凝重的宗教文化。在近代，云南壮族广大民众仍然坚持自己的传统宗教信仰——"摩"和鸡卜，期望借助神力来协调人与自然、人与社会、人与人之间的关系，保佑自己的生存和发展。摩教以无所不能、无事不知、智慧无穷的始祖神布洛陀为至上神和教主，其宗教经书叫"司摩"，其宗教职业人员叫"布摩"，有一整套的宗教法事活动程式和规定。鸡卜则是壮族先民自古传承下来的一种预测、验证吉凶祸福的占卜术，显得十分神秘。《开化府志》载："夷有土巫，善鸡卜，号曰白马（布摩），取雏鸡雄者，生刳取两髀骨束之，细剖其皮，骨有细窍，刺以竹签，相多寡向背顺逆之形，以占吉凶。"直至民国时期，几乎每个大的壮族村寨长老或布摩家都有《摩（麽）经》和《鸡卜经》手抄本。布摩还传承和使用名叫"甲巴克"的历算与预测器，推算年、月、日、时，预测农时栽种、起房盖屋、外出办事等社会活动的吉凶情况，供布摩念经以化凶为吉使用。《摩经》《鸡卜经》和"甲巴克"相结合，构成了壮族传统宗教文化的核心体系，其中蕴含着壮族特有的精神价值、思维方式、文化意识和哲学基础，背后积淀了壮族对世界的领悟与把握，以及对生命的体验和对社会的理解，具有极强的个性和极深的精神内涵。据此，壮族民众在每年的大年三十晚上祭祖、正月初二凌晨祭土地、二月初二或三月初三白天祭"竜"以及进行超度、招魂、送鬼等仪式和进行重大事项的预测时，依然要杀鸡看卦，卜问吉凶，在开耕、渔猎、建房、乔迁、出行、贸易、诉讼、治病或选择墓地时也要杀鸡问卜并进行祈祷活动，祈福免灾。

　　"摩"和鸡卜，是壮族传统宗教文化体系的核心，也是我国十分古老而又保留极为完好的一份活着的"人文化石"，它曾经在提高人的自信心、增强族群凝聚力和规范社会行为、匡正伦理道德及引人拒恶向善、维系社会安定中发挥过重要作用。虽然它存在妨碍思想解放、影响科学发展的问题，但只要从中取其精华、剔除糟粕，依然是一份十分珍贵的民族文化遗产。

　　云南壮族以上12个方面的传统文化，构筑了该民族近代社会相对稳定的整体文化格局，显示了该民族心理和习惯所具有的生命力，是壮族的根和魂，也是壮族群体联系的重要纽带。壮、泰民族同属一个族群，共同的文化是民族间友好往来的感情基础，充分利用这一文化的辐射作用，必能为推动我国与东南亚、南亚各国的睦邻友好关系做出积极的贡献。

第六章
中华人民共和国成立后

　　自中华人民共和国成立后，在党中央、国务院和省委、省政府的正确领导下，云南壮族人民与全国全省各族人民一样，当家做了主人，特别是1958年4月1日文山壮族苗族自治州成立以来，广大壮族干部群众和各兄弟民族同胞一起，在各级党委、政府的领导下，经历了土地改革和农业合作化运动，完成了对农业、手工业及私营工商业的社会主义改造，从而步入了社会主义的发展轨道，但也经历了一段曲折发展的路程。改革开放后，迎来了社会主义现代化建设的新时期，文山州从此出现了经济发展、民族团结、边疆稳定的良好局面。与此同时，在党中央、国务院的亲切关怀和省委、省政府的直接领导下，壮族人民进行扶贫攻坚、加速基础设施和工业信息产业建设、扩大开放并提高对外贸易水平，使人民生活大为改善，各地均呈现出一片欣欣向荣的景象。

第一节　民族区域自治制度的推行

　　实行民族区域自治制度是中国共产党遵循马克思列宁主义关于民族问题的理论，根据中国国情，总结人民民主革命过程中民族工作的经验，于中华人民共和国成立之初确定的国策，在1949年9月通过的《中国人民政治协商会议共同纲领》中即做了规定，1952年中央人民政府委员会又进一步颁布了《中华人民共和国民族区域自治实施纲要》，并纳入1954年第一届全国人民代表大会制定的《中华人民共和国宪法》之中。遵照中央的有关规定，以及《西南民族事务委员会关于边疆各民族聚居地区实行民族区域自治，在民族杂居区建立民族民主联合政府》的指示精神，云南省在中华人民共和国成立时即先后在文山地区建立了86个单一的民族乡和58个民族联合乡，并在广南建立了县一级的民族民主联合政府。

由于云南壮族的支系纷繁复杂，且多不称"僮（壮）"，而以濮侬、布雅侬（沙）、布秧（洋）、布黎（俚）、布傲、布傣（土佬或土僚）、本地、黑衣、蔗园、天保、龙安、龙降、龙音、甲州、东兰等族自称，他称亦有侬人、沙人、土佬（僚）等数十种之多。据此，中央民族事务委员会（即今国家民族事务委员会前身）于1954年派出由林耀华、施联朱教授等组成的云南民族识别调查小组到云南各地进行民族识别。随后，中央民族事务委员会少数民族语言调查组又于1956年到文山地区，对人数众多的侬人、沙人、土佬（僚）的分布、人口、语言、交通及社会历史、政治经济、风俗习惯、知识分子等情况进行全面调查，最后认定侬人、沙人、土佬（僚）"不能构成单一的民族"，而是壮族的支系，应该归并为壮族。根据中央民族事务委员会调查组的结论，中共文山地委统战部上报了《关于文山区民族区域自治准备工作的计划提纲》和《关于我区少数民族名称问题的意见》。1956年9月，中共文山地委又根据《中华人民共和国宪法》和《民族区域自治实施纲要》，上报中共云南省委，向中央申请成立文山壮族苗族自治州。

1957年3月，文山专员公署发出《关于召开专区民族代表会的通知》，邀请781名代表和37名列席人员参加会议，与会代表认真讨论了僮（壮）族、苗族、彝族、瑶族、白族等6个民族的归系问题。形成了《文山专区民族代表会议决议》。在僮族称谓统一后，又研究了自治州自治民族的问题。鉴于当时文山专区僮族人口有47万人（占全区总人口的30.78%），苗族人口也有16万人，故确定僮族、苗族为自治州的自治民族，自治州冠名为"文山僮族苗族自治州"。会议还选举产生了由53人组成的"文山僮族苗族自治州建州筹备委员会"，由罗运通（僮族）任主任，马申生任副主任，郑均任秘书长。筹委会下设办公室、宣教组、起草组、选举工作组等机构，具体领导以下几项工作：第一，草拟自治州组织条例。第二，自治州第一届人民代表大会代表及人事安排工作。第三，全面开展宣传动员工作。第四，拟定自治州第一届人民代表大会议程及各项准备工作。随后筹委会根据宪法的规定和地区实际，经反复协商，确定自治州第一届人民代表会议代表为361人，其中僮族121人、苗族52人、其他少数民族67人，其余为汉族代表。

1957年4月8日，文山专署正式向云南省人民委员会[①]上报《关于建立文山僮（壮）族苗族自治州的工作计划》。为了便于领导，有利于生产和民族团结，根据群众的要求和省人民委员会批示并报经国务院批准，将与红河、曲靖接壤的一些地区做适当调整：把红河州开远县平远的21个乡和稼依的6个乡划归砚山县，把曲靖地区泸西县五槽区的14个乡划归丘北县，把文山县的猛拉、鸣鹫、老寨等8个乡则划归红河州蒙自县。自治机关决定设在文山县。

1957年5月24日，国务院全体会议第四十九次会议通过《国务院关于设置云南省文山僮族苗族自治州，撤销文山专员公署的决定》，批准设置文山僮族苗族自治州，撤销文山专员公署。自治州的行政区域为原文山专区的文山、砚山、丘北、广南、富宁、西畴、马关、麻栗

[①]1955年，根据《中华人民共和国地方各级人民代表大会和地方各级人民委员会组织法》的规定，云南省人民政府改称云南省人民委员会。

坡等8县。自治州人民委员会驻文山县城。文山僮族苗族自治州东与广西僮族自治区百色市接壤，南与越南社会主义共和国接界，西与红河哈尼族彝族自治州毗邻，北与曲靖市相连，面积31456平方公里。

1958年3月23日，自治州第一届人民代表大会在文山县城隆重召开。出席大会的各族代表361名（其中僮族代表121人，占33.58%），列席代表113名。大会讨论通过了《文山僮族苗族自治州各级人民代表大会和各级人民委员会组织条例》，选举第一届州长罗运通（僮族），副州长马申生（汉族）、黄寿云（苗族）、龙明传（僮族）、李铣（彝族）、赵廷光（瑶族），还有委员27人，一起组成自治州人民委员会。会议于4月1日下午胜利闭幕，宣告文山僮族苗族自治州正式成立。

1958年4月2日，3万余人民群众举行庆祝大会，热烈庆祝文山僮族

图6-1　1958年4月2日，文山僮族苗族自治州成立庆祝大会

苗族自治州成立（见图6-1）。

1965年10月20日，根据周恩来总理的意见，将"僮"改为"壮"，同时国务院批准"云南省文山僮族苗族自治州"改为"云南省文山壮族苗族自治州"。同年11月26日，麻栗坡县南朵村壮族歌手龙琼琳到北京参加"全国少数民族群众艺术观摩演出大会"，演唱了许多民歌，受到毛泽东主席等党和国家领导人的亲切接见，并合影留念。

除文山州外，云南省还有一部分壮族聚居在曲靖市师宗县的五龙、龙庆、高良和红河州蒙自县的多法勒、河口县的桥头等乡镇，这些地区随后也分别建立了民族乡。具体情况如下。

师宗县五龙壮族乡，过去称五洛河，位于该县东南部的中山河谷地区，总面积476.11平方公里，是云南壮族沙人支系的世居地之一。1948年为中共罗盘地委高良特区所辖，1949年为师宗县八寨乡，1950年改为第四区，1958年建立五龙乡人民公社，1984年又改为区，1988年正式建立五龙壮族乡。全乡分为13个行政村、129个自然村，当时的总人口2.6万余人，其中壮族占25.8%。该乡主产水稻、蔬菜和水果，水力资源和森林资源较为丰富，已开发有装机500千瓦的大潭电站一级电站，著名的南盘江国有林区就在这里。柑橘是其商品经济骨干项目，所产红柑（大红袍）为云南优质水果之一。

师宗县高良壮族苗族瑶族乡，位于滇桂黔三省（区）接合部，总面积561.38平方公里，有耕地36805亩，仍是云南壮族沙人支系的世居地之一。1949年为中共罗盘地委高良特区，1950年撤销高良特区，分属四、五区，1958年改为高良公社，1984年又改为区，1988年正式成立高良壮族苗族瑶族乡。全乡分为11个行政村、114个自然村，当时的总人口2.2万余人，其中少数民族人口占70.5%。该乡地处南亚热带低热河谷区，主产水稻、玉米、甘蔗和水果等，其优良柑橙"大红

袍""雪橙""鸭蛋干"等为商品经济骨干项目。全乡还有6.6万亩优质草场和60万亩林间隙地,可以大力发展畜牧业。

师宗县龙庆彝族壮族乡,位于该县城东南32公里处,总面积481平方公里,也是云南壮族沙人支系的世居地之一。1949年隶属师宗县梅山乡和龙普乡,1950年为师宗县第三区,1958年分为龙庆和则黑2个公社。1966年恢复龙庆区,1969年改为龙庆公社,1984年又改为区,1987年底正式成立龙庆彝族壮族乡。全乡分为14个行政村、108个自然村,当时的总人口2.9万余人,其中壮族占17%。该乡人均土地达24亩,适宜发展种植业、林果业、畜牧业。农产品主要有玉米、水稻及豆类。经济作物有烤烟、花生、生姜等。有南盘江自红河州泸西县东南进入乡境,流程17.8公里,有大寨瀑布、飞塘瀑布、洞藏河、水穿洞等自然景观,为待开发的旅游资源。

蒙自县多法勒壮族乡,位于蒙自东北郊的长桥海畔,是美丽富饶的鱼米之乡,也是云南壮族土佬(僚)支系的世居地之一。该乡1950年属蒙自区,1951年改为第五区,一部分分属第一区,1958年由五区撤出建立新民公社,1962年改为新民区,1966年改为红卫公社,1975年恢复新民公社,1984年改为多法勒区,1988年初正式成立多法勒壮族乡。全乡分为4个行政村、28个自然村,当时的总人口2.2万余人,其中壮族占13.5%。该乡人民主要从事农业,主产水稻、玉米、烤烟、甘蔗、莲藕、荸荠、石榴、水蜜桃等经济作物。此外,天然林和灌木林等自然资源也较丰富,水利条件较好。滇越铁路穿越该乡,并有公路与省道、国道连接。乡内有碧云街、多法勒街、余家寨街三大集贸市场,经济开发的潜力极大。

河口县桥头苗族壮族乡,位于河口县城东部约80公里处,总面积为175平方公里,最低海拔仅400米,是云南壮族侬人支系的世居地之一。该乡南部与越南猛康县接壤,国境线长81公里,有33个村社坐落在边境一线，1895年当地就设立了两个对汛公署，属河口督办管辖。1949年12月桥头解放，1955年进行土地改革，随后建立互助组，1956年建立初级社，1957年发展为高级社，1958年成立人民公社，1961年改公社为区，1988年1月28日正式建立桥头苗族壮族乡。全乡分为9个行政村、103个自然村，当时的总人口为1.6万余人，其中壮族占15%。该乡经济以农业为主，主产稻谷、玉米、小米、高粱、花生、大豆等，甘蔗、八角、草果、茶叶是其主要的经济作物。桥头乡与越南以山为界，山上森林密布，其中有果子狸、穿山甲、原鸡等野生动物栖息，中草药名目繁多。该乡有纸厂和老卡2个通往越南的陆地口岸，市场比较繁荣。

在党的民族政策扶持下，上述5个壮族聚居的民族乡建立以后，恰逢国家进行改革开放的大好时机，因此其社会经济均发展较快，国家投入在教育、文化、科技、医疗卫生和体育等方面的资金也较多，各乡均建立了中学，小学亦日趋普及，而且都建立了文化站、影剧院和卫生院，有的还建立了农科站、农业技术学校或科技咨询服务中心，许多村公所安装了电视差转台，人民的物质和文化生活得到了较大改善。

第二节　全面建设小康社会

1994年2月，国务院决定实施《国家"八七"扶贫攻坚计划》，力争在20世纪最后7年内，基本解决全国8000万贫困人口的温饱问题，全国扶贫开始进入攻坚阶段。由于自然条件的限制和社会历史造成的各种因素，云南文山州及其所属8县（市）均属国家级贫困县，当地人民在向贫困宣战的过程中，又创造了以"搬家不如搬石头，苦熬不如苦

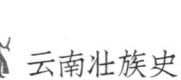

干，等不是办法，干才有希望"为核心内容的"西畴精神"。

一、"西畴精神"的产生

首创此经验的是西畴县蚌谷乡木者村的支部书记王廷卫，他于1990年底带领村民用105天的时间，用炸石造地的方法把一片叫摸石谷的360多亩石旮旯地改造成了保水、保土、保肥的"三保"台地（见图6-2），接着又用良种良法在地里种玉米、栽烤烟，使玉米亩产从原来的200多斤增加到了800多斤，烤烟每亩产量也达到了250多斤，每亩收入达到了2000元，使历来吃粮食靠救济、花钱靠贷款的木者村村民，终于靠勤劳和苦干填饱了肚子，而且还有了一些经济收入。此经验在自然条件相对恶劣、人均耕地不足1亩的西畴全县推开，后来又延伸到了文山州各县及周边地区，形成了向贫困宣战的热潮，被誉为"西畴精神"。

图6-2 摸石谷新貌

　　1995年11月27～29日，云南省人民政府在文山州召开全省扶贫工作会议，决定把"打好扶贫攻坚战，实现贫困人口基本解决温饱"作为第九个五年计划的重大战略任务，国家十部委均派员参加。会后确定全省73个贫困县中的506个贫困乡为扶贫攻坚乡镇，同年12月，文山州人民政府确定全州933个村委会中的400个为扶贫攻坚村委会。1998年1月8日，文山州恢复生产、发展经济暨扶贫攻坚工作汇报会在北京人民大会堂举行。会议强调：文山州历史遗留问题多，基础脆弱，贫困面大，财政十分困难，但同时也应该看到文山州的生物、矿产、水利、旅游等资源丰富，要抓住有利条件，克服不利因素，加快文山州经济发展步伐。2003年3月，时国务院总理温家宝又强调：全国的扶贫要以云南为重点，云南的扶贫要以文山为重点。之后，国务院扶贫办副主任高鸿宾一行再次深入文山州指导扶贫工作。

　　在党中央、国务院和云南省委、省政府的大力支持下，文山州人民发扬西畴精神，紧紧围绕基本解决温饱的"五有"（贫困人口有饭吃、有衣穿、有房住、有水喝、有钱花）目标，狠抓"五大基础工程"（改土、治水、办电、通路、绿色），实行党政一把手负总责的领导责任制，进行扶贫攻坚。到2000年，文山州已投入各类扶贫资金20.64亿元，建设温饱试点村186个（其中上海援建147个，云南省安排35个，国家冶金局援建4个）。此外，省民委还安排各种专项经费2757万元，支持民族贫困地区和边境民族地区的经济建设。当年，文山州进行的易地开发扶贫、岩洞住户搬迁工程、扶贫安居工程、小额信贷扶贫、温饱试点村建设、上海对口帮扶、社会帮扶工作也在顺利推进。2001年以后，文山州的扶贫攻坚力度进一步加大，2001～2005年，共投入各类扶贫资金18.71亿元，积极组织和引导农村富余劳动力到昆明、上海、浙江、广东等地务工，使劳务输出成为促进农民收入新的经济增长点。2002年，以改造茅草房、建沼气池、建小水窖为主的工程大会战相继在全州展开，以温饱村、生态村、文明村、小康村"四村"为载体，实施和建设沼气池、小水窖、民房改造、乡村公路、适用技术培训"五位一体"工程。2003年，文山州的整村推进又有新突破，投入资金5537万元，在边境贫困地区、少数民族地区、特困山区建成安居房887户，进村道路114.22公里，安装饮水管75.29公里，架设输电线路13.5公里，建设基本农田1810亩，安装闭路电视3223户，建设科技文化活动室52间，沼气池3182口，改造厩舍3491间，改造卫生厕所3649间，大牲畜养殖13770头，种植经济林果6865亩，并建设了64个脱贫致富奔小康示范村。2004年，又投入资金8654.3万元，建设了102个脱贫致富奔小康示范村。2005年，投入14947.58万元资金，建设小康及温饱示范村281个，广南县莲城镇的法棚壮族村，在整村推进中被列为小康示范村，驻村工作队不仅带领村民改变了村容村貌，而且帮助村民理清发展思路，发动群众利用土地资源和邻近县城的区位优势，突出壮族文化特色，搞多种经营，从而使法棚村成为远近闻名的富裕村、文明村。

特别值得一提的是，2006～2010年，文山州完成了水利投资23.73亿元，竣工验收了清华洞水库二期和丰收水库以及20座小（一）病险型水库等建设项目，新增蓄水库容4253万立方米，新增灌溉面积26.15万亩，建设高产稳产农田11.445万亩，建成"五小水利"工程29.27万件，治理水土流失面积609.49平方公里，解决了农村273.4万人的饮水困难。至2017年，全州已完成水利固定资产投资302亿元，建成水库433座。建成"五小水利"工程49.29万件，全面解决和巩固提升了219万农村人口和7.27万学校师生的饮水安全问题，农村集中供水率达到了82%。这些水利工程为文山州经济社会发展和各族人民生活水平的不断提高发挥了重要的支撑和保障作用。

为夯实农业基础，在扶贫攻坚的过程中，文山州还狠抓了高产稳产农田建设、杂交良种推广、冬季农业开发、商品粮基地建设、培植特色产业等项工作，"八五"期间即建设不同层次、不同要求的高产稳产农田184.4万亩；水稻良种推广面积达93万亩，杂交玉米推广77.84万亩，完成冬季农业开发88.3万亩，后经国家计委、农业部、水利部、省人民政府、省商品粮基地建设领导小组批准，投入专项资金2467.47万元，将丘北、广南、文山、砚山四县列为商品粮基地县。项目批准立项以后，丘北1993年全县粮食总产达10978.8万公斤，比1990年增产1699.2万公斤；广南1993年全县粮食总产达到16314.8万公斤，比1990年增产14195.3万公斤，提供商品粮3317万公斤；文山1995年全县粮食总产9786万公斤，提供商品粮2676.4万公斤，确保了全州的粮食安全。与此同时，文山州还调整产业结构，大力发展甘蔗、辣椒、油菜、冬早马铃薯、优质杂豆、商品蔬菜等经济作物和油茶、茶叶等经济林木，并将三七、烟草作为支柱产业来抓，走出传统农业的落后境况，为现代农业的发展奠定了坚实基础。

三七是名贵药材，全世界98%的三七产自文山州，质量最好的也在文山州。文山州八县都产三七，其中文山县、砚山县还被命名为"中国三七之乡"。1995年，全州种植三七37288亩，产量272600公斤。2000年，种植面积发展到3600公顷，其中优质无公害种植基地368.67公顷，全州有14467户农户和4个农场从事三七种植生产，从业人员17449人，年加工原料23万公斤，生产系列产品近百种，现已实现总产值15亿元，税利2.65亿元，是"建设绿色经济强省"的重点项目之一，并已进入国家中药现代化科技产业（云南）基地建设和省"十五"规划。

文山州的烤烟种植面积1995年为14.3万亩，产量1343万公斤，也是州内一项重要的产业。"九五"期间发展到114.2万亩，完成烟叶收购指令性计划2745710担，烟农收入110100万元，实现税收57959

万元，实现农特税31620.28万元。到2005年，销售收入已达131295万元，实现烟农收入2.98亿元，实现税利44745万元。2007年7月，砚山县被列为国家级烟叶标准化示范区建设项目承担单位。

除上述特色产业外，文山州还出产高峰黄牛、黑山羊、矮马、无角山羊、乌骨鸡、麻鸭等。1995年的年产值为44889万元，至2000年底产值达25.3亿元。广南县的壮族农民靠养殖高峰黄牛和本地麻鸭，培植起了当地富有特色的重要产业，不仅高峰黄牛继续畅销国内外，就是小小的麻鸭，在当地也形成了蛋鸭—肉鸭—餐饮—鸭绒加工—名特产品等不断延伸的产业链，既给当地的壮族农民带来了实实在在的实惠，也促进了当地财政收入的增加。文山州的西畴、马关、富宁等县还以"阳荷之乡""草果之乡""八角之乡"著称。

除文山州外，师宗县龙庆、五龙、高良三乡，蒙自县的多法勒，河口县的桥头等民族乡，扶贫攻坚及经济社会发展的工作也取得了长足进步，在改革开放的发展进程中，人民生活大为改善，各地均呈现出一片欣欣向荣的景象。

二、加速基础设施建设和工业化进程

云南壮族多分布在滇东南的山间河谷地带，自古以来交通不便、信息不通，基础设施落后，但能源、矿产资源丰富，发展工业的潜力巨大。据此，当地政府、工商业界和有识之士都把打破交通瓶颈、加强能源信息建设及大力发展工业作为重点来抓，特别是国家实行改革开放及以经济建设为中心的方略以后，紧紧抓住战后恢复建设、国家西部大开发、云南建设我国面向南亚东南亚辐射中心等重大机遇，持续加大基础设施建设和重点工业投入，打破陆路交通瓶颈，构筑空中和水上走廊，加强以电力为主的能源建设，发展信息产业和有色金属矿产开采、加工，建设工业园区，为促进祖国西南边疆的经济建设和社会发展提供强大支撑，从而使当地面貌和人民生活发生了历史性巨变。

第一是打破陆路交通瓶颈，构筑空中和水上走廊，逐步形成立体交通网络。为了适应国民经济快速发展和改革开放的需要，云南以极大的努力打破交通瓶颈，发展交通运输业。在文山州，1995年时虽然拥有国道399.7公里、省道612.7公里、县道3264.8公里、乡道1317.8公里，但这些公路等级都不高，质量也较差。"九五"期间，国家投资53794万元，使全州公路通车总里程达到了13442.3公里（每百平方公里的面积拥有公路42.7公里），基本实现了县县通油路、乡乡通客车、村村通公路的目标。与此同时，还制定出了"三纵三横"主骨架公路发展规划："三纵"即以且至马关公路、西畴至广西西林公路、麻栗坡漂漂至富宁里达公路；"三横"即罗村口至锁龙寺公路、平远街至船头公路、江边至罗村口公路。此规划总里程为1713公里，可建成"以国道主干线为依托、经济干线为主体、干支相连，以州府所在地为中心、城乡相通，辐射全州各县、乡、村的公路交通网络"[①]。2001年以后，在砚山至平远高速公路、砚山至文山二级公路、西畴至珠街三级公路路面工程等重大项目和平远至锁龙寺高速公路、砚山至罗村口高速公路全面开工的同时，又进行了文山至马关、文山至麻栗坡、丘北至炭房、兴街至西畴、丘北至广南三级公路的建设。同时新建文山至蒙自一级公路、泸西至丘北二级公路，截至2005年底，全州已累计投入资金144481.4万元，拥有各类公路19343公里，全州公路通车里程达到23107.67公里。2004年砚平高速公路建成通车，2008年4月罗村口至砚山高速公路通车，2016年平文高速公路通车，2018年蒙文

---

①《辉煌成就60年　同心共筑中国梦》，载《民族画报》2018增刊（庆祝文山壮族苗族自治州成立60周年专刊）。

砚高速公路通车，文山至马关、广南至那洒、文山至麻栗坡3条高速公路建设也在加快推进，泸西至丘北至广南至富宁、丘北至文山、那洒至兴街、麻栗坡至天保、河口至马关、广西西林至广南、沿边高速公路等项目的前期工作也已取得实质性进展。至2020年，文山州有望实现县县通高速公路的目标。现在，文山州的陆路交通瓶颈已被彻底打破，从昆明驾车到文山州仅需3.5小时。

在迅速打破陆上交通瓶颈的同时，文山州还构筑了空中和水上走廊。国家投资26891万元，于2004年4月28日开工建设可起降波音737飞机的文山州民用机场（普者黑机场）。2006年5月18日试飞成功，8月30日正式通航，标志着文山州构筑的空中走廊正式建成。至今，此机场已开通了文山—昆明、文山—成都、文山—重庆、文山—深圳往返航班，飞机安全起降9720班次、61余万人次，货邮量达784吨。党的十九大后，还要再建丘北民用机场和文山、广南、富宁通用机场。文山州历史上曾经有十分繁华的剥隘水运码头，船运通过南宁直达广州，但此码头由于受滇越铁路通车和右江水位下降、河道淤塞的影响而停运多年。随着国家西部大开发十大标志性工程——广西百色水库的建成蓄水，百色至剥隘段的水位大幅度提升，剥隘这个沉寂多年的大码头，不仅恢复了一般通航的能力，而且具备了通航500吨级大型船只的条件，迅速凸显出其作为云南最便捷出海口的优势。百色水利枢纽工程建成后，将在文山州富宁县境内形成600余公里的水库岸线、300余公里的深水航道与珠江水运网相连，从而彻底改变了文山州的运输形式和运输条件。剥隘码头现已改为富宁港，2008年启动建设，含百娥和百洋2个码头，年吞吐量可达405万吨。先启动1个客运码头和1个多功能码头以及相关的生产辅助设施，可达到年货运吞吐量280万吨、客运30万人的规模。此码头建成后，便能使文山州乃至云南走向大海迈出坚实的一步。

　　尤其可喜的是，作为国家《中长期铁路网规划》中"八纵八横"快速客运通道之一的云桂铁路，全长710公里，其中云南境内434公里，广西段276公里，于2009年12月27日在广西百色和云南呈贡同时开工建设。此高铁经百色、富宁、广南、丘北、弥勒等地，2016年底正式通车运营，行车时速250公里。昆明至南宁只需4小时，昆明至文山丘北只要1小时20分钟，从文山乘高铁到广州也只要7个小时。至2018年春，文山段已累计发送和到达旅客542万人次，文山州由此正式进入高铁时代。通过云桂高铁还可与沪昆高铁、渝昆客运专线、昆玉铁路扩改、南昆铁路、南广高铁相连，共同构成西南泛珠三角和环北部湾的出海大通道，提前实现2020年目标。目前，文山州城市轨道交通现代有轨电车示范项目4号线已开工建设，全州第一条有轨电车开通指日可待。而从蒙自经文山至广西的铁路，前期工作也已取得实质性进展。随着"水陆空铁"立体交通格局逐步形成，不仅极大地促进了云南乃至西南边疆经济社会的发展，而且文山也正由昔日封闭落后的偏远小镇华丽转身为云南对外开放的前沿城市。

　　第二是加强以电力为主的能源建设力度，为发展提供可靠的能源保障。文山州自1996年至2000年，即以全国第三批农村水电初级电气化县建设为契机，把电力扶贫"村村通电"和农村电网"两改一同价"结合起来，加快电力企业改革步伐。至2000年末，已装机23.19万千瓦，年发电量8亿千瓦时，解决了15.2万户76万人的用电，实现乡通电率100%、村通电率97.96%、户通电率88.64%。期间，企业还完成电网技改投资4702万元，使110千伏变电站比1995年容量增加13.5万千伏安，35千伏变电站容量增加7.615万千伏安。2001以后，平远小黑山至黄土洞110千伏并网工程与省电网并网投入运行，投资3.08亿元、装机2×5万千瓦的马鹿塘电站一期工程和富宁普厅河三级电站技改增容工程正式开工建设。2004年，马鹿塘电站、猫猫跳电站、南汀河电站提前发电。2005年，全州乡通电率、村通电率均达到100%，户通电率达到94.4%，供电区域内110千伏变电站增加3座、容量23.1万千伏安，35千伏变电站增加7座、容量2.715万千伏安，110千伏输电线路增加656公里。35千伏输电线路增加78公里，10千伏输电线路增加3161公里。此外，还完成了猫猫跳电站对越南的送电工程，从而使文山电网成为"云电送越"的窗口。至2010年，已完成水电投资15.31亿元，新建和在建的电站还有黄果树、板蚌、坝达、威龙等电站，实现了跨越式、超常规发展。

在大力发展水电的同时，文山州又投资1.1亿元扩建年产150万吨的普阳煤矿，拟综合利用普阳煤矿煤矸石资源进行火力发电，还建成投产了羊雄山、赶马路和大龙山3座风电场，总装机容量14.7万千瓦。此外，建成投运阿三龙一、二期光伏电站项目，装机容量5万千瓦。到2018年，全州电力装机总量已达20289万千瓦，总发电量8864亿千瓦时。此外，云南省"西电东送"的重要通道、百色至玉溪成品油管道文山段337公里及配套油库均已建成投入运营，文山、砚山、丘北城市燃气管道也已建成通气。文山州的能源保障网建设实现了快速发展。

第三是信息基础设施建设成效显著。1992年春，文山州才开始安装真迹传真，1995年又开通微波电路，使无线寻呼、移动电话进入文山州。而1996年至2000年间，文山州电信网络技术水平发生了质的飞跃，完成了从人工网到自动网、从模拟网向数字网、从单一话音业务网向多元业务网的转变，相继开通了"全球通"IP电话、"全球能"WAP、"全球通"信息点播、全球呼等新业务。2001年以后，文山州人民政府与中国移动通信集团云南有限公司签订《推进文山信息化建设战略合作框架协议》，要在文山州投入不少于12.5亿元的资金，加快完善全州移动通信基础设施建设，提高网络服务和保障能力。2001～2004年，文山州顺利完成了遍及全州的交换光纤接入网建设，完成了云南省宽带城域网文山片区工程、DDN乡镇延伸、163/169四倍扩容、九七数据、ATM二期、ACW信息港遇忙转移呼叫等工程，开通了168声讯台业务。到2005年，又完成了"富民兴滇"80多个基站的建设任务，推出IP电话信息点播、点对点短信、手机银行、全球呼、企业呼、12580移动秘书、彩铃、彩信、1680和1681热线服务新业务，创立全球通、神州行、动感地带、神州行大众卡四大品牌，全州移动通信用户突破了30万户，随着"宽带中国"示范城市的创建，与全国全省一道进入了互联网时代。2010年，又安装了4500套卫星直播接收设备，广播电视综合覆盖率达94.7%。邮政也抢抓机遇，开发本地特色业务，全年累计完成业务收入4703万元，同比增长18.26%，在全省名列前茅。文山州突破了万里关山的阻隔，与世界紧紧地联系在了一起，让僻远的不再僻远、闭塞的不再闭塞。

第四是实施"工业强州""矿电结合""联动发展"的战略目标，壮大了经济实力。改革开放之初，文山州仅有工业企业48家，从业人员8923人，其中比较有规模的是水泥厂、化肥厂、煤矿厂、发电厂、造纸厂、纺织厂和榨糖厂。其后通过努力，从1996年至2000年，又发展了采矿、冶金、机械、制药、轻工、化工等行业，工业发展呈上升态势，其中矿业企业发展到1003家，内含矿山企业931个（国营23个、集体252个、个体私营655个、三资企业1个），加工经营企业72个。1996年实现矿业产值8.83亿元，实现利税7907.23万元。2000年实现矿业产值8.35亿元，实现利税7576万元，开发品种有锡、铝、锌、铜、铁、锰等24种。此外还生产黄金79.7公斤，实现产值540万元。另据统计，2000年全州非公企业发展也很快，已经达到7.3万户，从业人员16.3万人，拥有固定资产15.6亿元，拥有流动资金6.3亿元，实现总收入53亿元，成效最显著的是结合本地资源开发的三七总皂甙、气血康、七生力、七生静等一批技术含量高、适销对路的产品。2001

年后，按照国家"十五"工业结构调整规划，加强宏观调控和综合协调，进行资产重组，促进产业升级，突出改制企业规范运作，完善法人治理结构，着力改善改革与发展环境，继续放开搞活中小企业，从而使全州工业经济实现了连续六年高速发展的好形势。2005年，文山州又认真贯彻落实《中小企业促进法》《国务院关于鼓励支持和引导个体私营等非公有制经济发展的若干意见》，营造宽松环境，强化服务，并扶持资金310万元，促进了非公有制经济的健康快速发展，使全州非公经济实现增加值66.3亿元，注册登记的非公经济总户数达到41351户。

特别值得一提的是，进入21世纪后，文山州委、州政府充分利用本地铟、锡、锰、锑、铝、铅、锌、钨、镓、镉、金、汞、水晶、膨润土等矿产蕴藏量位居全国或全省前列的优势，在大力发展采矿企业的同时，成功引进了云冶、云锡、云铜、福建紫金、安徽海螺等一批战略合作伙伴，以大项目带动大发展，培育发展大企业、大集团。至2010年，已有马关年产10万吨锌、60吨铟一期工程、麻栗坡年产5000吨仲钨酸铵、富宁年产5万吨高钛渣以及砚山宏灿低品位铁矿资源综合利用等26个工业项目建成投产，之后又有文山氧化铝项目（包括年产240万吨氧化铝的文山铝业有限公司和年产30万吨烧碱、40万吨聚氯乙烯的云南天冶化工有限公司）建成投产，使"工业强州"的战略快速推进，对全州经济发展发挥了明显的带动作用。至2017年，全州已完成工业总产值达661.7亿元。与此同时，文山州又建成工业园区11个，其中马塘工业园区、砚山工业园区、文山三七产业园区被评为省级重点工业园区，凸显了园区的集聚效应。

马塘工业园区，位于文山市马塘镇，是云南省69个重点工业园区之一，也是云南省的铝工业中心，累计完成投资123.23亿元，启动建设近6.5平方公里，有62户企业入园发展。该园区围绕氧化铝发展延伸铝产业链，围绕氯碱发展延伸精细化工产业，围绕三一筑工发展新型建筑材料和装备制造业。其中，文山铝业有限公司（见图6-3）的现代工业技术集聚水平比较高，攻克了中低品位铝土矿生产氧化铝等一系列产业关键技术，水电铝产能将达到100万吨以上，氧化铝产能将突破200万吨，铝产业的产值可突破100亿元。云南天冶化工有限公司生产的烧碱装置则采用国际先进的零极距复极式离子膜电解工艺，减少了生产过程中对环境的污染，在环境保护方面处于领先水平，以水电铝材一体化为代表的矿电产业发展势头强劲。马关华联锌铟公司也攻克了稀贵金属锌铟回收的关键技术，完成了年产10万吨锌、60吨铟技改项目投产，并建成了铟材料加工基地。麻栗坡的钨产品加工基地也正在建设。砚山工业园区的效益则在2010年便已初显。此外，文山州还新建了6条水泥熟料生产线。三一重工、美泰玩具等知名企业也纷纷到文山州投资发展。

　　文山三七产业园区，位于文山市的新平坝、东山和古木一带，园区规划面积约22平方公里，也是云南省重点工业园区之一，发展定位

图6-3　文山铝业有限公司

是紧紧依托文山州特有的三七资源，努力把园区打造成为以三七为主的"特色生物资源开发基地"。自2000年开始，其新平坝和东山片区已累计完成投资近10亿元，开发面积近3平方公里，入园企业31户，其中规模以上工业企业11户。2012年完成工业总产值26.5亿元，同比增长101.5%；完成工业增加值13.3亿元，同比增长105.3%，占全市工业增加值的21.8%；实现销售收入21亿元，同比增长117.6%。此外，实现利税6.5亿元，同比增长5.7倍，还解决了3000余人的就业问题。其古木一带为登高片区，规划面积16.29平方公里，是省、州、市"工业上山"的重点项目，已于2012年末开工建设，分为三七产品加工、农副产品加工、其他轻工业产品加工三个功能区，同时规划有综合服务、仓储物流等配套设施。文山三七产业园区力争到"十二五"末完成工业总产值100亿元以上，增加值达40亿元以上，利税力争实现28亿元以上。

至2018年春，文山州以矿冶、三七等为重点的产业均已发展壮大，整体素质不断提高，市场竞争力明显增强，已经成为其经济的主要支撑。

三、精神文明和民主法治建设

党的十一届三中全会后，党中央反复强调：要一手抓物质文明建设，一手抓精神文明建设。遵照党中央指示，中共云南省委和文山州委一直都把精神文明建设摆在十分突出的位置。1993年，文山全州即在城乡广泛开展爱国主义、集体主义、社会主义思想教育，并将以无私奉献为核心内容的"老山精神"及以艰苦奋斗为核心内容的"西畴精神"融入其中。1994年后，又开展了职业道德、社会公德、家庭美德的教育和创建文明城市、文明单位、文明村镇活动，在此活动中，西畴县蚌谷乡荣获国家级文明乡称号。进入21世纪后，文山州的"文明共创，城乡联动"等活动不断兴起，并以宣传普及公民基本道德规范为主要内容，开展了以"诚信文山，从我做起"为主题的系列活动，表彰了"社会公德、职业道德、家庭美德"的先进单位和个人，麻栗坡县南朵村、马关县马白镇等一批村镇被命名为全国创建文明村镇工作先进村镇。在"城乡联动、文明结对"活动中，省、州、县文明单位又与自然村结对开展精神文明创建活动，各单位还为结对村寨捐资捐物达400多万元。2012年，党的十八大报告提出，要大力加强社会主义核心价值体系建设，"倡导富强、民主、文明、和谐，倡导自由、平等、公正、法治，倡导爱国、敬业、诚信、友善，积极培育和践行社会主义核心价值观"，这一体系从国家、社会和公民3个层面概括了社会主义核心价值的目标、取向和准则，是兴国之魂。据此，中共云南省委和文山州委又将学习和贯彻社会主义核心价值观融入精神文明建设的全过程，为构建民众的精神家园、铸就中华民族更强的软实力而继续努力。

1991～1995年，州人大制定了一系列单行条例并经省人大常委会批准生效，其中包括《云南省文山壮族苗族自治州森林与野生动物类型自然保护区管理条例》《云南省文山壮族苗族自治州水资源管理条例》《云南省文山壮族苗族自治州水利工程管理条例》《关于加强文化市场管理的决定》《关于文山壮族苗族自治州民族节的决定》等。2005年，州第十一届人大第六次会议又通过了新修订的《文山壮族苗族自治州自治条例》，并报请云南省第十届人大常委会第十五次会议批准实施。2010年，又修订、起草了《文山壮族苗族自治州城乡规划建设管理条例》和《文山壮族苗族自治州文山三七发展条例》，颁布实施了《文山州人民政府实施〈文山壮族苗族自治州自治条例〉办法》和《文山壮族苗族自治州培养使用少数民族干部暂行办法》。其后，又制定了《云南省文山壮族苗族自治州发展非公有制经济条例》《云南省文山壮族苗族自治州环境条例》《云南省文山壮族苗族自治州丘北普者黑风景区管理条例》等。州、县人大常委会和乡（镇）人大主席团都加大了工作监督力度，确保一系列法规、条例在本行政区域内的贯彻执行。为加强党的建设，维护党的良好形象，巩固党的执政地位，改善党群、干群关系，云南省还在党中央的坚强领导下大力开展了反腐败斗争和廉政建设，重点查处党政领导机关、行政执法机关、司法机关和经济管理部门领导干部的违纪违法案件等。

2001年后，文山州进一步贯彻"打防结合，以防为主"的方针，组织"打黑除恶"的专项斗争，加大禁毒工作力度，继续加强治爆缉枪、打击城区"两抢一盗"、农村偷牛盗马、拐卖妇女儿童等专项行动，并继续加强社会治安防控体系建设，重点防范各种敌对势力企图破坏文山州社会稳定的情况出现，高度重视公共安全，为维护祖国边境地区安定团结的社会秩序保驾护航。

四、拓展社会主义建设新局面

滇东南、滇南一带，向东可达东南沿海，向南向西可入南亚东南亚各国，正处于我国西南地区区际通道和国际通道的交会点上，有着得天独厚的区位优势。随着扶贫攻坚、基础设施建设和工业化进程不断取得重大成果，在国家实施"一带一路"和云南作为南亚东南亚辐射中心的建设中，文山州必将发挥更加重要的桥梁和纽带作用。据此，当地各级党委、政府都把扩大开放、拓展社会主义建设新局面作为重点工作来抓，面向东盟各国，面向泛珠三角地区，加速融入国际国内经济发展的潮流。

文山州拥有3个口岸，分别为麻栗坡天保国家一类口岸、马关都龙国家一类口岸和富宁田蓬国家二类口岸，其中天保口岸是中国云南通往越南首都河内最直、里程最短的陆路通道，也是国家"一带一路"重点建设、连接东南亚南亚的开放门户之一。另外还有24个边民互市点，13条出入境通道。随着口岸基础设施建设不断完善，通关便利化水平显著提高，边境经济合作区建设进一步加快，文山州边贸进出口商品已不只是原来单一的矿产品，而是增加了腰果、药材、茶叶、水果和木材等结构更加多元的农副土特产品，外贸进出口总额也从1994年的270万美元增加到2007年的9359万美元，同比增长34倍，年均递增31.3%。边境贸易额也从1992年的11329万元增长到2007年的291535万元，增长24.7倍，年均递增24.2%。此外，1992～2007年，全州累计对外经济技术合作项目已有47个，合作资金总额达19788.15万美元；全州共批准设立外商投资企业54家，合同投资总金额26342.55万美元，年均递增5.2%；实际利用外资总金额2990.21万美元，年均递增23.8%。2007年，全州共签订国内经济合作项目227个，新签约项目138个，实际到位资金47.5亿元，同比增长24.9%。2010年，实施境外投资项目5个，总投资额1238万美元。至2017年，文山州的对外开放又有新的突破：外贸进出口总额达到了5.35亿美元，进出口贸易总额占地区生产总值的比重也大幅提高。在文化、旅游、教育、金融等方面，文山州与越南河江省的交流合作皆取得了积极的成效。在巩固发展越南等既有国际市场的同时，文山州又全力开拓拉美、欧洲、中东等新兴市场，外贸合作业务拓展到了五大洲的23个国家和地区，其主要贸易伙伴有越南、墨西哥、美国、日本、韩国等。今天的文山州，正以新的面貌走向世界。[①]文山州还主动参与珠三角、北部湾、滇中经济圈等区域合作，至2017年，全州累计实施国内合作项目376个，累计到位资

---

①《辉煌成就60年　同心共筑中国梦》，载《民族画报》2018增刊（庆祝文山壮族苗族自治州成立60周年专刊），第38页。

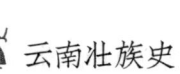

金417亿元。合作的层次更深，领域也更加广泛。

近二十多年，文山州不仅在扩大开放方面取得了丰硕的成果，而且在拓展社会主义建设新局面的进程中又创造了许多业绩，实现了历史性的飞跃。

统计数据显示，2000年后，文山州经济已经步入新一轮快速增长期，当年生产总值为71.4亿元，2003年即突破100亿元大关。2007年实现生产总值208.3亿元（其中：第一产业57.0亿元，占12.4%；第二产业72.8亿元，占47.8%；第三产业78.5亿元，占39.8%），全州社会消费品零售总额75.5亿元，城镇居民人均可支配收入10610元，农民人均纯收入1704元。2010年实现生产总值329.9亿元，同比增长13.0%（其中：第一产业73.1亿元，增长4.6%；第二产业122.1亿元，同比增长17.5%；第三产业134.7亿元，增长14.0%），固定资产投资完成275亿元，增长25.2%，社会消费品零售总额达143.6亿元，同比增长21.0%。金融机构各项存款余额387.3亿元，城镇居民人均可支配收入14609元，农民人均纯收入2806元。2017年实现生产总值809.1亿元，增长10.0%（其中，农业总产值278.05亿元；工业总产值182.21亿元；商贸及各种服务行业的产值348.84亿元）。规模以上固定资产投资758.07亿元，增长20.8%。社会消费品零售总额363.4亿元，增长12.3%。金融机构人民币存款余额实现1117.23亿元，增长7.7%。城镇居民人均可支配收入27995元，农民人均纯收入9184元，分别增长8.6%和9.3%。贷款余额747.3亿元，增长16.7%。

为了改善投资环境，文山州还采取了一系列有力措施加快城镇化建设的步伐。2000年，新建小城镇道路25.5公里。到2005年，又先后完成丘北、广南、麻栗坡、马关县域城镇规划，启动丘北县城总体规划修编，麻栗坡县莱溪小区、丘北县丘普大道等重点工程项目，并将文山、丘北、富宁3个县列入全省加快县城建设的试点，将普者黑、八宝列入全省旅游小镇建设的试点。2010年12月2日，经国务院批准，文山改县设市，使城镇化建设有了质的飞跃。为建立市场经济体制，文山州又在农副产品、工业消费品和生产资料专业市场、批发市场的基础上，兴建了劳动力市场、人才市场、技术市场、金融市场、信息市场、房地产市场、产权交易市场等要素市场。特别是以人民银行为领导，政策性银行和国有商业银行为主体，多种金融机构并存的组织体系的形成，使当地的金融市场日趋发展和繁荣，并有了本地的银行——文山民丰村镇银行，投融资公司经营逐步走上正轨，融资担保能力得到增强。博莱玛特、沃尔玛等零售企业也纷纷到文山州落户。文山州还建立了企业的养老保险、失业保险、工伤保险、医疗保险和生育保险等社会保障制度，形成以城市为主体的社会保障体系。新增城镇居民最低生活保障48120人、农村最低生活保障40.45万人，开工建设廉租住房26.2万平方米，公共租赁住房600套，发放住房租赁补贴1600万元，使城镇人口的住房面积和居住质量都有了大幅度的提升。在加快城镇化建设、发展市场经济、改善人民生活的同时，文山州还特别注意生态环境的保护，自1995年起，即采取彻底治理盘龙河的措施，同时成立了麻栗坡和马关老君山、西畴小桥沟等自然保护区，"九五"期间，又按省环保局要求，编制了《自然保护区发展规划》，完成了丘北普者黑、广南八宝、富宁驮娘江3个省级自然保护区的调查报批工作，新增自然保护区面积336.28平方公里，使全州的自然保护区面积从原来的0.64%上升到了2.1%。进入21世纪后，可持续发展的理念深入人心，文山州在开发利用土地资源、矿产资源、水资源、生物资源、旅游资源时更加重视环境保护，在建设高原特色农业和食品加工等支柱产业时，也都按照习近平总书记关于"绿水青山就是金山银山"的指示及省委、省政府关于"建设绿色经济强省"的部署，坚持环境保护和可持续发展，2005年，全州各种类型的保护区已

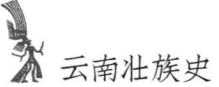

上升到35个。

党的十八大以来，在习近平新时代中国特色社会主义思想指引下，文山州各族人民在州委、州政府的带领下，认真贯彻落实党的民族区域自治政策，主动服务和融入国家"一带一路"建设，石漠化治理、精准扶贫，转型升级、提质增效等项工作均已进入快车道。州委、州政府还确定了"农业立州、工业强州、城镇富州、开放活州、科教兴州、和谐稳州"六大战略，建设"一圈一带三廊"（文砚平半小时经济圈，沿边经济带，东西向经济走廊、西部纵向经济走廊、中部纵向经济走廊）经济社会发展空间布局，着力构筑区域经济优势互补、主体功能定位清晰、国土空间高效利用、人与自然和谐相处的区域发展格局，大力发展生态型、优质高效型现代产业，坚持把提升城乡人居环境与科学规划结合起来，与统筹城乡发展结合起来，与乡村振兴结合起来，努力打造山青水净、地绿天蓝、生态灵秀的美丽文山，并逐步发展成为一个经济兴旺、社会进步、文化繁荣、民族团结、边疆稳固、人民安居乐业的文山州。

第三节　教科医卫与文化

中华人民共和国成立后，文山州的教育科研、医疗卫生与文化事业同样发生了翻天覆地的变化。党的十一届三中全会以后，通过拨乱反正，各项事业迅速步入正常的发展轨道，各级党委、政府均采取有力措施，把教育、科研、医疗卫生、计划生育和民族文化事业列入重要议事日程，积极落实知识分子政策和民族政策，加强师资、科研、医疗卫生队伍建设，提高教育科研和医疗卫生队伍的素质，保护、传承和弘扬优秀的民族传统文化，使教科医卫和文化事业迈入了新的发

展时期，并取得了丰硕的成果。

一、教科医卫事业的发展

文山在建立自治州之初，教育、科研、医疗卫生等项事业都还十分落后，但在党的十一届三中全会后，由于得到中央和省委的亲切关怀和大力支持，这一方面的工作有了突飞猛进的发展，并已接近全省或全国平均水平，许多方面都能紧密结合当地实际，为祖国西南边疆民族地区经济社会的发展提供了有力支持。具体情况如下。

（一）教育

中华人民共和国成立之初，文山地区仅有中小学891所，有壮族小学生14252人，中学生282人，且教学设施简陋、教师奇缺。国家先后于1993年和1995年向文山州投入教育经费16243.91万元和23519.5万元，其后州里又从多种渠道筹措教育经费4.66亿元，建设各类学校校舍359.6万余平方米，并且努力培养师资，采取特殊措施积极发展少数民族教育，在边远少数民族地区开办寄宿制民族中小学或半寄宿民族高小班，在州一中及各县的县一中也开办了少数民族高中或初中班，还恢复和规范了文山师范学校、民族师范学校、文山农业学校、文山财贸学校、文山卫生学校、文山技工学校等中等专业学校，并开办了民族职业中学。到20世纪90年代，已有小学5860所，小学生404689人，其中壮族学生121252人，占29.96%；教职工15781人，其中壮族4103人，占26%。中学111所，学生66069人，其中壮族19101人，占28.9%；教职工4607人，其中壮族1186人，占25.4%。中专学校5所，学生2853人，其中壮族862人，占30.2%。2000年，在校生比1995年的

535595人增加38598人，少数民族生比例比1995年的55.76%提高了2.38个百分点，小学适龄儿童入学率比1995年的98.48%提高了0.4个百分点，初中毛入学率比1995年的44.32%提高了31.84个百分点，小学升初中的升学率达81.46%，比1995年提高了24.74个百分点。2008～2010年，全面落实教育保障政策，对小学进行优化或归并，义务教育阶段学生全部免除学杂费和免费发放教科书，寄宿制中小学生还得到生活补助，其中富宁、广南等县的民族职业中学还得到了上海对口扶贫单位的资助。到2010年，全州经过优化或归并后的小学共2242所，在校生363070人，专任教师24320人；普通中学发展到155所，在校生208880人，专任教师13608人；普通中等专业学校5所，在校生15902人，专任教师493人；职业高中16所，在校生29421人，专任教师848人。文山州民族干部学校还开办了少数民族干部中专班、党政干部中专班、文书秘书中专班、政工干部中专专修班和乡镇企业管理班等。同时，又以短期培训的形式，先后开办壮文、苗文、瑶文培训班，为民族地区输送了一批批建设和发展急需的各种实用型人才。此外，文山州还开办了特殊教育学校，为盲聋哑人服务，各县都兴办了幼儿园，使学龄前儿童也能入园接受教育。

令人更加欣喜的是，云南省人民政府于1984年3月批准成立文山州第一所真正意义上的大学——文山师范专科学校，这标志着文山州的高等教育实现了历史性突破。2009年4月1日，经教育部正式核准，文山高等师范专科学校升格为全日制普通本科院校，并更名为文山学院。学校目前设有11个教学部门，36个本科专业，12个专科专业，涵盖理学、工学、农学、文学、教育学、艺术学、历史学、法学、管理学9个学科门类。学校现有教职工593人，学生8977人，还设立了文山三七研究院、文山州生物资源开发研究中心、文山民族文化传承与创新研究中心3个学术科研机构，建有云南省三七工程技术研究中心、云南省三七农业工程实验室、云南省高校特色植物资源开发利用工程研究中心、云南省高校三七应用技术研究重点实验室4个省级科研平台，并与云南大学、云南财经大学签订有合作办学协议，联合办学取得了新突破。此外，文山州还有一所民办的三鑫职业技术学院。

党的十一届三中全会后，党的干部政策不断得到改进和完善，又使得大批的壮族干部脱颖而出，据不完全统计，已有15000余名壮族干部参与管理国家事务或从事相关工作，与此同时，云南省还不断地选派壮族及其他少数民族干部外出学习和到上级机关锻炼。

（二）科研

解放前文山州没有专门的科学研究机构，直到中华人民共和国成立后特别是文山壮族苗族自治州建立之后，为适应经济社会发展的需要才组建了科技机构和群众科技团体。到1995年，文山州已有各类科技人员35917人。2000年，全州专业技术人员发展到46569人，共投入科技经费1442.33万元。经过数十年的努力，已有50多项科研成果获省级科技成果奖和科技进步奖、星火奖，一批批特殊领域的科学技术研究成果已被推广、普及，有力地推动了文山州人民科学文化素质的提高，并促进了当地本土资源的开发利用及传统产业的升级换代，为文山州的科技脱贫、科技兴州及现代化建设做出了积极贡献。其中最为突出的是：运用现代科学技术，对三七的化学成分、药理作用、临床运用的研究。通过化学分析和实验药理学、毒理学研究表明，三七皂甙具有止血、抗疲劳、耐缺氧、壮阳、抗衰老、降血糖和提高机体免疫功能等多方面作用。其他部分的研究还表明，三七还含有较丰富的营养素，诸如含有较高的粗蛋白（8.56%）和较低的粗脂肪（0.2%），以及人体必需的7种氨基酸、硒等11种微量元素和维生素B、E等，可

广泛运用于治疗心血管疾病等多种疾病，还可用于癌症、艾滋病等领域，并可广泛应用于滋补保健食品、饮料及化妆品等诸多方面。国家批准生产的三七系列产品，已由1989年的28个发展到2000年的59个。2001年以后，全州科技工作紧紧围绕经济社会发展目标，把"创新、产业化"作为科技发展的主题，突出特色资源优势，努力落实科技计划项目，三七栽培技术研究及三七优质无公害栽培技术均有突破性进展。除三七研究外，文山州培育的水稻新品种"文稻一号"，经省农作物品种审定委员会审定，获省优质米称号及铜质奖，用八宝稻和"滇瑞408"杂交成功的水稻新品种"文稻二号"，荣获第二届中国农业博览会、中国昆明科技成果暨新技术新产品展览交易会金奖。在杂交玉米制种技术及实现花生、油菜、甘蔗良种化方面也获得了许多成果。文山州还进行了繁殖香木兰、华盖木等珍稀濒危树种及栽培杉木、油茶、核桃、咖啡、滇楸、银桦、黑荆树、柠檬桉、三叶橡胶、雪松、茶花、缅桂等经济林木的技术研究，被专家鉴定确认具有国内同类研究先进水平。文山州的科研工作者还发现当地的山桐果油能够合成麝香酮。此外，在改良肉牛、乳牛品种，培育当地特有的高峰黄牛良种，以及饲养黑毛猪、小香猪、土鸡、麻鸭和稻田养鱼、池塘养鱼、利用江河湖泊养鱼的技术创新方面也都取得了可喜的成绩。2004年，文山州实施科研计划项目45项，其中国家及省级23项，州级22项。科学技术作为生产力正在多个领域改变着文山州昔日贫困落后的面貌。

除自然科学研究之外，文山州还于1993年成立了州社会科学界联合会，并创办了《文山社科》杂志。

（三）医疗卫生

中华人民共和国成立后，党和国家即在文山州大力发展医疗卫生事业，贯彻"面向工农兵，预防为主，团结中西医，卫生工作与群众运动相结合"的方针，建立卫生行政和医疗机构，防治天花、疟疾、麻风等地方病。其中，云南省砚山新民康复医院用国产甲基氟哌酸治疗菌型麻风病人的疗效特别显著，还得到美国著名麻风病学专家布郎德大夫赠送的筋膜剖离器和隧道钳等器械，使危害文山州人民数百年的麻风病得到根绝。党的十一届三中会后，文山州的医疗卫生事业又获得了巨大发展，各县卫生科改成卫生局，全州设有州人民医院1所、州中医医院1所、县人民医院8所、县中医医院4所，乡与乡之间人口较多地段设中心卫生院，各乡设卫生院，行政村（办事处）设卫生所。省属驻州单位、州属机关、学校、矿山、农场也都附设有医院或医务室，还恢复和升格了州、县防疫站、妇幼保健站、皮肤病防治研究所（站）。据统计，1979年，全州有医务人员2302人。1989年全州2422名医药卫生人员中已有2141名取得任职资格，其中主任医师2人、副主任医师46人、主治（主管）医师445人、医士1648人。到1995年，全州各级医疗单位医务人员共有4626人，其中主任医师5人、副主任医师50人、主治医师693人，有病床3261张。随着卫生体制改革不断深化，2005年医务人员已达5231人，其中执业医师1699人、执业助理医师710人。年末有病床4958张。医疗设备也得到了普遍更新，各县人民医院有了200毫安和500毫安X光机、双目生物显微镜、高倍显微镜、阴道显微镜、手摇离心机、A型和B型超声波诊断仪、心电图机、脑电图机、血流图仪、心动心音图机、心脏急救监护仪、脑血流监护仪、洗胃机、纤维膀胱镜、500毫安闭路电视监视X光诊断机、胎心监护仪、磁疗超短波治疗机、二氧化碳激光治疗机、TDP治疗机、痔疮治疗机、红外线及紫外线理疗器、救护车等。2008～2010年，又实施各级医疗机构基础设施建设项目608个，新增业务用房11.8万平方米。新建并逐步规范了农村合作医疗管理机构，新农合参合率达到91.5%。至2017年，全州又进一步夯实基础设施建设，不断扩大参保覆盖面，城乡医疗保险人数达346万人，做到了应保尽保。各类医疗卫生机构已达419个，床位15757张，每千人拥有病床4.35张。卫生技术人员15724人，每千人拥有卫技人员4.34人。民族医药也得到健康发展，全州发掘、整理了具有止血、接骨、烧烫伤疗效及治疗常见病、多发病的一批中草药，并编辑出版了《文山州中草药》一书。壮族传统医药中的解表、化痰、止咳定喘、清热解毒、清热利湿、清热泻火、祛风湿、活血化瘀等技术得到了深层次发掘，王兰华、卢应柱等壮族医生还利用祖传秘方开办了诊所。文山州的医疗卫生事业又有新的发展，人民的健康水平也得到进一步提高。

二、语言文字与新壮文的推广

云南壮族以操南部方言的侬人和土僚居多，其次为操北部方言的沙人。侬人讲侬语，主要聚居在广南、文山、砚山、富宁、西畴、麻栗坡、马关、河口、屏边、金平、蒙自、开远等县（市）；土僚讲土语，主要聚居在文山、砚山、麻栗坡、马关、蒙自、开远、个旧、元阳等县（市）；沙人讲沙语，主要聚居在丘北、富宁、广南、师宗、罗平、泸西、弥勒、石林、鹤庆、景洪、勐腊等县（市）。此外还有一部分偻人，操南、北两种方言相混的偻语，他们散居在禄劝、宣威、会泽、富源、永胜、华坪、宁蒗、丽江等县（市）。

在云南壮族人口最多的广南县和壮族人口比例最高的富宁县，无论是城市或者农村，壮语都是沟通信息、表达思想、记事传情的主要语言，人们在日常交往中亦多使用壮语，壮族之间如此，壮族与其他民族亦然。人们在生活中不讲壮语就会有许多不便，尤其是在广大农村，许多妇女甚至只会讲极少的汉语，小孩在入学前也基本不会讲汉语，只有成年男子在对外交往的时候才使用汉语，且都明显地夹杂着壮语口音。当地汉族甚至使用壮语来表达汉语中的许多物名及约定俗成的意思，如他们把狼叫"犸彪"、把蝌蚪叫"迪动"、把柿子叫"麻敏"。略显遗憾的是，在中心城市和散杂居地区的壮族同胞，由于生活、学习和工作环境等缘故，许多人已经不会讲自己的母语了，特别是在年轻人之中，壮语正在消失。

为体现民族平等，及时传播党中央、国务院及省委、省政府的方针政策与重要决定和措施，文山州人民广播电台于1980年6月20日便开设了壮语（侬语）广播，先后开设了《壮语新闻》《壮语文艺》《今日壮乡》《民族政策》《民族风情》《致富信息》《法制园地》《农村科技》《婚姻与家庭》《卫生与健康》《世界趣闻》《天气预报》等节目和栏目，融新闻性、教育性、知识性、文艺性于一体，每天分早、中、晚三次播出。与此同时，州电影公司和广南、富宁壮语译制组还用壮语（侬语和沙语）译制了许多故事片、科教片和纪录片。1988年9月15日，文山州又成立了电视台，并于1990年4月1日正式开播。2003年以后，壮语广播电视节目被单独划为民族语频率，节目信号单独发射和覆盖，节目量增加到每天120分钟左右，不仅国内操壮语南部方言的上百万壮族同胞是其忠实的受众，而且在东南亚民众中也有着广泛的影响。

由于历史原因，云南壮族古老的图画文字早已濒临失传，而方块壮字（土俗字）又未统一规范，且过于烦琐，使用范围相当局限。为克服方块壮字书写困难及其使用范围的局限性，使壮族文化得以顺利地传承和发展，自中华人民共和国成立后，党中央即于1955年派出中

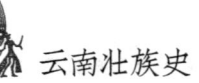

国科学院语言研究所的专家学者到各地进行了语言文字研究，制订了以广西武鸣壮话为标准音的拉丁字母"壮文方案"，并于1957年11月29日经国务院第63次会议通过，颁布推行。但此方案无法囊括云南文山等地的壮语（特别是南部方言的侬语），文山州民族语文研究室便于1984年在广西壮文方案的基础上，制订了适合壮语南部方言的文山州壮文（试行）方案。其后，经过中央民族大学与广西、云南两地的专家学者共同努力，最终完成了壮文方案的修订工作，从而使新壮文进一步通用化。文山州人民政府还与云南民族大学合作办学，开设壮语言文学专业，连续五年招收培养本科学历层次的学生，促进壮族语文的推广。有关单位翻译的重要文件、科普材料，以及整理壮族古籍和印制民族语文教材等均使用了新壮文，文山州人民广播电台壮语节目也长期坚持使用壮文译播的稿件。

为使新壮文在云南的教育、文化和宣传工作中发挥更大的作用，云南省民委及其所属的民族语文指导委员会和省教育厅等部门，还根据云南壮语使用的实际，于2007年翻译、审定并出版了小学五年级的壮、汉双语语文教材和数学教材，并连续举办小学教师双语培训班，又在云南民族大学开办了壮语专业。此外，还用新壮文翻译党的十六大、十七大、十八大、十九大报告和党章，并制成翻译配音的VCD光碟，使新壮文的推广更好地为文山州的现代化建设服务。

三、传统文化的保护与传承

1991年，云南省开始把抢救壮族古籍的工作列入议事日程。1993年，又成立了云南壮学研究会，文山州民族、文化等部门也开始重视壮族文化遗产的搜集、整理和保护，特别是云南省委、省政府于1996年提出建设民族文化大省的奋斗目标之后，云南壮族传统文化的保护与传承工作逐步展开，随之取得了十分可喜的成果。主要体现在以下三个方面。

（一）积极抢救壮族古籍

　　壮族的古代绘画、图符、经书、歌书、剧本、文献和口传古籍，是其在几千年历史发展进程中创造的重要文明，也是中华民族传统文化的重要组成部分，具有丰富的内涵。据此，云南省民委古籍办于1991年11月在昆明召开了云南壮族古籍工作会议，对壮族古籍的保护、抢救和翻译等项工作进行部署，会议确定成立云南少数民族古籍丛书壮族文库编委会，由何正廷任主编。1996年又经国家民委和云南省人民政府批准，于当年12月在文山州召开全国五省区壮族古籍工作会议，来自北京、广西、广东、湖南、云南等地的百余名专家学者出席了会议。会议确定了抢救壮族古籍的重点及翻译、整理协作工作的相关事项。在这两次会议的推动下，云南的各级民族工作和文化宣传部门相继搜集整理了壮族经诗《布洛朵（陀）》《摩荷泰》《麻仙》《德傣掸登俄》；叙事长诗《素王与罕王》《考汤归》《侬智高》《娅汪》《幽骚》；民间故事传说《开天辟地》《兄妹造人烟》《谷种的来历》《找茶种》《九兄弟》《板拢和板栗》《卜荷戏土司》；山歌《盖房子歌》《生产歌》《酒歌》《情歌》《串寨调》《仑侬》《果吩》《仑考》《嗷温》；民谣《水母鸡》；壮剧《螺蛳姑娘》《侬智高》《尉迟恭》《柳荫记》；舞蹈《弄牙歪》《草人舞》《青蛙舞》《铜鼓舞》《手巾舞》《纸马舞》《棒棒灯》《春堂舞》以及《壮族礼乐》《侬人古乐》等。此外，还搜集到了许多《鸡卜经》、"骨刻历算与预测器"和布摩举行法事活动专用的"经幡"。除政府相关部门积极抢救壮族古籍外，民间组织和许多有识之士也都投入此项工作之中。其中，马关县壮学会就搜集整理了《马关壮族民歌集》和《马洒侬人古乐》；丘北县的壮族老人张如琳，自己出资5000元抢救壮族古歌，抢录到了一批珍贵的壮族古歌资料。这些古籍都为研究云南壮族的历史文化打下了坚实的基础。

（二）保护和传承优秀文化

在积极抢救壮族古籍的同时，云南省、文山州的党委、政府及其所属的民族工作和文化宣传部门还采取了许多措施来保护和传承壮族的优秀传统文化，包括用卯榫技术营造的古建筑群，独具特色的古村落，加工制作壮锦、刺绣、扎染、剪纸、银饰、木刻、石雕和版画的传统工艺，以及各种各样的非物质文化遗产。如在保护壮族的建筑文化方面，省政府于1999年批准广南莲城为省级历史文化名城。2003年又批准广南侬氏土司衙署为省级文物保护单位，并报国家审批，于2013年5月列入全国重点文物保护单位。广南的马碧村、丘北的石别村等茶马古道上的古村落，当中数百年的干栏式民居和吊脚楼也得到了有效保护，朱志刚的《壮族民居》组照就荣获了联合国教科文卫组织的第9届国际民俗摄影"人类贡献奖"年赛建筑文化类记录奖。又如，在铜鼓文化的研究、保护和传承方面，文山州于2004年8月11～15日成功举办了铜鼓民族历史文化国际学术研讨会，邀请来自泰国、越南、日本、韩国、美国、英国、意大利等国家及北京、广东、广西、贵州、四川、台湾、云南等10多个省（区）市的80多位专家学者参会，取得了丰硕的成果。广南还在县城建造了规模宏大的铜鼓广场，彰显了壮族文化的特征，并发展为地域文化的标志。再如，广南县民族银饰工艺厂生产的浮龙手镯、丝瓜瓤手镯等数十种银饰获国家民委、轻工部"部优产品"称号，并于1990年被第十一届亚运会指定为纪念品，还于1991年11月在北京召开的"七五"全国星火计划成果博览会上获得工艺品金奖。广南县小广南村的壮族妇女陆玉福加工的壮锦和刺绣被推广后，其产品畅销省内外和东南亚各国，她自己也因此被誉为带头致富的女能人，被评为"全国三八红旗手"。马关县阿峨新寨的壮族因擅长制作版画而被文化部命名为"中国民间文艺之乡"，并成为千里边疆精神文明建设的典范之一。广南县的《壮族礼乐》参加云南省第四届民族民间歌舞乐展演并得获金奖。富宁壮族的"坡芽山歌"，在参加省青歌赛原生态唱法获金奖后，又在2010年CCTV第十四届青歌赛中获奖，在首届中国民族民间音乐周、中央电视台《歌声与微笑——合唱先锋》年度总决赛中夺冠，还在2016年俄罗斯索契举行的第九届世界合唱节荣获无伴奏民谣组金奖。

为使传唱"坡芽山歌"后继有人，富宁县政府专门成立了坡芽文化研究所，选调专门研究人员从事"坡芽山歌"的保护与传承工作，编撰音乐乡土教材推广到各学校，并与多所高校和研究机构开展学术交流和合作。

为全面介绍云南壮族的优秀传统文化，以期得到大家的认可并进行有效的保护和传承，文山州委、州政府和省壮学研究会还以何正廷执笔撰写的专著《勐僚西尼故——壮族文化概览》为文学脚本，联合云南电视台等单位于2006～2007年摄制了12集壮族文化电视系列片《丽哉勐僚》（壮语意即"我们美好的家园"），并以此作为向文山州建州50周年大庆的献礼。另一纪录片《破译：坡芽密码》，则被列为国务院新闻办对外交流文化宣传片。云南壮剧、壮族铜鼓舞、"坡芽歌书"等已被列为国家级非物质文化遗产。2014年12月，西畴县汤谷村"女子太阳山祭祀"又成功入选第四批国家级非物质文化遗产名录。

（三）旅游

1996年，云南省委、省政府提出建设"民族文化大省"和"民族文化强省"的奋斗目标之后，国家旅游局和云南省人民政府又于2009年确定共同实施《云南省旅游产业发展和改革规划纲要》，其中便把文山州列为全省五大旅游精品线路及8个商务会展基地之一，决定重点建设普者黑、坝美、八宝、天保等旅游小镇。期间，昆明还专门在云南民族村建了壮族村来展示壮族文化。2012年，云南省委、省政府又将广南地母崇拜的民俗文化列为云南省精心打造的十大标志性历史文化旅游项目之一。文山州委、州政府更是"把旅游产业作为全州的新兴支柱产业来培育"，决心"把文山建设成为云南面向泛珠三角和越南的旅游集散中心和独具魅力的民族文化旅游休闲度假基地"，将壮族及州内各兄弟民族独特的传统文化作为旅游资源来进行开发，使资源优势变成经济发展优势，成为当地新的经济增长点，亦使各民族文化更加发展繁荣，同时还使旅游者通过旅游体验和深度参与，了解文山州悠久的历史文化及浓郁的民族风情，获得新的知识及创意创新的动力。广南县委、县政府则按照建设"特色文化产业县"这一主题，打造"世外桃源""句町故地""地母圣境"三张文化名片，提升节庆、土司两大文化内涵，使该县逐渐成为炙手可热的旅游目的地。

四、云南壮学研究的逐步开展

1991年11月，云南少数民族古籍丛书壮族文库编委会成立，即以该编委会核心成员为基础组建壮学研究会筹备组，1993年4月10日，经上报云南省社科联和省民族学会批准，壮学研究会于1993年5月正式成立。由云南省政协原副主席罗运通同志担任会长，戴光禄、高祖兴、卢昌泰、陶文礼、任勇、王文亮、汪宣亮、王永安、王永奎、罗开云同志任副会长，何正廷同志任常务副会长兼秘书长。从此，云南壮学研究在各级党政领导的关怀帮助及省民族学会的领导下，坚持以马克思列宁主义、毛泽东思想、邓小平理论、"三个代表"重要思想、科学发展观、习近平新时代中国特色社会主义思想为指导，一直把开展本民族历史文化的研究作为自身的首要任务来抓，并与广西壮学学会和"壮学丛书"编委会合作，通过一系列学术研究、加强内外学术交流、扩大壮学研究队伍、组织壮族节日文化活动等，使学会从无到有，后来居上，形成团结广大同胞及与周边各民族沟通感情的重要平台，成了壮族同胞与各级党委、政府密切联系的桥梁以及服务地方经济社会建设的重要社团，为地方党委、政府及有关部门提供决策咨询，并为稳定边疆做了大量工作，取得了显著成绩。兹叙述如下。

（一）积极开展学术研究

出版发行了许多研究成果。包括1998年由民族出版社出版发行的《云南壮族》（何正廷主编），1999年由云南民族出版社出版发行的《云南壮族文化史》（杨宗亮著），2004年由云南人民出版社出版发行的大型画册《壮族文化》（戴光禄主编）和《壮族经诗译注》（何正廷主编），2005年由云南美术出版社出版发行的《勐僚西尼故——壮族文化概览》（戴光禄、何正廷编著），2011年由民族出版社出版发行的《句町国史》（何正廷著）和由云南人民出版社出版发行的《云南壮族美术史》（龙纪峰著），2012年由云南民族出版社出版发行的《壮族服饰图案大观》（王承才、卢继波合编），2013年由广西民族出版社出版发行的8卷《壮族鸡卜经影印译注》（何正廷、欧薇薇合编），2014年由云南民族出版社出版发行的《壮族日鸟崇拜习俗研

究》（何正廷著）等，此外还有与云南壮族历史文化相关的《八宝风情与传说》和《侬智高问题论文资料集》（黄昌礼、王明富合编）、《滇国史》（黄懿陆著，2004年出版）、《中国先越文化研究》（黄懿陆著，2006年出版）、《山海经考古》（黄懿陆著，2007年出版）、《人类文明溯源》（黄懿陆著，2008年出版）、《中国文明起源》（黄懿陆著，2009年出版）等书，这些研究成果，在学术界引起了较大反响。除已正式出版发行的研究成果外，还有壮、汉双语对照版的大型民族英雄史诗《侬智高》、《壮歌图符整理与释义》、古壮文《壮剧剧本》及《云南壮族史》等书也即将问世。

（二）与广西壮学研究机构合作

为加强内外学术交流，2004年4月中旬，利用云南壮学会换届选举之机，在文山州举办了壮学研讨会，就壮学的研究领域、发展方向及当前重点研究的课题，充分交换了意见，随后又在广南组织了壮族铜鼓乐舞表演及壮族礼乐演奏会，双方还合作开展了《壮族通史》编纂、《壮族鸡卜经影印译注》等重大历史文化研究项目的工作，并继续加强与中央民族大学、清华大学等名校的学术交流。

（三）扩大壮学研究队伍

不断拓展研究领域。云南省壮学研究会成立之后，为凝聚各方力量，加强研究队伍建设，经过积极联系和相互帮助，又先后在文山州成立了壮学发展研究会，在马关、文山、砚山、丘北、广南、富宁、西畴、麻栗坡、师宗等县（市）成立了壮学会。为加强省、州、县壮学会的团结协作，方便各项工作的开展，文山州壮学发展研究会和各县壮学会，又于2004年以团体会员身份加入省级学会，使云南壮学研究队伍日益发展壮大。在加强自身建设和完善管理制度的基础上，云南壮学研究加大了田野调查的力度，充分利用文山州是壮族传统文化"富矿区"（张声震先生语）的优越条件，对本民族的文物（包括铜鼓、碑碣、经书、歌书、剧本、乐器、首饰和特殊的生产生活用具等）、古迹（包括广南古城、侬氏土司府署、古村落等）和非物质文化遗产（包括"骨刻历算""坡芽歌书""女子太阳山祭祀""祖传壮医秘方"等）进行挖掘、抢救、整理和保护，不断拓展壮学研究领域，并加以开发利用，为地方经济、社会和文化建设服务。

（四）组织节日活动

省壮学研究会成立后，每年都争取政府支持，企业和社会赞助，并与州县壮学会联合，坚持组织筹办壮族传统节日——"三月三"。通过欢庆规模宏大的共同节日，来增进不同地区、不同支系的壮族同胞之间的感情，同时开展一系列主题鲜明的文化娱乐活动，增强民族自信心和自豪感，共同商定下一次举办的地点及方案，不断增强本民族凝聚力。与此同时，还邀请各兄弟民族学会及友邻地区的宾朋参加，以增强各民族之间的团结友谊，不断提升壮学研究会的形象并扩大壮族文化的影响力。历年来，壮族"三月三"曾经在云南民族村、昆明世博中心、文山州及其所属各县（市）政府所在地举办，为弘扬民族优秀传统文化、巩固和谐团结的社会主义民族关系做出了贡献。

（五）为地方党政部门的决策提供咨询与学术支撑

云南的壮学研究工作，不仅得到了各级党政领导的支持帮助，

同时也为党委、政府及有关部门的决策提供了咨询及学术支撑，更好地服务于当地经济社会文化的发展。包括参与党的十六大至党的十九大报告和党章壮文译本的翻译工作（当中还为丽江市委宣传部翻了党的十七大及党的十七届四中全会精神宣传册壮文版）；为云南省教育行政主管部门翻译审定小学的壮、汉双语教材，并连续举办小学教师壮、汉双语培训班；配合文化部门开展重点文物保护、非物质文化遗产的发掘、壮文古籍的翻译整理等项工作，并为向国家申报列入保护单位或保护名录提供论证支持。同时在文山州建州50周年、60周年大庆时向《文山日报》《今日民族》《民族画报》等报纸杂志提供研究资料或文章，宣传云南文山州社会经济文化建设取得的辉煌成就。文山州壮学发展研究会还于2005年资助广播电台举办春节壮语大型文艺晚会——壮乡春韵，使壮族优秀传统文化得以在更大的宣传平台上传播。广南县壮学会则每年都协助县委、县政府举办昆明国际旅游节广南分会场的壮族歌节。马关县壮学会也在打造中国民间艺术之乡及马洒古乐的过程中发挥了不可替代的作用。文山壮学会还在扶持壮医、壮药使其形成产业方面竭尽全力。以上这一切，均得到了当地党政部门的充分肯定和热情赞扬。

附录:

云南壮族历史大事年表

距今170万年前，云贵高原地区已有旧石器时代早期的人类——"元谋人"在活动，并遗留下大量的打制石器。

距今5万～1万年前，旧石器时代晚期的"西畴人""蒙自人"等原始氏族已在云贵高原东部和南部的广大岩溶地区生息繁衍，进行游猎，并已擅长用火。

距今10000～3500年前的新石器时代，滇东南地区的"小河洞人"和滇池地区的濮越人氏族部落已经在珠江上游、红河中游乃至滇中一带活动，有了原始农业、制陶业和家畜饲养业，并开始与中原华夏人交往，华夏人将他们称之为"夷越（骆越）"或"夷濮"。

公元前11～前8世纪（商周时期），濮越人进入铜器时代，建立许多互不统属的部落联盟或邦国（方国），并向中原王朝贡献土特产。此外，还参加了武王伐纣的队伍。

公元前8～前6世纪（春秋时期），濮越人已能生产铜鼓、铜钺、铜矛、铜锄等青铜器，并建立了句町、漏卧、进桑和滇等奴隶制方国，史称"同姓相扶"的"靡莫之属"。

公元前5～前4世纪（战国时期），句町通过频繁的战争逐步成为西南夷"靡莫之属"中赫然独立的"什数"方国之一。

公元前316年，秦王遣司马错出兵灭蜀，蜀王子泮率部南迁，曾经过句町而入交阯，后称"安阳王"。

公元前215年，秦始皇派尉屠睢发卒50万攻下岭南，在岭南设南

海、象、桂林三郡，并设吏主管西南夷中的夜郎、滇和句町。

公元前206年，赵佗借秦亡汉兴之机兼并南海、桂林和象郡，自立南越国，以"财物赂遗闽越、西瓯、骆"，又"以财物役属夜郎，西至同师（今保山龙陵）"，其当过句町。

公元前113～前112年，汉武帝刘彻遣路博德、杨仆征伐南越获胜，以其地设儋耳、南海、郁林、交趾等九郡后，又降服夜郎并以其地设置牂柯郡。句町首领毋波慕汉强大，臣属汉朝，武帝封其为侯，以其地置句町县，隶牂柯郡，受益州刺史部管辖。

公元前109年，汉发巴蜀兵南征，击灭劳浸、靡莫，以兵临滇，滇王始首善，汉以其地置益州郡，亦受益州刺史部管辖。

公元前86～前81年，汉廷"风喻"句町侯毋波率其邑君长人民击益州廉头、姑缯及牂柯谈指、同并等地反者，结果"大破益州，斩首捕虏五万余级，获畜产十余万"。据此，汉昭帝刘弗陵诏封毋波为句町王，取代滇王的地位。

公元前29～前25年，夜郎王兴举兵攻句町王禹和漏卧侯俞，不从汉廷太中大夫张匡持节和解，后被牂柯太守陈立率部捕杀。句町王及漏卧侯即"入粟千斛，牛羊劳吏士"，"兴妻父翁指与兴子邪务收余兵，迫胁旁二十二邑反"，亦被镇压，句町王由此雄踞西南。

9年，王莽篡夺汉位，建立新朝，下令贬句町王邯为侯，邯不从命而被牂柯大尹诱杀。邯弟承于是率牂柯、益州、交趾"三边蛮夷"尽反。

16～19年，王莽派平蛮将军冯茂率巴、蜀、犍为吏士征伐句町，三年未攻下。19～21年，王莽"更遣宁始将军廉丹与庸部牧史熊，大发天水、陇西骑士，广汉、巴、蜀、犍为吏民十万，转输者合二十万人"，再次讨伐句町亦无果而终。21年，"又遣国师和仲、曹放助郭兴击句町，皆不能克而还"。

25年，会莽败汉兴，刘秀建立东汉，复与句町王"旧号"。

43年，汉光武帝刘秀派伏波将军马援帅部征交趾麋冷骆将之女征侧、征贰时，曾"将骆越万余人，便习战斗者三千兵以上"，欲"从泠水道（红河）出，进桑王国（今马关、河口、金平一带），至益州贲古县（今蒙自、个旧一带）"，还得到了"骆越铜鼓"。此万余人及三千战斗者或为句町的武装战士。当年夏，交趾事平。

225年，诸葛亮亲率三路兵马征讨南中，其中李恢一路"追奔逐北"，也仅"南至盘江"而止，句町依旧控制盘江以南地区，俨然是"南邻交趾之大族"。随后诸葛亮实行"南抚夷越"的政策，分原益州郡和牂柯郡南部各一部分设兴古郡，使句町国与兴古郡并立，收到了"赋出叟、濮，耕牛、战马、金银、犀革，充继军资，于是费用不乏"的效果。

280年，全国设十九州，在今曲靖设宁州，领南中八郡，句町国仍与兴古郡并立，晋武帝以爨深为兴古太守。爨地又分东、西两部分，其东爨乌蛮又有三十七部，其中的"僚子部""钟家部""维摩部""强现部""王弄山部""矣尼迦部""教化三部"即在滇东南一带。"僚子部"亦称"侬氏据地"，其控制范围包括今云南的广南、富宁和广西西部及越南北部的部分地区。

311年，分兴古郡东部置西平郡（驻今广西西林县东南的西平），初领盘江、来如、南零3县，后改为西平、温江、都阳、晋绥、义成5县，其地域包括今广西西林、隆林、乐业、田林、凌云等县。

317年，又分宁州八郡为十六郡，句町国仍与兴古郡并立。穆帝时期（345～361年）常璩著《华阳国志》曰："句町国……其置自濮，王姓毋，汉时受封迄今"，即是说，句町国到常璩写《华阳国志》之时依然保留句町王的封号。

420年，南朝刘宋政权取代东晋，《宋书·州郡志》的"兴古郡"

中仍然载有句町。

479年，南朝刘宋政权又被萧齐取代，《南齐书·州郡志》的"兴古郡"中也还有句町。

502年，南朝萧齐政权又被梁朝（萧衍）取代，梁以后的史书均不再有关于句町的记载。

584年，隋朝在今曲靖设南宁州总管府，下设恭、协、昆三州。

597～598年，爨震、爨翫等两次叛隋，被史万岁和杨武通率军镇压，并押送入朝处死。此时滇西在洱海一带出现了蒙舍等"六诏"。

618年，李渊建立的唐朝任命爨玩之子爨弘达为昆州（今昆阳）刺史，任命韦仁寿为南宁州都督，下辖盘、犁、严、秦龙、归武、禄索、龙武、汤泉、郎茫等羁縻州，管理僚子部。至632年，又设戎州都督府，以南宁州都督改刺史。

712～741年，中央王朝为了打击和消除吐蕃在其西南地区扩展势力，即在滇西设姚州都督府并扶持洱海地区的蒙舍诏（南诏）奴隶制政权，欲使抗御吐蕃，但南诏"日以骄大"。唐又于733年置岭南东西两道，以僚子部改隶岭南西道（治邕州）安南都护府管辖，后又改由剑南道南宁州都督府统摄，僚子部侬氏则结南诏为助。

749年和754年，唐军由广南节度使何履光、剑南节度使鲜于仲通、安南都督王知进及剑南留后李宓率领，两次讨伐南诏，均以全军覆没告终，南诏从此割据云南，以侬氏为首领的僚子部及武侯、延众、石门、感德四镇之民，即由其拓东节度下属的通海都督管理。因南诏官员"惧瘴疬，或越在他处，不亲视事"，故仍由侬氏首领统管。

860年和862年，因"安南都护李涿为政贪暴"，由李由独率领的僚人"白衣没命军"，联络南诏将领段酋迁，两次攻陷安南都护府（治今河内），唐朝官军几乎全部被歼，仅有樊绰等少数人逃脱。

876年，滇东南及桂西一带的侬峒与黄峒相攻，侬氏战败，邕州节度使辛谠遣巡官徐云虔前往调解，"赍美货啖二首领，太州刺史黄伯蕴、屯首领侬金意、员州首领侬金勒等与之通欢"。

879年正月，辛谠利用滇东南"僚子部"侬氏首领与南诏的特殊关系，遣徐云虔通过其地进入南诏，与之约和，次年"唐僖宗下诏许之"，从而缓解了唐朝与南诏之间的矛盾。

917年，刘龑在广州建南汉国，据有今广东、广西、海南及湖南南部地区，由僚人大首领侬民富统管的广源、武勒、南源、西源、万涯、复和、温、弄、古拂、八耽等十州峒及特磨道等越北、桂西及滇东南地区也在其统治之下。

956年，段思平建立大理国，封侬民富为"坦绰"，并会同三十七部于971年"剪除延众镇长奇宗、求州首领代连（洞波记周）、弄兔覆（者桑龙六）、磨乃（洞波那达）三邑，统置延众镇（今富宁郎中）"，还封特磨道（今广南）地区的首领侬夏诚、侬夏卿为"布燮"，以其地隶属于通海节度。

960年，赵匡胤建立宋朝，随后击灭南汉，统一岭南，976年"诏授坦绰侬民富金紫光禄大夫、检校司空兼御史大夫、上柱国"，并将特磨道地区划分为福州、富州、峨州、罗佐州、侬内州、西宁州、安宁州、那寡州、罗拱县、那温县等羁縻州县，由广南西路邕州（治今南宁）统辖。

975年，宋廷又封在今河内地区崛起的交人（京族）李公蕴为交趾郡王，并让其逐步走上独自立国的道路。1028年，李公蕴令其子、弟及婿率兵入寇邕州。

1029年，宋廷授侬全福"邕州卫职"，但邕州转运使章频惧怕得罪交趾，于次年"罢遣"侬全福。侬全福为在广源（今越南广渊）等州保境自守，即在其地成立"长生国"，与交趾京人政权抗衡。

1039年，交趾王李德政率军攻破广源，将侬全福及其长子侬智聪（智高兄）等五人抓去杀害。智高与其生母阿侬被迫出奔，投于特磨道侬夏卿府下，阿侬随后改嫁侬夏卿。

1041年，侬智高以傥犹州为根据地建立"大历国"，后徙居安德州，并于1050年挫败了交趾的征讨。次年又"以驯象、生熟金银来献"，请求内附宋廷，宋廷仍然拒绝。

1052年农历四月六日，侬智高在南受交趾侵害、北欲归宋受拒的情况下，发动了反对北宋朝廷的战争，在攻克邕州后建立"大南国（南天国）"，称"仁惠皇帝"，继而挥师东下，沿途连克10多座州城，兵围广州。

1053年，宋廷派狄青率军征侬智高，在昆仑关和归仁铺（今五塘镇）击败侬军。邕州陷落后，侬智高率余部退守特磨道。1055年，宋廷又派余靖、石鉴、杨元卿、杨文广等带兵入特磨道征讨。侬智高在宝月关、阿科等地抵抗失败后，又率部西走元江，改侬姓为那姓，并筑城礼社江上，被当地人称为"最后的南天国"。

1062年，特磨道侬夏卿、侬亮、侬平等率部归宋，北宋朝廷名义上称特磨道为福州，但未做实际统治，依然把此地视为大理国的范围。

1126年底，金兵攻陷汴梁（开封），掳走宋徽宗、钦宗连同后妃、宗室、朝官等三千多人。次年，赵构建立南宋，后迁都临安（今浙江杭州）。宋廷南渡后加大了对僚子部的开发力度，特磨道等地还成了与大理进行蛮马交易的重要场所。

1254年，忽必烈率军绕道吐蕃进入云南，灭大理国，开始对云南进行直接统治。1271年，忽必烈定国号为元，并在今北京建大都。1275年，特磨道侬士贵率那寡州侬天成、阿吉州侬昌成、上林州侬道贤等三十七州县到中庆（今昆明）赛典赤·赡思丁处投元。元立广南西路宣抚司，隶云南行省。

1277年，侬士贵又说服安平州李维屏、来安州岑从毅等以"所属州县溪峒百四十七、户二十五万六千"归附云南，广南西路宣抚司随即升格为宣慰司。

1285年，经元世祖忽必烈亲自裁决，云南行省把安平州、来安州归还湖广行省，并改广南西路宣慰司为宣抚司。宣抚司还统辖土富州，土富州知州则为沈氏。

1290年，韦郎达反，攻特磨道，官军失利，韦郎达"以此狂纵，僭称大号"。1320年7月，韦郎达又纠集五十三村山僚，起兵万余，劫阿用村，后被元廷以"文柔武竞，互出兼施"进行招捕的方式平息。

1308年，在牙车、强现、教化三部的基础上建立教化三部长官司，以龙氏为长官，其地在今文山州的文山、砚山、马关、西畴一带。又在今文山市的老回龙一带建王弄山长官司，以沙氏为长官。

1368年，元灭明兴。明太祖朱元璋令傅友德、蓝玉、沐英率30万大军征云南。至1382年，在云南设都指挥司和布政司，并接收投明的广南西路宣抚使侬郎金、富州土知州沈大忠、教化三部长官司长官龙者宁以及安南长官司副长官那由等。同年11月，明廷将广南宣抚司改为广南府。1384年，另设广南府土同知职，授侬郎金为土同知。

1386年，西平侯沐英上奏说："云南土地甚广，而荒芜居多，宜置屯令军士开耕，以备储偫。"其建议深获朱元璋赞赏，于是明朝廷即决定在云南实行大规模军屯，人数多达29万，屯田面积达130万亩。

1387年，明朝廷命令湖广常德、辰州二府民家三丁以上者出一丁往屯云南。1389年，又组织"江南江西人民二百五十余万入滇"。1392～1398年，"再移南京人民三十余万"入云南，进行民屯。此外，还进行了商屯。

1414年，龙者宁贡马15匹，以其为八寨长官司副长官。

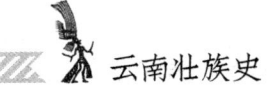

1472年，维摩土舍沈启后及其子开先抵御交趾入侵弥勒、维摩、师宗等地立功，被封为维摩州土司。同年，牛羊土舍侬金贵率部前往傥献抗击交趾入侵，所战皆捷，被"督抚奏准命职牛羊都司"。

1511年，安南长官司那代反明，官军进剿，以其地并入蒙自县，撤长官司。

1615年，教化三部长官司长官龙上登进京朝贡，沿途目睹祖国内地教育发达、文化繁荣的情况，深受启发，回来即兴建学堂。

1620年，王弄山土目沙源率兵堵截交趾入侵建水五邦等地，"斩其伪侯伯三人，巡抚委之以王弄副长官事"。沙源"骁勇，有将才，数从征调有功。继以征建水功，复以安南长官司废地界之。后征东川、水西、马龙山等处，全云南会城称首功，累加至宣抚使"。

1645年，沙源之子沙定洲率部进入云南省会昆明，直捣明朝镇守云南世袭黔宁王府，推翻了沐氏家族在云南的统治。

1648年，李定国以"反清复明"为由，率农民军在临安（今建水县）与沙定洲军鏖战，双方损失惨重。次年，李定国俘沙定洲于佴革龙（今丘北县腻脚乡），并押至昆明，剥皮于市。

1652年正月，南明永历帝朱由榔及其妹安化郡主等逃奔云南广南，后被孙可望接到贵州安隆。1655年正月，李定国迎永历帝入云南并在昆明五华山建立皇宫。1659年正月，吴三桂等所部清军进占昆明，随后进攻元江土司那嵩，迫使其全家自焚，族人逃散，那氏又改成刀、封、白、罗四姓，并改族称为"傣仲"。

1660年，广南土司侬鹏和土富州知州沈明通长子昆常到七省经略洪承畴处投诚，将印信、号纸呈缴，以示归顺。

1662年初，永历帝被吴三桂从缅甸驾至昆明，"四月二十五日，三桂杀永历于滇城篦子坡"，永历政权最终灭亡。

1665年，王弄土司王朔、教化土司张长寿、枯木土司龙元庆、八寨土司李成林、牛羊土司侬得功、维摩土司沈应麟和沈兆麟、安南土司龙升宵、宁州土司禄昌贤参与滇南"十八土司"反清，被吴三桂率大军剿灭。

1667年，清政府对教化三部、王弄、安南三长官司地实行改土设流，以其地合并置开化府，下辖开化里（以教化司改）、王弄里（以王弄司改）、安南里（以安南司改）、永平里（以八寨司改）、东安里（以牛羊司改）、乐农里（在陆竜、新现境设）、江那里（以维摩州改）、逢春里（以古木司改）。与此同时建开化镇，设总兵官一员，下辖中、左、右三营，并于各地建立汛塘。又在开化（今文山市）设府学，在所属八里设立义学。

1669年，裁广西府维摩州，将其划入广南府。

1673年11月，吴三桂在云南起兵叛乱，继而与广东的尚可喜和福建的耿精忠相勾结，史称"三藩之乱"。

1681年，安南趁中国内乱之机向北侵占我马都嘎斜路村六寨及猛康、南狼（今南温河、瓦渣）等34个村寨。同年，侬鹏率部配合清兵分路搜讨吴三桂潜聚于广南的大将夏国相、高起隆、廖进忠、王永清等，并擒夏国相等于西板（松）桥，参与叛乱的开化镇总兵高起隆也被擒于广南，后磔于市。

1682年，清廷命侬鹏袭广南土同知职，并建广南营，设游击1名、守备1名、千总2名、把总4名。1701年再置中军守备署，设守备1名，守备署下设广南军械局。

1683年，安南国王派兵侵占我都龙、南丹等地，直至马白汛南2华里处之小溪。

1702年，开始在广南府设炉铸钱，送往粤西转运汉口。

1730年，云贵总督鄂尔泰奏准在开化府下添设文山县和马白（今马关县）同知。

1737年，清廷在广南府下设宝宁县，辖今广南县及砚山县之维摩、阿基、者腊、阿猛、蚌峨，丘北县之天星、平寨，富宁县之田蓬、木央、郎恒、睦伦、里达等乡镇。"宝宁县既与同知同住府城，共管地方。"

1765～1769年，广南土司侬毓荣连续四次奉命率所部土兵1000余人参加从征普洱、缅甸的战争，"著有功绩"，被封为土同知，并颁授土同知关防。

1728～1807年，遭到清政府三次残酷镇压的湘、黔两省苗族同胞大量迁入云南，主要落籍在今文山州及红河州的屏边、金平两县。

1818年，广南土司侬世熙嫁女给安南保乐土官，将田蓬、龙膊、龙潭（今老厂）、苗塘子（今龙楼）、大弄、大石板、茅草坪、沙人寨等村作为陪嫁。安南国王以此据为其国土。

1820年，总督伯麟奏准，改马白同知为安平抚彝同知，分管东安（今西畴、麻栗坡两县部分地区）、永平（今马关县八寨镇及红河州河口县部分地区）、逢春（今文山市古木乡、柳井乡一带地区）三里。其余开化（今文山市开化镇、追栗街乡、平坝镇及喜古乡一部）、王弄（今文山市簿竹镇、小街乡及红河州屏边县、金平县部分地区）、安南（今文山市簿竹镇一部和红河州蒙自县老寨乡一带）、乐农（今文山市德厚镇、红甸乡、秉烈乡、马塘镇及喜古乡、坝心乡一部）、江那（今砚山县一带）五里，属文山县管辖。

1823年，清廷在开化府江那里的基础上设江那县丞。

1840年，清廷将广西直隶州所属的丘北县丞升为正县。

1843年，清廷在广南建立考舍，培养科举人才。

1856～1865年，永平里的壮族陆春和广南壮族头领王永兴、莫文学、罗经文等带领民众"树白旗、顶白巾"，支持回族的反清斗争，围攻开化府城达百日，并攻打广南府城和丘北县城。

1877年，广南府侬氏土司的大派、小派及沉重的赋税，激起了民众的不满。底圩、坝斗的群众联名到云南巡抚、广南府署状告侬氏土司。

1883年11月，法军从越南北部侵入云南的麻栗坡、马关二县，强迫猛洞、保良街、那董等地人民缴纳粮赋，并在马关石丫口建碉堡。当地壮族、苗族民众在项崇周（苗族）的领导下，开展了反对法帝侵占我领土及在我境内征粮征税的武装斗争。次年3月，广南第24代土司侬茂先奉调率士兵3000名和砚山壮族李应珍率领的3000多名"开化民族军"、驻防河口记名总兵覃修纲率领的3000名滇军一起，在云贵总督岑毓英的率领下奔赴越南，抗法卫国。

1884年8月26日，中法正式宣战。李应珍、侬茂先、覃修纲等又率部随岑毓英入越参战，并于次年3月在临洮、柯岭一线与法军决战，重伤法国陆军主将，歼灭法军近2000名，随后又收复鹤江、越池、缅旺清水、清山及广威、不拔等府县，从而取得了中法越南战争的胜利。据此，清朝政府加封李应珍为"昭勇将军"，使其镇守麻栗坡；封覃修纲为建威将军，记名简放提督，后任开化镇总兵，驻防文山。同时给广南土司侬茂先晋级为四品官衔，赏戴花翎，穿黄马褂。

1885年6月6日，清廷在胜利声中与法国屈辱议和，缔结不平等的《中法越南新约》，既承认法国对越南的占领，又规定：凡中国在广西、云南开通商埠、修筑铁路，须向法人"商办相助"。

1886～1894年，中法签订《滇越边界事略》，并依此进行勘界。勘界时将都龙、猛峒、田蓬、苗塘子、龙潭、龙膊、田蓬街、沙人寨等地划还中国。

1887年，清廷将原来设置的临安、开化、广南三府合并为临开广道，并置海关，管理中外通商事宜。

1895年6月20日，订立《中法商务专条附章》九条，辟河口为商

埠。同年9月19日，中法在保胜（今越南老街）签订《滇越界约》，其后设立界牌。与此同时，清廷裁撤广南府，改称广南县，并在丘北县增设五槽县佐。

1897年，根据《中法对汛会巡章程》，在安平厅境内设河口、麻栗坡两副督办。河口副督办对越南老街，下设坝洒、那发、新店、老卡4个对汛。麻栗坡副督办对越南河阳，下设田蓬、董于、攀枝花、天保、茅坪5个对汛。为接办商务，清政府还于次年2月准许法国在蒙自设立领事，在蛮耗设分领事，并安设税司。

1899年，法国传教士金梦旦在开化府文山县所树革村（今文山市马塘镇）建盖了一所天主教堂，随后又在文山城书院街、五色冲及砚山县鲁都克等地建盖教堂传教，信教群众约3000人，其教徒"半系侬人"。

1901年，土富州改土归流。

1903年，动工兴建滇越铁路，至1910年建成通车。由法国直接经营。

1908年4月，孙中山委任黄明堂（壮族）为"中华国民军南军都督"，负责领导云南河口起义。同年5月26日河口失守，起义失败。

1909年，开化府废里、甲，改设八区。

1912年，将临开广道改为蒙自道，废开化府和安平厅，设文山县和安平县。又废广南府和富州厅，设宝宁和富州县。次年改文山县为开化县，划外南区（包括今大窝子、新现、龙古、蛇街、纪蔗等地）设靖边行政区。改宝宁县为广南县，并将广南县所辖木央、郎恒一带划归麻栗坡副督办管辖。

1914年，将开化县恢复为文山县，将安平县改为马关县，并辖西洒、畴阳两地。将麻栗坡交涉副督办公署改为麻栗坡对汛特别区督办公署，将河口交涉副督办公署改为河口对汛特别区督办公署。

1915年，在广南县所属的维摩地区（今砚山县境）设县佐，将麻栗坡划为省辖特别区，督办兼理司法权。年底，蔡锷首义开展护国运动，与李烈钧、唐继尧在昆明组织护国军兴师讨袁。

1916年初，护国军向四川、贵州、广西进军，全国各地纷纷响应。同年2月，李烈钧率部在广南与袁世凯派来进袭的龙觐光部发生激战。

1917年，将原东安里的南油、磨山、蝴蝶、马达、马桑、董干，原归仁里的聚义、聚隆、奋武，原广南县的田蓬、普梅、郎恒、木央等地改属麻栗坡对汛特别区督办公署。同年改广西直隶州为泸西县。

1920年，将西洒、畴阳两地由马关析出，设置西畴县。次年，开始在马关、西畴、麻栗坡等县鼓动宣传"风俗改良"。

1923年夏，云南富滇银行在广南设立支行，使当地开始有了金融行业。

1924～1930年，滇桂两地军阀在云南混战，各族民众被置于水深火热之中。其间，中共云南省特委指示严英武于1927年12月在文山县成立中国共产党洒戛竜（今德厚）支部。1929年5月又派李国定、吴少默到马关八寨成立党支部，组织农民运动。同年12月11日，邓小平、张云逸等在广西百色组织领导了武装起义，并创建中国工农红军第七军和左右江革命根据地，随后派滕静夫等到云南省富宁县的皈朝、谷拉等乡镇进行革命活动。云南省当局则在滇东南设开广区行政督察专员公署，加强其统治。

1932～1933年，红七军二十一师副师长黄松坚（化名何尚之）遵照组织安排，率小股红军武装到富宁皈朝创建滇黔桂边区劳农游击队和七村九弄革命根据地。同时，云南省撤销广南县辖维摩县佐，将所辖地区划归砚山并成立设治局，随后又将文山县属的江那、小维摩两县佐辖地并入，改设砚山县。改麻栗坡为对汛特别督办，改文山县靖边行政区为屏边县。

1934年，广南苗族王开洪、王咪章和壮族韦振高等在广南黑支果、八宝等地组织有苗族、壮族、汉族、彝族各族农民及筑路民工参加的武装暴动，控制了广南、富宁与麻栗坡督办署交界的"五棚""六羊"地区，并建立五棚、六羊根据地，王开洪部被编为滇黔桂边区劳农游击队独立大队。

1935年2月，广南县新任县长杨杍在兼理司法案件中贪污、敲诈大量钱物，激起众怒，各界组织罢市、罢课，上街游行，迫使杨杍于4月18日夜化装逃回昆明。

1936年，云南省政府主席龙云以"全省土职尚未一律改流之际，广南土司似不必急于此时取消……准予仍袭原职，以示羁縻，而维边圉"为由，批准侬鼎和承袭病故土同知侬鼎铭之职。

1937年，云南省将富州改为富宁县。同年，国民党第一集团军司令卢汉奉命率部赴徐州参加台儿庄战役，驻文山的滇军第九旅第十八团亦前往参战。因滇军伤亡过半，卢汉以抗日救国为由，委任广南壮族王佩伦为第一集团军志愿兵团团长，于1939年秋在滇东南、滇南招集以壮族青年为主体的志愿兵3500余名，经组织训练后开赴湖南、江西等地参加抗日，并直接投入衡阳保卫战。

1939年9月，国民党在广南成立县党部。1940年2月，在文山成立县党部。1941年3月，在丘北成立县党部。其间还修通了剥隘至开远的公路。

1940年2月13日，27架日本飞机空袭文山，其后又两次轰炸该城，致使军民死伤多人。1941年6月16日，9架日本飞机又对广南县城进行狂轰滥炸，投炸弹12枚，炸死48人，重伤36人，轻伤40人，毁房275间。7月14～15日，6架日本飞机又轰炸富宁县城，焚毁房屋70余间，炸死12人。

1942年，国民党当局将文山、砚山、西畴、马关、屏边、丘北、广南、富宁八县统一设置云南省第二行政督察区，专员公署设在文山县城。1946年又将第二行政督察区改为第四行政督察区，除麻栗坡对汛督办属省辖外，其余隶属不变。

1946年6月，国民党反动派撕毁停战协定，公然发动内战。云南壮族人民在原滇黔桂边区党委书记滕静夫（何静山）的领导下，利用壮族传统节日召开会议，号召购买枪支，组织地下游击队开展武装斗争。与此同时，云南工委按照中央指示，开始在全省发动大规模游击战争。

1948年2月，中共云南省工委领导弥勒西山等地起义，建立以朱家璧、张子斋为首的革命武装。同年5月，朱家璧率部南渡盘江，围攻丘北，随后与庄田、周楠等率领的桂滇边区部队共同建立滇东南中心根据地。革命部队攻占了马关、西畴、麻栗坡、砚山、广南等5座县城，并活跃在文山、红河、曲靖等地。

1949年元旦，中共云南省工委和桂滇边工委统一在砚山阿猛开会，遵照中央军委命令，将云南革命武装统一组建为中国人民解放军滇桂黔边区纵队，并于1949年6月1日在西畴县城正式成立了滇东南行政专员公署。为迎接解放军入滇作战，解决经济上的困难，广南还于1949年9月发行了"云南人民革命公债券"。同年12月，人民解放军第二野战军第四兵团在司令员兼政治委员陈赓率领下，会同第四野战军第三十八军2个师奉命进军云南。12月29日，二野十三军三十七师从广西百色进入云南剥隘。

1950年1月7日，云南省文山县城解放。同年2月25日，解放军攻占镇沅、思茅（今普洱市）、车里（今景洪市）、南峤（今勐海）及边镇打洛等地。

1952年7月，文山进行土地改革，9月又开展农业互助合作运动，建立社会主义经济制度。西畴县达戛村女青年侬惠莲（壮族）带领17

户农民组织了第一个农业互助组，随后又成立了炭西农业生产合作社，但因缺乏经验，该社的经营管理一度出现混乱。西畴县委和政府及时对其进行整顿，并将总结报告逐级上报到党中央。1955年9月，毛泽东主席对此做了重要批示。

1954年，为在云南实施民族区域自治做准备，中央民族事务委员会派出由林耀华、施联朱等教授组成的民族识别调查小组到云南各地进行民族识别。1956年又派出少数民族语言调查组到文山地区对侬人、沙人和土佬（僚）的分布、人口、语言、干部、交通及社会历史、政治经济、风俗习惯、知识分子等情况进行全面调查，最后认定侬人、沙人、土佬（僚）等民众"不能构成单一的民族"，而是壮族的支系，应该归并为壮族。

1957年3月，文山专员公署召开了民族代表会议，选举产生了53人组成的文山僮族苗族自治州建州筹备委员会。同年5月24日，国务院第四十九次全体会议通过《关于设置云南省文山僮族苗族自治州，撤销文山专员公署的决定》，确定自治州辖文山、马关、西畴、麻栗坡、砚山、丘北、广南和富宁八县。

1958年4月1日，文山僮族苗族自治州正式成立。

1980年，文山州及所属各个县召开人民代表大会，选举产生人大常委会和人民政府领导机构。农村则实行以家庭经营为主的联产承包责任制。

1983年3月至1984年1月，文山州委开展设区建乡体制改革，将全州原有的113个人民公社、8个镇改设为114个区（增设富宁县睦伦区）、8个县辖镇，下辖875个乡、28个区辖镇、30个办事处。同年7月26～30日，文山州召开了第一次民族团结进步表彰大会，表彰了43个先进集体和60名先进个人。

1988年，根据全国人大五届二次会议通过的《地方各级人民代表大会和地方各级人民政府组织法》的规定，以及云南省委、省政府关于区乡体制改革精神，文山州又进行了区乡体制改革：撤销114个区，将乡人民政府原来的乡改为村公所。

1989年11月16日，江泽民在中央相关部门首长的陪同下，到云南文山州看望了驻军和当地的各族同胞。

1992年6月，国务院发文批准红河州河口县为沿边开放县，建立河口边境经济合作区。12月18日，国务院又批准文山州所辖的文山、砚山、西畴、麻栗坡、马关、丘北、广南、富宁8个县均对外国人开放，随后又批准麻栗坡天保口岸为国家级开放口岸，接着恢复开通河口—老街口岸和天保—清水河口岸。

1993年5月，云南壮学研究会经上报省社科联和省民族学会批准正式成立。

1995年11月21～23日，文山州召开第二次民族团结进步表彰大会，表彰了25个先进集体和30名先进个人。11月27～29日，云南省人民政府在文山州召开全省扶贫工作会议，决定把打好扶贫攻坚战，实现贫困人口基本解决温饱作为第九个五年计划的重大战略任务。

1996年12月，经国家民委和云南省人民政府批准，在文山州召开了全国五省区壮族古籍工作会议。

1999年8月19～20日，文山州召开第三次民族团结进步表彰大会，表彰了360个先进集体和60名先进个人。同年，云南省人民政府批准广南莲城为历史文化名城。

2001年，开工建设砚山至平远、平远至锁龙寺、砚山至罗村口的高速公路，并建设砚山至文山二级公路和西畴至珠街三级公路路面工程。

2004年4月28日，开工建设可起降波音737飞机的文山州民用机场，并于2006年8月30日正式通航。

2008年，启动建设富宁港水运码头以及相关的生产辅助设施，预计年吞吐量可达405万吨，客运30万人。

2009年4月1日，经教育部正式核准，文山高等师范专科学校升格为全日制普通本科院校，并更名为文山学院。

2009年12月，开工建设途经百色、富宁、广南、丘北、弥勒等地的云桂高铁，并于2016年底正式通车运营，文山州由此正式进入高铁时代。从丘北乘高铁至昆明只要1小时20分，至南宁只需3小时40分，至广州也只要7小时。

2015年，文山州与越南河江省签订《中国文山州人民政府和越南河江省人民委员会2016—2020年合作规划》。

2016年，富宁壮族的"坡芽山歌"在俄罗斯索契举行的第九届世界合唱节荣获无伴奏民谣组金奖。

主要参考文献

［1］简体字本二十四史，北京：中华书局，1999年版。

［2］白寿彝总主编：《中国通史》，上海：上海人民出版社，1989～1999年版。

［3］中国社会科学院历史研究所：《简明中国历史读本》，北京：中国社会科学出版社，2012年版。

［4］（晋）常璩著，任乃强校注：《华阳国志校补图注》，上海：上海古籍出版社，1987年版。

［5］（唐）樊绰撰，向达校注：《蛮书校注》，北京：中华书局，1962年版。

［6］（宋）司马光撰，邓广铭、陈希真点校：《涑水纪闻》，北京：中华书局，1987年版。

［7］（宋）司马光：《资治通鉴》，北京：中华书局，2011年版。

［8］（宋）马端临著，上海师范大学古籍研究所、华东师范大学古籍研究所校：《文献通考》，北京：中华书局，2011年版。

［9］（宋）周去非撰修：《岭外代答》，"知不足斋丛书"本。

［10］（宋）范成大撰修：《桂海虞衡志》，"知不足斋丛书"本。

［11］（宋）李曾伯：《可斋杂稿》，北京：国家图书馆出版社，2013年版。

［12］（清）徐松辑，刘琳等点校：《宋会要辑稿》，上海：上

海古籍出版社，2014年版。

［13］（元）赵世延、虞集等撰：《经世大典·招捕总录》，北京：中华书局影印本。

［14］全国人民代表大会民族委员会云南民族调查组、云南省少数民族社会历史研究所编：《明实录云南史料摘抄》，昆明：云南人民出版社，1959年版。

［15］（明）陈文等纂修：景泰《云南图经志书》，昆明图书馆藏本。

［16］（明）李元阳撰修：万历《云南通志》，天津任振采藏原刻本。

［17］（明）诸葛元声撰，刘亚朝校点：《滇史》，芒市：德宏民族出版社，1994年版。

［18］（明）刘文征撰，古永继校点，王云、尤中审订：天启《滇志》，昆明：云南教育出版社，1991年版。

［19］（清）王夫之：《永历实录》（船山遗书），曾氏节署本。

［20］云南省历史研究所编：《〈清实录〉有关云南史料汇编》，昆明：云南人民出版社，1984年版。

［21］（清）顾祖禹撰修：《读史方舆纪要》，广雅书局刊本。

［22］（清）倪蜕：《滇云历年传》，昆明图书馆藏本。

［23］（清）王崧著，杜允中注，刘景毛点校：《道光云南志钞》，云南省社会科学院文献研究所，1995年版。

［24］王彦成、王亮辑：《清季外交年鉴》，北京：文献出版社，1987年版。

［25］（清）傅恒、董诰纂，门庆安等绘：《皇清职贡图》，乾隆二十八年四库馆刊本。

［26］云南省人民政府参事室、云南省文史研究馆编：《滇考校

注》，昆明：云南民族出版社，2002年版。

［27］（清）汤大宾、周炳纂，娄自昌、李君明点注：《开化府志点注》，兰州：兰州大学出版社，2004年版。

［28］（清）李熙龄著，杨磊等点校：《广南府志点校》，兰州：兰州大学出版社，2004年版。

［29］龙云、卢汉监修、周钟岳等纂：《新纂云南通志》，民国三十七年铅印本。

［30］共不耶达吗銮拉查奴帕著，王又申译：《暹罗古代史》，北京：商务印书馆，1931年版。

［31］徐松石著：《泰族僮族粤族考》，北京：中华书局，1946年版。

［32］陶维英：《越南古代史》，北京：科学出版社，1959年版。

［33］（明）钱古训撰，江应樑校注：《百夷传校注》，昆明：云南人民出版社，1980年版。

［34］［日］渡部忠世著，尹绍亭等译，程侃声校：《稻米之路》，昆明：云南人民出版社，1982年版。

［35］蒙文通著：《越史丛考》，北京：人民出版社，1983年版。

［36］方国瑜主编：《云南地方史讲义》，云南广播电视大学，1983年内部发行。

［37］江应樑著：《傣族史》，成都：四川民族出版社，1983年版。

［38］马曜著：《云南简史》，昆明：云南人民出版社，1983年版。

［39］尤中著：《中国西南民族史》，昆明：云南人民出版社，1985年版。

［40］方国瑜著：《中国西南历史地理考释》，北京：中华书

局，1987年版。

　　［41］江应樑著：《中国民族史》，北京：民族出版社，1990年版。

　　［42］张声震主编：《布洛陀经诗译注》，南宁：广西人民出版社，1991年版。

　　［43］申旭著：《老挝史》，昆明：云南大学出版社，1990年版。

　　［44］张声震主编：《壮族通史》，北京：民族出版社，1997年版。

　　［45］张增祺著：《滇国与滇文化》，昆明：云南美术出版社，1997年版。

　　［46］何正廷主编：《云南壮族》，北京：民族出版社，1998年版。

　　［47］方国瑜主编：《云南史料丛刊》，昆明：云南大学出版社，1998年版。

　　［48］范宏贵著：《同根生的民族壮泰各族渊源与文化》，北京：光明日报出版社，2000年版。

　　［49］黄汉儒主编：《中国壮医学》，南宁：广西民族出版社，2000年版。

　　［50］文山壮族苗族自治州地方志编纂委员会编：《文山壮族苗族自治州志》，昆明：云南人民出版社，2002年版。

　　［51］何正廷主编：《壮族经诗译注》，昆明：云南人民出版社，2004年版。

　　［52］文山壮族苗族自治州文化局编：《文山铜鼓》，昆明：云南人民出版社，2004年版。

　　［53］覃乃昌、岑贤安主编：《壮学首届国际学术研讨会论文

集》，南宁：广西民族出版社，2004年版。

［54］戴光禄、何正廷编著：《勐僚西尼故——壮族文化概览》，昆明：云南美术出版社，2005年版。

［55］李开军主编：《文山壮族苗族自治州民族志》，昆明：云南民族出版社，2005年版。

［56］蒋廷瑜著：《壮族铜鼓研究》，南宁：广西人民出版社，2005年版。

［57］文山壮族苗族自治州文化局主编：《声震神州——文山铜鼓暨民族历史文化国际学术研讨会论文集》，昆明：云南人民出版社，2005年版。

［58］云南省文物考古研究所、文山州文物管理所、红河州文物管理所编著：《云南边境地区（文山州和红河州）考古调查报告》，昆明：云南科技出版社，2008年版。

［59］《文山州党群志》编纂领导小组编：《文山壮族苗族自治州党群志（1927.3～1996.3）》，昆明：云南人民出版社，2008年版。

［60］黎方、何朴清编著：《云南壮剧史》，北京：文化艺术出版社，2008年版。

［61］刘冰山著：《中国富宁壮族坡芽歌书》，北京：民族出版社，2009年版。

［62］元江哈尼族彝族自治县傣族协会编：《元江傣族文化》，昆明：云南民族出版社，2010年版。

［63］何正廷著：《句町国史》，北京：民族出版社，2011年版。

［64］何正廷、欧薇薇主编：《壮族鸡卜经影印译注》，南宁：广西民族出版社，2013年版。

［65］陆保成、韦名应编著：《壮语教程》，昆明：云南大学出版社，2014年版。

后　记

　　本书为云南省文山学院2016年底拟定的校级重点研究项目，原由本人与人文学院、民族文化传承与创新中心和学报编辑部等部门的教师共同承担，后因各单位的同志都忙于完成学校接受教育部的评估工作而无暇顾及，故全书的纂写工作皆由本人来完成。

　　本人从上大学开始就想用所学到的专业知识报效国家和民族，以完善我国壮族史和云南地方史的研究，为民族团结、边疆治理和增进我国与东南亚、南亚相关国家的睦邻友好关系做贡献，然而大学毕业后即依从国家分配，到云南省政府机关部门承担行政工作任务，直至退休而未能如愿。幸运的是，退休以后受聘于文山学院，长期从事民族历史文化研究方面的工作，并得到学校领导的亲切关怀和科研处的大力支持，还得到学校诸多同志的具体帮助，从而使撰写本书的工作得以顺利完成。本书力求以马克思主义民族观、唯物史观及人类社会发展的共同规律为指导，结合考古学、人类学、民族学的研究成果，深入探析云南壮族的渊源及各个时期历史发展的主要内容、轨迹和特点，并对各社会发展阶段发生的重大事件和问题进行研究。研究的主要方法是文献的梳理整合与田野调查相结合。在搜集资料和整理图片的过程中，得到了学校民族文化传承与创新中心的林远高老师和原宣传部部长许六军同志多方面的帮助，在此，特对学校领导及相关部门的同志表示衷心的感谢！

　　还要衷心感谢的是，云南省民宗委文宣处处长沙云生和云南人民

出版社社长赵石定，他们对本书的出版也都给予了大力的支持和帮助。

　　云南壮族的历史，时间长，范围广，而且因其地处祖国西南边陲，民族跨境而居，情况比较特殊，且过去研究的人不多，要对其进行系统而翔实的研究，并将研究成果编著成书出版，难度是可想而知的。尽管本人尽了最大努力，但难免存在不足乃至错误之处，故恳请读者不吝赐教。

作者

2019年9月16日